Das Buch

Die Karriere von Peppe begann als Mittler zwischen einem sizilianischen Viehhirten und dem Schlachthofbetreiber in Palermo. Jeder wußte vom anderen, daß er ihn betrügen wollte, und Peppe sorgte dafür, daß dies sich in Grenzen hielt. Bald weitete sich Peppes Geschäft aus, und er stieg in die »Firma Mafia« ein. Auf äußerst spannende und lebendige Weise beschreibt Diego Gambetta die Geschäftspraktiken des »Industriezweiges Mafia«. Er stellt heraus, daß die Haupteinnahmequelle nicht, wie zumeist angenommen, aus illegalen »Geschäften« wie Drogen, Prostitution oder Geldwäsche besteht, sondern aus dem Handel mit Protektion, mit Schutz. Anhand zahlreicher Begebenheiten beantwortet Gambetta wichtige Fragen: Warum hat der italienische Staat so lange mit dieser sizilianischen »Firma« zusammengearbeitet? Welche Beziehungen zwischen Mafia und Kirche gab und gibt es? Wie wird man ein Mafioso? Wie sehen die Initiationsriten aus? Wer sind und waren die wichtigsten Paten? Wie wird das Umfeld auf die Mafia-Mentalität hin konditioniert? – Ein drängendes und wichtiges Buch, das einen desillusionierenden Blick auf die Schattenseite moderner Gesellschaften freigibt.

Der Autor

Diego Gambetta, geboren 1952 in Turin, lehrt und arbeitet als Soziologe in England, von 1984 bis 1991 am renommierten King's College, seit 1991 in Oxford. Zahlreiche wissenschaftliche Veröffentlichungen in italienischer und englischer Sprache.

Diego Gambetta:
Die Firma der Paten
Die sizilianische Mafia und ihre Geschäftspraktiken

Aus dem Italienischen und Englischen von
Werner Raith

Deutscher
Taschenbuch
Verlag

Deutsche Erstausgabe
Oktober 1994
Deutscher Taschenbuch Verlag GmbH & Co. KG, München
© 1993 Harvard University Press
Titel der italienischen Originalausgabe:
La mafia siciliana
Un'industria della protezione privata
Giulio Einaudi, Turin 1992
ISBN 88-06-12773-X
Titel der amerikanischen Ausgabe:
The Sicilian Mafia
The Business of Private Protection
Harvard University Press, Cambridge (Mass.) 1993
ISBN 0-674-80741-3
© der deutschsprachigen Ausgabe:
1994 Deutscher Taschenbuch Verlag GmbH & Co. KG,
München
Umschlaggestaltung: Klaus Meyer
Umschlagfoto: Bavaria Bildagentur
Gesamtherstellung: C.H. Beck'sche Buchdruckerei, Nördlingen
Printed in Germany · ISBN 3-423-30417-0

Inhalt

Einleitung 9

Erster Teil:
Die Industrie des Schutzes

Kapitel I: Der Markt 29
  1. »Peppe«, der dritte Mann 29
  2. Roßtäuschertricks 34
  3. Schutz vor Konkurrenz 38
  4. Endogenes Mißtrauen 42
  5. Die Schutzgelderpressung 48
Kapitel II: Die Ressourcen 55
  1. Ausspionieren und Schweigen 56
  2. Die Gewalt 62
  3. Die Reputation 67
  4. Werbung 72
Kapitel III: Die Industrie 81
  1. Die Kunden 82
  2. Das Eigentum 88
  3. Die Arbeitskräfte 98

Zweiter Teil:
Die Industrie in Sizilien

Kapitel IV: Die Ursprünge 105
  1. Süditalien 107
  2. Sizilien 112
  3. Vom Großgrundbesitz zu den städtischen Märkten 114
  4. Ein weiterer Blick auf die ländlichen Gebiete 123
  5. Die Datierung 131
Kapitel V: Das Kartell 135
  1. Prekäre Balancen 138
  2. Mafiose Karrieren 143
  3. »Naturwüchsige« Allianzen und provisorische Kartelle . . 150
  4. Die Normen 165

Kapitel VI: Die Warenzeichen 179
   1. Ausgeliehene Symbole 182
   2. Austauschbare Identitäten 187
   3. »Im Anfang war das Wort...« 199
   4. Der Initiationsritus 203

Dritter Teil:
Der Schutz in der Praxis

Kapitel VII: Schlichtung von Streitigkeiten 219
   1. Verträge. 219
   2. Diverse Dienstleistungen 225
   3. Schutz vor Verbrechen 232
   4. Zahlungsarten 242
   5. Die Politiker 246
   6. Die Unannehmlichkeiten 254
Kapitel VIII: Regulierte Märkte 268
   1. Heimliche Absprachen 271
   2. Der Fischmarkt von Palermo 279
   3. Der Obst- und Gemüsemarkt von Palermo 284
   4. Öffentliche Aufträge und Korruption 295
   5. Funktaxis. 303
Kapitel IX: Unruhige Märkte 311
   1. Straßenräuber und Schmuggler 313
   2. Der Rauschgiftwirrwarr 322

Schlußfolgerungen 335

Quellen und Literaturhinweise 349
   Gerichtliche und parlamentarische Quellen 349
   Aussagen geständiger Mafiosi 350
   Literaturhinweise 351

Namenregister 358

Wir müssen sachlich und »undogmatisch« über die Methoden der Cosa Nostra nachzudenken lernen.
  Giovanni Falcone

Land der Götter und Helden! Armes Sizilien! Was ist aus deinen herrlichen Chimären geworden?
  Alexis de Tocqueville, ›Die Reise nach Sizilien‹

Einleitung

Archaische Normen, brutale Exekutionen, unverständliche Symbole, blutige Riten: Die Ausdrucksformen der Mafia liegen derart weit außerhalb jeglicher Normalität, daß sich eine Interpretation als Überrest einer vergangenen Kultur geradezu anbietet. Mafiosi unterscheiden sich offenbar grundlegend von uns; Kategorien, die unseren Tätigkeiten, unseren Riten Sinn geben, sind zum Verständnis der ihren offenbar untauglich, und so wird die Mafia auch leicht mit irrationalen Kräften assoziiert. Die Mafiosi selbst nutzen und nähren diesen Mythos zur Mehrung ihres Bedrohungspotentials. Im Gegensatz zu solchen Deutungen versuche ich im vorliegenden Buch die Mafia mit einfachen, rationalen Begriffen zu erklären.

Was ist die Mafia denn nun genau? Die einschlägigen Theorien sind meist durch Vorurteile, Erregung, Verwirrung verstellt; da beginnt man sinnvollerweise mit einer Definition der Erscheinung. Die These, die ich im folgenden entwickle, faßt die Mafia als einen Sonderfall einer bestimmten wirtschaftlichen Tätigkeit auf: *Sie ist eine Industrie, die privaten Schutz schafft, fördert und verkauft*; und zwar stellt sie jene Spielart dieser Industrie dar, die sich in den letzten 150 Jahren in Sizilien verbreitet hat. Ähnliche Aktivitäten gibt es auch in weiteren Gegenden Süditaliens und in anderen Ländern. In Sizilien selbst ist die Mafia auf diesem Sektor ebenfalls nicht der einzige handelsübliche Begriff für diese Industrie, sondern teilt, wenn auch widerwillig, den Markt mit anderen, weniger angesehenen »Marken«, unter denen ebenfalls Schutz verkauft wird.

Die Einschätzung der Mafia als Industrie ist keineswegs neu. Leopoldo Franchetti hat sie bereits 1876 als »Industrie der Gewalt« bezeichnet und dabei Industrie im wörtlichen Sinne gemeint. Diese Definition unterstellt jedoch, daß der Vorgang, an den die Mafia vorwiegend gebunden ist, nicht der Schutz ist, sondern die Gewalt. Der Begriff »Gewaltmonopol« kommt in vielen Untersuchungen zum Thema vor: Er steht für das, was der Staat sich nicht anzueignen vermocht hat, nämlich die volle Kontrolle der Gewaltausübung. Dieses Unvermögen galt dann als Grund sowohl für die Entstehung wie auch für die jeweiligen Verschlimmerungen dieser Situation (vergleiche dazu Blok 1974, Arlacchi 1983a).

Derlei Deutung entspricht der berühmten Weberschen Definition des Staates: eine Einrichtung, die erfolgreich das Monopol für die legitime Anwendung der physischen Gewalt innerhalb eines bestimmten Territoriums beansprucht. Diese Interpretation verweist ihrerseits auf ein zentrales Prinzip politischen Denkens: Von Machiavelli bis Hobbes betrachten Staatsphilosophen die Kontrolle und die Organisation der Gewaltinstrumente als Quintessenz der Herrschaftsausübung, als das, was die Tätigkeit der Regierung von der anderer Institutionen unterscheidet. Auf dieser Basis hat das Tun der Mafia eine Ähnlichkeit mit der des Staates, auch wenn sich erweisen wird, daß man die Gleichsetzung nicht sehr weit treiben kann.

Staat und Mafia haben es, *analytisch betrachtet*, tatsächlich mit demselben Gut zu tun. Dies aber läßt sich nicht auf den bloßen Gebrauch der Gewalt reduzieren. Die Gleichsetzung der Mafia mit der Industrie der Gewalt ist eine massive Vereinfachung. Gewalt ist eher ein Mittel denn ein Ziel, eine Ressource eher denn ein Produkt. Der Gegenstand, um den es hier geht, ist besser eingrenzbar mit dem Begriff des Schutzes: Zwar läßt sich möglicherweise behaupten, daß sich Schutzgebung auf die Fähigkeit zum Gebrauch der Gewalt stützt, doch das bedeutet nicht, daß sie mit dieser gleichzusetzen ist.

Schutz ist ein mehrdeutiges Gut, mit überaus spezifischen Eigenschaften. Wie wir im Kapitel I zeigen werden, treten schon massive Probleme auf, wenn wir nur vorgetäuschten vom echten Schutz auch nur theoretisch unterscheiden wollen. »Das Wort Schutz«, schreibt Charles Tilly, »bringt zwei gegensätzliche Saiten zum Schwingen. Eine klingt beruhigend, die andere bedrohlich. Bei der ersten läßt ›Schutz‹ im Geiste Bilder einer sicheren Deckung aufscheinen, die ein mächtiger Freund gegen Gefahren anbietet, oder auch die Vorstellung eines robusten Daches. Die zweite ruft das Gefühl des Drucks hervor: Ein massiv auftretender Mensch zwingt Kaufleute eines bestimmten Bezirks zur Bezahlung von Abgaben, damit ihnen Schaden erspart bleibt – Schaden, den ebendieser Mensch zuzufügen droht« (Tilly 1985, S. 170). Es ist so wie auch bei vielen anderen Gütern: Wer Schutz verkauft, neigt zur Übertreibung und zur Manipulation des Bedürfnisses nach dem Erwerb seiner Ware. Nicht einmal der Staat macht hierin eine Ausnahme: »Ganz allgemein schützen die Regierungen selbst Kriegsgefahren vor, nähren sie und erfinden sie gar..., und handeln so selbst wie das organisierte Verbrechen« (ebda. S. 171). Natürlich soll dieser Vergleich nicht die Mafia verherrlichen, sondern vielmehr zu Überlegungen über beunruhigende Aspekte des Staates anregen.

Trotzdem kann sich Schutz als nützlich erweisen und als eine Art »Schmieröl« im Handelsverkehr und bei wirtschaftlichen Auseinandersetzungen fungieren. Bei jedem Geschäft, bei dem mindestens eine der Seiten der anderen nicht traut, empfiehlt sich Schutz als Ersatz für Vertrauen, auch wenn er sicher weniger befriedigend und teurer ist als dieses. Die Annahme von Schutz erfolgt daher nicht zwangsläufig, weil er aufgedrängt wird – es kann auch eine durchaus rationale Handlung sein, kann mit den individuellen Interessen bestimmter Personen absolut übereinstimmen. Wir werden in den Kapiteln VII bis IX sehen, daß eine unvoreingenommene Untersuchung der Fakten auch dem mafiosen Markt die Rolle einer wirklichen Dienstleistung zubilligen muß, wenngleich diese mit vielen Unannehmlichkeiten verbunden ist.

Daraus folgt keineswegs, daß es den Nutzern privaten Schutzes nicht besser in einer hypothetischen Welt gehen würde, in der Vertrauen auf »natürliche« Weise gegeben wäre oder, realistischer, der Schutz ganz allgemein und zu annehmbaren Preisen vom Rechtsstaat zur Verfügung gestellt würde. Die Kunden der Mafiosi denken in dieser Hinsicht wohl eher zynisch: Sie wissen, daß es weniger ein Gut ist, sich von der Mafia schützen zu lassen, sondern lediglich das kleinere *Übel*. Vielen ist sogar bewußt, daß die Präsenz der Mafia eine mögliche eigenständige Entwicklung von Vertrauen stark gestört hat. Mag die Nutzung privaten Schutzes auch prinzipiell ungebührlich erscheinen – in der Praxis kann sie sich als bequemer erweisen. Das Automobil schädigt die Umwelt, macht das Leben in den Städten unerträglich und bringt alleine in Italien jährlich sechstausend Menschen um. Dennoch nimmt der größte Teil von uns das ohne besonderes Befremden hin. Ganz analog liegt das Denken der handelnden Personen auch bei der Nutzung mafioser Dienstleistungen: Wer im legalen Bereich des Marktes wie im illegalen die Mafia zur Beilegung von Streit, zur Abwehr von Konkurrenten, zur Abstrafung illoyaler Partner, zum

Erwerb von Kreditwürdigkeit oder zur Wiederbeschaffung gestohlenen Gutes nutzt, der nimmt den Schutz nicht als erpresserische Fiktion wahr. Er mag sich zuweilen ärgern, weil er oft Beträge für Güter bezahlen muß, die er nur ab und zu benutzt; doch das ist dann wie etwa bei einer Versicherung; oder er mag überhöhte Preise beklagen, doch die zahlt er auch für andere monopolistische Güter. All das ist etwas anderes als die wirkliche Erpressung, bei der man ausschließlich dafür bezahlt, daß man – ohne eine Gegenleistung fordern zu können – die Schäden vermeidet, die ein angemaßter »Schützer« androht. Selbst wenn man mit Gewalt gezwungen wird, eine Abgabe an die Mafia – oder eine Steuer an den Staat – zu bezahlen, schließt das nicht aus, daß sich die dafür versprochene Leistung gelegentlich als nützlich erweist, handelt es sich dabei nun um staatlichen oder mafiosen oder anderweitigen Schutz.

Daß manche Menschen wirklich Erpressungsopfer, andere jedoch freiwillige Kunden der Mafiosi sind, hat sich bereits im vorigen Jahrhundert herausgestellt; doch die ganze Bedeutung dessen wurde niemals bis ins letzte verfolgt. Dies ist wohl mit der Schwierigkeit zu erklären, die darin besteht, die Mafia als effektiven Dienstleistungsbetrieb anzusehen und gleichzeitig als soziales Übel aufzufassen, das man bekämpfen muß. So bleibt es eben bei der gleichsam automatischen Neigung zu jener »beruhigenden« Deutung, die den Mafioso als reinen Erpresser sieht. Leider ist die Schädlichkeit des mafiosen Schutzes für die Gemeinschaft wesentlich subtiler.

Die Mafia ist mit dem Staat noch auf weiteren Ebenen verbunden, da es beide mit ein und demselben Gegenstand zu tun haben. Erstens eröffnet der Staat jedesmal, wenn er eine bestimmte Ware oder Transaktion für illegal erklärt, einen neuen Markt für den privaten Schutz: Der Handel auf diesem Gebiet wird dann wegen strafrechtlicher Aktionen ebenso verwundbar wie aufgrund interner Auseinandersetzungen, da ja alle, die ihn weiter betreiben, mehr oder minder Schutz bei anderen Einrichtungen suchen müssen (vgl. Kapitel X). Zweitens nähern sich die Interessen von Mafiosi und Ordnungskräften, auch wenn sie meist im Clinch miteinander liegen, mitunter auch an. In Gebieten mit effizienter mafioser Funktion steht mitunter auch die öffentliche Ordnung unter ihrer Kontrolle: Ein palermitanischer Polizeikommissar führte die geringe Todesrate durch Überdosis von Rauschgift in Sizilien auf die hohe Qualitätsgarantie der Drogen zurück, die die Mafia beibringt. Um sich unangenehmer Rivalen oder gewöhnlicher Verbrecher zu entledigen, bieten Mafiosi schon mal stillschweigende Zusammenarbeit mit den Ordnungskräften an.

Beziehungen dieser Art können sich freilich ganz allgemein auch in anderen Ländern außerhalb Italiens ergeben, sofern dort private, auch nicht-mafiose Schützer arbeiten. Doch der italienische Staat hat spezifische Verbindungen zur Mafia entwickelt. Die Politiker diverser Parteien haben Abkommen mit Mafiosi geschlossen und so deren Gewandtheit beim zuverlässigen Kauf von Wählerstimmen und beim Abschluß komplizierter Vereinbarungen über die Distribution von Macht und öffentlichen Mitteln ausgenutzt (vgl. Kapitel VII). Nicht verwunderlich also, wenn diese Politiker nach ihrer Wahl die Apparate des Staates nicht zum Kampf gegen die Mafia benutzen.

Die beunruhigendsten Verbindungen zeigen sich jedoch bei der Milde, mit der manche Richter mafiose Verbrechen behandeln. Dabei sind nur zum Teil Angst und Opportunismus mit im Spiel. Einige Sektoren des Justizapparates sind sogar geprägt von einer geradezu berufsmäßigen Bewunderung der Mafia. Grund dafür ist die dort verbreitete Ansicht, daß die Mafia als solche ihrerseits eine *justizielle Ordnung* darstellt und daß deren Rolle der des Staates eher komplementär denn konträr ist. 1955 schrieb der Generalstaatsanwalt des Kassationshofes (entspricht in etwa dem deutschen Bundesgerichtshof), Giuseppe Guido Lo Schiavo:

»Es hat geheißen, daß die Mafia die Polizei und das Gerichtswesen verachtet; doch das stimmt so nicht. Die Mafia hat den Richterstand, die Justiz, immer respektiert, sich ihren Urteilen gebeugt und die Arbeit der Richter nicht behindert. Bei der Verfolgung von Banditen und Outlaws... hat sie sich sogar an die Seite der Ordnungskräfte gestellt...

Heute wird der Name eines angesehenen Nachfolgers auf dem früher von Don Calogero Vizzini besetzten Posten innerhalb der Geheimgesellschaft genannt. Hoffen wir, daß sein Tun der Respektierung der staatlichen Gesetze und der sozialen Verbesserung der Gemeinschaft gewidmet ist.« (zit. in Arlacchi 1983, S. 59–60)

Eine besonders radikale Einstellung, zweifellos, doch sie stellt keineswegs nur die Meinung eines exzentrischen Staatsanwalts dar.

In den meisten Fällen tritt sie nur verschleiert auf, doch auch dann noch spiegelt sie eine ausgeprägte Ideologie zur Rolle des Staates und der ihm parallelen Einrichtungen wider, die sich ihrerseits von einer bedeutenden juristischen Denkschule herleitet. Diese Tradition staatlicher Politik gegenüber der Mafia hat nachhaltige Folgen, die im allgemeinen nur wenig bekannt sind; und so müssen wir hier etwas ausholen.

In einem auch nach dem Zweiten Weltkrieg diverse Male neu aufgelegten Text aus dem Jahr 1918 behauptet der sizilianische Jurist Santi Romano:

»Für den Staat, den eine revolutionäre Vereinigung oder eine Verbrecherbande bekämpft oder dessen Gesetze verletzt, stellt diese keinen Gesetzgeber dar... Doch das schließt nicht aus, daß sie in diesem Falle nicht auch Einrichtungen, Organisationen und Normen besitzt, die isoliert und von innen heraus betrachtet juristischer Natur sind... Es ist bekannt, daß es aufgrund der Bedrohung durch staatliche Gesetze im Untergrund häufig Vereinigungen gibt, deren Organisation in Miniatur der staatlichen entspricht: Sie besitzen legislative und exekutive Einrichtungen, Gerichte, die bei Streitigkeiten entscheiden und Strafen aussprechen, Ordnungskräfte, die unerbittlich die Strafen ausführen, und auch Statuten, die genauso ausgetüftelt und präzise sind wie die Gesetze des Staates. Sie verwirklichen also eine eigene Ordnung, genau wie der Staat und die verfassungsmäßig legitimierten Einrichtungen.« (1918, S. 44, 123–24)

Solche Behauptungen sind sozusagen das Nebenprodukt einer relativistischen Sicht der Beziehungen zwischen Staat und Recht. Für Romano ist der Staat keineswegs die Vorbedingung für Recht; mit anderen Worten: Die Gesetze des Staates sind nicht notwendig identisch mit dem Recht als solchem; und der Staat kann somit das einschlägige Monopol mit keiner Rechtfertigung für sich beanspruchen. Der Staat ist eine Einrichtung unter anderen, es gibt keinen Grund für die Annahme, daß das von ihm festgelegte Gesetz höher steht als die Rechtsordnung anderer Einrichtungen. Daraus folgt, daß man die Rechtlichkeit einer solchen Ordnung bei Parallelinstitutionen nur »als Folge einer ethischen Wertung« in Abrede stellen kann, »insofern diese Einrichtungen oft verbrecherisch oder unmoralisch sind« (ebda., S. 124). Seitens des Staates ist aber auch das nicht zu rechtfertigen, weil »jeder weiß, wie willkürlich, zufällig und wandelbar die vom Staat angewandten Kriterien bei der Beurteilung der Legalität oder Illegalität bestimmter Einrichtungen sind«. Es gibt, so Romano, politische Vereinigungen, die den Staat bekämpfen und deren Ideal der Gerechtigkeit ethisch höher steht als das des Staates, der die Illegalität dieser Vereinigungen verfügt: »Bestimmte religiöse Körperschaften, die mitunter verboten sind, entsprechen oder entsprachen ganz im Kontrast zum Verbot dem vorherrschenden Moralgefühl« (ebda.). Romano äußert sich nicht weiter über die Entscheidungskriterien bei Auseinandersetzungen, die notwendigerweise zwischen Einrichtungen mit untereinander unvereinbaren Normen entstehen: Sie mögen nach Kompromissen suchen oder sich bis auf den Tod bekämpfen, doch, so wiederum Romano, es ist nicht die Aufgabe des Juristen, sich dieser Fragen anzunehmen.

Diese Ansicht ist übrigens ausschließlich italienischer Provenienz – sie hängt mit einer bestimmten europäischen Rechts-Schule zusammen und gehört in den Rahmen der Debatten beim Kampf gegen die Staatsauffassung (Gozzi 1988). Doch in Italien hat diese Einstellung einen tiefgreifenden Einfluß ausgeübt, weniger auf die vorherrschende Konzeption des Rechtes, das »statalistisch« blieb, als vielmehr auf die Politik. In allen Arten antiliberaler Kreise hat sie große Volkstümlichkeit erlangt, bei der Rechten wie bei der Linken und auch im Zentrum. Sie wurde zugunsten des Korporativismus eingesetzt, jener Vorstellung, die den Staat als Vermittlungsinstanz zwischen Einrichtungen einheitlich konstituierter, unabhängiger »Körper« betrachtet (Romano selbst hat das faschistische Regime unterstützt und wurde Staatsrat), doch sie hat auch Vorarbeit für die Ansprüche der katholischen Kirche gegenüber dem Staat geleistet (Romano begründet umfänglich, warum die Kirche seiner Ansicht nach über den Gesetzen des Staates steht); und sie hat schließlich auch noch Argumente geliefert zur Abwehr staatlicher Versuche einer Illegalisierung von Gewerkschaften, Volksbünden und revolutionären Parteien.

Diese relativistische Position hat auch nach dem Zweiten Weltkrieg überlebt, *mutatis mutandis* in der eigentümlichen Verbindung von Zynismus und Katholizismus, der Quintessenz politischer Praxis Italiens: Kein Individuum und keine Institution ist zur Definition des Gemeinwohls imstande (nur Gott kann es erkennen), und die Verteidigung von derlei Unerkennbarem kann natürlich auch nicht die Rolle des Staates ausmachen. Das einzig mögliche »Gemeinwohl« kann nur aus einem unermüdlichen Prozeß der Vermittlung der verschiedenartigen, in der bürgerlichen Gesellschaft vorhandenen, organisierten Interessen entstehen – ein Prozeß, in dem es nur natürlich ist, daß jeder seine eigenen Absichten verfolgt. Die Konsequenz dieses Bündnisses stellte dann der Regierungsstil der Democrazia cristiana dar; auf ihn kann man, über die Servilität gegenüber den Kircheninteressen hinaus, jene ständige Kompromißbereitschaft zurückführen, die in Italien zu besonderer Dramatik gelangt ist und dabei die ohnehin nicht allzu hohen Standards der Politik noch weit unterboten hat.

Die Neigung, mit der Mafia lieber zu verhandeln, als sie zu bekämpfen, hat in diesem Zusammenhang etwas Bequemes. Selbst die befremdliche Zwiespältigkeit der Beziehungen von Kirche und Mafia, die wir in Kapitel III belegen werden, rührt möglicherweise von übereinstimmenden Interessen beim Widerstand gegen die Macht des Staates und bei der Konservierung der »Rechtlichkeit« paralleler Einrichtungen her. Nicht verwunderlich daher, wenn manche Richter diese Ideologie auch in der Rechtspflege anwenden. Corrado Carnevale zum Beispiel, der Vorsitzende der 1. Sektion des Kassationsgerichtshofs (der oberste Strafsenat Italiens), hat sich im Laufe der 80er Jahre besonders hervorgetan bei der Aufhebung einer langen Reihe von Urteilen gegen Mafiosi: Dabei nimmt er (so in einem Interview mit ›La Stampa‹ am 25. Mai 1989) erneut den Standpunkt Romanos auf: »Soweit mir bekannt, ist die Mafia eine Institution, eine Rechtsordnung mit eigenen Regeln. Eine kriminelle Organisation, die keine Regeln aufweist, ist etwas anderes, ist nicht Mafia.« Und: »Eine solche Organisation ohne Regeln kann vielleicht noch gefährlicher sein, aber es handelt sich dann nicht um Mafia.« Die umstrittenen Urteile dieses Richters wurden entweder mit winzigen Verfahrensfehlern der unteren Instanzen begründet oder mit der Vorgabe, daß alleine die Aussagen von »Pentiti« (aussagewilligen Ex-Mafiosi, im folgenden meist als »Mafia-Aussteiger« bezeichnet) nicht zur Verurteilung ausreichen. Angesichts der eben zitierten Ausführungen ist die Frage legitim, ob der Eifer dieses Richters nicht nur aus der Besessenheit für formaljuristische Details und für die Rechte der Angeklagten herrührt, sondern auch ein Zeichen echter ideologischer Überzeugung ist – etwa, daß der Staat alle Eingriffe in Angelegenheiten unterlassen muß, die ausschließlich eine unabhägige Einrichtung beziehungsweise deren Normen und ihre Mitglieder betreffen. Unter diesem Blickwinkel wäre das, was uns als Mord erscheint, als Exekution einer Todesstrafe zu betrachten, und jeder »äußere« Eingriff wäre eine Einmischung in die »justizielle Ordnung«, die dieser Exekution zugrundeliegt.

Daß es lange – bis 1992 – keine Initiativen zur Amtsenthebung dieses und ähnlicher Richter gab, zeigt an, daß auch andere Mitglieder des Machtapparates diesen Standpunkt entweder teilen oder zumindest akzeptieren konnten. Dennoch: Auch wer (im Gegensatz zum Autor des vorliegende Buches) an die Gültigkeit des relativistischen Ansatzes glaubt, weil er seiner Überzeugung nach die Eimischung des Staates in die bürgerliche Gesellschaft eingrenzt, müßte sich klar sein über eines: Ist man einmal bei diesem Extrem angelangt, zersetzt man damit die Legitimität des Staates selbst und verschärft den sozialen Verfall, gerade wenn man den Anspruch erhebt, den Mezzogiorno (den italienischen Süden) vor der »Übermacht« des Nordens zu schützen. Die Bedeutung, die die Mafia in Zukunft haben wird, hängt großenteils davon ab, inwieweit eine solch fahrlässige Ideologie überwunden werden kann.

Das vorliegende Buch sucht einen Beitrag in diesem Sinn zu leisten – durch den Beweis, daß der Vergleich zwischen Mafia und Staat klare Grenzen hat und daß folglich die Beurteilung der Mafia als juristische Ordnung haltlos ist. Erstens ist die Mafia, wie Kapitel V und VI klären werden, nicht eine zentralisierte Entität, sondern besteht aus vielen unterschiedlichen »Unternehmen«, denen dieselbe »kommerzielle« Bezeichnung gemein ist und die (auf wechselnde Art) in ein Kartell eingebunden sind. Die von einem solchen Kartell eingesetzten Normen werden häufig mißachtet und manipuliert und gehören im Grunde nicht einem dauerhaften, allgemein anerkannten Kodex an; auch findet sich keinerlei moralische Begründung für die Existenz solcher Normen. Zweitens sind die Kriterien der allgemeinen Anwendbarkeit und der Gleichheit (und schon gar der Transparenz) völlig unzureichend: Der Schutz wird auf privater Basis verkauft, sein Preis variiert je nach dem Reichtum des Kunden, der erbetenen Dienstleistung und der Eigenwilligkeit des Schutzgebers. Die Mafia stellt nicht einmal einen »Minimal-Staat« im Sinne Nozicks (1979) dar, das heißt einen Staat, der die *totale* Kontrolle der Gewalt auf einem Territorium ausübt und *jedermann* beschützt, der innerhalb dieses Territoriums lebt, ob dieser das nun will oder nicht. Drittens wird der Vergleich von Mafia und Staat völlig sinnlos, wenn er sich auf einen konstitutionellen, demokratischen Staat bezieht: Mafiosi haben keinerlei Verantwortlichkeit gegenüber ihren Untertanen – die Mafia hat keine Bürger, im besten Falle Kunden. Zieht man also einen Vergleich, kann dies allenfalls mit der Industrie geschehen, nicht mit dem Staat. Würde man die Mafia mithin als Rechtssystem betrachten, wäre das genauso, als würde man dieses Attribut etwa der Automobilindustrie anheften.

Betrachtet man, über die interne Struktur hinaus, auch die wirtschaftlichen Konsequenzen, wird jedwede – juristische oder anderweitige – Rechtfertigung des Phänomens Mafia vollends absurd. Wenngleich diese Industrie auch gewisse Privatinteressen zu befriedigen vermag, sind ihre Auswirkungen auf den Wohlstand der Bürger und auf die wirtschaftliche Entwicklung des Staates katastrophal. Marktwirtschaftlich orientierte Gesellschaften sind gerade dann erfolgreich, wenn man in ihnen nicht alles kaufen oder verkaufen kann. Soll das Sozialleben ein Minimum an Harmonie besitzen, der Gütertausch erfolgreich durchgeführt werden, so dürfen die Ausübung der Justiz, der Schutz der Menschenrechte, die Zuweisung öffentlicher Ämter, die Wahlen etc. gerade nicht privatisiert werden, muß es verboten sein, mit ihnen Handel zu treiben. Die Rechte müssen allgemeine Gültigkeit haben, ihre Beachtung muß unabhängig vom persönlichen Reichtum der Opfer durchzusetzen sein. Werden derlei Güter zu Handelsobjekten, ergeben sich unheilvolle Folgen. Die von der Mafia heimgesuchten Gebiete des Mezzogiorno wurden in einen tragischen Circulus vitiosus hineingerissen – seither gibt es die einzig lebendigen Märkte gerade bei den *falschen* Gütern (in diesem Sinne weist der italienische Süden allerdings eine hochentwickelte marktwirtschaftliche Gesellschaft auf).

Obwohl die Mafia letztlich die wirtschaftliche Entwicklung verhindert, hat sie eine enorme Zählebigkeit. Diese beruht auf einem Gleichgewicht, das dadurch aufrechterhalten wird, daß niemand ein persönliches Interesse am Kampf gegen die Mafia oder an einem grundsätzlich alternativen Verhalten hat – selbst wenn er sich der negativen Konsequenzen bewußt ist, die diese Industrie für die

Gemeinschaft zeitigt. Der mafiose Schutz mag noch so mies und unzuverlässig sein, doch es gelingt seinen »Produzenten«, das Mißtrauen in ein rentierliches Geschäft zu verwandeln und dabei auch noch die Interessen vieler Menschen zu befriedigen. Deshalb ist auch ein Gutteil des vorliegenden Buches der Analyse der internen Mechanismen dieser Erscheinung gewidmet. Gleichzeitig muß aber immer bewußt bleiben, daß die Mafia eine wesentlich beunruhigendere Erscheinung wäre, gäbe es da nicht ihre zwiespältigen Beziehungen zum Staat.

Es gilt, die besonders gewalttätigen Aktionen der Mafia zu begründen, speziell die zahlreichen Morde an Richtern und Angehörigen der Ordnungskräfte. Derartiges gibt es weder in den Vereinigten Staaten oder in Japan, wo durchaus mafiaähnliche Industrien existieren. Paradoxerweise hätte es für die Mafia vielleicht keinen Grund zu solch gewalttätigen Aktionen gegeben, hätten sich die Staatsorgane stärker untergeordnet, das heißt stets den Verhandlungsweg gesucht und damit de facto der Mafia eine Art Halblegalität zuerkannt (ähnlich derjenigen, der sich die japanische Yakuza erfreut). Doch da gab und gibt es eine Spaltung innerhalb des italienischen Staates: Im Kontrast zum friedlichen Zusammenleben vieler Beamter und Politiker mit der Mafia gibt es auch eine aufopferungsvolle – häufig heroische – Tätigkeit einiger weniger loyaler Diener des Gesetzes. Im Verlaufe der letzten fünfzehn Jahre hat ein Teil des Staates eine energische Kampagne gegen die Mafia gestartet, und wenn viele ihrer hervorragenden Vertreter das Leben verloren haben, rührt das auch von der mangelhaften Unterstützung seitens mancher Politiker und Amtsträger her: Mafiose Killer konnten auf Zustimmung oder zumindest auf eine nur schwache Vergeltung hoffen. In den Vereinigten Staaten wird die Ermordung eines Polizisten oder eines Richters mit aller Entschiedenheit und Strenge verfolgt, und das wirkt abschreckend. Man kann also nicht sagen, daß der italienische Staat den Kampf gegen die Mafia verloren hat – er hat ihn ja schließlich nie wirklich geführt.

Ein Großteil der Quellen für das vorliegende Buch stammt aus der genannten Antimafia-Kampagne, speziell aus der außerordentlichen Ermittlungsarbeit der Untersuchungsrichter Paolo Borsellino und Giovanni Falcone sowie ihrer Kollegen, in Palermo wie in Agrigent. Die Aussagen der Pentiti – Tommaso Buscetta, Antonino Calderone, Stefano Calzetta, Salvatore Contorno, Francesco Marino Mannoia, Vincenzo Marsala, Vincenzo Sinagra, Leonardo Vitale – und die Dokumente der Maxi-Prozesse in Palermo und Agrigent eröffnen dem Wissenschaftler eine nie dagewesene Menge von Material.

Was darüber hinausgehende Materialien angeht, kann sich der Leser leicht eine Vorstellung machen: Will man sich in einer Untersuchung wie der vorliegenden nicht mit den Sekundärquellen zufriedengeben, trifft man unweigerlich auf ernste Schwierigkeiten. Die Annäherung an wirklich gute Informationen und der Zugang zu den für die Forschung besonders interessanten Bereichen ist schwierig, meist prallt man gegen eine Mauer des Schweigens, und mitunter gibt es auch Gefahren. Das ist sicher der Grund, warum es keinerlei direkt auf dem Feld der Mafia selbst durchgeführte Studien gibt; die Forscher haben sich wohlweislich auf historische und gerichtliche Quellen beschränkt. Ich selbst habe es auch so gemacht.

Dennoch habe ich auch noch einen anderen Weg beschritten. Im Verlaufe von knapp einem Jahr Forschungen in Palermo habe ich viele Personen interviewt, darunter Unternehmer vorwiegend aus dem Bausektor, Mitarbeiter von Finanzgesellschaften, Makler und Kaufleute. Weiterhin habe ich bestimmte Tätigkeitsfelder beobachtet, wie den Grünen Markt oder die Taxis in Palermo, die sich, wenngleich oberflächlich betrachtet nur von peripherer Bedeutung, als ausgesprochen erhellend erwiesen haben und zur empirischen Klärung beitragen; darauf beruht insbesondere das Kapitel VIII.

Trotz alledem kann die hier vorgeschlagene theoretische Anlage nicht unmittelbar auf die Quellen angewandt werden, als hätten die hierbei eruierten Fakten bereits vorher in neutraler Form vorgelegen: Der von mir gewählte Ansatz hat vielmehr eine radikalere Auswirkung: Er trägt in seiner Auseinandersetzung mit anderen theoretischen Ansätzen zur Neukonzipierung der Fakten selbst bei. Unser Ansatz weist uns nicht nur an, wie wir schauen sollen, sondern auch welche Fakten wir im besonderen betrachten müssen; er identifiziert die spezifische Andersartigkeit der Mafia und gestattet es, Tätigkeitsfelder und Charakteristika dessen zu bestimmen, was im eigentlichen Sinne als mafios zu definieren ist.

Dieser Ansatz widerspricht zwei verbreiteten Sichtweisen von der Mafia: Mafiosi werden hier erstens nicht als Unternehmer mit illegalen Waren und auch zweitens nicht als gewalttätige Unternehmer legaler Ware betrachtet. Als Mafiosi im eigentlichen Sinne beschäftigen sie sich ausschließlich mit Schutz. Mitglied der Mafia zu werden bedeutet den Erhalt einer Lizenz zum Schutzgewähren. Bevor ich mit dieser Untersuchung begann, glaubte ich, daß sich die im analytischen Sinne relevante Unterscheidung zwischen Schutzgewähren und Schutznehmen, zwischen Mafiosi und ihren Kunden, in der Praxis miteinander vermischen würden; tatsächlich jedoch wird deutlich, daß dieser Unterschied auch in der Praxis besteht (vgl. Kapitel VII und IX).

Die Mafia (vgl. Kapitel II und III) ist eine Industrie und wird (wie viele andere Branchen) wettbewerbsmäßig mit bestimmten Mitteln und innerhalb bestimmter Grenzen betrieben, die das von ihr behandelte Gut setzt. Auch in diesem Sinne ist die Mafia rational erklärbar. Viele Vorgänge, die üblicherweise eher geheimnisumwoben gedeutet wurden, lassen sich schlichtweg als Strategien erklären, die die mafiosen Familien zum effizienten Verkauf ihres Schutzes anwenden. Selbst vordergründig extravagante Verhaltensweisen – wie ich im Kapitel VI zu belegen versuche – weisen eine präzise wirtschaftliche Wirksamkeit auf. Was nicht heißt, daß der Eintritt in die Mafia eine besonders rationale Entscheidung sein muß; doch es bedeutet: Einmal in diesen Bereich eingetreten, muß man die Effizienz dieses Gebietes aktiv fördern, sonst nehmen einem andere den Platz weg.

Das vorliegende Buch verbindet deduktive Überlegungen mit einer großen Vielfalt an empirischen Erkenntnissen und versucht so, Licht in eine Anzahl von Fragen zu bringen, die die Forschung mittlerweile aufgeworfen hat. Die Geschichte der Mafia lasse ich dabei ganz allgemein außen vor, widme aber Kapitel IV der Frage ihrer Entstehung und bemühe mich dabei nachzuweisen, daß man eine Reihe einigermaßen sicherer Schlußfolgerungen über die historischen Bedingungen ihrer Ursprünge aufbauen kann. Darüber hinaus versuche ich auch zu klären, daß die Polarisierung bestimmter Positionen – etwa zwischen jenen, die die Mafia als Organisation definieren, und jenen, die dies ablehnen, oder zwischen jenen, die den Symbolen der Mafia reale Bedeutung zumessen, und jenen, die das als reine Phantasieprodukte abtun – daher rührt, daß man in der Vergangenheit schlichtweg die falschen Fragen gestellt hat. Im Zusammenhang mit der hier vorgelegten These verlieren gängige Unterscheidungen an Bedeutung (etwa zwischen legaler und illegaler Ware), und es verschwindet auch manch vordergründiges Problem, das die Gemüter der Forscher schon seit langer Zeit bewegt – etwa die »wundersame« Fähigkeit der Mafia zur Anpassung an veränderte Umstände. Dagegen ergeben sich neue, unerwartete Vergleiche mit der »normalen« Industrie – etwa der des Automobilsektors, den Versicherungen, der Werbung.

Das vorliegende Buch widersetzt sich grundsätzlich einer Deutung der Verhaltensweisen mit »subkulturellen Werten«. Derlei bildete seit 1860 eine häufige Erklärung »sizilianischer« Verhaltensweisen (Pezzino 1990, Riall 1988, S. 212–13); und es wurde auch beim Aufspüren der Ursprünge der Mafia benutzt: Danach soll die hierbei aufgetane Subkultur eben die Tendenz zum Gebrauch privater Gewalt enthalten. Speziell Henner Hess zeichnet ein Bild mafioser Tätigkeit innerhalb eines subkulturellen Systems, das unter anderem den unüberwindlichen Widerwillen zur Veränderung des eigenen mafiosen Herrschaftsgebietes erklären soll (Hess 1970).

Beschreibt man das menschliche Tun jedoch in einer solchen Begriffswelt, müßte man davon ausgehen, daß die Menschen von Umständen beeinflußt werden, die ihnen unbewußt sind; die Stabilität bestimmter Verhaltensweisen wäre dann konsequenterweise reduziert auf Wiederholungszwänge, die von der Beachtung bestimmter Normen herrühren. Das aber würde jegliche Veränderung unerklärlich machen. Und dazu geriete dieser Ansatz auch noch leicht in den Bereich rassistischer Phantastereien – zusätzlich befördert durch Sprüche wie »Die Sizilianer haben die Mafia im Blut«, die man sowohl von Gegnern wie Freunden der Mafia immer wieder mal zu hören bekommt. Da ist schon eher eine Betrachtungsweise vorzuziehen, die die sogenannten kulturellen Aspekte als ein Gesamtes von Fähigkeiten ansieht, die im Laufe der Generationen erworben wurden (etwa der Fähigkeit zum Spionieren, zum Aufrechterhalten der Selbstkontrolle, zum Ertragen von Gewalt), und von Erwartungen an das Leben und das Verhalten der anderen – etwa die Frage, wie weit man dem Nächsten trauen kann. Im Gegensatz zu Normen sind Fähigkeiten und Erwartungen Bestandteil eines gedanklichen Weltbildes, in dem die Personen als potentiell rationale Wesen betrachtet werden, verantwortlich für ihr Tun, und in dem es folglich auch nicht unmöglich erscheint, rationale Versuche zur Reform auszudenken.

Oxford, im Herbst 1993
Diego Gambetta

Mein Dank gebührt Giovanni Contini, der entschieden meine intellektuelle Neugier für die sizilianische Gesellschaft geweckt hat. Daniel Bell, Partha Dasgupta und Geoffrey Hawthorn haben mich in schwierigen Momenten der Forschung ermutigt; ihre Beobachtungen haben zur Formulierung des allgemeinen Ansatzes für dieses Werk beigetragen. Pascal Boyer hat mir beim Verständnis der Bedeutung einiger Rituale geholfen, die ansonsten, als solche betrachtet, keinerlei Bedeutung haben. Piero Severi (der auch die italienische Übersetzung vorgenommen hat) hat zur Verbesserung des Textes beigetragen, indem er mir eine lange Liste von unverständlichen Passagen vorgelegt hat. Luca Anderlini, Alex Kacelnik, Carol Mershon, Lucy Riall, Hamid Sabourian, Tony Tanner, George Tsebelis, Alberti Vannucci und Federico Varese haben Kritiken und konstruktive Vorschläge für verschiedene Abschnitte des Manuskriptes unterbreitet (auch wenn die Verantwortung für das, was hier steht, natürlich ausschließlich bei mir liegt).

Während meines Aufenthalts in Palermo habe ich von zahlreichen Personen Hilfe erhalten; nicht alle wollten jedoch in diesem Zusammenhang genannt werden. Anna Puglisi und Umberto Santino waren großzügige Gastgeber und haben mir den Zugang zu ihrer Bibliothek und den Dienstleistungen des Centro di Documentazione »Giuseppe Impastato« gewährt. Kommissar Saverio Montalbano hat freundlicherweise eine Diskussion mit mir über die Erscheinung der Mafia akzeptiert. Viel habe ich auch aus den Gesprächen mit Salvatore Modica und einigen seiner sympathischen Freunde gelernt. Weiter möchte ich noch danken Susi Abbate, Giovanni und Giovanna Accardi, Giulia Aurigemma, Giorgio Chinnici und seiner Familie, Giancarlo Lo Curzio, Santo Quartuccio und Mario Romeo: sie haben meine Forschung und meinen angenehmen Aufenthalt ermöglicht. Mehr als an alle anderen jedoch möchte ich an den Untersuchungsrichter Paolo Borsellino erinnern. Nach seiner Ermordung erscheint mir die Zeit, die er mir großzügigerweise gewidmet hat, noch wertvoller.

Die Mitarbeiter der Bibliothek der Universität Cambridge, und dort wiederum besonders Stephen Lees und William Noblett, haben eine Vielzahl von Quellen besorgt und aufbereitet und waren auch sonst stets überaus hilfsbereit. Die Hilfe der Anwälte Donato Messina und Antonio Reina war grundlegend für den Erhalt justizieller Quellen, Giancarlo Bartoloni, Mitarbeiter der Sinistra indipendente im Senat, hat die Akten der Parlamentarischen Antimafiakommission besorgt. Carlo Gambetta, mein Vater, hat mir großzügig die Zeitungen ausgewertet und eine eindrucksvolle Ausschnittesammlung über das Thema zur Verfügung gestellt.

Finanzielle Unterstützung habe ich aus zwei Quellen erhalten. Die »International Fellowship« aus Formez hat meinen Aufenthalt ermöglicht und die Ausgaben für die Feldforschung 1986/87 getragen. Guido Martinotti, der mich dabei großzügig unterstützt hat, schulde ich entsprechenden Dank. 1989 hat der englische »Economic and Social Research Council« mir die Einstellung eines Forschungsassistenten für ein Jahr ermöglicht. Und schließlich hat auch das »King's College Research Centre« in Cambridge das Projekt durch die Bereitstellung von angenehmen Räumen und Ausrüstung gefördert.

Tiefste Dankbarkeit schulde ich Valeria Pizzini, mit der ich in den beiden letzten Jahren zusammengearbeitet habe und deren sichere Kritik bei der Sichtung der Masse empirischer Daten einen unschätzbaren Wert für die Qualität der vorliegenden Arbeit hatte.

Hinweis:

Die in diesem Buch benutzten Aussagen der »Pentiti« sind Gegenstand von noch immer anhängigen Gerichtsverfahren, weshalb es nicht gerechtfertigt erscheint, ihnen schon eine präzise, endgültige strafrechtliche Relevanz zuzumessen.

Anmerkung des Übersetzers:

Der Originalterminus, um den sich dieses Buch dreht, ist »protezione«. Er hat im Deutschen keine genaue Entsprechung, beinhaltet viel mehr Elemente von Schutz als Beschützen vor Unannehmlichkeiten, aber auch von Protektion im Sinne einer Förderung von Anliegen, Geschäften und Karrieren, und er hat überdies in Sizilien die Bedeutung ausschließlich aufgedrängten, erpreßten Schutzes; »protezione« hat also einen unehrbaren Beigeschmack, auch wenn sie nicht von der Mafia getätigt wird. Diego Gambetta benutzt den Begriff sowohl als Zustandsbeschreibung – der Status des Geschütztseins – wie auch als Tätigkeit, als Schutzgewährung, und beides gilt ihm, Hauptargument im vorliegenden Werk, als »Ware«, die der Mafioso zu verkaufen sucht und deren Verkauf ihn überhaupt erst zum eigentlichen Mafioso macht.

Ich habe also notgedrungen mehrere Analogbegriffe oder Wortzusammensetzungen für den einen Begriff »protezione« verwendet, eben »Schutz« (als Gegenstand oder als Ware) oder »Schutzgewährung« (als Tätigkeit), aber auch »Protektion«.

Wo Gambetta Begriffe verwendet oder auf Institutionen verweist, die im Deutschen unbekannt sind, habe ich in Klammern kurze Erklärungen hinzugefügt; die Eigenbezeichnung der Mafiosi »Uomini d'onore«, für die »Ehrenmann« oder »Mann der Ehre« natürlich ein Unding wäre, habe ich im italienischen Original gelassen. Wo neue Ereignisse oder Erkenntnisse über die behandelten Materialien nach Erscheinen der letzten Ausgabe des Buches (in Italien beziehungsweise in England) zu vermelden sind, habe ich die einschlägigen Bemerkungen aus dem – mir freundlicherweise von Diego Gambetta vorab zur Verfügung gestellten – Nachwort der in Kürze erscheinenden zweiten italienischen Auflage eingearbeitet.

Als bekannt vorausgesetzt habe ich, daß der Begriff »Familie« im Mafia-Milieu nicht die verwandtschaftliche Bezeichnung bedeutet, sondern eine genau definierte, aus formal aufgenommenen Mitgliedern bestehende Gruppe der Cosa nostra, und habe daher den Begriff nicht in Anführung gesetzt. Nur wo ausnahmsweise die Verwandtschaft gemeint war, habe ich dies durch den Zusatz »physisch« gekennzeichnet.

Caracchina, im Frühjahr 1994
Werner Raith

Erster Teil:
Die Industrie des Schutzes

Kapitel I: Der Markt

1. »Peppe«, der dritte Mann

Die grundlegenden Elemente der These, die ich in diesem Buch vorstelle, sind in den Worten enthalten, mit denen mir ein palermitanischer Rinderzüchter seine Sicht geschäftlichen Vertrauens darlegte: »Der Metzger, der zu mir kommt und mir ein Tier abkaufen will, weiß, daß ich ihn hereinlegen will. Andererseits weiß ich ebenfalls, daß er mich seinerseits hereinlegen will. Darum brauchen wir zur Einigung einen ›Peppe‹ (einen dritten Mann); danach bezahlen wir beide ihm einen prozentualen Anteil am Geschäft.« Diese einfachen Sätze haben theoretische Relevanz: Auf der einen Seite ist da das gegenseitige Mißtrauen, das beiderseits nach einer Garantie verlangt; andererseits ist da dieser »Peppe«, ein Mann, der nach Ansicht des Metzgers wie des Rinderzüchters zur Lösung dieses Anliegens imstande ist. Bevor ich den unmittelbaren Eindruck dieses Viehzüchter-Spruchs durch eine ökonomische Theorie überlagere, will ich kurz den Zusammenhang schildern, in dem dieses Gespräch stattfand.

Ich befand mich in einem Möbellager der Stadt zu einem Interview mit dem Eigentümer, einem etwa fünfzigjährigen Mann, der in diesem Viertel geboren war und immer dort gelebt hatte. Wir sprachen über Kredite, Vertrauen und die örtlichen Schutzgeldrackets. Der Mann, der mich mit ihm in Kontakt gebracht hatte – auch zum Interviewen ist ein »Garant« vonnöten, der sowohl dem Interviewer wie dem Interviewten Sicherheit gibt –, hatte ebenfalls lange in diesem Viertel gelebt. Um mir eine Vorstellung davon zu vermitteln, erzählte er mir die Geschichte eines Metzgers, der üblicherweise seinen Schutz anzubieten pflegte, wann immer er oder seine Frau zu ihm in den Laden kam: »›Professore‹, sagte er mit seinem deutlich palermitanischen Akzent, ›wenn Sie jemand belästigt, zögern Sie nicht, mich zu rufen.‹« Zur Zeit meines Interviews saß der Metzger im Gefängnis, unter der Anklage, ein »Uomo d'onore« zu sein (»Mann der Ehre« – Eigenbezeichnung der formell in eine Mafiafamilie aufgenommenen Männer, seit dem

Antimafiagesetz von 1982 als Bildung einer mafiosen Vereinigung strafbar); er soll zu einer der »aufstrebenden« Familien der örtlichen Mafia gehören und überdies im Gefängnis einen Mann umgebracht haben, der aus irgendeinem Grunde bestraft werden sollte. Der »Garant« meines Interviews hat mir diese Geschichte zusammen mit vielen weiteren erzählt, um mir zu zeigen, wie leicht man in Palermo auch als gutsituierter Mensch in Kontakt mit Mafiosi geraten kann.

So wagte ich denn die Frage an den Möbelhändler, ob er diesen Metzger kenne, und wie er sich denn erkläre, daß der Eigentümer eines gutgehenden Geschäftes im Gefängnis landet und dort einen Mord begeht: Der Fall des Metzgers schien meiner Ansicht nach ein Widerspruch zur Behauptung meines Gesprächspartners zu sein, wonach vor allem die Jugendarbeitslosigkeit der Grund für die Ausbreitung der Kriminalität sei. »Der Herr X«, antwortete er etwas verwirrt über die Frage, »ist ein Freund von mir; wir kennen uns seit Kindertagen. Wenn Sie wüßten, wie er Metzger geworden ist und was er alles dafür hat tun müssen, wären Sie nicht so überrascht.« Vermutlich wollte er mir damit sagen, daß der Metzger mit dem Auftragsmord eine Schuld jenen gegenüber beglich, die ihm vordem geholfen hatten. In den Worten des Möbelhändlers schwang nicht die geringste negative moralische Wertung mit, eher schon Trauer über das Schicksal des Metzgers.

Der Möbelhändler selbst war wahrscheinlich in keinerlei illegale Tätigkeit oder Organisation verwickelt, doch nach seiner eigenen Einlassung muß er sich jedenfalls in stillschweigendem »Einklang« mit der Mafia befunden haben. Er bezahlte keine Schutzabgaben, zumindest nicht in Form von Geld, doch wie er selbst sagte, begegnete er den »Gente di rispetto« (respektable Personen, volkstümliche Bezeichnung für Mafiosi und andere präpotente Menschen) immer freundlich, gab sich jederzeit dienstfertig, war bei Einkäufen zur Gewährung von Skonto und Kredit bereit. In seinem Viertel war er bekannt und geachtet, hatte niemals persönlich oder geschäftlich Schwierigkeiten gehabt. Er war wohl so etwas wie ein »Intisu«, wie man in Palermo jene bezeichnet, die zwar keine regulär aufgenommenen Mitglieder (»Membri fatti« im Mafiajargon) sind, jedoch gegenüber der Mafia ein gewisses Verständnis (»intesa«) und eine opportunistische Ehrerbietung zeigen.

Während unseres Gespräches trat nun der eingangs erwähnte

Rinderzüchter ins Geschäft und bezahlte Schulden für Möbel zur Hochzeit seiner Tochter. Er war einen Tag in Verzug und entschuldigte sich ausführlich dafür mit der Begründung, daß er sechs Monate auf die Bezahlung eines Betrags habe warten müssen, den ihm ein Metzger schuldete. Die beiden klärten die Sache, danach stellte der Möbelhändler mir den Mann vor und brachte das Gespräch wieder auf das Thema »Vertrauen«. Er habe dem Rinderzüchter das Geld vorgestreckt, ohne sich einen Wechsel ausstellen zu lassen (was er besonders betonte) – statt dessen habe er sich ausschließlich auf das Wort des Mannes verlassen; eine Andeutung, daß ihm das Ansehen des Rinderzüchters Garantie genug für die Bezahlung war. An dieser Stelle nun sprach der Rinderzüchter über die Notwendigkeit des »Peppe« auf dem Fleischmarkt.

Der Möbelhändler hielt dafür, daß sich die Rolle des »Peppe« darauf beschränkt, die beiden Seiten in Kontakt miteinander zu bringen, das heißt, nicht Schutz zu verkaufen, sondern *Informationen* darüber, ob sich ein bestimmtes Geschäft empfiehlt: Auf diese Weise ermögliche er den Handel, und dafür bekomme er eine Provision von zwei Prozent. Fungiert er darüber hinaus auch noch als Garant für die Qualität der Ware und für deren Bezahlung, erhöht sich die Provision. Er selbst habe in jüngeren Jahren mit dem Gedanken gespielt, die Karriere eines »Peppe« auf dem Viehmarkt einzuschlagen, doch die mit diesem Beruf verbundene Rohheit hatte ihn davon abgebracht – man müsse ständig brüllen, beleidigt tun, dramatische Verweigerungen vorspielen, große rituelle Freundschaftserklärungen abgeben, kräftige Händedrücke und gewaltige Schläge auf Schultern austeilen. Beide, der Möbelhändler und der Rinderzüchter, stimmten darin überein, daß der »Peppe« in gewissen Fällen tatsächlich als Garant fungiert und daß er innerhalb eines bestimmten Gebietes ein echtes Monopol ausübt.

Alle Geschäfte, über die wir sprachen, waren illegaler Natur, Teil des sogenannten »Untergrund-Fleischmarkts«: Ein Markt, von dem man seit längerem sagt, er sei »von der Mafia kontrolliert«. Gesetzlich dürfen Metzger und Züchter außer dem öffentlich abgewickelten Fleischgeschäft keinen weiteren Handel miteinander betreiben. Nun ist im öffentlichen Geschäft das Problem des Vertrauens – der Rinderzüchter machte selbst darauf aufmerksam – weit weniger wichtig, denn das Gewicht, die Gesundheit und die Qualität der Tiere stehen unter Kontrolle und sind leicht zu verifizieren. Trotzdem ist die Aussicht auf zum Beispiel Steuerhinterziehung ein Antrieb, die gesetzlich vorgeschriebene Prozedur zu umgehen – unter der Voraussetzung, daß man auf einen »Peppe« zählen kann, der diese illegalen Geschäfte als Garant ermöglicht und der weniger kostet als die Steuer, die man sonst bezahlen muß.

Möchte ich damit vielleicht die These aufstellen, »Peppe« und seine Kollegen stellten genau das dar, was ein Mafioso ist? In gewisser Weise und im weitesten Sinne: ja. Will heißen: Man muß den Hauptmarkt für mafiose »Dienstleistungen« bei den Geschäften suchen, bei denen das Vertrauen brüchig ist oder überhaupt fehlt. Etwa bei illegalen Geschäften, bei denen man keine Instanz anrufen kann, die in der Lage ist, die Regeln durchzusetzen, mit anderen Worten: den Staat. Das Modell des Rinderzüchters weist jedenfalls viele Varianten auf: »Peppe« kann eine Einzelperson sein, aber auch ein Netz mehr oder weniger organisierter »Agenten«; er kann jede Transaktion eines bestimmten Marktes leiten oder auch erst nachträglich um Intervention bei Geschäften gebeten werden, in denen es Auseinandersetzungen um die Vereinbarung oder um die Zusammenarbeit gibt. Der »Peppe« mag nur einen der beiden schützen, den Käufer oder den Verkäufer, oder aber auch beide gleichzeitig. Die Lage verkompliziert sich weiter durch die Verschiedenartigkeit der schutzfordernden Geschäfte, von denen jedes unterschiedliche technische und organisatorische Anforderungen stellt. Ich werde in diesem Buch zahlreiche Möglichkeiten dieser Art analysieren. Wie auch immer: Wenngleich »Peppe« in ganz verschiedenen Gewändern auftreten kann, *so ist es doch eine besondere Entwicklung seiner Tätigkeit*, die den ursprünglichen Kern der Mafia bildet.

Man könnte einwenden, daß »Peppe« im Grunde nur eine Art Makler sei, wie es sie in vielen Bereichen, an vielen Orten und zu allen Zeiten gab, während die Mafia ein begrenztes Phänomen ist und in einer klar umrissenen Region vorkommt. Makler gibt es in jedem Geschäft, von der Landwirtschaft bis zur Heirat, vom Waffenhandel bis zur Immobilienagentur; und ihrem Beruf wohnt überhaupt nichts Mafioses inne.

Ob »Peppe« mafiose Eigenschaften entwickelt, hängt prinzipiell davon ab, ob er *Informationen* produziert oder *Garantien*. Wir werden im nächsten Kapitel sehen: Verkauft er Garantien, ist es wahrscheinlich, daß er *unter bestimmten Umständen* mafiose Verhaltensweisen entwickeln wird; umgekehrt ist dies kaum der Fall, wenn er sich auf den Verkauf von Informationen beschränkt, ohne Garantien über die Vertrauenswürdigkeit der Partner zu geben. Tatsächlich ist im Falle der Mafia nicht so sehr der Mangel an Informationen im Spiel wie der Mangel an Vertrauen.

Diese Unterscheidung soll auch die Verwechslung von Mafioso und *Patron* ausschalten, zwei Rollen, die oft miteinander in Verbindung gebracht werden (der Begriff »Patron« wird hier nicht im deutschen Sinne von Hausherr oder Adeliger verwendet, sondern in der französischen beziehungsweise lateinamerikanischen Lesart). Der grundlegende Unterschied zwischen den beiden besteht dabei nicht, wie oft angenommen, nur in der Methode, das heißt, daß *Patrons* im Gegensatz zu Mafiosi nicht zur Gewalt greifen: Der weitere, im analytischen Sinne wichtigere Unterschied liegt darin, daß sich *Patrons* weniger um Garantien kümmern als um die Vergabe privilegierter Informationen, die ihren Kunden die Kontaktaufnahme mit Behörden gestatten. Sie stellen jemanden vor, geben Empfehlungen, verschaffen Nachrichten über Ausschreibungen und öffentliche Aufträge, über Personen, an die man sich wenden muß, über neue Gesetze, über Arbeitsansuchen, Finanzierungen und so weiter. Dazu helfen sie ihren Kunden bei der korrekten Formulierung von Anträgen, vereinfachen das Verständnis komplizierter Vorschriften, finden heraus, wie man Sanktionen vermeidet und sich Vorteile verschafft. Im Gegensatz zu Mafiosi arbeiten *Patrons* nicht autonom, sondern hängen von den politischen Parteien ab, für die sie tätig sind. Sie verschaffen keine Garantien gegen Schwindel, weder bei Geschäften noch bei Versprechen oder der Wahrnehmung von Rechtsansprüchen. Und sie schützen ihre Kunden auch nicht vor Verbrechern, Konkurrenten, Schuldnern etc. Daß die Gewalt nicht zur Rolle des *Patrons* gehört, ergibt sich mithin aus der Ware, mit der er handelt, die im Gegensatz zum Schutz diese »Ressource« nicht erfordert. (Es sei jedoch angemerkt, daß Hess und Blok, die im Gegensatz zu dieser Deutung Schutz und Vermittlertätigkeit in einen Topf werfen, der Deutung Boussevains folgen, in der die Patronage eng mit der Freundschaft verknüpft ist, und darin einen der wichtigsten Aspekte der Mafia sehen.)

2. Roßtäuschertricks

Das Gespräch zwischen dem Rinderzüchter und dem Möbelhändler fand im Februar 1987 statt. Schauen wir ein Jahrhundert zurück, erkennen wir, daß das Problem des Rinderzüchters, mutatis mutandis, über den ganzen Zeitraum hinweg unverändert geblieben ist. Heutzutage gibt es Täuschungsmanöver etwa im Gebrauchtwagenhandel (ein Beispiel übrigens, das unsere zeitgenössischen Wirtschaftswissenschaftler für einen Markt benutzen, in dem Vertrauen grundlegend ist); vor der Massenmotorisierung geschah Ähnliches zum Beispiel beim Kauf eines Droschkengauls. Aus dem Jahr 1863 ist das Gejammer eines neapolitanischen Fuhrmannes überliefert:

»Ich bin ein toter Mann. Ich habe ein *totes* Pferd gekauft, das sich auf der Straße nicht auskennt, nicht vom Fleck will, wenn es ihm an einer Stelle gefällt, das bergauf ausrutscht und bergab hinfällt, es hat Angst vor Böllerschüssen und Glockenschlägen. Gestern hat es sich in der Grotte von Posillipo aufgebäumt und eine Herde Schafe zertrampelt, die ihm im Weg waren. Ein Camorrist, der mich schützte und der seinen Platz auf dem Pferdemarkt hatte, hätte mir diesen Betrug erspart. Der Mann überwachte die Verkäufe und kriegte sein Trinkgeld vom Verkäufer wie vom Käufer. Voriges Jahr wollte ich einen blinden Gaul verkaufen, und den hat er als gutes Pferd durchgehen lassen, weil ich unter seinem Schutz stand. Nun hat man ihn ins Gefängnis geworfen, und ich war gezwungen, diesen Gaul ohne ihn zu kaufen. Er war ein nobler Mensch!« (Zitiert in Monnier 1863, S. 73–74.)

Im Gegensatz zu all der Verwirrung über die genaue Natur wirtschaftlicher Tätigkeiten der Mafia stellt diese Anekdote ein einfaches Beispiel dar, auf das man die Analyse konzentrieren kann:

Der erste wichtige Punkt betrifft die ökonomische Position des Mafioso: Seine Rolle besteht darin, den Käufer, den Verkäufer oder beide zu schützen – unabhängig davon, ob er selbst auf dem Pferdemarkt arbeitet. Er verkauft keine Pferde und kauft keine; und wenn er es tut, ist das nicht der grundlegende Aspekt, für den er bezahlt wird. Die Mafiosi können Händler ganz unterschiedlicher Waren sein, legaler wie illegaler – wie das übrigens auch Ärzte,

Politiker und sogar Pfarrer sein können –, doch das ist nicht die *differentia specifica*, die sie von normalen Unternehmern unterscheidet. Mafiosi sind Unternehmer vor allem auf dem Gebiet einer besonderen Ware: dem Schutz. Das unterscheidet sie von gewöhnlichen Verbrechern, von gewöhnlichen Unternehmern und von kriminellen Unternehmern. Wer mit ihnen in Geschäftsverbindung tritt – seien es Verwandte, Freunde oder Freunde von Freunden –, kann in illegalen Handel verwickelt sein, es kann sich aber auch um einen Unternehmer im Bereich absolut legaler Waren und Geschäfte handeln: In beiden Fällen ist er nicht als Mafioso anzusehen, sondern als ihr Kunde, will heißen als Käufer von Schutz, den die Mafiosi verschaffen. Ansonsten sind auch Mafiosi, die andere wirtschaftliche Tätigkeiten ausüben, als Kunden anzusehen: Kunden anderer Mafiosi oder sozusagen ihre eigenen Kunden.

Ein Unternehmer, der mit Pferden handelt oder mit Zigaretten oder mit Schmuggelware, kann sich den Schutz eines Mafioso kaufen. Es kann aber auch der Mafioso selbst sein, der mit Drogen oder Pferden handelt, doch nicht dies macht aus ihm den Mafioso: Das, was ihn dazu macht, ist die Fähigkeit, sich und andere vor Betrug und vor Konkurrenten zu schützen. Ein Beispiel dazu: Daß der Eigentümer einer Automobilfabrik von seiner Firma ein Auto erwirbt, macht aus ihm nicht einen beliebigen Autobesitzer; und so reduziert auch der Drogen- und Pferdehandel und der »Kauf« von Schutz bei sich selbst den Mafioso nicht zu einem schlichten Händler oder Makler. Die Nichtbeachtung dieses Unterschieds gehört zu den bedauerlichsten Mißverständnissen über die Mafia, weil es damit zur Verwechslung des Marktes geschützter Waren mit dem Markt des Schutzes selbst kommt. In Wirklichkeit handelt es sich um zwei getrennte Märkte, in denen die Verpflichtungen und Chancen durchaus verschieden sind. Für eine erfolgreiche Analyse müssen wir daher klar unterscheiden zwischen geschützten Waren und Märkten auf der einen und dem Schutz als eigenständiger Ware auf der anderen Seite.

Der zweite, ebenso wichtige Punkt in der Anekdote des Kutschers besteht darin, daß im Gegensatz zur verbreiteten Meinung eines Zwanges das Geld für den Schutz freiwillig bezahlt wird. Der Kutscher begleicht damit die Wahrnehmung seiner Interessen durch den Mafioso; folgerichtig beklagt der Mann die erzwungene

Abwesenheit des Camorristen bitter. Der Mafioso verfügt über die Mittel, den Verkäufer von erneutem Schwindel abzuhalten, und ohne seinen Schutz läuft der Kutscher tatsächlich Gefahr, sich einen untauglichen Klepper aufzuhalsen. Natürlich wäre es für den Kutscher das Beste, sich ein gutes Pferd zu kaufen, ohne Schutz zu bezahlen – doch er wird es vorziehen, etwas mehr auszugeben, als den Handel sein zu lassen oder ein schlechtes Pferd zu kaufen.

Schwieriger zu verstehen ist es da schon, warum auch der Verkäufer eine Abgabe an den Mafioso bezahlt. Die Worte des Viehzüchters – »er weiß, daß ich ihn hereinlegen will, aber ich weiß ebenfalls, daß er mich seinerseits hereinlegen will« – zeigen, daß auch der Verkäufer Schutz nötig hat; der Käufer könnte mit der Zahlung in Verzug geraten oder überhaupt nicht bezahlen und so weiter. Braucht der Käufer Schutz vor der Gefahr eines Kaufs schlechter Ware, so benötigt ihn der Verkäufer aus umgekehrten Gründen. Eine plausible Erklärung: Wir werden weiter unten sehen, daß diese Art Schutz Bestandteil des »Vertrages« ist, der verschiedene Unternehmer und Händler an die Mafia bindet (vgl. Kapitel VII).

Man kann jedoch den »Schutzvertrag«, noch raffinierter, damit begründen, daß bei Geschäften der Eindruck von Vertrauen mindestens ebenso wichtig ist wie das Vertrauen selbst (Dasgupta 1988). Weiß der Käufer, daß der Verkäufer mehr verdienen kann, wenn er ihn hereinlegt, als wenn er sich redlich verhält – ihm also am besten einen »Klepper« aufdreht –, steht zu erwarten, daß er den Handel unterläßt. In diesem Falle hat jedoch *auch der Verkäufer einen Verlust*, da er ja das Geschäft nicht macht. Daher kann man annehmen, daß er es in dieser Situation vorzieht, ein gutes Pferd zu verkaufen, auch wenn das theoretisch einen geringeren Profit bedeutet. Das Problem besteht in diesem Falle darin, den Käufer zum Geschäft zu überreden, und das heißt, sich eine Reputation der Vertrauenswürdigkeit und Korrektheit zu verschaffen.

Der Verkäufer könnte damit zu einer Art »Schutz gegen sich selbst« greifen, das heißt gegen seine Neigung zum Schwindel – um in den Augen mißtrauischer Käufer vertrauenswürdig zu werden. Wird bekannt, daß der Mafioso ihn bestrafen könnte, wenn er einen Schwindel begeht (was bedeutet, daß er durch die Strafe wegen Schwindels mehr einbüßen würde, als er durch den Verkauf eines guten Pferdes verdient), kann der Käufer vernünftigerweise mit ihm ins Geschäft kommen. Die Provision, die der Verkäufer an den Mafioso bezahlt, spiegelt den Preis wider, den er für den Erwerb des Käufervertrauens zu zahlen bereit ist. Dieser Vertrag bewirkt eine ausgeglichene Lage, die den drei Partnern – dem Verkäufer, dem Käufer, dem Mafioso – zugute kommt: Die Kosten sind zwar höher als in einer Welt, in der mehr Vertrauen herrscht (und in der der Mafioso überflüssig wäre), doch die Profite sind immer noch höher, als wenn der Handel unterbliebe.

Die Schlußfolgerung aus alledem ist, daß die beiden Seiten einer Transaktion bei Mangel an Vertrauen mehr als nur eine vernünftige Rechtfertigung zur Zahlung der von einer Mafia angebotenen Dienste haben. (Ich benutze den Ausdruck »Mangel an Vertrauen« lieber als »Unredlichkeit«, weil es gar nicht notwendig ist, daß einer der beiden Partner sich der Unredlichkeit des anderen sicher ist, sondern der bloße Verdacht schon für die Suche nach Schutz ausreicht und so dasselbe Ergebnis zeitigt.)

Das bisher gezeichnete Bild des Mafioso könnte tatsächlich fast wie das eines »Gentleman« erscheinen, wie es klagend unser Kutscher ausdrückt: Ein besonderer Unternehmertyp, der gegen Bezahlung die ruhige Abwicklung von Geschäften sichert. Ohne ihn wäre ein Übereinkommen unmöglich, es würde nicht einmal ein Markt entstehen. Vom rein ökonomischen Standpunkt aus wäre es so recht leicht verständlich, wenn jemand die Freundschaft von Mafiosi sucht. Dieses Modell erklärt gleichzeitig, warum das System »Mafia« so lange überlebt hat – wesentlich länger, als es rein kriminelle Gruppen ohne solchen Konsens geschafft hätten –, und verleiht jenen Vorstellungen analytische Tiefe, die eine Reihe von Mafia-Forschern in der Praxis beobachtet haben: Um die Mafiosi herum spannt sich ein Netz freiwillig mitarbeitender Personen. Der Mafiaaussteiger Tommaso Buscetta hatte im Laufe seines Verhörs gesagt:

»Ich möchte betonen, daß es um die Mafia-›Familien‹ und um die ›Uomini d'onore‹ herum eine unglaubliche Menge von Personen gibt, die zwar keine Mafiosi sind, aber mit diesen zusammenarbeiten, mitunter ohne es zu wissen. All das rührt von dem anhaltenden Klima der ›Nähe‹ zu den mafiosen Organisationen her, das sie so mächtig macht... Ich möchte hinsichtlich der Art dieser Beziehung klarmachen, daß diese Nähe nicht auf den Zustand der Unterwerfung reduziert werden kann. Es handelt sich um Situationen, in denen jene, die zusammenarbeiten, auch Vorteile erwarten. Natürlich kann es sich dabei nicht um eine gleichberechtigte Zusammenarbeit handeln, da ja auf der einen Seite unentwegt die Eigenschaften des Mafioso mitspielen, doch da ist stets auch die Bereitschaft der Gegenseite. Das ist so, wie wenn man einer Frau den Hof macht: Wenn eine Beziehung zustandekommt, hat die Frau mitgewirkt und sich auswählen lassen, oder sie hat jedenfalls die Werbung akzeptiert.« (TB I, S. 28, II, S. 55.)

Es gibt natürlich – und alle, die ich in Palermo interviewt habe, wissen das sehr gut – glückliche Staaten, in denen »die Leute redlicher sind als wir« oder in denen man darauf vertraut, daß der Staat seine Normen durchsetzt. In Sizilien ist dagegen die Philosophie verbreitet, daß »bei uns jeder bereit ist, den anderen auszunützen und zu beweisen, daß er schlitzohriger ist als der andere; und so hält die Mafia die Ordnung aufrecht und die Leute auf den Plätzen, wo sie hingehören«. Die Folgen aus dieser Vorgabe sind recht verwickelt, und die Rolle des Mafioso ist dabei natürlich auch nicht gerade die eines Wohltäters.

Es gibt drei Wege – die wir im folgenden betrachten wollen –, in denen sich Schutz partiell oder vollständig als unredlich erweist: Der Mafioso verkauft echten Schutz erstens nur an einige Verkäufer (oder Käufer) zum Nachteil der anderen; zweitens nur an Verkäufer zum Nachteil der Käufer (oder umgekehrt); drittens an keinen von beiden, das heißt, er betreibt reine Erpressung.

3. Schutz vor Konkurrenz

Wir haben bisher angenommen, daß der Markt jeweils nur aus drei handelnden Personen besteht: dem Kunden, dem Verkäufer und dem Mafioso. Gibt es jedoch mehr als einen Verkäufer auf dem Markt, wird die Sache verwickelter, weil nun Konkurrenz ins Spiel kommt (die Folgen einer Anwesenheit von mehreren Mafiosi werden in Kapitel V.1 untersucht). In diesem Falle ist anzunehmen, daß der Verkäufer den Mafioso für einen weiteren Dienst bezahlt, der nicht unmittelbar an die Frage des Vertrauens geknüpft ist: dafür nämlich, daß sich die Käufer an *ihn* wenden und nicht an jemand anderen. Sind in den Augen potentieller Käufer sämtliche Verkäufer gleichermaßen vertrauens-unwürdig, muß der Mafioso imstande sein, *einen bestimmten* Verkäufer auszuwählen, für den er sich als Garanten einsetzt. Die Provision würde in diesem Falle sowohl den Preis für die Anerkennung der eigenen Vertrauenswürdigkeit widerspiegeln wie auch den Zusatzpreis dafür, daß er gerade diesen Verkäufer ausgewählt hat.

Nun entsteht die Frage, wieso der Mafioso sein »Garantiesiegel« nicht allen Verkäufern anbieten sollte, die es auf dem Markt gibt, so daß die Kunden nach ihrem Geschmack, den Preisen und der Qualität der Ware wählen können. Auf diese Weise würde er der Öffentlichkeit einen Dienst erweisen, und alle Verkäufer würden ihn gerne für die Anerkennung ihrer Vertrauenswürdigkeit bezahlen: Die Geschäfte würden sich dann wie in einem »normalen« Markt abspielen. Auch vom Gesichtspunkt des Mafioso müßte eine größere Zahl zu schützender Verkäufer eine entsprechend hohe Zahl eingenommener Abgaben bedeuten. Tatsächlich jedoch zeigen selbst Stichproben auf Märkten mit mafioser Beteiligung, daß der Mafioso nur für eine begrenzte Zahl von Verkäufern Garantien übernimmt (und diese damit auswählt) – und zwar zum Nachteil der anderen.

Ein möglicher Grund dafür hängt mit der Größe des jeweiligen Marktes zusammen. Vor allem, wenn die vom Mafioso gebotenen Garantien allzu bekannt und einer potentiell unbegrenzten Zahl von Verkäufern zugänglich sind, hätte er wohl Schwierigkeiten, die Abgaben von allen Kunden einzutreiben – und umgekehrt wäre es diesem leichter, sich der Zahlung zu entziehen. Wie bei jedem öffentlich zugänglichen Gut hätte jeder Verkäufer Interesse daran, die Vorteile – in diesem Falle die Garantien des Mafioso – zu erlangen, aber auch daran, nichts dafür zu bezahlen. Wie denn auch ein palermitanischer Autoreifenverkäufer rückhaltlos sagt: »Besser, vom Teller dreier Leute mitzuessen, die den gesamten Markt abdecken, als von den Tellern von dreiundreißig Personen, die auch nur denselben Markt bedienen« (I–8). Zweitens wäre es auch schwierig, alle von ihm garantierten Geschäfte zu kontrollieren – er wäre in Gefahr, seine eigene Reputation zu verlieren, geschähe irgendein Schwindel hinter seinem Rücken.

Daß die Beteiligung des Mafioso als Garant nicht anonym und bloß generisch sein darf, sondern identifizierbar und an *spezifische*

Geschäfte gebunden sein muß, hat einen weiteren Grund: Er muß dafür sorgen, daß der Käufer weiß: Das gute Geschäft macht er aufgrund des Schutzes durch den Mafioso, nicht etwa aufgrund der unbedingten Redlichkeit des Verkäufers; im gegenteiligen Fall könnte sich unmittelbar zwischen Verkäufer und Käufer ein wachsendes Vertrauen entwickeln, und der Mafioso verlöre seine Arbeit. Daß das so ist, hat mir ein anderer Unternehmer erklärt, als ich ihn fragte, wieso ein Mafiaboß, der eine Gruppe von Firmen beim Bau von Gräbern auf dem Friedhof von Palermo schütze, denn nicht mehr Unternehmen am Markt beteilige, was ihm doch eine »Besteuerung« von mehr Firmen erlauben würde: »Da verlöre er die Kontrolle in dem Sinne, daß es für ihn schwierig würde, die Arbeitsabläufe festzulegen; auch hätte er Schwierigkeiten, Arbeit für alle zu finden – dann aber würden sich die Leute von ihm nicht entsprechend entlohnt fühlen, und er würde so sein Prestige verlieren.«

Aus diesen Gründen verkauft der Mafioso am Ende ein Gut, das Käufer nur insofern erwerben und profitabel verwenden können, als es anderen verweigert wird – und das ist auch der Grund, warum die Konkurrenz gewalttätige Formen annimmt: Wenn die Ausgeschlossenen in einen bestimmten Markt eindringen wollen, gelingt ihnen das weniger durch das Angebot besserer Produkte zu wettbewerbsfähigen Preisen, sondern indem auch sie (militärisch analysiert) jene Mittel entwickeln, die die monopolistische Macht eines Mafiabosses und seiner Gruppe zerbrechen oder beschränken können. Mit anderen Worten: Sie müssen selbst Mafiosi werden oder sich den Schutz anderer Mafiosi holen.

Mancher Leser mag bei der Vorstellung mafioser Methoden zur »Regulierung« der Konkurrenz zunächst an ein paar wildgewordene Burschen denken, die kurz angebunden ehrbare Geschäftsleute »überzeugen«, sich aus einem bestimmten Sektor herauszuhalten. Für die Anwendung derartiger Methoden gibt es auch tatsächlich genügend Beispiele, einige davon werden wir in Kapitel VII.6 erwähnen. Da liegt zunächst der Schluß nahe, daß es sich um eine Art von Schutz handelt, der völlig verschieden ist von dem bisher betrachteten, also einem ohne Vertrauensbeziehungen und ohne Lösung von Streitfragen. Tatsächlich bekommt der Schutz der Mafia, sofern sie die Interessen nur eines einzigen Unternehmers vertritt, den ausschließlichen Charakter blanker Einschüchterung der Konkurrenz. Trotzdem hat dieser Aspekt geringere Bedeutung, als man auf den ersten Blick annehmen möchte. Die Schutzgeber haben zwar ein Interesse an einer Einschränkung der Zahl ihrer Schützlinge; sie dürfen diese aber auch nicht allzusehr reduzieren: Dagegen nämlich spricht das Interesse an einer Einkommenserhöhung ebenso wie an der Aufrechterhaltung der eigenen Unabhängigkeit. Weiterhin bringt der Schutz eines Monopolinhabers auch Risiken mit sich: Die Ausgeschlossenen ärgern sich und werden früher oder später aufzumucken versuchen, indem sie Schutz bei der Polizei oder bei konkurrierenden Banden suchen (Reuter 1988, S. 6). Für Mafiosi ist es – wir werden das in Kapitel VIII genauer darlegen – vorteilhafter und klüger, wenn sie Gruppen schützen und nicht einzelne Unternehmer; in diesem Falle rangiert der Schutz vor gruppeninternen Gefahren vor dem vor möglichen außenstehenden Konkurrenten.

Sind nämlich mehrere Unternehmen restriktiven Praktiken ausgesetzt, wird das Vertrauen wieder zum entscheidenden Faktor. Zum Verständnis der Gründe dafür muß man sich klarmachen, wie ein von Konkurrenz bestimmter Markt funktioniert. Legt X einen Preis fest, steht es Y frei, diesen zu unterbieten; werben Z und Y Kunden von X ab und dringen in sein Gebiet ein, verletzen sie keinerlei Vertrag und gelten auch nicht als Verräter. Verrat, Loyalität und Freundschaft – Schlüsselbegriffe im Wörterbuch der Mafia – verlieren so auf einem von Konkurrenz bestimmten Markt ihren Wert: Der Grund dafür ist, daß auf einem solchen Markt generell »illoyale« Verhaltensweisen herrschen: Jeder denkt an sich und ist ermächtigt, ja wird sogar ermutigt, die anderen zu *verraten*; die Logik des Profits wird nicht mit der der Freundschaft vermischt. Werden die Entscheidungen auf dem Markt von den Preisen bestimmt, geschieht eine Art Wunder, das keine »politische« Vereinbarung jemals so einfach erreichen könnte: Die Nachfrage nach Vertrauen sinkt auf ein Minimum ab. Da andererseits Kartelle auf Abkommen gründen, ist Illoyalität eine ständige Gefahr und die unvermeidliche Konsequenz eine erhöhte Nachfrage nach Schutz, vor allem gegen Betrugsmanöver seitens der anderen Partner (auch wenn heimliche Absprachen unter besonderen Umständen sozusagen »von selbst« stehen; siehe dazu Friedman 1983, S. 65 und 132ff.). Ein palermitanischer Unternehmer erzählte mir, er habe oft von dem einen oder anderen Mitglied eines Kartells den Satz »Aber das ist doch unredlich« gehört, just während die Teilnehmer um ein (illegales) Abkommen stritten, das die Konkurrenz einschränken sollte. Jeder der Beteiligten muß darauf zählen können, daß die anderen das Abkommen einhalten, ansonsten bricht das Kartell zusammen, und es entsteht erneut Konkurrenz. Als Wettbewerbsbremse fungieren hier wieder einmal die üblichen heimlichen Absprachen: Je stärker der *interne* Zusammenhalt des Kartells, um so geringer die Notwendigkeit zur Behinderung *externen* Eindringens mit Hilfe von Drohungen.

Mithin kann man den mafiosen Schutz gegen Konkurrenz im gleichen analytischen Rahmen wie den Schutz regulärer Geschäfte deuten. Die Vereinbarungen sind nämlich *Geschäfte*, in denen die Beteiligten statt normaler Produkte *Versprechen* austauschen, und die Verletzung von Versprechen gilt dann als »Betrug«. Darüber hinaus sind Versprechen eine besondere Ware, die ein hohes Maß an *asymmetrischer* Information beinhalten: Die Seite, die das Versprechen gibt, weiß wesentlich besser als die Gegenseite, ob sie das Versprechen auch hält. Die Qualität des Versprechens läßt sich erst nach Abschluß der Angelegenheit überprüfen – und dann ist es häufig zu spät. Das Schutzbedürfnis ist mithin bei heimlichen Absprachen besonders wichtig, bauen diese doch letztendlich auf der Glaubwürdigkeit gegenseitiger Versprechen auf.

4. Endogenes Mißtrauen

Privater Schutz beruht nicht auf Prinzipien, und schon gar nicht solchen universeller Art. Wie bei jeder anderen Handelsware gründet er ausschließlich auf Zweckmäßigkeit, und diese Zweckmäßigkeit bedeutet keineswegs immer, daß bei einem Geschäft alle Seiten zu schützen sind. Wen Mafiosi schützen und wie, ist nicht zufällig, sondern die Folge einer Entscheidung, einer komplexen wirtschaftlichen Entscheidung. (Die daraus folgenden Veränderungen im Status geschützter Personen und die Kategorien von Personen haben viel Durcheinander verursacht. Die Mafiosi wurden häufig irrtümlich mit jenen in einen Topf geworfen, die in einem bestimmten Moment unter ihrem Schutz standen; und ebenso wurde der Wechsel der Kundschaft fast immer als Veränderung der Natur der Mafia gedeutet.)

Von unserem Kutscher wissen wir, daß es seinem Schützer einmal gelungen war, ein blindes Pferd zu einem guten Preis zu verkaufen. Ein Hinweis, daß der Mafioso nicht *allen* Käufern auf dem Pferdemarkt Schutz bietet: Er verhält sich jedenfalls nicht so, als würde er ein öffentliches Gut allen zugänglich machen. Wir wissen nicht, warum der Mafioso mitunter sowohl die Interessen des Verkäufers wie des Käufers befriedigt, mitunter aber auch den ersteren zum Nachteil des zweiten schützt. Zunächst wäre da zu vermuten, daß es sich um einen beiläufigen Käufer handelt, dem Schutz anzubieten sich nicht lohnt, während es sicher größere Vorteile bringt, die (in diesem Falle unehrenhaften) Interessen des Kutschers zu unterstützen, ein Kunde und Freund seit langem.

Ein etwas subtilerer Grund für dieses Verhalten könnte allerdings auch darin liegen, daß der Mafioso mit der »Garantie« beim Verkauf eines blinden Pferdes an jemanden, der nicht unter seinem Schutz steht, einen demonstrativen Akt durchführt und damit klarmacht, daß ohne seinen Eingriff die einzig »garantierte« Folge der Betrug ist. Der Mafioso hat selbst ein Interesse daran, dem Markt *begrenzte Mengen von Mißtrauen* zu injizieren, um die Nachfrage nach seiner Ware, dem Schutz, zu vergrößern – er verlöre ja, wie bereits erwähnt, seine Arbeit, sobald sich unabhängig vertrauensvolle Beziehungen zwischen den Geschäftsleuten des Marktes entwickelten: Seine Macht und das daraus entspringende Geld sind der Preis des Mißtrauens.

Nun kann einem natürlich die Vorstellung widerstreben, wonach die Durchführung periodischer Betrugsmanöver auf dem Markt das Ergebnis auch strategischer Handlungen ist, in der Hoffnung, eine aufmerksamere Analyse könnte zu weniger konspirativen Erklärungen führen und diese Erscheinung würde sich als schlichtes Nebenprodukt erweisen (wofür ich am Ende dieses Kapitels auch einen Beleg anführe). Doch der Widerstand gegen diese These dürfte auch Folge unserer Schwierigkeit sein, Schutz als Ware anzusehen und die Mafia als ihren Verteiler.

Akzeptiert man diese Prämisse aber, werden derlei Aktionen absolut plausibel. Kaum jemand findet etwas dabei, wenn die großen Privatunternehmen Druck auf die Regierungen ausüben, um Maßnahmen zur Vergrößerung ihres Marktes zu erreichen. Die enorme Entwicklung der Autobahnen in Italien, die ganz im Gegensatz steht zu den Förderungen bei Eisenbahn und Schiffsverkehr, ist ein ansehnliches Ergebnis von Pressionen seitens der Automobilindustrie. Warum sollte da eine aktive Anregung der Nachfrage durch eine in der Schutzbranche tätige »Privatfirma« von vornherein ausgeschlossen sein? Die bekannten Attentate von Rackets auf Ladenbesitzer, die eine Zahlung des »Pizzo«, des Schutzgeldes abgelehnt haben, ist lediglich die brutalste Art, wie das »Angebot« die »Nachfrage« regelt. Die Förderung des Marktes kann freilich auch auf wesentlich subtilere Art geschehen.

Daß Mafiosi Interesse an gelegentlichen Schwindelgeschäften haben, erklärt aber noch nicht, warum es Personen gibt, die sich hereinlegen lassen. Wenn ein (vernünftiger) Käufer einen Schwindel ahnt, wird er wohl kaum das Geschäft abschließen. Dennoch haben wir gehört, daß der Kutscher seinen Klepper unter dem Schutz des Mafioso losgebracht hat; doch nun findet umgekehrt er sich in dieser Lage wieder, nun selbst hereingelegt. Ein Punkt, den man vertiefen muß.

Natürlich kann man dafür allerlei vordergründige Erklärungen anführen. Der Käufer könnte zum Beispiel ein Dummkopf sein. Es gibt ja unendlich viele Anekdoten über Naivlinge, die auf die Fata Morgana von Schweizer Uhren und Videorecordern hereinfallen, weil sie ihnen jemand zu niedrigsten Preisen angeboten hat – der Kauf erweist sich danach regelmäßig als Fehlinvestition. In der großen weiten Welt mit ihrem riesigen Angebot an Konsumgütern kann jeder mal einen schwachen Moment haben – und davon gedeiht ja eine große Anzahl von Betrügern. Möglich ist auch, daß der Käufer keinerlei Mittel hat, von vornherein die Redlichkeit des Verkäufers zu erkennen: Braucht er eine bestimmte Ware unbedingt, und die aus einem möglichen Schwindel erwachsenden Verluste sind im Zweifelsfall nicht allzu hoch, macht er das Geschäft auch auf die Gefahr eines Betrugs hin. Der Kutscher ist kein Trottel, und doch hat er am Ende einen Klepper am Hals. Seine Worte – »war ich gezwungen...« – weisen auf eine doppelte Erklärung hin. Beruht ein Geschäft auf Schutzgewährung, und dieser Schutz hört aus irgendwelchen Gründen auf (in diesem Falle, weil der Camorrist ins Gefängnis kommt), steckt man in der Klemme. Ein kurzfristiger Ersatz für den Schutz ist unmöglich, doch die Geschäfte laufen trotzdem weiter. Vertrauen kann durchaus ein Luxus sein, den sich jemand, der keine Alternativen hat, einfach nicht leisten kann (vergleiche Gambetta 1988b).

Es gibt jedoch auch »interne«, also innerhalb der Mechanismen des Schutzmarktes selbst liegende Gründe für eine Betrugsanfälligkeit von Käufern. Leichtgläubigkeit oder Dummheit unerfahrener Kunden sind ja eher zufällige Faktoren, ebenso der gewaltsame Entzug der Schutzbeziehung etwa durch eine Polizeiaktion: Tiefer gründet wohl die Annahme, daß hier eine den mafiosen Unternehmungen eigene Instabilität im Spiel ist, welche immer mal wieder zum Ruin führt und ihre Kunden in Gefahr bringt. Gründe könnten zum Beispiel die persönliche Beziehung zu den Kunden sein; oder die Konkurrenz unter den Mafiosi; oder auch die Zahl der Geschäfte, die ein Händler in einer komplexen Welt auf jeden Fall auch bei mangelndem Vertrauen abschließen muß.

Die beiden ersten Faktoren haben Auswirkungen auf die zeitliche Standfestigkeit des mafiosen Schutzes. Hängt der Schutz von nur einer Person ab, wird ein Betriebsunfall unweigerlich einen plötzlichen Notstand auslösen. Ist überdies die interne Konkurrenz so groß, daß sie eine erhöhte Anzahl von »Pleiten« unter den mafiosen Firmen bewirkt, kann sich der Betriebsunfall auch nicht ganz zufällig ereignen. In beiden Fällen mag sich der Abschluß eines neuen Schutzvertrages mit einer anderen Firma für den Kunden als kompliziert und nicht leicht realisierbar erweisen, so daß er zumindest zeitweise in die Hände von Ausbeutern fällt (wir kommen auf diese Frage in den Kapiteln III und IV zurück). Der dritte Faktor erschwert es Käufer und Verkäufer, sich bei jedem Geschäft schützen zu lassen, und er behindert mafiose Firmen auch umgekehrt beim Schutz aller Geschäftsbereiche eines bestimmten Kunden. In einem Dorf mit wenigen Einwohnern mag ein umfassender Schutzvertrag vielleicht noch funktionieren, doch er wird um so aufwendiger, je stärker sich die Geschäfte vermehren und differenzieren.

Die wichtigste Feststellung betrifft jedoch die Auswirkungen privaten Schutzes auf die Gesamtheit von Betrügereien eines bestimmten Marktes. Zunächst könnte man annehmen, daß die Mafiosi durch einen wirksamen Schutz zu einer Verminderung der insgesamt verübten Betrügereien beitragen würden. Tatsächlich aber ist paradoxerweise das Gegenteil der Fall. Es gibt zahlreiche Beispiele dafür (wir untersuchen sie im Kapitel VII.6), und das läßt sich folgendermaßen theoretisch darlegen:

Ein Verkäufer, der nicht ausschließlich mit Gelegenheitskäufern rechnet und der unter dem Druck des künftigen Profits steht, hat zum Erhalt guter Reputation ein vernünftiges Interesse an redlichem Verhalten (Dasgupta 1988, vgl. auch Axelrod 1984). Selbst im Falle der Unredlichkeit hätte er *jedenfalls* allen Grund, einen unmittelbaren, aber nur mäßigen Profit zugunsten größerer langfristiger Verdienste zu opfern. Er wird sich also höchst vorsichtig verhalten, weil man auf einem ordnungsgemäßen Markt leicht seinen guten Namen verliert. Ein einziger Verkauf schlechter Ware, und die Reputation ist in Gefahr; nicht nur der betrogene Kunde hält sich künftig fern, sondern auch jeder andere, der davon erfährt. Die Frage ist daher, ob der mafiose Schutz diesen Druck des Marktes zu korrektem Verhalten nicht verzerrt.

Stellen wir uns vor, der Mafioso schütze gleichzeitig einen Verkäufer und eine Gruppe von Käufern, und zwar so, daß jedes Geschäft zwischen dem Verkäufer und einem beliebigen Käufer aus dieser Gruppe zu einem guten Pferdekauf führt. Nehmen wir weiterhin an, daß es noch eine andere weitere Käufergruppe gibt, die aus irgendeinem Grund – Leichtgläubigkeit, Dummheit oder wegen einer Notlage – ohne jeglichen Schutz den Markt aufsucht. Wir haben bereits weiter oben bemerkt, daß es in diesem Fall für den Mafioso ideal ist, den Verkauf eines schlechten Pferdes an den Mann zuzulassen – oder ihn in die von ihm geschützte Gruppe aufzunehmen; umgekehrt fürchtet er ganz besonders einen guten Pferdekauf ohne seine Beteiligung. Unterstellen wir schließlich noch, als Einschränkung, daß der Mafioso neutral bleibt und daß der Verkäufer nach Belieben ein gutes oder ein schlechtes Pferd anbieten kann.

Auch unter solchen Bedingungen würde sich die Bestrafung nach einem Betrugsmanöver – gemessen an der eines nicht geschützten Verkäufers – für einen vor Betrug geschützten Händler faktisch auf Null reduzieren. Vor allem würde der Händler nicht vom Betrugsopfer selbst bestraft, da der mafiose Schutz ja gerade darin besteht, den unredlichen Verkäufer vor Repressalien zu bewahren. Zweitens kann der Verkäufer auch nach dem Verlust des hereingelegten Kunden und all derer, die davon erfahren, weiterhin auf seine geschützten Kunden rechnen, die keinen Grund zur Furcht haben, selbst hereingelegt zu werden, nur weil ein anderer betrogen worden ist. Daraus ergibt sich für den Verkäufer eine

Versuchung zum Betrug, die um so größer ist, je mehr geschützte Kunden mit ihm in jedem Falle weiterhin Geschäfte machen werden.

Daraus ergeben sich drei Konsequenzen: Bei gleichen Bedingungen bedeutet die Schutzlosigkeit in einem Umfeld, in dem andere geschützt sind, erstens das Risiko, häufiger betrogen zu werden als in einem Bereich, in dem niemand geschützt ist; diese Konstellation gilt zweitens auch unter der Annahme, daß die Anzahl unredlicher Verkäufer nicht höher ist als in anderen Gegenden der Welt: Auf einem Markt, auf dem es Schutz gibt, müssen die unredlichen Verkäufer ihre Neigung zum Schwindel in keiner Weise einschränken – während sie sich auf einem Markt ohne Schutz in dieser Hinsicht mäßigen müßten. Daraus ergibt sich drittens: Die Nachfrage nach Schutz vermehrt sich auch ohne daß die Mafia aktiv dazu beiträgt. Kurz gesagt, der Versuch zur Überwindung des Mißtrauens mittels mafiosen Schutzes bewirkt nichts anderes als das Fortleben und die Vermehrung eben dieses Mißtrauens – es wird *endogen*, und man muß es nicht mehr als von außen hereinspielende Bedingung für die Entwicklung des Schutzmarktes voraussetzen.

Aus den beiden ersten genannten Punkten ergibt sich weiterhin ein wichtiger Nebeneffekt. Betrachten wir die Hypothese Humes (vgl. auch Sudgen 1986), wonach die Normen guten geschäftlichen Verhaltens aus dem Interesse entstehen, daß ein gegebenes Wort gehalten wird und man eine Reputation der Redlichkeit erwirbt (»In der Folge setzen sich moralische Gefühle neben die Interessen, und es bilden sich neue Pflichten für die menschliche Gattung heraus«, 1740). Nun enthebt aber der mafiose Schutz in Sizilien von der Verantwortung zum eigenständigen Aufbau einer solchen Reputation – und so ist die Gefahr gering, daß sich derlei Normen überstülpen und sich ein Circulus vitiosus ergibt. Eher stülpen sich am Ende die gerade umgekehrten Normen über – so daß schließlich derjenige besonders geschätzt und ermutigt wird, der sich imstande zeigt, andere Leute hereinzulegen.

5. Die Schutzgelderpressung

In späteren Abschnitten werde ich darlegen, daß nahezu alle Formen von Schutz, die die Mafia bietet, trotz oberflächlicher Unterschiede klar und eindeutig auf die Garantie von Geschäften bei mangelndem Vertrauen sowie auf die Beilegung von daraus entstandenen Konflikten zurückzuführen sind. Der Leser könnte sich jedoch schon an dieser Stelle fragen, inwiefern das bisher gezeichnete Bild mit der allgemeinen Meinung übereinstimmt, wonach die Mafia den »Schutz« vor Gefahren und Mißtrauen bietet, die sie in Wirklichkeit selbst erst schafft – daß sie mithin keinerlei effektiven Dienst leistet, sondern schlichtweg Erpressung betreibt. In den Kapiteln VII bis IX werde ich anhand einer Reihe von konkreten Beispielen zeigen, daß der mafiose Schutz unglückseligerweise eher allzu real ist. Im vorliegenden Abschnitt soll diese Frage jedoch ausschließlich theoretisch vertieft werden.

Einige Beobachter haben die tiefgreifende Zwiespältigkeit mafioser Tätigkeit – hie Erpressung, da Schutz – bereits früher angemerkt. Franchetti schreibt schon 1876, daß »die Unterscheidung zwischen dem vermiedenen Schaden und dem erbrachten Vorteil bis zu einem gewissen Grade künstlich ist ... und daß der Akt, der vor der Feindschaft der Verbrecher schützt, kaum ihre Freundschaft mit all ihren innewohnenden Vorteilen erbringen kann« (S. 129). Mehr als ein Jahrhundert später haben die Staatsanwälte von Palermo in ihrer Anklageschrift exakt dieselbe Beobachtung gemacht (vergleiche oben Kapitel I.1 das Zitat von Buscetta).

Schutz ist eine recht opportunistische Einrichtung, selbst dann, wenn er von durchaus legitimierten Institutionen gestellt wird. Wenn wir einen Versicherungsbeitrag bezahlen oder auch eine Steuer, tun wir das häufig ohne irgendeine Gegenleistung, außer dem Recht, das Gut oder die angebotene Dienstleistung im Bedarfsfalle zu benutzen. Wir bezahlen die Leistung, auch wenn diese allenfalls theoretisch denkbar ist. In den meisten modernen Staaten bezahlt man zum Beispiel Steuern beim Verkauf oder Kauf eines Hauses als Gegenleistung für einen rechtlichen Schutz, der äußerst selten wirklich eingesetzt werden muß. Schlimmer noch: Mitunter zahlen wir gar für unsichtbare Güter, von denen wir niemals Gebrauch machen werden, oder für Waren und Dienstleistungen, die es zwar gibt, die wir aber für unnütz oder gar schädlich halten, etwa für die Waffen für das Militär. Zudem kann es durchaus passieren, daß die legitimierte Institution von uns erworbene Rechte ihrerseits vergißt und wir sie erst wieder in Erinnerung bringen müssen – genau wie im mafiosen Bereich, wie dies eine von Pete Salerno berichtete Geschichte aufzeigt:

»Da kommt also ein Telefonanruf, den Figgy entgegennimmt:
– Gut. Wir kommen gleich hin.
Dann wendet er sich an mich:
– Pete, auf dem Obstmarkt gibt es ein Problem. Die Obstverkäufer verlangen das, wofür sie bezahlt haben: Schutz.

Bis zu diesem Zeitpunkt hatten wir darüber kaum nachgedacht, daß sie mal wirklich Schutz für ihr Geld wollten. Figgy hatte nur gesagt: ›Wenns Probleme gibt, kümmern wir uns darum.‹ Das hatte er bloß so hingesagt, ohne Nachdenken; doch jetzt mußten wir etwas tun, sonst hätten die sich aufgelehnt und zu zahlen aufgehört.« (Zitiert in Abadinsky 1983, S. 150–151.)

Pete und Figgy hatten zunächst einfach Schutzgeld zu erpressen versucht – doch nun mußten sie, um ihr Gesicht nicht zu verlieren, tatsächlich echten Schutz bieten.

Unterstellen wir nun, daß die Mafia trotz der vorangehenden Überlegungen tatsächlich Schutzgelderpressung betreibt: Zunächst sei wieder angemerkt, daß ähnliche Verhaltensweisen auch in der Geschäftswelt weit verbreitet sind und als absolut normal angesehen werden. Unterstellen wir weiter, daß das Einschlagen der Schaufensterscheibe eines Geschäfts tatsächlich eine Tat zur Erpressung von Schutzgeld bei einem unschuldigen Kaufmann ist. Dann können wir in abstrakten ökonomischen Begriffen sagen, daß die für die Tat Verantwortlichen die Nachfrage nach ihrem Produkt mit unkorrekten Mitteln anzuheben suchen. Betrachten wir nun eine Automobilherstellungsfirma, die diskreten Druck auf die Regierung und einzelne Politiker ausübt, damit diese mehr für Autobahnen ausgeben und weniger für Eisenbahnen, ohne Rücksicht, ob dies nun im öffentlichen Interesse liegt oder nicht. Rein wirtschaftlich gesehen liegt dieser Fall genauso wie jener andere mit der eingeschlagenen Fensterscheibe: Die Autofirma sucht »die Nachfrage nach ihrem Produkt mit unkorrekten Mitteln anzuheben«. Natürlich berechtigt die Tatsache, daß die einen Verbrechen begehen, die anderen nicht, Gleiches zu tun; trotzdem ist diese

Parallelisierung nützlich: Sie zeigt, daß die Versuchung zur Manipulation der Nachfrage unabhängig von der Art der Ware besteht und daß die Erpressungen des »organisierten Verbrechens« nicht unbedingt weiter verbreitet sind als jene des großen Kapitals. Diese etwas unorthodoxen Vergleiche sollen natürlich nicht suggerieren, daß der von den Mafiosi angebotene Schutz in irgendeiner Weise wünschenswert sei: Sie dienen nur dazu, diese Frage in den umfassenderen Kontext zahlreicher unerwünschter Geschäfte einzubeziehen, zu denen wir häufig geradezu selbstverständlich gezwungen sind. Und sie sollen uns anleiten zum Nachdenken, wieso die Schutzgewährung mafiosen Typs *ganz besonders* ruinös ist. Das Argument des Gemeinsinns reicht hier nicht aus.

Der Gebrauch von Schutz hat sowohl negative wie auch positive Auswirkungen selbst für diejenigen, die ihn nicht benutzen: Die Nationalökonomie nennt solche Auswirkungen Externalitäten. Schauen wir uns zunächst den negativen Fall an.

Unterstellen wir eine geringe, konstante Aktivität mafiaunabhängiger anonymer Betrüger oder Diebe; und unterstellen wir weiter, daß die Wahrscheinlichkeit, hereingelegt oder bestohlen zu werden, für die in dieser Branche Beschäftigten so gering ist, daß sich niemand zum Kauf von Schutz veranlaßt sieht. Stellen wir uns weiter vor, daß zu einem bestimmten Zeitpunkt irgendein Ereignis diesen Zustand stört und einige der Händler oder Geschäftsleute zum Kauf von Schutz bewegt: Etwa weil sie sich mehr als andere Sorgen machen (zum Beispiel Goldschmiede, die höhere Verluste riskieren), oder weil sie in einem Bereich, wo es viele mafiose Unternehmen gibt, einen Schutz genießen, der sich schon aus verwandtschaftlichen oder freundschaftlichen Beziehungen ergibt. Oder aber auch einfach deshalb, weil sie schneller als andere den Einschüchterungsversuchen dieser Unternehmen nachgeben. In letzterem Falle wäre es gerechtfertigt, jene Kaufleute als Opfer von Schutzgelderpressung anzusehen, die als erste der Erpressung nachgeben. Paradoxerweise kann nun genau dieser Vorgang die Notwendigkeit von Schutz auslösen: Mit der Zahl derer, die Schutz kaufen, sehen sich dann die Nichtgeschützten steigender Gefahr ausgesetzt – gerade wenn der Schutz wirksam ist, werden die Diebe und Betrüger sich wohl auf die Nichtgeschützten konzentrieren. Das Ergebnis wäre ein zunehmend *genuinerer* Ansporn zum Kauf von Schutz, der eine Kettenreaktion auslösen kann, wo dann am Ende jeder Schutz kauft, nur weil das auch die anderen getan haben. Je mehr die Zahl derer steigt, die privaten Schutz kaufen, um so stärker die Notwendigkeit dazu auch für alle anderen. Kurz gesagt also: Auch wenn der Prozeß ursprünglich durch Drohungen und Einschüchterungen ausgelöst wird (und man ihn daher korrekt als Erpressung ansehen muß), kann man nach dem Einsetzen dieses Vorgangs wohl nicht mehr behaupten, daß die übrigen Kaufleute den Schutz nur kaufen, weil sie dazu mit Gewalt gezwungen werden.

Würden wir diese Vorgänge weiterhin Schutzgelderpressung nennen, müßten wir analoge Überlegungen auch für viele andere Waren anstellen, die man ebenfalls nur deshalb kauft, um bestimmte Konsequenzen zu vermeiden, die sich gerade daraus ergeben, daß andere diese Ware schon erworben haben. Zwei Beispiele aus dem Automobil- und aus dem Werbungssektor: In einer Stadt, in der die meisten Einwohner Autos benutzen, beeinträchtigt dies zwangsläufig den Verkehr mit öffentlichen Mitteln; das aber zwingt dann noch mehr Menschen, sich ebenfalls ein Auto zu kaufen – sie gleichen damit den Abbau einer Dienstleistung aus, den indirekt die Autokäufer vor ihnen verursacht haben. In ähnlicher Weise muß jede neue Firma, die in einen Sektor eintreten will, in dem alle viel Geld für Werbung ausgeben, ihrerseits Kosten für Reklameausgaben einplanen, ob sie nun will oder nicht. Mit dem Schutz verhält es sich also auch nicht anders als mit anderen Waren, die zwar als »unschuldig« gelten, deren reeller Verkaufserfolg jedoch auch auf nicht gerade idealen kollektiven Einstellungen beruht, ja oftmals sogar recht hinterlistig von den Herstellern aufgebaut wird. Die vorstehenden Überlegungen beweisen, wie der Erwerb von Schutz seitens einiger Personen negative Auswirkungen auf jene hat, die dazu nicht bereit sind.

Nun zum positiven Fall: Nehmen wir an, ein Parkhaus im Stadtviertel wird geschützt; davon profitieren auch die benachbarten Geschäfte, weil sich Diebe nicht in diese Straße trauen. Zweiter Fall: Wer sich auf einen Markt oder in eine Stadt begibt, die im Ruch des Schutzes durch einen Mafiaboß steht, wird sich hüten, irgendwen hereinzulegen. In diesem Falle profitieren alle vom Schutz, auch wenn nur einige dafür bezahlen – von außen her vermag man ja nicht immer zu unterscheiden, wer geschützt wird und wer nicht (in diesem Fall nennt man die Ware *unteilbar*).

Für den Mafioso provoziert der Schutz aller keine Zusatzkosten zu dem, was der Schutz nur eines Teils erfordert. Stehen die Dinge aber so, hat der Mafioso verständlicherweise ein Interesse daran, von *allen* Beteiligten des Marktes Beiträge einzuziehen – und in diesem Falle stimmen sein Interesse und das seiner bereits zahlenden Kunden überein: Wer schon Schutz bezahlt, zieht es natürlich vor, daß alle ihren Beitrag leisten. Das führt nun zu einem offensichtlichen Paradox: Das Zerschlagen einer Fensterscheibe etwa, eine klassische Aktion, aus der man normalerweise schließt, daß der Betreffende erpreßt wird, wird nun (in bestimmten Fällen) eine Bestrafung dafür, daß er gratis von einem Dienst profitiert, für den seine Nachbarn bezahlen. Zwingt man dieses »Schlitzohr« zum Zahlen, kommt dies, analytisch betrachtet, der Bestrafung von Streikbrechern durch Gewerkschafter gleich: Auch hier ist das Ziel, daß jeder einen Beitrag leistet, um etwas zu erwirken, das allen zugute kommt, zum Beispiel eine Lohnerhöhung.

Beide Fälle von Externalität belegen, daß der Schutz die Tendenz zur Ausbreitung hat: Je mehr Kaufleute Schutz kaufen, um so mehr andere wollen ihn ebenfalls erwerben; zum anderen wollen die Schutzgeber ihn allen aufdrängen, um sich die Vorteile der ansteigenden Wirtschaftlichkeit zu verschaffen, die sich aus der Unteilbarkeit ergibt, welche jedem Schutz eigen ist.

Schließlich gibt es noch eine weitere Überlegung, die die vorhandene Zweideutigkeit – echter und vorgespiegelter Schutz – unterstreicht. Am markantesten vertritt T. Schelling die These, wonach sich die Mafia grundlegend auf Erpressung ausrichtet. Seiner Erkenntnis nach ist das vorrangige Opfer der Mafia in den Vereinigten Staaten »derjenige, der der Öffentlichkeit einen illegalen Dienst anbietet; das Verbrechen, zu dessen Opfer er wird, ist die Erpressung: er *bezahlt, um im Geschäft zu bleiben*« (1983, Hervorhebung von D. G.). Schelling nimmt an, daß Händler illegaler Ware das Schutzgeldracket »nützlich finden können, so wie viele kleine Unternehmer ihre eigenen Interessenverbände nützlich finden, ihre Lobbyisten und auch die Public Relations-Agenturen« (ebda.). Jedenfalls haben die Schieber illegaler Waren die »Dienste« der organisierten Kriminalität nicht unbedingt nötig; aber wenn, dann lebt diese von ihnen. Der einzige wirkliche Schutz, den Verbrechergruppen außer dem Schutz vor sich selbst bieten, ist derjenige vor Rivalen – weil man die anderen Menschen nur dann wirksam »besteuern« kann, wenn man das »Steuermonopol« hält, das heißt, wenn niemand anderer gleichzeitig die gleichen Erhebungen vornimmt.

Der zentrale Punkt der Argumentation Schellings besteht darin, daß die Händler zur Zahlung des Schutzes *ausschließlich* deshalb bereit sind, um weiter Geschäfte machen zu können. Nun muß man dies jedoch nicht unbedingt als Beweis für Erpressung sehen: Ein Händler, der von außen in einen geschützten Markt eindringen will, muß eine höhere Eintrittsgebühr bezahlen als im Falle, wo kein Schutz üblich ist. Vom Gesichtspunkt des Neuangekommenen mag dies als Schutzgelderpressung erscheinen. Doch vom Gesichtspunkt dessen, der schon auf dem Markt arbeitet und Schutz kauft, spiegeln die Zusatzkosten, die dem Neuling auferlegt werden, exakt die Ursache wider, aus der der Schutz ja überhaupt bezahlt wird – die Ausschaltung neuer Konkurrenten. Die Fragestellung ändert sich also je nach Standpunkt: Für den Neuen handelt es sich um Schutzgelderpressung, für den Händler, der durch den hinzukommenden Kokurrenten in seinen Geschäften gestört wird, ist dies aber gerade der Schutz selbst. Im Grunde sind die beiden Dinge gleichwertig; es ist in der Tat unmöglich, jemanden vor der Konkurrenz *zu schützen* und nicht gleichzeitig die Konkurrenten zu schädigen. Hier ergeben sich wieder Parallelen zu Lobbies und Regierungen. Alles in allem: Das organisierte Verbrechertum mag uns mitunter Schutz gegen unseren Willen aufdrängen – doch das stellt keinen *wirtschaftlichen* Grund dar, Bezahlung für Schutz vor der Konkurrenz abzulehnen. (Wir kehren zu dieser Form des Schutzes im Kapitel VIII zurück.)

Es gibt jedoch einen Fall, in dem der Gesamtprozeß den Charakter der Erpressung annehmen kann: dann nämlich, wenn die Schutzfirma sich *sämtliche* Profite aneignet, die die Geschützten aus der Möglichkeit zur Festsetzung höherer Preise schöpfen. In Sizilien, wo die Beständigkeit der Mafia und ihre Unterstützung vom Volk besonders ausgeprägt sind, kann man jedoch unterstellen, daß die mafiosen Firmen in vielen Fällen den am Markt Beteiligten gestatten, sich ihrer oligopolischen Zusatzverdienste zu erfreuen – sie sichern sich damit »sozialen Frieden«.

Die Diskussion darüber ist nicht neu. 1876 bemerkte Franchetti bereits, daß die Mafia ihre Forderungen nicht allzu massiv ausdehnte, »denn würden die Verbrecher ihre zerstörerische Kraft bis ins Extrem verwenden, würde ihnen alsbald die *raubbare Materie* fehlen« (S. 126). Tatsächlich handelt es sich hier eher um eine Beschreibung der Wirklichkeit denn um eine theoretische Beobachtung. Theoretisch nämlich geschieht diese Art der Selbstbeschränkung keineswegs durchgehend, sondern nur in Zeiten, in denen die Schutzfirmen relativ stabil sind. Sehen die Mafiosi für sich jedoch unsichere, kurzatmige Perspektiven, gibt es keinerlei *wirtschaftliche* Bremsen, die ihnen die Totalausbeutung des Geschützten verwehren. (Wir kehren weiter unten zu diesem Punkt zurück, Kapitel VII.6, wo ich beschreibe, wie der Schutz in der Praxis funktioniert.) Die Stabilität der Schutzindustrie – sie wird uns die beiden folgenden Kapitel beschäftigen – ist daher die zentrale Variable bei der Voraussage mafiosen Verhaltens.

Kapitel II: Die Ressourcen

Wie bei allen Märkten gibt es auch auf dem der Schutzgewährung Betrüger, die fehlerhafte oder gefälschte Waren zu verkaufen suchen. Ein sizilianischer Unternehmer hat mir die (für ihn lustige) Geschichte von einer Firma aus dem Norden erzählt, die einen großen öffentlichen Auftrag auf der Insel erhalten hatte. Zu deren Geschäftsleitung kam alsbald ein Mann mit allerlei Andeutungen und Androhungen der Art, für die die Mafiosi berühmt sind. Die Firma war fest davon überzeugt, daß früher oder später bestimmt jemand kommen und Schutzgelder verlangen würde. So verfiel niemand auf die Idee, Informationen über den Mann einzufordern – man war sicher, daß es sich schon um die richtige Person handle. Also bezahlte die Firma knapp zwei Jahre, bevor klar wurde, daß alles nur der Betrug eines Schein-Mafioso war.

Nicht alle verfügen jedoch über die notwendigen Eigenschaften zum erfolgreichen Verkauf von Garantien und Schutz. Wie bei der Produktion und dem Verkauf aller anderen Güter erfordert auch die Rolle des »Peppe« spezielle Fähigkeiten: Manche davon hängen ab von den besonderen Umständen des Marktes, der geschützt werden soll, sind also konditionell. Bei anderen handelt es sich um konstante Eigenschaften. In diesem Kapitel betrachten wir letztere.

Machen wir ein Gedankenexperiment: Fragen wir uns, wie wir uns selbst verhalten würden, wollten wir Schutz herstellen und verkaufen. Da böte sich dann die – im übrigen nicht notwendigerweise erhebende – Karriere eines »Peppe« an. Leben wir in einem Ort, in dem »Peppe« zum festen Erscheinungsbild gehört, ist derlei Vorstellung nicht schwierig. Franchetti erwähnt, daß das »leichte Blutvergießen« in der Inselhauptstadt unter anderem auch davon herrührt, daß »die in Palermo wohnenden Herrschaften sich eine große Anzahl von Dienern hielten, deren Abkömmlinge die Tradition des Familiensinnes bewahrt haben« (1876, S. 94 und 98). Diese Sichtweise ist wichtig, weil sie die Gewaltanwendung nicht als Subkultur des Ortes betrachtet, sondern als spezifische Fähigkeit, die analog zur Friedfertigkeit von Generation zu Generation übertragen werden kann.

Stammen wir also aus einem solchen Ort, haben wir schon von Kindesbeinen an gelernt, daß Vertrauen eine seltene Ressource ist, und daß ihr Mangel zwar einerseits das Leben schwierig macht, sich andererseits aber auch als Einkommensquelle erweisen kann.

Als Lucky Luciano noch ein Junge war, »bemerkte er, daß einige ältere italienische und irländische Jünglinge auf der Straße die kleineren, schwächeren jüdischen Kinder abpaßten, sie schlugen und ausraubten. Lucky wollte davon profitieren: Für einen Penny oder zwei pro Tag verkaufte er seinen Schutz an die potentiellen Opfer. Zahlten sie, konnten sie sicher sein, daß ihnen auf dem Schul- und Nachhauseweg nichts zustieß. Lucky war kein Riese, aber doch hinreichend großgewachsen und recht stark, um sein Schutzversprechen einzulösen.« (Gosch und Hammer 1975, S. 6)

Doch die mafiose Erziehung hat ihren Preis. Ein alter Mafiaboß erzählte, daß sein Vater – auch er schon lange ein Mafioso – ihn als Kind auf eine Mauer steigen ließ und zum Herunterspringen aufforderte; er werde ihn auffangen. Der Junge wollte nicht, aber der Vater bestand darauf. Schließlich überredete er den Knaben doch zu springen – doch er ließ ihn zu Boden fallen, so daß dieser sich verletzte. Die Lehre, die der Vater ihm erteilen wollte, kann man auf die Formel bringen: »Du mußt lernen, niemandem zu vertrauen, nicht einmal deinen eigenen Eltern.« Gelingt es uns, die Gefühle dieses Kindes damals nachzuvollziehen, können wir unser Gedankenexperiment beginnen.

1. Ausspionieren und Schweigen

Der Begriff »Omertà« hängt etymologisch zwar mit »Mannsein« zusammen, mit Starksein, bezeichnet heute im landläufigen Gebrauch jedoch ein spezielles Verhalten der Verschwiegenheit und Heimlichkeit auch unter widrigen Umständen (höchstwahrscheinlich, weil dies als eine Eigenschaft des echten Mannes gilt). In Sizilien bezieht sich der Ausdruck bekanntlich auf das verschwiegene Verhalten der Bevölkerung gegenüber Untersuchungsbehörden bei Verbrechensermittlungen, und im weiteren Sinne auch auf die Abneigung, Fremden zu vertrauen. Die Mafia stellt angeblich die Quintessenz dieses kulturellen Zurückhaltungskodicis dar; zusammen mit der Gewalttätigkeit gilt dieser als eine der ihr üblicherweise zugeschriebenen bezeichnenden Eigenschaften.

Dieser stereotypen Einschätzung halte ich erstens entgegen, daß die Widerspenstigkeit gegen staatliche Behörden nichts anderes ist als eine – wahrscheinlich nicht einmal die allerwichtigste – Form der Verschwiegenheit; und zweitens, daß gleichzeitig mit dem Schweigeverhalten das Ausspionieren praktiziert wird – ein ebenso grundlegender wie in der allgemeinen Wertung vernachlässigter Aspekt mafiosen Tuns. Und schließlich behaupte ich, daß weder das Schweigen noch das Ausspionieren kulturelle Kodices darstellen, sondern notwendige Eigenschaften für den Verkauf von Schutz sind.

Wollen wir nämlich unsere Dienstleistung überzeugend sowohl dem Metzger wie dem Rinderzüchter, sowohl dem Pferdehändler wie dem Kutscher anbieten, brauchen wir zuallererst Informationen. Wir müssen über beide jeweils möglichst viel herauszubekommen suchen: über ihre Geschäfte, ihre Frauen, ihre Kinder; ob sie Schulden haben oder Gläubiger sind, wer ihre Freunde sind und so weiter. Diese Informationen müssen auch noch ständig auf den neuesten Stand gebracht werden. Der Grund dafür ist offenkundig: Wir müssen uns eine Vorstellung über ihre wirtschaftliche Lage machen, um ihre Vertrauenswürdigkeit einzuschätzen, und wir müssen ihre privaten Geschäfte kennen; nicht nur weil diese in ökonomische Fragen hineinspielen können, sondern auch als Mittel zur Ausübung von Druck für den Fall, daß eine Seite die andere, und damit auch uns, hereinzulegen versucht. Selbst wenn wir nur den einen der beiden Partner schützen, müssen wir wissen, inwieweit der andere als unbedenklich einzuschätzen ist. Wir müssen uns davon überzeugen, daß der andere nicht ebenso »hartgesotten« ist wie wir oder gar noch stärker – oder daß er seinerseits nicht auch unter einem vergleichbaren Schutz steht.

Unsere Kunden müssen nun ihrerseits wissen, daß wir Informationen über sie besitzen; im gegenteiligen Falle würden sie uns als Garanten nicht ernst nehmen. Unsere Fähigkeit, Informationen zu erhalten, ist Teil unserer Reputation. Unsere beiden Partner könnten sogar Interesse daran haben, uns jeweils Einzelheiten über sich zukommen zu lassen: Beide wissen, daß der andere dem Geschäft um so mehr zuneigt, als er weiß, daß wir, als Garanten, über

Vorzugsinformationen verfügen. Dabei müssen die beiden gar nicht unbedingt wissen, worüber wir denn genau informiert sind. Im Gegenteil, besser noch, sie wissen nichts darüber; das stärkt unsere monopolistische Position, und gleichzeitig nimmt die Wahrscheinlichkeit ab, daß die beiden Geschäftspartner sich ohne uns einigen oder sich gar an unsere Stelle als Garant setzen – es reicht, wenn sie glauben, daß wir genug wissen, um sie beide zu kontrollieren. Unsere Fähigkeit zur Repressalie gründet sich tatsächlich vollständig auf Information. Auch wenn wir ohne weiteres zur Gewalt greifen können, müssen wir doch zunächst über das Eigentum des Betreffenden Bescheid wissen, über seinen Wohnort, seine Gewohnheiten; nur so lassen sich die Objekte zur Vergeltung ausfindig machen.

Es kann sich als schwierig erweisen, ein Netz zum Ausspionieren auf die Beine zu stellen, kann lange Zeit in Anspruch nehmen und voller Tücken sein. Dennoch können wir uns dieser Aufgabe nicht entziehen, wollen wir so wie unser »Peppe« werden. Die Sammlung von Informationen beruht auf einer Reihe persönlicher Eigenschaften, wie etwa ein gutes Gedächtnis, die Fähigkeit, taktvoll und im rechten Augenblick die richtigen Fragen zu stellen, ein nicht allzu auffälliges Erscheinungsbild, eine liebenswürdige und doch hellwache Aufmerksamkeit gegenüber allem, was geschieht, oder eine spezielle Art, sich ohne erkennbaren Zweck zu bewegen.

Das Ausspionieren kompliziert sich mit der zunehmenden Zahl zu observierender Personen – da sind wir zur »Delegierung« eines Teils der Arbeit gezwungen. Das hängt auch von der Art des Marktes ab, den wir zu schützen haben: Es kann sich um großes Grundeigentum handeln, aber auch um kleine Läden im Stadtviertel, um große Anteile am internationalen Drogenmarkt oder um die Geschäfte einer Gruppe von öffentlichen Auftragnehmern. Wir können uns als Vertragsgaranten betätigen im Rahmen korrupter Politik, aber auch bei Geschäften im Vieh- oder Orangenhandel. In jedem dieser Fälle ist die Art der Informationsbeschaffung anders und wird ihrerseits den Aufbau und die Führung des Kundschafternetzes beeinflussen.

Ganz allgemein kann man davon ausgehen, daß der Schutz sämtlicher Geschäfte auf einem begrenzten Gebiet einfacher ist als der nur einzelner Transaktionen in unterschiedlichen Gebieten. Unser Geburtsort oder dort, wo wir lange Zeit gelebt haben, ist offenkundig der beste Platz für den Einstieg ins Geschäft, schon alleine, weil wir dort jeden Winkel und jeden Menschen kennen. Bereits der häufige Besuch geeigneter Orte – Espressobars, Geschäfte, Kirchen, Banken – bringt viele nützliche Informationen, darüber hinaus können wir unmittelbar die gesammelten Nachrichten überprüfen. Auch die Freunde und Verwandten können als billige, vertrauenswürdige Quellen genutzt werden. Mehr noch: Frauen reden untereinander, ihre Kinder hören ihnen zu, und so können sich auch die Erzählungen ihrer Alterskameraden als wertvolle Lauscherei erweisen. In einem begrenzten Bewegungsraum erkennt man neue Gesichter sofort; es ist leicht, mit Hilfe traditioneller Formen der Gastfreundschaft Fremde zu einem Gespräch über ihre Geschäfte zu veranlassen; so findet man schnell ihre Rolle, ihre Funktion, ihre Bekanntschaften heraus. Dabei geht es dann nicht nur um sogenannten »natürlichen« Klatsch: Die Mafiosi schützen allgemeine Wißbegierde vor und führen dabei regelrechte Ermittlungen über Verwandtschaft und Bekanntschaft des Betreffenden durch – wer war an diesem bestimmten Tag an der Arbeit, wer ist nicht am gewohnten Ort erschienen und so weiter. Das Netz der Informanten kann derart engmaschig sein, daß auch der Gelegenheitsdieb leicht erkannt wird: unzählig bis heute die Fälle, in denen mit Hilfe der guten Dienste eines »Peppe« Diebesgut wiedererlangt wurde; der älteste geht bis aufs 16. Jahrhundert zurück (Cancila 1984).

Stefano Calzetta, randständiger Mitarbeiter einer palermitanischen Mafia-Familie, dessen Enthüllungen 1983 eine dann in den Maxiprozeß von 1986 einbezogene Ermittlung auslösten, beschreibt lebendig sein Leben als Informant in einem Viertel im Osten der Stadt. Seine Aufgabe bestand darin herumzuflanieren, oft im Auto und ohne genauere Zielvorgaben. Dabei sollte er Beobachtungen machen, gewisse Personen scheinbar zufällig treffen und dabei Bewegungen und Reaktionen auf bestimmte Ereignisse registrieren. Verkennen wir die Bedeutung, die dieses Ausspionieren im Rahmen des hier untersuchten »Berufs« einnimmt, das Leben Calzettas würde uns fade und verbummelt erscheinen – als das eines beliebigen Nichtsnutzes in einer der zahlreichen Städte am Mittelmeer. Seine Aufträge sind, wie übrigens die vieler Spione, langweilig und immer gleich: Überwachen, warten, beobachten, den Ausguck wechseln, die Straße zu unterschiedlichen Tageszeiten durchfahren, Kontakt suchen, registrieren, Schlußfolgerungen ziehen, schweigen und aufmerksam machen. Auch zur Vorbereitung besonderer Aktionen, etwa eines Mordes, müssen unabdingbar Informationen gesammelt werden (Falcone und Padovani 1991, S. 36). Ein anderes Mitglied einer Mafia-Familie, Vincenzo Sinagra (seine Enthüllungen folgten 1984 denen Calzettas), wurde ebenfalls des öfteren zum Ausspionieren losgeschickt. Einmal hatten die Familienmitglieder ein »Todesurteil« gegen einen Mann gefällt, und nun warteten sie auf eine gute Gelegenheit, die Sache zu »regeln«: »Mein Vetter hatte mir gesagt: ›Enzo, nimm ein Motorrad, fahr herum und schau, ob du ihn siehst.‹ Ich habe das Motorrad genommen und bin herumgefahren ... bin in Richtung Piazza Marina gefahren, bin herumgefahren und habe ihn auf einem Motorrad gesehen, zusammen mit Ciaò. Da bin ich zurückgefahren und habe gesagt: ›Ich hab' ihn gesehen.‹ Eine halbe Stunde danach ist er gestorben, fünf Kugeln haben ihn getroffen.« Francesco Marino Mannoia erklärt in seiner Zeugenaussage vor dem Ermittlungsrichter Falcone, daß Salvatore Marino (ein Mitglied der Familie von Ciaculli, der 1985 während eines Polizeiverhörs nach dem Mord an Kommissar Beppe Montana gestorben war) »die Aufgabe hatte, die Gewohnheiten des Kommissars zu verfolgen«. (›Epoca‹, 4. Juli 1990)

Das Ausspionieren darf sich dabei nicht nur auf das beschränken, was im engeren Sinne für die Vergabe von Schutz notwendig ist; es muß auch möglicherweise entstehenden Bedrohungen entgegenwirken. So können wir zum Beispiel selbst das Objekt von Ausforschung werden: Wir brauchen daher eine Gegenspionage, die mögliche Rivalen überwacht, Verräter entdeckt und den Schachzügen der Polizei zuvorkommt. Auf dieser Ebene verändert sich der Charakter des Ausspionierens völlig: die Gefahren kommen möglicherweise aus Gebieten, von Mafia-Familien oder von Institutionen, zu denen wir kaum direkten Zugang haben und die außerdem durch Sicherheitsmaßnahmen geschützt sind. Wir können also nicht damit rechnen, einschlägige Informationen zu erhalten, und wir können auch nicht darauf hoffen, daß die Leute, um die es uns geht, ein Interesse daran habe, uns in ihre Pläne einzuweihen. Einer der Gründe für die Herstellung von Kontakten zwischen den verschiedenen mafiosen Familien liegt zweifellos in der Schwierigkeit, einen wirksamen Informationsdienst aufzubauen.

Analoge Überlegungen betreffen die Verschwiegenheit. Sie ist offenkundig zuallererst zum Eigenschutz erforderlich, gegen Rivalen wie gegen den Staat; noch notwendiger ist sie jedoch, wenn es um den Verkauf von Schutz an andere geht. Erfahren unsere Kunden etwas, das gegen uns verwendet werden kann, schwächt das unsere Position als Garanten. Ein zurückhaltendes Leben, das nach außen ein ehrenvolles Bild ergibt, gehört zu den wesentlichen Requisiten des von uns angebotenen Produktes. Die »Omertà«, die Verschwiegenheitspflicht, ist nicht nur ein traditioneller Kodex, der im Laufe einer langen Geschichte von Fremdherrschaft entstanden ist und heute aus Trägheit fortgeführt wird; und sie ist auch nicht lediglich ein System zum Schutz gegen den Staat, wie das traditionell gesehen wird: Es handelt sich vielmehr um einen fundamentalen Bestandteil unserer Rolle als Verkäufer von Protektion. Tatsächlich ist dies eines der spezifischen Elemente, die den Handel mit Schutz von beispielsweise dem mit Automobilen unterscheidet. Im letzteren Bereich ist unser Privatleben irrelevant für die Feststellung der Qualität des Produktes; im Falle der Schutzgewährung dagegen ist das wichtigste Zeichen für die anderen gerade das, was *wir selbst* sind (auch wenn sich die Vorstellung von dem, was ehrenhaft ist und was nicht, im Laufe der Zeit wandelt).

Im Gegensatz zur landläufigen Meinung ist die Welt der Mafia weit davon entfernt, sich diesem Ideal der Heimlichkeit und Zurückhaltung anzupassen: Dort nämlich machen Informationen durchaus die Runde, wenn auch in besonderer Weise. Hierzu die Worte Buscettas:

»Ich möchte darauf hinweisen, daß die Nachrichten über Ereignisse, die die Mafia betreffen – auch die allergeheimsten – innerhalb der Mafia früher oder später durchsickern... In meinem Ambiente stellt man niemals Fragen, doch der Gesprächspartner läßt einen, wenn er es für sinnvoll hält, mit einer Redewendung, einer Andeutung des Kopfes oder auch mit einem Lächeln erkennen, von woher die Anordnungen für bestimmte Geschehnisse kommen... Es reicht aus, möglicherweise durch Schweigen erkennen zu lassen, daß man der Urheber ist – da braucht man keine weiteren Fragen.«

Der Meinung war auch Lucky Luciano: »Eigenartig, aber die Sizilianer wissen kein Geheimnis zu bewahren. Immer ist da irgendeiner, der auf die eine oder andere Weise einen der Seinen verrät. Ein Haufen Leute wird der Polizei nur deshalb angezeigt, weil irgend etwas passieren könnte.« (Gosch und Hammer 1975, S. 101)

Zusammengefaßt: Der Eindruck, daß die Omertà ein Kodex kulturell spezifischen Verhaltens ist und für das Verständnis der Mafia unabdingbar, ist offenbar völlig falsch. Das Wort »Omertà« selbst taucht niemals, nicht ein einziges Mal in all meinen Quellen auf. Einerseits ist Heimlichkeit analytisch durchaus identisch mit der, die auch staatliche oder industrielle Organisationen zu ihrem Schutz anwenden. IBM zum Beispiel gibt jährlich fünfzig Millionen Dollar aus zum Schutz ihrer Betriebsgeheimnisse und zur Gewährleistung, daß ihre Angestellten bei Einstellung wie bei Entlassung diese nicht preisgeben (Freemantle 1986, S. 63 ff.). Auf der anderen Seite ist die Heimlichkeit nur ein Aspekt der allgemeinen Neigung zur Sammlung und Manipulation von Informationen, die die Verheimlichung von Nachrichten ebenso wie deren Preisgabe strategisch ausspielt.

2. Die Gewalt

Zur Sicherstellung ihrer Schutzgewährung benötigen Mafiosi auch Gewalt: nicht nur physische Gewalt, sondern auch psychische Eigenschaften, die in etwa dem Charisma und der Begabung zum Kommandieren in Führungsstellen entsprechen. Mafiosi einer gewissen Stufe wird häufig die Fähigkeit zugeschrieben, Achtung und Unterwürfigkeit einzuflößen. Doch vor allem müssen sie zur Gewaltausübung imstande sein – für die Rolle des Garanten ist die Fähigkeit zur Bestrafung grundlegend. Wir befassen uns an dieser Stelle nicht mit der Art und Weise, in der die Mafia die Gewalttätigkeit ausübt; wir erklären hier nur, warum die Gewalt eine derart große Rolle einnimmt.

Die im vorangegangenen Kapitel vorgelegte Theorie macht verständlich, warum »Peppe« für den Erfolg auf dem Markt der Schutzgewährung scharfkantige Gaben in Sachen Gewalt besitzen muß: Er muß stärker sein als alle am Geschäft beteiligten Partner zusammen, und diesen muß ihrerseits klar sein, daß die Repressalie im Falle »schlechten Verhaltens« sicher eintreten wird. Wäre dem nicht so, könnte einer der Partner aufstehen und sich selbst vor allen Folgen seiner Tat schützen. Oder die Schutznehmer könnten sich gegen ihren Schützer zusammentun. Zahlt also ein Partner für den Schutz, muß er auf die Fähigkeit des »Peppe« zur Vorbeugung gegen jedwede schädliche Tat der Gegenseite bauen können.

Die Drohung mit Vergeltung ist natürlich nicht nur in der Welt der Mafiosi eine übliche Form der Verhinderung bestimmter Aktionen: Der Grundsatz wird häufig auch auf dem Gebiet internationaler Beziehungen angewendet – Drohung oder willkürlicher Gebrauch gewalttätiger Mittel sind da keineswegs selten.

Gewalt wird in der Welt der Mafia jedoch nicht nur zur Durchsetzung geschlossener Verträge zwischen geschützten Partnern angewandt: Das wohl unmittelbarste Motiv zur Gewaltanwendung ist die Konkurrenz zwischen den Schützern selbst, und zwar sowohl zwischen verschiedenen Unternehmen wie auch innerhalb ein- und derselben Firma. Die Qualität eines Autos bemißt sich nach Geschwindigkeit, Lebensdauer und Komfort, die des Schutzes dagegen nach der Entschlossenheit derer, die ihn gewähren: Wer sich beim Zusammenstoß als härter erweist, schaltet nicht nur die Konkurrenten aus; er verschafft sich bei den Kunden gleichzeitig eine ausgezeichnete Werbung als besonders entschiedener und vertrauenswürdiger Mensch. Ein Taxifahrer aus Palermo trauerte einem Freund nach, dem ermordeten Chef eines Bestattungsunternehmens: Dieser »Gentleman« habe seine Fäuste, auch Messer und Pistole, zu gebrauchen gewußt, und all das habe aus ihm einen »echten Mann« gemacht.

Besteht der Mafioso gewalttätige Zusammenstöße auf Kosten seiner Feinde, mehrt er in einer Art Nullsummenspiel sein Ansehen. Die Ehre eines Mafioso – besser definiert als die notwendige Reputation zur Gewährung glaubwürdigen Schutzes – ist keine feststehende Größe, die von der Geburt herrührt (Hess 1970, Arlacchi 1983, Bonanno 1983, it. Üb. S. 96). Viele Forscher haben diese Aspekte der Konflikte unter Mafiosi beschrieben, ohne jedoch die ihnen immanenten Gründe zu erklären. Diese sind auf die besondere Natur der verkauften Ware zurückzuführen, die bewirkt, daß sich zur Konkurrenz auch noch die Gewalttätigkeit gesellt. Da Erbarmungslosigkeit ein grundlegender Aspekt der

Schutz-Qualität ist, wird sie auch zur Bemessungsgrundlage der Mafiosi untereinander. Auf dem Automarkt ist zu erwarten, daß bei gleichen Preisen Kraftfahrzeuge mit mehr Leistung besser verkauft werden. Analog dazu hat ein entschiedener, gewalttätiger Mafioso das Ansehen eines effizienteren Schutzgebers – und der beste Beweis, den er dafür geben kann, besteht in der Eliminierung seiner Konkurrenten.

Hartsein ist jedenfalls eine Eigenschaft ohne Verwaschungen: entweder man hat sie, oder es ist nichts zu machen. Es gibt keinen Zweitplazierten: Man gewinnt oder man verliert. Während die Qualitäten eines Großteils aller Waren auf einer kontinuierlichen Skala verteilt sind (was den Absatz einer Vielfalt von Produkten auf unterschiedlichen Qualitätsebenen zuläßt), stellt die Fähigkeit zu erfolgreichem Gebrauch der Gewalt eine dichotomische Variable dar: Im Rahmen eines bestimmten Kontextes gibt es nur eine einzige Person mit den notwendigen Requisiten – Konsumenten, die deren Dienstleistung nicht erhalten, sind sich niemals sicher über die Qualität des anderweitig erhaltenen Schutzes. Eine weitere Erklärung, warum der Markt der Schutzgewährung monopolistisch ist.

Diese Argumente erklären die letztendliche Bedeutung der Gewalt in dieser Branche. Weniger einfach dagegen sind die Gründe für den *so häufigen* Gebrauch der Gewalt durch »Peppe« herauszufinden. Auch bei der Mafia sind nicht alle Vergeltungsschläge von Gewalt geprägt, oft wird diese nur benutzt, um während einer laufenden Verhandlung Druck auszuüben. Trotzdem: Auch wenn man das nicht genau quantifizieren kann, entsteht der Eindruck, daß die offen gewalttätigen Konflikte erstaunlich zahlreich sind. Die Überraschung darüber rührt dabei nicht so sehr von der Beobachtung der alltäglichen Wirklichkeit her (schließlich kennen wir die Gewohnheiten der Mafiosi), sondern von den theoretischen Erwartungen: Das Reservoir möglicher gewaltfreier Sanktionen erscheint umfangreich genug zur Bewältigung der Schutzausübung, so daß man den Rückgriff auf Gewalt auf ein Minimum beschränken könnte. Die allgemeine Entwicklung der wirtschaftlichen und juristischen Beziehungen geht sicherlich in Richtung auf subtilere, hochentwickelte vertragliche Formen, die Gewalt gegenüber den Partnern als Zwangsmittel zur Einhaltung der übernommenen Verpflichtungen ausschließen. Physische und geschäftliche

Auseinandersetzungen werden immer deutlicher getrennte Dinge. Vom rationalen Standpunkt aus müßte auch die Mafia, sofern sie könnte, Schutz ohne ständigen Rückgriff auf Gewalt anbieten, zumal die entsprechenden Kosten dafür sicherlich geringer wären. Warum also ist die Gewalttätigkeit ein derart wichtiger Bestandteil der Reputation und der Karriere der Mafiosi? Warum sind die Clans seit jeher bewaffnet bis an die Zähne?

Zur Antwort auf diese Frage könnte man ein abstraktes Modell zur Entwicklung des Marktes der Schutzgewährung aufbauen. Stellen wir uns beispielsweise vor, daß die Schutzindustrie in einer brutalen Welt entsteht, in der die Gewalt die normale Form der Vergeltung ist: Die Mitwirkenden haben keine ausreichende Phantasie zum Aufbau subtilerer Formen, oder sie sind derart unempfindlich, daß sie nur die Argumente des Stärkeren verstehen. In einer solchen Welt müssen die ersten »Schutzfirmen«, die entstehen, ihre Effizienz auf dem Gebiet der Gewalt beweisen und sich in angemessener Weise auf ihre Ausübung vorbereiten. Entwickelt sich dann, aus gleich welchem Grunde, kein haltbares Monopol (einschließlich dem des Staates), das die Regeln der Schutzvergabe abmildert, so begeht jeder neue Konkurrent, der in den Markt einzutreten versucht, Selbstmord – oder er muß seine eigene Bereitschaft zur »Härte« abwägen, noch bevor er überhaupt überlegt, ob er da einsteigen soll. Unter diesen Umständen wird die Gewalttätigkeit wegen der Trägheit der Anfangsbedingungen des Marktes in unverhältnismäßig großem Maße weiterproduziert, auch wenn sie nicht mehr für den Beruf des Garanten vonnöten wäre.

Es lassen sich aber auch noch weitere abstrakte Modelle aufbauen, die die Unwahrscheinlichkeit oder die interne Zerbrechlichkeit eines friedlichen Ausgleichs unter verschiedenen Schutzgebern zeigen. Man kann das Problem jedoch noch von anderer Seite her angehen.

Tatsächlich nämlich könnte der umfassende Einsatz der Gewalt durch die Mafia auch von eher zufälligen Faktoren abhängen. Einer davon hängt mit den Beziehungen zwischen den Mafia-Familien zusammen: Je stabiler und durchorganisierter diese sind, um so unwahrscheinlicher ist der Rückgriff auf Gewalt. Die Polizeiberichte belegen, daß die amerikanischen Mafiosi sowohl innerhalb ihres Einflußgebietes wie außerhalb nur selten Gewalt gegenüber ihren sizilianischen Kollegen anwenden; wir kommen darauf auch im nächsten Abschnitt noch zurück. In den Vereinigten Staaten liegt der letzte Mafiakrieg – der sogenannte »Krieg von Castellammare« – bereits dreißig Jahre zurück, während es in Sizilien seither mindestens zwei ausgedehnte Konflikte mit Hunderten von Toten gegeben hat. Jenseits des Ozeans wurde überdies nicht ein einziger Richter oder Polizeibeamter ermordet, während das Verzeichnis der Morde an Vertretern der öffentlichen Gewalt auf Sizilien tragisch lang ist. Die Mäßigung der amerikanischen Mafiosi könnte nun durchaus auch von der größeren Entschiedenheit der Behörden herrühren, kann aber auch die Folge einer größeren Beständigkeit der Beziehungen unter den Clans selbst sein. Die Mafia-Familien in den Vereinigten Staaten sind jeweils größer, ihre Zahl aber wesentlich geringer als in Sizilien (fünf in New York, dagegen achtzehn alleine in Palermo): Das verringert wahrscheinlich die Anlässe für Konflikte und vereinfacht die Probleme bei Erbschaftsfragen (ein Punkt, den ich im Kapitel V untersuchen werde).

Es gibt aber noch einen anderen, möglicherweise den wichtigsten Zufallsgrund, der die Gewalt zu einem derart relevanten Aspekt in der mafiosen Welt macht. Er hängt von staatlichen Aktionen ab. Der Staat ist es ja, der bestimmt, welche Waren und Geschäfte illegal sind. Mit der Illegalisierung einer bestimmten Ware eröffnet er daher zuallererst einmal ungewollt neue Märkte für den privaten Schutz, stehen doch die verbotenen Geschäfte per definitionem nicht unter dem Schutz des Gesetzes. Wie jeder andere rational handelnde Geschäftsmann wird daher auch der Schutzgeber angeregt, in diesen Markt einzutreten und seine Dienste anzubieten. Zweitens droht der Staat jedem, der illegale Geschäfte betreibt, Verfolgung und Bestrafung an und betätigt sich so quasi als Filter in dem Sinne, daß Personen, die trotz des Verbots mit illegalen Gütern umgehen, im Durchschnitt weniger ängstlich, sondern risikobereiter und gewalttätiger sind als gesetzestreue Geschäftsleute. Will unser »Peppe« derart entschlossene Leute beschützen, muß er sich also entsprechend ausrüsten. Wie oben bemerkt, muß »Peppe« sich um seiner Glaubwürdigkeit willen stärker als seine Kunden erweisen, dazu müssen die Strafen, mit denen er die Schieber unter Kontrolle hält, im Durchschnitt härter sein als bei normalen Geschäftsleuten – ein starkes Motiv, Erbarmungslosigkeit zu zeigen und seine militärischen Fähigkeiten hervorzukehren.

Hätte sich »Peppe« nicht über den Pferdehandel der guten alten

Zeit hinaus entwickelt, er wäre wohl inzwischen überflüssig geworden: Käufer und Verkäufer hätten gelernt, Betrugsmanöver erst gar nicht zu versuchen, oder würden bei der Regelung ihrer Probleme ordentliche Gerichte in Anspruch nehmen. Gäbe es ihn wirklich noch, er erschiene im Vergleich mit den heutigen Mafiosi geradezu als Gentleman, und noch dazu müßte er bei seinen Geschäften wahrscheinlich gar nicht einmal seine Zähne zeigen. Kutscher und Pferdehändler, Rinderzüchter und Metzger neigen zwar dazu, sich gegenseitig hereinzulegen, doch ganz sicher sind sie nicht bereit, ihre Haut für mickrige unredliche Geschäfte zu riskieren, wenn der alte »Peppe« mal laut wird. Wer sagt uns aber, daß die Dinge wirklich so liegen? Erbarmungslose jüngere Leute, die in den Verkauf von Schutz an Kriminelle einsteigen, werden alsbald eine Bedrohung für »Peppe«, selbst in einem peripheren Markt wie dem des Pferdehandels. Will ein mit »Peppe« unzufriedener Kunde seinen Schutzgeber wechseln und wendet sich an die neuen Beschützer, droht »Peppe« mindestens der Verlust seiner Glaubwürdigkeit. Nun sind die alten halblegalen Märkte und die neuen, gewalttätigeren nicht durch unüberwindliche Barrieren getrennt: Daher droht das Gleichgewicht beim ersten Anzeichen eines Konfliktes zwischen »Peppe« und einem beliebigen seiner Kunden aus den Fugen zu geraten. Will der alte Mafioso weiter im Geschäft bleiben, muß er sein Arsenal entsprechend modernisieren und sich auf ein höheres Niveau der Gewalt vorbereiten.

3. Die Reputation

Der Begriff »Reputation« bezieht sich auf die Qualität und Zuverlässigkeit, die man von einem Kaufmann, einer Ware oder einer Dienstleistung erwartet, und sie bestimmt im allgemeinen die Entscheidung der Konsumenten. Firmen mit guter Reputation müssen nicht bei jedem Geschäft die Beweislast hinsichtlich ihrer Vertrauenswürdigkeit beziehungsweise der Qualität ihrer Produkte tragen, und sie sind so in gewisser Weise vor der Bedrohung durch neue Konkurrenten geschützt. Die Verbreitung der Reputation von Kunde zu Kunde ergibt auch eine spontane Form der Werbung.

Einige Geschäftsbereiche hängen dabei stärker als andere von den Effekten der Reputation ab, weil deren Auswirkung auf den Gesamtwert der Dienstleistung variabel ist; sie steigt an mit dem Zuwachs des notwendigen Vertrauens der Kunden für ihre Zulieferer. Der Beruf eines Priesters und eines Arztes zum Beispiel sind im Hinblick auf Reputation äußerst sensibel. Dasselbe gilt für den Bankier (er bietet eine Sonderform des Schutzes an, der auf Geld, Wertpapiere und Kredit angewendet wird): Vertraut die Öffentlichkeit plötzlich einer Bank nicht mehr, bricht diese zusammen (Kindleberger 1978). Auch der Beruf des internationalen Geschäftsmaklers ist äußerst delikat, und zwar mehr hinsichtlich der Reputation denn der Moral (was beweist, daß die Beziehung zwischen diesen beiden Aspekten genau umgekehrt ist, als man normalerweise erwartet). »Die Loyalität und Integrität sind mein Vermögen, man kann es mit Geld nicht kaufen«, erklärte der schwerreiche Geschäftsmann Adnan Kashoggi beim Betreten des Gerichtssaals (er war angeklagt, Imelda und Ferdinando Marcos bei der Entwendung von vierhundert Millionen Dollar aus den Kassen des philippinischen Staates geholfen zu haben; ›The Independent‹, 19. März 1990), um dann scharf hinzuzufügen: »Mit meinem Beistand für Imelda in jeder schwierigen Lage zeige ich, daß ich die Leute nicht fallenlasse, was auch immer die Welt über sie denken mag.« (Beide wurden übrigens durch das US-Gericht dann freigesprochen.) Auch weniger ehrgeizige Verbrecher sind stolz auf ihre Reputation: »Diesen buckeligen Burschen umbringen?... Was zum Teufel sagst du da?« protestiert Sparafucile, der Prototyp des ehrbaren Briganten, gegen das Ansinnen, seinen Auftraggeber Rigoletto umzubringen: »Bin ich etwa ein Dieb? Ein Bandit? Hab ich je einen Kunden verraten? Dieser Mann bezahlt mich... und ich werde ihm treu bleiben.«

Die Schutzhändler bilden da keine Ausnahme. Wie in allen anderen Berufen verschafft auch in der Mafia eine gute Reputation Kunden und hält Konkurrenten in Schach. Der überraschendste Aspekt der Reputation des Mafioso besteht darin, daß ihm diese bei den Kosten der Herstellung von Schutz sogar sparen hilft. Ein Automobilhersteller erzielt sicherlich Vorteile aufgrund einer guten Reputation, aber das Fahrzeug muß er dennoch herstellen; eine Reputation glaubwürdigen Schutzes dagegen ist tendenziell mit dem Schutz selbst identisch. Je gefestigter der Ruf einer Schutzfirma ist, um so geringer die Notwendigkeit, auf die Ressourcen zurückzugreifen, auf denen er beruht.

Die Reputation entwickelt eine Art Eigenleben, und dieses Eigenleben erhält sie auch instand, wenn sie unbegründet ist. So bleiben auch jene Leute noch im Geschäft, die die Mittel für ihre Aufrechterhaltung verloren haben und bei der ersten Herausforderung zurückweichen würden. Nach Reuter (1983, Kapitel VI) haben die amerikanischen Mafia-Familien nach den Prohibitionskriegen weithin von ihrem Ruf gelebt; tatsächlich waren sie viel schwächer und weniger militant geworden, als die Presse und auch der kriminelle Untergrund glaubte. Dieses Bild wird durch die neuesten Zeichen des Abstiegs der Mafia in den Vereinigten Staaten bestätigt: Ronald Goldstock, der Direktor der Organized Crime Task Force von New York, berichtet zum Beispiel, ein hochrangiger Mafiaaussteiger habe ihm gestanden, daß seine Leute nicht einmal mehr fähige Killer aus den eigenen Reihen aufzutun imstande sind und man sie anderwärts suchen muß (›New York Times‹, 22. Oktober 1990).

Tommaso Buscetta hat enthüllt, wieviel von seinem Ruf lediglich glücklichen Umständen zu danken ist:

»Leider hat meine starke, stolze Persönlichkeit den Mythos eines gewalttätigen, erbarmungslosen Mafiabosses um mich herum geschaffen..., was nicht mit der Wirklichkeit übereinstimmt. Noch unglaublicher ist, daß dieser Mythos über seine Wirkung auf die Presse und die Polizei hinaus auch den kriminellen Untergrund beeinflußt hat, so daß man mich im Gefängnis angst- und achtungsvoll betrachtete. Das wurde noch gefördert durch meine Zurückhaltung, die in meinem merkwürdigen Ambiente mit mafioser Macht verwechselt wurde.« (TB II, S. 96)

Eine Welt also, in der es nicht schwierig ist, etwas anders erscheinen zu lassen, als es wirklich ist, und in der man leicht die Fähigkeit zur Schutzgewährung vortäuschen kann. Ein Geschäftsmann wird sich, selbst wenn er zweifelt, ob er da einen Mafioso vor sich hat, lieber unterwerfen – schließlich überlegt man es sich, ob man einen Bluff entlarven soll, wenn das eigene Leben auf dem Spiel steht. Dieser große Wert der Reputation stellt zusammen mit dem wenigen, was man an Desinformation zur Überzeugung des Opfers braucht, einen Anreiz für Trittbrettfahrer dar. Man muß nicht viel können, um sich wie ein echter Mafioso aufzuführen und davon zu profitieren: Es reicht, die Rolle einigermaßen überzeugend herunterzusagen. Daraus folgt wiederum: Sowohl der Geschäftsmann wie der (echte) Mafioso haben ein großes Interesse daran, daß die Erkennungszeichen eindeutig sind; umgekehrt ist dem falschen Mafioso an der Verwirrung der Vorstellungen gelegen. Der echte Mafioso wird daher unverfälschbare Signale auszusenden versuchen, der falsche, eben diese nachzuahmen. Tatsächlich müssen also die Schutzgeber auch auf diesem Markt unentwegt um den Beweis ihrer Authentizität kämpfen, und so nimmt das Problem der Identifikation und der Kampf gegen Nachahmer regelrechten Zwangscharakter an.

Wie funktioniert nun die Verteidigung des »Eigentumsrechtes«? Beruht sie auf Signalen, Etiketten, Namen und Fabrikatsmarken? Reicht es, dunkle Brillen zu tragen? Eingehendere Antworten auf diese Fragen werden wir in Kapitel V und VI suchen.

Reputation entsteht nicht aus dem Nichts. Mitunter erwirbt man sie, wie das Mariano Addena geschehen ist, eher zufällig (Sabetti 1984), aufgrund einer mutigen Aktion oder einer Gewalttat, die schutzlose Kunden anzieht. Das geschieht dort, wo es keine Schutzfirma gibt, jedoch eine latente Nachfrage herrscht. Öfter jedoch wird die Reputation stufenweise aufgebaut. Man belegt zuerst, daß man die notwendigen Eigenschaften zum Eintritt in eine mafiose Firma besitzt, die bereits eine gewisse kollektive Reputation aufweist; danach klettert man allmählich die interne Hierarchie hoch. Noch häufiger erwirbt man sich die Reputation durch eine äußere Herausforderung, derlei werden wir in Kapitel V sehen. Der Beweis mafioser Authentizität und der Güte der einschlägigen Dienstleistungen baut sich letztendlich auf der vorgezeigten Fähigkeit zur Ausübung von Gewalt auf – nicht nur zu Beginn der Karriere, sondern jedes Mal, wenn die eigene Reputation von Rivalen in Zweifel gezogen wird, seien diese ihrerseits authentisch oder nur Nachahmer (ein unterlegener Rivale kann nach getaner Tat stets als Betrüger hingestellt werden).

Die Reputation wird auch im persönlichen Bereich geschützt. Die Moralität der Ehefrau eines Automobilherstellers zum Beispiel hat keinerlei Beziehung zur Qualität der Fahrzeuge; den Käufern ist die Moral der Frau auch völlig gleichgültig. Doch ein Schutzgeber, der nicht imstande ist, seine Frau zu schützen (oder sich selbst *vor* seiner Frau), besitzt nicht die geringste Glaubwürdigkeit (Falcone und Padovani 1991, S. 76). Das liegt daran, daß die Reputation – wegen der Gefahr der oben beschriebenen Fälschung, aber auch aus Gründen, die wir noch anführen werden – nicht so einfach von der Person des Schutzgebers abgetrennt und zu einem abstrakten Markenzeichen gemacht werden kann.

Dasgupta (1988) empfiehlt, die Reputation auf einer kontinuierlichen Werteskala zu messen. Das mag bei gewöhnlichen Waren sinnvoll sein; Autos kann man von überaus verschiedener Qualität herstellen. Schutz jedoch kann nur gut oder schlecht sein. Bei Mafiosi kann man die Reputation nur dichotomisch, nicht aber kontinuierlich darstellen: Da sie auf Gewalt aufbaut, funktioniert sie entweder hundertprozentig, oder sie hat keinen Wert. Der Verlust der Reputation ist mithin eine Katastrophe, da gibt es kaum Heilmittel. Sie verursacht nicht nur einen Rückgang der Geschäfte, sondern beseitigt das Kapital der Firma.

»Wer mir meine Tasche stiehlt«, sagt Jago im ›Othello‹ Shakespeares, »nimmt mir etwas weg: etwas und nichts. Es war meines, nun ist es seines; es geht durch tausend andere Hände. Wenn mir jedoch jemand meinen guten Namen stiehlt, entwendet er mir etwas, das mich bettelarm zurückläßt, ohne daß er dadurch reicher wird.«

Nicht verwunderlich also, daß die Repressalien für jede die Reputation gefährdende Tat drastisch ausfallen und auch theatralisch und grausam in Szene gesetzt werden, um jedermann von einer Wiederholung abzuhalten (Chinnici und Santino 1989, S. 369ff.).

Das Problem, sich jemandem in einer Welt mangelnden Vertrauens anzuvertrauen, zeigt den dichotomischen Charakter der Reputation noch stärker. Wer in einer Welt ohne Vertrauen lebt, hat gerade deshalb ein besonderes Bedürfnis, jemandem vertrauen zu können. Nun lautet aber die Regel gerade »Nie jemandem vertrauen«: Warum sollte man sich dann aber den Mafiosi anvertrauen? Da ist eine gedankliche Diskrepanz zu überwinden – zwischen Leuten, denen man vertraut, und allen anderen. Vielleicht ist gerade an dieser Stelle nun wirklich der Mythos von allen menschlichen Konstrukten der geeignetste zum Bau der erforderlichen Brücke. Schon 1876 hat Franchetti nachgedacht über »die Tendenz, (aus dem Mafioso) eine Art Legende zu machen; ein Gefühl, das bei einem Literaturprofessor einigermaßen natürlich vorhanden sein könnte, das man aber bei Großgrundbesitzern mit Bauernhöfen und Getreidesilos nur schwer erklären kann« (S. 34). Das Spannungsverhältnis zwischen sehnlichst erwünschten Taten und pessimistischen Erwartungen kann jedoch tatsächlich zu mythischen Vorstellungen führen. Das mag erklären, warum die Mafiosi ihr radikales Verschiedensein von allen anderen Menschen ständig betonen müssen, und warum sie eher blinden Gehorsam fordern, denn das Vertrauen der anderen zu fördern (Hart 1988). Die Überheblichkeit oder jedenfalls eine grandiose Vorstellung vom eigenen Ich – das personale Gegenstück zum Mythos – ist ein Grundbestandteil im Selbstbild der Mafiosi:

»Entschuldigt bitte den Unterschied, den ich mache zwischen der Mafia und dem gewöhnlichen Verbrechen«, erklärt Antonino Calderone gegenüber Pino Arlacchi, »aber darauf bestehe ich. Alle Mafiosi bestehen darauf. Das ist wichtig: Wir sind Mafiosi, die anderen sind irgendwelche Menschen. Wir sind Männer der Ehre. Und das nicht so sehr, weil wir einen Eid geschworen haben, sondern weil wir die Elite der Verbrecher sind. Wir stehen viel höher als gewöhnliche Verbrecher. Wir sind schlimmer als alle andern« (Arlacchi 1992, S. 5).

Die mafiose Reputation ist ständig darauf angelegt, mythische Höhen zu erreichen – aus sozusagen technischen Gründen. Trotzdem ist dieser Mythos in gefährlicher Weise zerbrechlich – und die Mafiosi reagieren höchst massiv auf jede auch noch so kleine Erschütterung, die ihre Reputation bedroht.

4. Werbung

Wenn die Reputation derart wichtig ist für die Industrie des Schutzes, muß wohl das gleiche für die Werbung gelten. Der Verkauf von Schutz unter Beachtung des jeweiligen Falles muß propagiert und in einer glaubwürdigen Diktion der Schicht möglicher Kunden präsentiert werden, die nicht unbedingt identisch ist mit der Öffentlichkeit im weitesten Sinne. Werbung in einem illegalen Markt ist offenkundig problematisch, aber nicht unmöglich.

Die Mafia bietet häufig persönlichen Schutz an, als Akt der Höflichkeit, als Sicherheit für einen den Widrigkeiten des Lebens ausgesetzten Empfänger. Der bereits erwähnte Fall des Metzgers (»Herr Professor, wenn Sie jemand belästigt, zögern sie nicht, mich zu rufen!«) ist nur eines von vielen Beispielen dafür. Noch wirkungsvoller ist jedoch die Sprache der Fakten: Großzügige Gesten etwa gehören zu den beliebtesten Werbemitteln der Mafiosi. Diesbezügliche Anekdoten sind keineswegs vereinzelte Geschichten und dürfen auch angesichts ihrer Zahl und der Verschiedenartigkeit der Quellen nicht als bloße Legenden abgetan werden. Dutzende und Aberdutzende von Personen in Palermo berichten davon, wie der Mafioso geholfen hat – ihnen oder ihren Freunden, oder auch alten Menschen, ja sogar durchreisenden Touristen beim Wiederbeschaffen gestohlener Gegenstände; wie er Unrecht ausgeglichen und Streit unter Nachbarn geschlichtet hat. Mitunter beziehen sich derlei Berichte auf die jüngste Geschichte, und die Mafiosi kommen dort nach der Art Robin Hoods vor, manchmal treten sie auch als sentimentale Abschweifung innerhalb eines komplexen Gesprächs auf, das ansonsten die wirklichen Taten der Mafia verurteilt. Diese kleinen Dienstleistungen, von denen man dabei hört, werden kaum einmal gegen Geld angeboten. Sie werden unentgeltlich ausgeführt, allerhöchstens einmal verständigt man sich darüber, daß sie künftig einmal abgegolten werden. Trotzdem haben sie innerhalb der mafiosen Strategie eine präzise Funktion und geben, wie die kostenlose Weinprobe, einen Vorgeschmack von der Fähigkeit der Mafiosi auf dem Gebiet der Schutzgewährung. Die Reputation wird dadurch erhöht und die öffentliche Gewalt verhöhnt, der es kaum einmal gelingt, Taschen oder Schmuckstücke nach einem Straßenraub wieder zu beschaffen.

Die Werbung geschieht aber auch auf noch subtilere Weise. Ich habe in Palermo im Haus eines alten Mannes gewohnt, der vorher Bauer in einem der umliegenden Dörfer gewesen war. Er erzählte mir die Geschichte seines Stiefbruders – wobei er immer wieder darauf verwies, daß es sich nicht um einen echten Bruder handelte –, der Mafioso geworden war; er sprach ständig schlecht von ihm. »Don Peppe« (nennen wir ihn einmal so) pflegte unter seinen vielen Tätigkeiten – nach Aussage des alten Bauern gehörte dazu auch Mord – eine ganz besondere: Im Dorf hatte es nie eine besondere Verehrung des Heiligen Antonius gegeben, eines vergessenen Heiligen, Schutzpatron der *lagnusi*, also der Faulenzer. Don Peppe hatte ihn irgendwo hervorgeholt, und da andere, geachtetere Heilige ihre Feierlichkeiten bekamen, organisierte er ihm zu Ehren jedes Jahr ein Fest. Da ging er dann jedesmal durch das Dorf, sammelte Spenden ein und ließ vom örtlichen Elektriker – selbstverständlich gratis – eine Riesenzahl farbiger Lampen über den Straßen anbringen. Nach dem Krieg wurde Don Peppe dank der Amerikaner Bürgermeister des Dorfes. Er starb vor einigen Jahren, und so wurde die Festtradition wieder abgeschafft; Sankt Antonius ist wieder in Vergessenheit geraten.

Diese Geschichte ist bezeichnend für ein allen Mafiosi gemeinsames Verhalten. Man könnte die Verbindung von Heiligen und Mafiosi leicht für ein Vermächtnis aus der Vergangenheit halten; doch so ist es eben nicht. Im Dörfchen Vicari (auf den Bergen südöstlich von Palermo) gibt es einen traditionellen Ortsheiligen. San Giorgio, für den jedes Jahr ein Fest ausgerichtet wird; nach dem Zweiten Weltkrieg wurde jedoch genau wie im Falle des Heiligen Antonius auf private Initiative eine weitere Feierlichkeit eingeführt, und zwar zugunsten des Heiligen Michele Arcangelo. Zu Beginn der 80er Jahre übernahm die Schirmherrschaft für das Fest jener Mann, der allgemein für den Nachfolger Mariano Marsalas innerhalb der örtlichen Mafia gehalten wird (SSPA, S. 1985, 1986; VM). Der wurde aber nun 1984 verhaftet unter dem Verdacht, den 1983 verschwundenen Marsala ermordet zu haben. Der Sohn Marsalas, Vincenzo, berichtete nach seinem Ausstieg aus der Mafia, daß in dieser Zeit ein Vertrauensmann des neuen Mafiabosses herumlief und von der Feier abriet, da der Mafioso im Gefängnis saß (VM, S. 66–67). Nicht überraschend war nun, daß sich anstelle des »legitimen« Förderers niemand zur Ausrichtung des Festes bereit fand; so wurde das Fest, das Anfang Mai lag, zunächst nicht mehr abgehalten. Der Mann wurde in erster Instanz zu zweiundzwanzig Jahren verurteilt, das Urteil wurde später jedoch vom Kassationsgerichtshof aufgehoben; er verließ das Gefängnis 1987 – und die Feiern des Festes wurden danach wieder aufgenommen.

Sieht man von den folkloristischen Aspekten ab, so sind Initiativen nach Art des Don Peppe und seiner Kollegen nichts anderes als Werbung. Diese spezielle Form der Sponsorisierung – mit dem Mafioso als Sponsor und dem Heiligen als unschuldigem Nutznießer – beruht wie jede Werbung auf den zeitgenössischen Glaubenseinstellungen und nutzt sowohl die allgemeinen Eigenschaften des Heiligenstandes wie auch die besonderen jedes einzelnen Heiligen. Im vorliegenden Fall lautet die Botschaft der Sponsorisierung: Das Schutzunternehmen – »Don Peppe« – kann nicht nur auf die Hilfe eines Schutzengels verzichten, sondern ist so stark, daß es seinen eigenen irdischen Schutz (gratis) seinerseits einem Schutzheiligen par excellence anbieten kann, dessen Tugenden schon aufgrund seiner Bestimmung als Heiliger über jeden Zweifel erhaben sind.

Auch wenn unter bestimmten Umständen der religiöse Ausdruck zur Vermehrung der Reputation eines mafiosen Unternehmens dienen mag, muß sich die Werbung dennoch stets anpassen an die Wertvorstellungen des angepeilten Publikums. In einer stärker säkularisierten, multikonfessionellen Gesellschaft wie den Vereinigten Staaten hat der vom FBI als »Boß der Bosse« definierte John Gotti jedes Jahr ein Feuerwerksfest veranstaltet, bei dem es ihm nicht sonderlich um Heilige ging. Außerdem setzte er sich wie seine sizilianischen Kollegen stark für wohltätige Werke und gute Taten ein – äußerliche Zeichen für eine edle, ehrbare Seele (›la Repubblica‹, 13. Februar 1990).

Benutzt man für Werbung visuelles oder musikalisches Material, das vom Copyright geschützt ist, so muß man Erlaubnis einholen und häufig auch dafür bezahlen. Wieso dürfen Mafiosi die Namen und Bilder der Heiligen, kircheneigene Symbole also, benutzen? Handelt es sich um Blasphemie und sozusagen unerlaubte Aneignung zum Nachteil der Religion – oder gibt es da vielleicht eine, wenn auch stillschweigende, Form des Segens dazu?

Die Geschichte der Beziehungen zwischen Mafia und katholischer Kirche liegt im Dunkeln, ist kaum erforscht und würde viel mehr Raum verdienen, als wir ihr hier einräumen können. Wahrscheinlich geht der Beginn dieser Beziehung mindestens bis auf die Reichseinigung Italiens 1861 zurück. Unmittelbar nach der Einigung verschärfte sich die Feindschaft zwischen Staat und Kirche wegen der Enteignungen von Kirchenbesitz und des verbreiteten Antiklerikalismus der damaligen Liberalen (Marino 1986, S. 231 ff.). Im kurzen Lehrschreiben ›Non expedit‹ stritt Pius IX. 1877 die Legitimität des neuen italienischen Staates ab und verbot den Katholiken, bei Wahlen für das Parlament zu kandidieren, ja sogar zu wählen. Teilnehmen durften sie jedoch an Gemeideratswahlen; das führte zur Verstärkung der Kontakte zu Lokalpolitikern, die in Opposition zur nationalen Politik standen.

In der nachfolgenden langen Zeit der Spannungen – die erst 1929 mit dem Konkordat zwischen Mussolini und Pius XI. endete – fand die Kirche in den örtlichen Mafiosi aller Wahrscheinlichkeit nach eine weltliche, jedoch respektvollere und für Zusammenarbeit aufgeschlossenere Macht als die des Staates. Gesichert ist, daß eine große Zahl der zwischen 1874 und 1876 entstandenen katholischen Gruppen und Vereinigungen häufig die Aufmerksamkeit der Behörden wegen mutmaßlicher Beziehungen zu »Interessen der Mafia« auf sich zog; die Einbindung der Mafiosi in die Gemeinderatswahlen wurde schon sehr früh als ein fast natürlicher Umstand betrachtet (ebda. S. 237, 241 und 249). Noch beunruhigender ist die belegbare Tatsache, daß einige mafiose Gruppen unmittelbar von Priestern kommandiert wurden (Pezzino 1987, S. 934). Ein typisches Beispiel für diese Überlagerungen finden wir in der Laufbahn des Mariano Ardena, der von seinem Onkel, einem Priester, zum Leiter einer örtlichen katholischen Vereinigung ernannt wurde und der danach eine brillante Karriere in der Mafia machte (Sabetti 1984, vgl. darüber hinaus auch Kapitel VI).

Bis in die 20er Jahre gibt es keinerlei Spuren von Interventionen der Kirche gegen die Mafia (eine Ausnahme schildert allerdings Marino 1986, S. 235). Die Kirche behielt auch während der faschistischen Periode, in der die Haltung des Staates gegenüber der kirchlichen Hierarchie behutsamer wurde, ihre unklare Position bei. Einige sizilianische Bischöfe unterstützten formal, mit deutlicher Verspätung, die Antimafia-Aktion des Präfekten Cesare Morì; doch zur gleichen Zeit waren verschiedene Priester in die aus dieser Aktion hervorgegangenen Prozesse gegen die Mafia verwickelt (Duggan 1989, S. 216–218). Zu dieser Zeit wurde auch der Wachpater des Klosters Tagliavia dem Melchiorre Allegra als formelles Mafia-Mitglied vorgestellt (›L'Ora‹, 24.–25. Januar 1962).

Diese Grundposition verdeckter Zustimmung oder allenfalls vieldeutiger Distanzierung hat sich auch nach dem Zweiten Weltkrieg niemals wirklich gewandelt. Man gestattete Mafiosi von höchstem Rang nicht nur die Sponsorisierung einer großen Zahl von Heiligenprozessionen, sondern traute und begrub sie auch mit dem feierlichen Ritus der Kirche. Es gibt junge Mafiosi, die die Nähe zwischen kirchlicher und mafioser Laufbahn ganz natürlich finden, da die beiden Einrichtungen in kleinen Orten als annehmbare, einander ergänzende Möglichkeiten erscheinen. Der Mafia-

Aussteiger Salvatore Contorno hat 1985 in seinem langen, eingehenden Geständnis erklärt: »Salvatore Mantia wurde mir von Giuseppe Castellano als ›Uomo d'onore‹ der ›Familie‹ von Ciaculli vorgestellt, aber ich kannte ihn schon vorher und erinnere mich, daß man bei ihm am Hinterkopf einige Zeit die typische Tonsur der Geistlichen bemerkte. Er sollte Mönch werden.« (TC, S. 136)

Nicht selten sind Männer der Kirche in dunkle Geschäfte der Mafia verwickelt: etwa der Kaplan des Gefängnisses von Agrigent, der sich als enger Freund der mafiosen Familien bezeichnete und ihren eingesperrten Mitgliedern Beistand anbot (OSAG, S. 85–88). Schwerwiegender noch ist der schon ältere Fall der vier Franziskaner von Mazzarino bei Agrigent: Sie wurden 1962 wegen Bildung einer kriminellen Vereinigung, Erpressung und fahrlässiger Tötung angeklagt, zu Lasten eines unschuldigen Gärtners freigesprochen, erneut vor Gericht gestellt und schließlich zu dreizehn Jahren Gefängnis verurteilt (MacKenzie 1967, S. 261). Weiter ist da der Fall des Fraters Giacinto, auch er Franziskaner, der 1980 mit einem Gewehrschuß getötet wurde. Er war angeschuldigt, der Wärter eines Mafia-»Friedhofs« zu sein. In seiner Zelle des Klosters Santa Maria del Gesù (einem Stadtviertel von Palermo) fand die Polizei eine Pistole und vier Millionen Lire in bar (Calvi 1986, S. 25), die auch nicht mit einer noch so intensiven Kirchenkollekte zu erklären waren. Nach der autobiographischen Aussage eines anonymen Mafioso telefonierte Nino Salvo zu Beginn der 80er Jahre, als er bemerkte, daß sein Telefon überwacht wurde, von der benachbarten Pfarrkirche aus: »Der Pfarrer stellte ihm ein sauberes Zimmer zur Verfügung, brachte ihm Kaffee und machte sich davon« (Anonymus 1988, S. 217). Giuseppe Mancuso aus Alcamo, seit Kriegsende als Rauschgifthändler bekannt (vgl. Kapitel IX.3), hielt seine Geschäftsbesprechungen normalerweise im Kloster von San Michele in Mazara del Vallo ab, wo seine Schwester Äbtissin war (OSPA, IV-XIV, S. 1587). Und Antonino Calderone berichtet, wie sein Bruder Giuseppe anläßlich eines Treffens mit Badalamenti in Cinisi bei Palermo Padre Agostino Coppola kennenlernte, der ihm formell als Uomo d'onore vorgestellt wurde. Als ihm sein Bruder das erzählte, »lachte er vergnügt bei dem Gedanken, daß ein Priester der Mafia angehört«. (AC, I, S. 84)

Beziehungen zur katholischen Kirche gibt es auch in den Vereinigten Staaten. Joe Profaci »gehörte zu den beliebtesten Pfarrkindern ... Er hatte beim Einsammeln von Beiträgen für die neue Kirche mitgeholfen«. Einer seiner Brüder war Priester, zwei Schwestern waren Nonnen. Er und »seine zahlreichen Freunde« wurden sehr populär, als sie die von der Marienstatue der Kirche Regina Pacis in Brooklyn gestohlenen Edelsteine wiederbeschafften (Bonanno 1983, italienische Übersetzung S. 125). Auch Joseph Bonanno rühmte sich seiner Verbindungen mit Kirchenmännern: Eine in seiner Autobiographie veröffentlichte Photographie zeigt ihn bei einem Abendessen, daneben sein Sohn und drei Vertreter der katholischen Kirche: Padre Ratke, Padre Rosetti und Bischof Gercke. Darüber hinaus behauptet Bonanno, daß unter »den Mitgliedern der Mafia auch Pfarrer waren« (ebda. S. 299). 1986 verteidigte Padre Louis, ein in Brooklyn stadtbekannter Pfarrer und Bruder des mutmaßlichen Mafiabosses Vincent Gigante, den Rückgriff auf Mord offen mit gleichen Argumenten wie Buscetta: »Mir hat ›Der Pate‹ sehr gut gefallen«, sagte Padre Gigante zu Enzo Biagi (einem italienischen Fernsehjournalisten), »mir gefällt der Charakter des Don Vito Corleone. Als er von einem Erpresser ruiniert zu werden droht, tötet er ihn zum Schutz seiner Frau und seiner Familie. Er wird zu einer Persönlichkeit, indem er Kraft zeigt. Ich sage nicht, daß das die rechte Art ist, wie man seinen Nächsten behandelt, doch ab und zu ist Gerechtigkeit nicht alleine von den Gerichten durchführbar. Ich habe viele Menschen auf dem elektrischen Stuhl sterben sehen, und ich habe mich oft gefragt, ob die Gesellschaft wirklich das Recht zu dieser Entscheidung hat.« (Biagi 1986, S. 162)

Dieser Passus kann ganz auf verschiedene Weise gedeutet werden, doch keine davon hat etwas Beruhigendes an sich: Der Priester offenbart ungewollt eine ideologische Beziehung zwischen Klerus und Mafia, indem er Mißtrauen gegenüber der normalen menschlichen Justiz zeigt, so als wäre diese eine Herausforderung an die göttliche Justiz und ihre undurchschaubaren Urteile. Dieser perversen Theologie zufolge verstößt der Mensch, der sich selbst sein Recht nimmt, vielleicht gegen das Gesetz der Menschen, aber nicht notwendig gegen das Gottes.

Natürlich darf man nicht vergessen, daß die katholische Kirche groß genug für edle Ausnahmen ist und daß es in ihr auch einige mutige Initiativen gegeben hat (wie die der Jesuiten und speziell der Padres Pintacuda und Sorge bei der Erneuerung der Gemeindepolitik in Palermo). Dennoch bleibt eine diffuse Haltung bestehen, und zwar auf allen Ebenen der Kirchenhierarchie.

1989 ließ der Kardinal von Neapel, Michele Giordano, im Laufe einer Pressekonferenz erkennen, daß die Kirche all jene exkommuniziert hat, die gerichtlich als Mafiosi (oder Camorristen) bestätigt wurden. Der interessante Aspekt liegt hier nicht so sehr im späten Zeitpunkt, an dem man an eine derart radikale Maßnahme gedacht hat, als darin, daß man sie überhaupt ernsthaft in Erwägung gezogen hat. Die Kirche weiß danach sehr gut, daß die Exkommunikation nicht bedeutungslos ist für Mafiosi und daß sie deren Reputation schädigen könnte, spricht sie ihnen das Recht ab, sich der Heiligen und der kirchlichen Zeremonien zu Werbezwecken zu bedienen. Tatsächlich hat die Exkommunikation nur gegenüber jemandem Wirkung, der hinreichend religiös ist, um sich davor zu fürchten. Normale Kriminelle würden über eine solche Drohung lachen, nicht aber Mafiosi. Die von den Massenmedien weithin verbreitete Nachricht von der Exkommunikation wurde danach dementiert: Wohl weil er den impliziten Fauxpas verstanden hatte, »korrigierte« Kardinal Polletti (damals Generalvikar und damit Statthalter des Papstes in Rom) die Interpretation der Worte Giordanos und erklärte, daß aufgrund des kanonischen Rechtes Mafiosi bereits automatisch exkommuniziert waren (›la Repubblica‹, 20. Mai 1989).

Die Probleme des Kardinals Polletti sind damit aber noch nicht zu Ende. 1990 kam die Frage der Exkommunikation erneut hoch. Die Bischöfe von Agrigent und Catania, bis dahin zurückhaltend und diskret, erklärten kompromißlos, daß »die Mafia das Zeichen der Macht Satans« sei und daß »der Mafioso exkommuniziert werde« (›la Repubblica‹, 17. Januar 1990). Einer der Bischöfe, Monsignor Bommarito, erklärte dann, quasi als Antwort auf die Sprüche des Padre Gigante auf der anderen Seite des Ozeans, daß »Mord *stets* eine Sünde« sei. Kardinal Polletti sah daraufhin erneut die Notwendigkeit zur Abschwächung des Problems und erklärte – indem er vorgeblich die beiden Prälaten ihres Mutes wegen lobte –, daß das Problem das Verbrechen »im allgemeinen« und nicht nur die Mafia im besonderen angehe und daß der Kriegszustand ganz Italien betreffe und nicht nur den Süden (›la Stampa‹, ebenfalls 17. Januar 1990).

Wie dem auch sei: Unverkennbar gibt es Zeichen des Unmutes

in der Kirche; die Vehemenz, mit der die Bischöfe hier eingriffen, ist beispiellos. In den 80er Jahren hat der Kampf zwischen Mafiaclans mit einer großen Anzahl brutaler Taten mehr Aufregung denn je hervorgerufen: Es wurde schwierig für die Kirche, sich weiter eines Urteils zu enthalten. Möglicherweise war der in den letzten Jahren gewachsene Druck des Staates doch so groß, daß die Bischöfe wenn schon nicht die Niederlage, so doch die Schwächung der Mafia erkannten und sich nicht in einer verdächtig neutralen Position erwischen lassen wollten. Sowohl die Verschärfung der internen Kriege wie die der Repression könnten daher bewirkt haben, daß die Mafiosi der Kirche allzu ungestüm geworden sind, um ihnen die Benutzung der Heiligenbilder noch weiter zu gestatten. Möglicherweise muß das Abkommen einfach revidiert werden, da die eine Seite nicht mehr vertrauenswürdig ist. Bezeichnenderweise haben sich 1991 sowohl Kardinal Pappalardo wie auch Papst Johannes Paul II. bei zwei verschiedenen Gelegenheiten gegen die Mafia gewandt. Keine dieser Reden war besonders scharf (sie wurden in ›Segno‹ vom Dezember 1991 veröffentlicht), doch immerhin handelte es sich um das Ende eines langen Schweigens. Abzuwarten bleibt dennoch erst einmal, ob es sich dabei nicht nur um ein Strohfeuer handelt.

Kapitel III: Die Industrie

Mit der Deutung des Schutzes als »echter Ware« wird der Sinn zahlreicher mafioser Tätigkeiten verständlich. Ausspionieren, Verschwiegenheit, Gewaltanwendung und sogar religiöse Ehrfurcht erscheinen nicht mehr als archaisch kulturelle Kodices oder als zufällige Manifestationen, sondern als Ressourcen, die für den Handel mit Schutz notwendig sind. Doch damit ist die Mafia als spezialisiertes Unternehmen noch nicht vollständig beschrieben. Jede Art von Unternehmen muß, um sich als solches definieren zu können, Kunden, Eigentümer und eine Belegschaft haben. Die diversen Unternehmensformen weisen unterschiedliche Kombinationen dieser Elemente auf – der Staat kann gleichzeitig Eigentümer und Kunde sein, der Beschäftigte kann gleichzeitig auch noch einen anderen Beruf ausüben oder gar Eigentümer einer eigenen Firma sein; als Kunden kommen Firmen infrage oder auch die Öffentlichkeit ganz allgemein. Sind jedoch nicht alle drei Elemente vorhanden und miteinander verbunden, kann man nicht von einem Unternehmen sprechen.

Die Frage ist, wie sich eine Reihe besonderer Mafiaeigenschaften mit diesen theoretischen Anforderungen zur Deckung bringen lassen. Vor allem: Woraus entspringt der »organische« Verbund, der die Mafiosi bekanntermaßen aneinander kettet? Ist die »Familie« (der übliche Begriff für eine in sich geschlossene Mafiagruppe, die jedoch keineswegs überwiegend aus Verwandten bestehen muß) tatsächlich die Grundeinheit der Organisation? Welche Rolle haben die »Membri fatti«, die »echten Mitglieder«: Handelt es sich bei ihnen um Mitgesellschafter, um Kunden, um Angestellte? Und welche Rolle spielt der »Capo«, der Chef: Nimmt er, wie Franchetti (1876) schreibt, gleichzeitig »die Tätigkeit des Kapitalisten, des Unternehmers und des Direktors« wahr? Und dann die Spione und Mitläufer: Sind sie Teil des Unternehmens – Kunden, die in Naturalien bezahlen – oder handelt es sich um Gelegenheitsarbeitskräfte?

Die von den Mafiosi verkörperte Rolle und die des normalen Unternehmens sind nicht völlig deckungsgleich; dennoch behaupte ich im folgenden, daß die Beschreibung der Mafia als »Industrie des Schutzes« sich nicht in einer bloßen Analogie erschöpft, sondern daß es sich dabei um eine grundlegende theoretische Perspektive handelt. Weiterhin werde ich zeigen, wie die partielle Übereinstimmung vom besonderen Wesen des Schutzes als Ware ableitbar ist. Tatsächlich lassen sich die Probleme der Mafia, wenn auch in besonderer Art und Weise, mit den Begriffen Kunde, Eigentümer und Arbeit beschreiben.

1. Die Kunden

Empirisch gesehen, ist das bekannte Verzeichnis der Mafiakunden recht lang und gut sortiert: Grundstücksbesitzer, Viehzüchter, Plantageneigner, Bauern, Unternehmer, Politiker, Schauspieler, Ärzte, Ladenbesitzer; dazu kommen noch Straßenräuber, Schmuggler, Drogenschieber, Waffenhändler. Sie alle haben schon auf die eine oder andere Weise Schutz erhalten.

Die erste interessante Unterscheidung ist jedoch von anderer Art: Manche Kunden treffen Vereinbarungen mit Mafiosi bezüglich einzelner Geschäfte, von denen jedes eine spezielle Transaktion betrifft; andere, wahrscheinlich die Mehrheit, sind organisch mit einer Mafiafamilie als »Freunde« des Bosses und seiner Anhänger verbunden. Oder sie sind gar rituell aufgenommene Mitglieder der Familie (über solche Kunden siehe die Kapitel VII und IX).

Auch wenn der Kunde nach einem bestimmten Geschäft nicht an einer Verlängerung der Schutzvereinbarung interessiert ist, läßt sich mitunter eine gewisse Zählebigkeit der Verbindung erkennen. Sie erreicht zwar nicht die Ebene direkter Einschüchterung, geht aber über normale Förderaktionen hinaus: Etwa als Widerstand gegen die definitive Beendigung der Aktion, als eindringliche Angebote für neue Gunsterweisungen, als Verweigerung der sofortigen Zahlungsannahme mit dem Ziel, eine bindende Hypothek für die Zukunft aufrechtzuerhalten, als Berufung auf Freundschaft, als verschleierte Drohungen, ja sogar als Heiratsofferten. Ein palermitanischer Bauunternehmer dazu: »Die Mafiosi klopfen unentwegt an die Firmentür und bieten Gefallen an, mitunter geradezu heimtückisch, und versuchen einen dann in Form von Hilfen oder

gar durch das Angebot territorialen Monopols an sich zu binden.«
Die Förderung durch Mafiosi hat große Ähnlichkeit mit der Methode »Fuß in die Tür«, die Klinkenputzer ebenfalls mit großem Nachdruck anwenden. Im Gegensatz zur allgemeinen Auffassung führt eine Verweigerung der Schutzgeldzahlung in den meisten Fällen nicht zu einer gewalttätigen Reaktion. Sämtliche Bauunternehmer in Palermo bestätigen, daß die Mafiosi widerspenstige Kunden nicht umbringen; im schlimmsten Falle belästigen sie diese oder schädigen ihr Eigentum. Unternehmer, die ermordet wurden, hatten früher mit den Mafiosi geschlossene Verträge gebrochen oder Mafiosi bei den Behörden angezeigt.

Sämtliche Zeugenaussagen belegen, daß die organischen Beziehungen – die das Gegenstück zum Verkauf von Schutz für einzelne Transaktionen bilden – die Substanz der mafiosen Organisation ausmachen. Auf den ersten Blick könnte es scheinen, daß diese organischen Beziehungen die wirtschaftliche Bedeutung des Schutzes, die doch die zentrale These des vorliegenden Buches darstellt, einschränken. Ich werde daher zu beweisen suchen: Zieht man in Rechnung, daß der Verkauf von Schutz eine starke Bindung an dessen Effizienz verlangt, so erklärt sich der organische Charakter dieser Beziehungen aus dem Rahmen langfristig vertraglich abgesicherter Geschäfte.

Privater Schutz ist nicht durchweg illegal; dennoch bringt er oft ein gewisses Maß an Illegalität mit sich. Er kann auf verbotenen Märkten angeboten werden; er kann die Partner bei einem korrupten Geschäft absichern, er kann aber auch illegale Mittel beim Abschluß eines ansonsten legalen Geschäftes einführen. Daraus folgt, daß der Schutzmarkt den Unsicherheiten und Risiken aller illegalen Märkte unterliegt; entsprechend hat auch die Organisation von Schutzfirmen einige Parallelen zu illegalen Unternehmen – so etwa Schwierigkeiten bei der Expansion, beim Erhalt von Kredit, beim Verkauf oder der Vererbung des Geschäfts, bei der Verteidigung des Eigentums vor Räubern und so weiter.

Daher können wir nun feststellen, daß die Existenz organischer Beziehungen mit den Kunden begrenzt ist. Eine Arbeit mit allzu vielen Kunden, die man ständig unter Kontrolle halten muß, wäre riskant. Da ist es in jedem Fall sicherer, bestimmte Leute an sich zu binden, selbst wenn das nur durch schlichte symbolische Akte geschieht: So kommt man der Gefahr der Abtrünnigkeit zuvor. Reuter sieht dies als Eigenschaften illegaler Märkte im allgemeinen. Ich möchte nicht ausschließen, daß diese Erkenntnis partiell auch auf unser Feld anwendbar ist. Dennoch glaube ich, daß die Schutzgewährung eigentümliche organisatorische Grenzen und Eigenschaften ganz allgemein zeigt, die von der Natur der Ware selbst abhängen und nicht davon, daß sie illegal ist.

Obwohl die Schutzgewährung sich nahezu immer zur Illegalität gesellt, kann man sie nicht per se als illegale Tätigkeit bezeichnen. Ist zum Beispiel bekannt, daß »Don Peppe« den Kaufmann X schützt, werden sich wahrscheinlich die anderen Kaufleute – und mit gutem Grund die Diebe – jeglicher Aktion enthalten, die X schaden könnte, auch ohne daß Don Peppe irgendwann eingreift. Das als Vergehen nachzuweisen, dürfte schwerfallen: Man kann nicht jemanden verurteilen, nur weil die anderen ihn fürchten.

Attilio Bolzono, Sizilienkorrespondent von ›la Repubblica‹, berichtet von einem hierfür bezeichnenden Beispiel: Ein Kaffeegroßhändler aus Catania hat zur Ausweitung seiner Geschäfte einem Angeklagten des Maxiprozesses gegen die Mafia von Palermo die Stelle eines Vertreters angeboten; der Mann war von Calderone als Mafioso angezeigt worden und wurde auch zu sechs Jahren verurteilt (AC, I, S. 16–20 und 41–46). Der neue Vertreter erwies sich als ganz ungewöhnlich aktiv, besuchte Bars und Restaurants in der Stadt – und das hatte wundersame Wirkung: 280 von 426 Baroder Restaurantbesitzern verkauften von nun an diese spezielle Kaffeemarke. Bei seinem Verhör durch die Polizei antwortete der Grossist aus Catania: »Na was denn? Es gibt doch sogar ein Gesetz für die Resozialisierung ehemaliger Häftlinge, die sich gut führen ... Außerdem ist der Mann ein weitläufiger Verwandter von uns, ein Vetter dritten Grades.« Carletto, der Vertreter, gab sich ebenso beleidigt und jammerte: »Was wollen Sie denn, Herr Kommissar? Wenn ich nicht arbeite, verfolgt ihr mich, und jetzt, wo ich eine Anstellung gefunden habe, laßt ihr mich auch nicht in Frieden ...« Die Espressobarbesitzer ihrerseits waren angetan von den guten Manieren Carlettos und versicherten: »Das ist einfach der beste Kaffee ... Außerdem sind die Raubüberfalle zurückgegangen, wir leben nun viel ruhiger.« Der Kommissar konnte gegenüber dem Journalisten nur ironisch kommentieren: »Alles in Ordnung.« (›la Repubblica‹, 4. November 1990)

Dieser Aspekt der Schutzgewährung ist besonders wichtig, weil man damit jedes Gesetz umgehen kann: Mafiosi sind bekannte Leute, jeder kennt sie, und dennoch ist eine Anklageerhebung häufig unmöglich. Im Rahmen der vorliegenden Untersuchung sind die evasiven Aspekte des Schutzes vor allem deshalb bedeutend, weil sie *den Beteiligten selbst* die Umgehung der Gesetze gestatten. Das macht verständlicher, weshalb Mafiosi organische Beziehungen und lebenslange Vereinbarungen herzustellen trachten.

Wie nämlich können Don Peppe und der von ihm geschützte Herr X den Wert des Schutzes genau ausrechnen? In manchen Fällen ist das zweifellos relativ leicht, etwa wenn das Risiko des Kunden klar definierbar ist. Herr X geht auf den Pferdemarkt und kauft ein Pferd; er zahlt Don Peppe, damit dieser ihn vor dem Risiko schützt, das mit diesem konkreten Geschäft verbunden ist. In diesem Falle weiß Herr X, wieviel er bei einem möglichen Betrug verlieren würde, und kann daher den Anteil Don Peppes quantifizieren, und zwar so, daß das Geschäft für ihn immer noch vorteilhaft bleibt. Herr X wird aber nicht täglich unbegrenzte Mengen Pferde kaufen (was die Gefahr einer ebenso unbegrenzten Zahl von Betrügereien bedeuten würde).

Ist Herr X dagegen ein Kaufmann und Don Peppe schützt ihn vor Dieben und möglichen Konkurrenten oder gar vor eventuellen Unkorrektheiten der Kollegen seines eigenen Oligopols, wird die Wertung des Schutzes viel schwieriger. In diesem Falle ist Herr X ständig unvorhersehbaren Gefahren ausgesetzt, die sich nicht auf ein einzelnes, spezielles Geschäft beschränken. Hier funktioniert die Schutzgewährung eher präventiv denn repressiv: Man weiß, daß Herr X unter den Fittichen Don Peppes steht, und das alleine schon ist ein wirkungsvolles Abschreckungsmittel. Der Schutz wird damit als eine Gesamtware zur Verfügung gestellt, als eine potentiell unbegrenzte Zahl einzelner, nicht voneinander trennbarer Schutzakte.

Dagegen könnte man einwenden, daß Don Peppe an Herrn X eine umfassende Schutzpolice für einen begrenzten Zeitraum verkaufen könnte, etwa monatlich, wie das bei jeder Art Versicherung möglich ist. Diese Problemlösung wäre jedoch im Falle der Schutzgewährung für keinen der beiden befriedigend. Wird die Vereinbarung mal erneuert, mal nicht, hätte das schwerwiegende Folgen. Einerseits wäre Herr X viel verwundbarer, weil Betrüger in den Zeiten, in denen er nicht geschützt ist, ihn behelligen würden: Er könnte seine Investitionen und die Profitmaximierung nicht auf längere Sicht hin planen, und das würde wiederum viel höhere Kosten mit sich bringen als eine geregelte dauernde Schutzgeldzahlung. Andererseits wäre Don Peppe gezwungen, Räubern sozusagen »Stotter«-Signale zu übermitteln, indem er sie wissen läßt, daß Herr X diesen oder jenen Zeitraum lang unantastbar ist, während sie ihn danach auch mit Haut und Haar fressen können. Und ganz besonders unerwünscht wären die Konsequenzen möglicher Irrtümer: Herr X könnte während der falschen Zeit hereingelegt werden oder während der nichtgeschützten Zeit ungeschädigt bleiben und sich so quasi eines unentgeltlichen Schutzes erfreuen. Und schließlich würde dieses System auch noch die Eigentumsrechte Don Peppes am Schutz selbst aufs Spiel setzen: Erstens kann er ja niemals mit Sicherheit wissen, wie viele seiner früheren Kunden sich für ihren Schutz noch immer seines Namens bedienen, auch nachdem sie die Zahlungen eingestellt haben. Und zweitens können sich in der Zeit der Schutzpause Konkurrenten leichter an Herrn X heranmachen.

Kurz gesagt: Schutzgeben und danach wieder -nehmen würde sich als teuer und kompliziert erweisen. Hat ein Kunde einmal das Schutzetikett erhalten, sind subtile Unterscheidungen nicht mehr möglich. Don Peppe, Herr X und sogar der Verbrecher, der diesen ausnehmen will, können von einer eindeutigen Lage nur profitieren. Don Peppe und Herr X haben mithin ein vernünftiges Interesse daran, eine zeitlich unbegrenzte Vereinbarung zu treffen. Im Rahmen solcher Verträge werden die Kunden von der Schutzfirma einverleibt, mit dem Fachwort der Wirtschaftswissenschaftler »internalisiert«: Das heißt, sie werden fester Bestandteil des Unternehmens, verwandeln sich praktisch in Besitz.

Das ist auch die wirtschaftliche Grundlage, auf der dann symbolische Verbindungen entstehen, wie etwa die Freundschaft oder die formelle Aufnahme in die Familie – sie erscheinen als integrierender Bestandteil der mafiosen Schutzbeziehung und verdecken ihre rein vertragliche Natur. »Wenn einer Schutz erbittet, muß man ihn als Freund behandeln, auch wenn er für den Schutz bezahlt« (Anonymus 1988, S. 105). Stets jedoch ist die Schutzvereinbarung der strukturelle Rahmen, innerhalb dessen sich jene organischen Bindungen zwischen dem Schutzgeber und den Kunden entwickeln, die als Wesenszug der Mafia bekannt sind.

Diese organische Schutzbindung, die die Mafia auf industrielles Niveau gebracht hat, ist in etwas verwässerter Form im täglichen Leben Süditaliens weit verbreitet. Erhellend die Sprache: Der Ausdruck »Die Person X gehört zur Person oder Familie Y« taucht in südlichen Dialekten häufig in bezug auf Mitglieder der eigentlichen Familie, also der Verwandtsschaftsbeziehungen auf. Im allgemeinen bezeichnet er Frauen und Kinder, wird jedoch nie auf erwachsene Männer angewandt. Keine Frau, kein Junge würde einen Mann fragen »Zu welcher Familie gehörst du?«, weil es als ausgemacht gilt, daß er der »Padrone«, das Oberhaupt ist, das heißt, der Mann »gehört sich selbst«, beziehungsweise, er ist »derjenige, der niemandem gehört«. Die Antwort auf diese Frage ist der Name einer Familie oder eines Mannes. Andere Fragen mit gleicher Bedeutung sind: »Wie hältst du dich?« Die Antwort lautet dann: »Ich stehe dem X nahe.« Auch dieser Ausdruck wird sowohl im allgemeinen Sprachgebrauch wie im Mafiajargon verwendet: In einem abgehörten Gespräch unter Mafiosi in Kanada wurden beide Ausdrücke austauschbar verwendet.

Solange »privates Vertrauen« vorherrscht (Padgen 1988), verkörpert die (leibliche) Familie den archetypischen Schutzvertrag in seiner elementaren Form: Man erwartet, daß die Männer die schwächeren Mitglieder der Familie schützen, die dafür ihrerseits den hohen Preis der Unterwerfung akzeptieren. Wo umgekehrt der Staat die einzelnen schützt, verzichtet die Familie teilweise auf diese Funktion, und der an die Väter, Onkel, Brüder und Ehemänner gezahlte Preis ist weniger hoch.

Die Übertragung familiärer Begriffe – Familie (famiglia), Familienvorstand (capofamiglia), Onkel (zio), Vater (padre), Nachkömmling (picciotto), er ist Sache von ... (è cosa di), er ist unsere Sache ... (è cosa nostra), er zählt zu (appartiene a; die drei letzten Wendungen alle im Sinne von »gehört zu ...«) – seitens der Mafiosi ist also nicht nur eine Analogie, sondern trifft genau zu. Es ist nicht die Folge schwächlicher Grammatikkenntnisse, wenn Salvatore Contorno von »unsere Sache werden« (diventare cosa nostra) spricht: er sagt nicht »eintreten« (in die Cosa Nostra), sondern daß man Teil einer Sache wird, eines Gegenstandes, eines Eigentums. »Der ist dieselbe Sache«, »Questo è la stessa cosa«, sagen Mafiosi, wenn sie einander vorgestellt werden.

2. *Das Eigentum*

Das Eigentum eines Schutzunternehmens ist nicht leicht zu definieren. Eine Schwierigkeit, wie sie auch auftritt, wenn man die genaue Bedeutung des Eigentums dort feststellen soll, wo sich das Unternehmen weitgehend auf die Reputation ihrer Geschäftsführung stützt (etwa bei einer Bank, einer Versicherungsgesellschaft, einer Werbeagentur).

Beginnen wir mit der Betrachtung, welche Rolle das Festkapital der Schutzindustrie spielt. Wertet man die für diese Tätigkeit notwendigen Ressourcen, so sind wohl weder Immobilien noch Büroeinrichtungen besonders wichtig. »Aus glaubwürdigen Quellen wissen wir«, sagt Woody Allen mit großer Intuition in einem Bonmot, »daß Cosa Nostra im vergangenen Jahr weniger als sechs Millionen Dollar für Briefköpfe ausgegeben hat und noch weniger für Büroklammern; außerdem besitzt sie nur eine Schreibmaschinenkraft für die Korrespondenz und nur drei Zimmer als Zentralverwaltung, die sie noch dazu mit einer Tanzschule teilt.« (1975, S. 13) Leser, die derlei als bloßen Scherz auffassen, sollten einmal den Ort besichtigen, wo Carmelo Colletti, der Clanchef von Ribera bei Agrigent, seine Geschäfte abwickelte. Colletti empfing seine Freunde – darunter bedeutende Lokalpolitiker und reiche palermitanische Unternehmer – in seinem »Büro«: ein kleiner Glasverschlag innerhalb einer Automobilvertretung, die er zusammen mit seinen Söhnen betrieb; er wurde übrigens 1983 just in diesem »Büro« ermordet (OSAG, S. 61 und 187; OSAG Arnone, S. 83 und 100). Eine karge Ausstattung wie bei Colletti ist auch bei den derzeitigen Mafiosi keineswegs die Ausnahme; und das ist nicht lediglich »sizilianischer Rückständigkeit« zuzuschreiben: Joseph Bonanno jedenfalls beschreibt seinen eigenen Geschäftssitz minutiös so:

»Mein Büro (in New York) war ein kleines Hinterzimmer in

einem politischen Club, den ich für meine Freunde gegründet hatte. Er hieß Abraham Lincoln Independent Political Club... Hier empfingen wir unentwegt Besuche von Politikern auf der Suche nach Unterstützung. Der Geschäftssitz bestand aus einem langen Raum, in dem Stühle und Spieltische standen, sowie einer kleinen Küche. Die Leute, besonders Alte, kamen hierher zum Zeitvertreib, spielten Karten, tranken Kaffee und diskutierten über Sport. Das Büro war hinten; ein Schild auf der Tür verhieß ›Privat‹.« (1983, S. 158, siehe auch die italienische Übersetzung S. 126–127)

Der Besitz einer Schutzfirma verlangt also keinen großen Einsatz von Festkapital: Ein kleines Büro hinter einem Club oder in einer Autovertretung, Waffen, der Aufbau eines Spionagenetzes, angemessene Accessoires (etwa dunkle oder verspiegelte Brillen) und gelegentlich Verstecke reichen als Grundausstattung für den Mafioso. Ab und zu sind auch gepanzerte Limousinen vonnöten: 1977 lieh sich Antonino Calderone ein solches Fahrzeug – aus Ersparnisgründen – von einem ins Gefängnis geratenen Freund. Gebrauchte Autos für gefährliche Unternehmungen werden aber auch mitunter von ahnungslosen Bürgern »ausgeliehen« oder gekauft – mit Hilfe gefälliger Garagenaufseher.

Umgekehrt ist Schutz ein Produkt hoher Arbeitsintensität; man braucht enorme Kapazitäten zur Kontrolle menschlicher Ressourcen, wie etwa einen Spionagering oder die Mittel zur Ausübung von Gewalt. (»Mehr als alles andere«, sagt Bonanno über seine jugendlichen Ambitionen, »wollte ich Menschen kommandieren«; 1983, S. 46.) Vor allem aber bedeutet der Besitz eines Schutzunternehmens, daß man Eigentümer eines Namens ist und den Ruf eines glaubwürdigen Schutzgebers besitzt.

Nun sind die Merkmale der Reputation aber leider so beschaffen, daß das darauf aufgebaute Eigentum exklusiv, anfällig, in keiner Weise flexibel und nur schwer zu übertragen oder zu liquidieren ist. Eigentumsrechte – als ökonomische Kategorie – beziehen sich auf die Möglichkeit, aus einem bestimmten Gut Profit zu ziehen und über dieses nach Belieben zu verfügen, indem man es verbraucht, verkauft oder vererbt (Barzel 1989, S. 2). Klar ist, daß man aus dem Ruf eines Mafioso Profit ziehen kann; doch die Veräußerung einer derartigen Reputation hat enge Grenzen, und das macht es für ein Schutzunternehmen besonders kompliziert, seine Eigentumsrechte selbst zu schützen. Betrachten wir zunächst die Chancen für eine Vererbung.

In vielen Fällen ist der »Besitz« der Reputation eines Mafiabosses erfolgreich an den Sohn weitergegeben worden oder an eine andere Vertrauensperson, nicht anders als dies in »normalen« Unternehmen auch geschieht. Die Familien Greco (Lupo 1988) und Bontade (Galante 1986, S. 96, Calvi 1986, S. 90) in Sizilien, die Familie Bonanno in den Vereinigten Staaten (Bonanno 1983) sind bekannte Beispiele für Dynastien, die schon in der dritten Generation angelangt waren. Der Fall des Calogero Lo Bue, eines Capofamiglia in Corleone, zeigt weiterhin, daß die Erbschaft nicht unbedingt auf die engere Familienzugehörigkeit beschränkt ist: Lo Bue hat auf dem Totenbett 1943 ausgerufen: »Wenn sich meine Augen schließen, sehe ich weiter mit denen des Michele Navarra« (Hess 1970). Auch neuere Zeugnisse belegen ähnliche Vorgänge: Laut Buscetta folgte Pippo Calò 1963 dem Filippone als Chef der Familie von Porta Nuova (in Palermo), obwohl letzterer einen Sohn hatte (TB I, S. 11); und in noch jüngerer Zeit hat der Boß der Familie von Partinico, Nenè Geraci, abgedankt und damit seinem Sohn Platz gemacht (TC, S. 15); Rosario Di Maggio, Capomafia von Passo di Rignano bei Palermo, »hat sich freiwillig zurückgezogen« zugunsten von Salvatore Inzerillo (TB I, 85). Auch in den Familien Zanca und Ingrassia, beide aus Palermo, haben die Söhne friedlich die Stellen ihrer Väter eingenommen, die bereits in vorgerücktem Alter standen (SC I, S. 7 und 29). Manche dieser Väter behalten eine Rolle im Unternehmen und kontrollieren ihre Nachfolger streng; nicht alle sterben im Bett, aber auch nicht unbedingt aufgrund von Nachfolgekämpfen. Umgekehrt bedeutet die Ermordung eines Capofamiglia vor den notwendigen Übergabeakten keineswegs, daß die Söhne ihm nicht doch nachfolgen – das geschah zum Beispiel im Fall der Madonia (TC, S. 16). Es gibt auch Beispiele von Nachfolge, die aufgrund eines schlechten Gesundheitszustandes des Bosses vereinbart wurde: In den frühen 60er Jahren ersetzte Stefano Bontade seinen diabeteskranken Vater Paolino, 1974 in Ribera (Agrigent) Colletti den von einem Schlaganfall betroffenen Paolo Campo (OSAG, S. 279, OSAG Arnone, S. 280). Im selben Jahr übernahm Mariano Marsala die Stelle Biagio Macalusos – der nicht mehr gehen konnte – als Chef der Familie von Vicari bei Palermo (VM-GDS).

In jedem Fall ist die Leitung eines mafiosen Unternehmens eine delikate Angelegenheit, die den Beteiligten recht oft außer Kontrolle gerät. Die Familie Greco zum Beispiel erfuhr in den 80er Jahren durch wirkungsvolle Polizeiaktionen und durch interne Kriege massive Schwächungen; die Bontade wurden durch diesen Krieg regelrecht hinweggefegt. Joe Bonanno verlor die Macht über seine Familie, und seine Söhne vermochten sie nicht zurückzugewinnen (Bonanno 1983). Michele Navarro war, im Gegensatz zu seinem Vorgänger, der Luxus eines Todes im Bett mit feierlichen Investitur-Erklärungen nicht gegönnt: Er wurde von Luciano Liggio umgebracht, einem Mann, der wohl keine Zeit hatte, die letzten Wünsche des Capofamiglia abzuwarten (C. A. Dalla Chiesa 1990). Mariano Marsala wurde höchstwahrscheinlich von dem Mann getötet, der zu seinem Nachfolger bestimmt war (SSPA 1985, 1986). Daß Erbschaft und Nachfolge tatsächlich ein Problem darstellen (und daß dies mitunter in romantischer Form geradezu als eine Art Thronfolge geschieht), zeigt jedenfalls, daß es etwas zu erben gibt. Es ist daher nicht überzogen, das Problem in den Rahmen von Eigentumsrechten zu stellen.

Es ergeben sich folgende Bedingungen für eine reibungslose Nachfolge: Da die Reputation des Bosses nicht in ihrer Gesamtheit auf eine andere Person übertragbar ist, muß der designierte Nachfolger beweisen, daß er zumindest so viel für die Leitung des Unternehmens mitbringt wie sein Vorgänger. Das muß allen Betroffenen klar sein, bevor die Nachfolge in die Praxis umgesetzt wird. Die Herausforderung durch einen stärkeren Kandidaten oder die Versuchung für einen Kunden, zu einem vertrauenswürdigeren Schutzgeber überzulaufen, können jegliche Chance für die Übernahme zunichte machen. Stirbt der Capofamiglia unvorhergesehen aus Gründen, die nicht mit der Nachfolge zusammenhängen, und ohne daß dafür Vorkehrungen getroffen worden sind, ist eine gewalttätige Auseinandersetzung wahrscheinlich. Auf jeden Fall ist es entscheidend, allen so schnell als möglich den Wechsel mitzuteilen. Nach dem Tod Carmelo Collettis gab es im Hause Gennaro Sortinos eine Versammlung des Restes der Familie. Danach begaben sich die Teilnehmer zur Espressobar im Ort, um sich dem ganzen Dorf zu zeigen; dabei marschierten sie in einer ganz bestimmten »Paradeordnung«: Voran schritt Sortino, der Schwager Collettis, sein Berater und Emissär für die Vereinigten Staaten.

Nach Ansicht der Ermittler diente diese Parade zur Information aller über die Position, die Sortino nun innerhalb der Familie erlangt hatte, sozusagen als Übergabe seiner »Beglaubigung« als vertrauenswürdiger Garant.

Außer einer Nachfolge gäbe es auch die Möglichkeit einer Veräußerung der Eigentumsrechte. Es gibt jedoch meines Wissens keine Fälle, in denen es tatsächlich einen effektiven Verkauf einer Schutzfirma gegeben hätte. Es gibt Gründe anzunehmen, daß ein derartiger Vorgang überaus kompliziert, aller Wahrscheinlichkeit nach sogar unmöglich wäre. Nehmen wir an, ein potentieller Käufer informiert den Clanchef darüber, daß er sein Unternehmen einschließlich Kunden, Belegschaft, Firmensitz und so weiter kaufen wolle. Nehmen wir weiterhin an, daß der Boß akzeptiert und man einen Kaufpreis vereinbart. Das wäre dann lediglich der Anfang: Danach muß das gesamte Kundennetz, die gesamte Arbeiterschaft informiert werden und damit einverstanden sein, denn jeder einzelne davon hat eine besondere Beziehung zum derzeitigen Eigentümer. Manche könnten aussteigen und so eine Kettenreaktion einleiten, die zum Kollaps der Glaubwürdigkeit der fraglichen Firma führt –, so daß am Ende gar nichts mehr zu verkaufen wäre.

Wie schon bei der Nachfolge müßte gewährleistet sein, daß der Käufer imstande ist, den Capofamiglia voll zu ersetzen. Doch wie kann man dessen sicher sein? Auf diesem Gebiet erwirbt man sich die Reputation »durch Arbeit«: Man kann sie vielleicht simulieren, aber sicher nicht kaufen. Wäre andererseits der Käufer schon von vornherein imstande, den Erfolg der Operation zu garantieren, bedeutet dies nichts anderes, als daß er auch potent genug wäre, den Besitz ohne Bezahlung von nur einer Lira an sich zu ziehen. Er könnte die Firma einfach mit der Drohung nehmen, mit Blei statt mit Gold zu bezahlen (Zahlen mit Geld würde in einem solchen Falle geradezu als Zeichen von Schwäche angesehen). Hätte der Käufer einen Ruf, der stärker ist als der des angesprochenen Clanbosses, würde er dessen Kunden sowieso anziehen. Wie auch immer: Dem zum Verkauf herausgeforderten Mafioso bliebe nichts anderes, als einen Krieg anzufangen – oder sich zurückzuziehen. In der Praxis gibt es tatsächlich Übernahmen, doch die erfordern keine Bezahlung.

Der Unterschied zwischen einem Käufer und einem designierten Nachfolger besteht darin, daß letzterer sich eine Reputation durch die Karriere innerhalb des Unternehmens schafft. Er wird daher, aufgrund eines Vater-Sohn-Verhältnisses oder aufgrund anderer Formen der Achtung, geneigt sein zu warten, bis sein Vorgänger abtritt; selbst wenn er ihm gegenüber keine sonderlich edlen Gefühle hegt, bleibt sein Interesse an einem Konflikt eher gering (was allerdings nicht für den Kampf mit möglichen Mitbewerbern um die Nachfolge gilt): Er erhielte zu einem erhöhten Preis doch nur das, was ihm ohnehin schon gehört.

Noch eine andere Frage ist zu untersuchen: Kann das Eigentum am Schutzunternehmen von seiner Führung getrennt werden, so wie das in vielen Industriefirmen geschieht? Dieser Aspekt hängt wiederum mit einem wesentlichen Element der Eigentumswahrnehmung zusammen, das heißt, ob die Firma einen Status annehmen kann, bei dem der Tod des Eigentümers die Reputation nicht schädigt. Beide Probleme hängen davon ab, inwieweit die Reputation vom einzelnen Mafioso getrennt zu einer abstrakten Eigenschaft des Unternehmens werden kann. Die beiden Fragen sind auf unterschiedliche Weise zu behandeln.

Wir haben keinerlei Hinweise, daß es bei Schutzfirmen irgendwo eine Trennung zwischen der Rolle des Eigentümers und der des Geschäftsführers gibt; und es gibt derlei ganz allgemein nicht bei illegalen Unternehmen. Nach Reuter handelt es sich dabei um eine Folge von Illegalität generell (1983, S. 119 ff.), die die Entwicklung eines Kredit-Marktes erschwert. Er argumentiert dabei so: Niemand ist bereit, illegalen Firmen große Summen zu leihen, weil diese erstens aus Angst vor der Polizei keine überprüfbare Buchhaltung führen, mithin ihre Operationen nicht kontrollierbar sind, weiterhin keine Garantien für Geliehenes geben können und schließlich die möglichen Kredite eher an Individuen denn an unpersönliche GmbHs oder Aktiengesellschaften gegeben werden, weshalb die Zahlungsfähigkeit in außergewöhnlichem Maße vom Schicksal der einzelnen abhängt. Die Kreditbeschränkungen verhindern ein Wachstum der Unternehmen, da diese ausschließlich auf Selbstfinanzierung angewiesen sind; und da sie nicht wachsen können, vermögen sie auch nicht jene Größe zu erreichen, die die Trennung von Eigentum und Leitung ermöglicht.

Sicher eine sinnvolle Interpretation; dennoch erfaßt diese Deutung nicht den wohl hauptsächlichen Grund, warum Leitung und Eigentum innerhalb der Schutzindustrie unteilbar sind. Wieder einmal liegt das Problem in der Natur des Schutzes per se: Selbst wenn er wollte, könnte der Eigentümer sich kaum der Leitung entledigen, weil ihm seine Manager sein Eigentum sofort abnehmen würden. Zur Leitung des Unternehmens muß man die Kontrolle darüber haben, und auf diesem Gebiet bedeutet Kontrolle eben gerade, daß man Eigentümer ist. Schon Machiavelli hält einen Fürsten »für nicht gut beraten«, wenn er die Macht »in die Hände eines Gouverneurs legt«, derlei wird nur »kurz gutgehen«, denn »der Gouverneuer würde den Fürsten bald absetzen«.

Auch wenn die Eigentümer ihre Manager kontrollieren könnten, wäre niemand imstande, sie vor diesen zu schützen; hinreichende Macht zur Überwachung der Manager zu behalten ist identisch mit der Aufrechterhaltung der Macht selbst und bedeutet, daß man sich eben nicht zurückziehen kann. Das erklärt vielleicht, warum die Mafia mehr aus Subalternen denn aus Managern besteht, und daß letztere überdies stets auf ihren Posten gehalten werden, um die Gefahr interner Streitereien zu verringern (all das hilft auch zur Erklärung der in Kapitel I vorgestellten Schwierigkeiten der Mafiosi bei einer Dezentralisierung ihrer Macht durch Ausweitung ihrer Geschäfte über den Horizont einer kleinen Gruppe hinaus). Eine typische Lösung dieses Problems besteht darin, die Angestellten oder möglichen Erben durch Verwandtschaftsbeziehungen an sich zu binden, durch Heirat oder durch Ernennung zu Paten. Doch die Zahl der Beziehungen, die man so knüpfen kann, ist natürlich begrenzt.

Eine Konsequenz aus dieser Logik ist, daß ein Capomafia, wenn er ins Gefängnis kommt oder aus einem anderen Grund zum Aufenthalt in der Ferne gezwungen ist, häufig Gefahr läuft, seine Macht zu verlieren. Als Joe Bonanno 1957 die Vereinigten Staaten verließ, wo er Chef seiner Familie war, und nach Sizilien ging, regelte er zwar die Dinge »derart, daß Verwirrung vermieden wurde und eine gewisse Kontinuität während seiner Abwesenheit« gewährleistet war (Bonanno 1983, it. Üb. S. 158), aber es gibt Zeugenaussagen, die belegen, wie die »Kommission« der Cosa Nostra (vergleiche dazu auch Kapitel V) des öfteren zeitliche Unabkömmlichkeit mit einer Art Aushilfe zu regeln versucht hat: Sie setzte den höchstrangigen Vize oder ein entsprechend hohes Mitglied einer anderen Familie als legitimen Vertreter ein. Bleibt der Vertreter jedoch hinreichend lange im Amt, schwächt das die Position des abwesenden Capofamiglia. Ab und zu wird der Vertreter auch gegen seinen eigenen Willen zum neuen Chef: Neue Kunden zählen auf ihn persönlich und stärken ihn auf diese Weise, und auch die alte Klientel vertraut sich immer mehr seinem Schutz an. Einer der häufigsten Gründe für Mafiakriege ist das unvermittelte Wiederauftauchen der alten Bosse, die mit Gewalt wieder auf ihren früheren Posten zurückzukehren versuchen.

Von Vorgängen dieser Art berichtet Vincenzo Marsala in seinen Geständnissen. Sein Vater, Don Mariano, wurde als Chef der Familie des kleinen Bergortes Vicari infolge der Veränderungen nach dem Mafiakrieg der frühen 80er Jahre abgesetzt, aber nicht sofort umgebracht. Das schuf eine gewisse Verwirrung unter seinen Kunden, speziell unter denen, die besonders an Don Mariano hingen, und jenen, die nicht ausreichend informiert worden waren. Diese suchten daher noch immer seinen Schutz, auch wenn er nicht mehr zur Gewährung imstande war oder ihn nur noch heimlich hinter dem Rücken des neuen Capomafia ausüben konnte. Der wiederum hatte seine Macht in den Jahren zuvor just während der (durch eine Australienreise bedingten) Abwesenheit Don Marianos ausgebaut. Einmal hörte er von Grundstücksverkäufen und verlangte die Zahlung des Schutzgeldes in bar: Don Mariano hatte diesem speziellen Kunden, als Gegenleistung für erwiesene Dienste, dagegen stets eine weniger kostspielige Behandlung zuteil werden lassen (VM, S. 44). In einem anderen Fall verlor der Wächter einer Liegenschaft seinen Arbeitsplatz, weil er Don Mariano treu geblieben war (VM, S. 46). Und in einem weiteren, fast rührenden Fall hat Don Mariano das Schutzgeld für einen Dritten aus eigener Tasche bezahlt, damit dieser nicht erfuhr, daß der Alte nicht mehr Chef war (VM, S. 40). Die Lage blieb bis Anfang 1983 so. Da kam ein ehemaliger Dorfbewohner aus dem Ausland zurück und fand einen Pächter vor, der sich weigerte, den Grundbesitz des Mannes zu verlassen. Dieser wandte sich nun an Don Mariano um Schutz. Das Grundstück (und damit auch der Pächter) lag jedoch nicht auf dem Gebiet von Vicari, sondern auf dem des benachbarten Caccamo, und so mußte Don Mariano zur Schlichtung des Streits Kontakt zur benachbarten Schutzfirma aufnehmen. So wurde allgemein bekannt, daß er nicht mehr im Geschäft war. Danach konnte er nicht mehr viel ausrichten – vier Tage später verschwand er für immer.

Nach dem Urteil des Schwurgerichts Palermo wurde auch Francesco Paolo Montaldo aus dem benachbarten Lercara Friddi (dem Heimatort Lucky Lucianos) aus analogen Gründen ermordet: »Offenbar wandten sich viele Personen, die nichts von der Übernahme der Macht im Clan wußten, noch immer an das Opfer; und dieses hatte ebenso offenkundig sein Engagement für sie nicht aufgegeben: Er übte weiterhin die für die alten Mafiosi typische Funktion des Mittlers aus... Und diese Tatsache war dann – wie im Falle Marsala – ein mehr als triftiger Grund für den Beschluß zur Ermordung des alten Montaldo. Die neuen Verbrecher brauchten seinen Tod zur Bestätigung, daß sie hier nun die Vorherrschaft hatten.« (SSPA, 26. Januar 1985.)

Das erklärt die häufig unverständlichen Morde an recht alten Männern. Der alte Antonino Mineo zum Beispiel, ehemaliger Capomafia von Bagheria, wurde im Alter von über neunzig Jahren ermordet, lange nach seiner »Pensionierung« (TC, S. 111). In einer Welt, in der sich korrekte Information als äußerst schwierig erweist, bedeutet Reputation ein kaum erschütterbares Monopol. Mit dem Mord aber bringen die neuen Mafiosi den Kunden schnell bei, daß sie nicht mehr auf ihren gewohnten Schutzgeber zählen können; immerhin ist er ja nun tot.

Um ihr Leben zu retten, haben sich einige Mafiosi sogar verhaften oder aus ihrem Ort verbannen lassen, manchmal sogar unter Mithilfe ihrer Rivalen: Das ist (außer dem Tod) das eindeutigste Zeichen, daß man nun aus dem Geschäft ist. Giuseppe Calderone bekam diese Chance nach dem Tode seines Verbündeten Bontade angeboten; er lehnte ab und wurde natürlich kurz danach ermordet. Im Gegensatz dazu stellte sich der Capofamiglia von San Giuseppe Jato bei Palermo bei seiner Heimkehr nach einem jahrelangen Auslandsaufenthalt sofort der Polizei und ließ sich in die vor Jahren gegen ihn verhängte Verbannung schicken. Die gesamte Zeit seines Auslandsaufenthaltes hatte Salamone seine Familie aus der Ferne geleitet und dabei die Unterstützung Stefano Bontades zur Zähmung des Machthungers seines Statthalters genutzt. Buscetta konnte nicht verstehen, warum er sich am Ende stellte, doch Calderone erklärte: Nach dem Tode Bontades hatte Salamone keine andere Alternative, sein Leben zu retten. (AC I, S. 245).

Bei den japanischen Yakuza, die sich verglichen mit ihrem sizilianischen Pendant einer größeren Toleranz erfreuen, hat der Name der »ikka« (Familie) – die nicht identisch ist mit der Familie des Oberhauptes – eine grundlegende Bedeutung und wird mit Hilfe genauer Nachfolgeregeln übertragen, die die Söhne von den Erben ausschließen (Iwai 1986). Bei der Mafia dagegen hängt die Reputation einer Familie sehr häufig davon ab, daß die Kunden wissen, wer die Kommandoposten innehat. Zumindest in Sizilien reicht der Name der Familie alleine nur selten aus, ihr unabhängig von ihrem Chef Glaubwürdigkeit zu verschaffen. Der Name der Familie ist identisch mit dem ihres Chefs: »Die Familie Inzerillo«, hat Buscetta vor Gericht erklärt, »existiert immer noch; sie hat den Namen geändert, sie heißt nicht mehr Inzerillo, der Capofamiglia ist Buscemi« (TB-GDS, 6. April 1986). Wie eng diese Verflechtung ist, belegt auch ein Mißverständnis, das sich während der Aussage Contornos ereignete. Der Richter fragte ihn, ob er ihm die Namen der Familien sagen könne:

»– Welche Familien waren auf diesem Gebiet vorhanden?
– Auf dem Corse dei Mille... war Filippo Marchese, weiter unten war Pinuzzu Abbate mit seinen Genossen, in Via Messina Marine...
– Aber ich wollte die Namen der Familien wissen und nicht die Namen der Mitglieder.
– Man muß sie nach einem benennen... In einer Familie, da zählt nur eine Person...« (TC, 25. April 1986)

Dennoch gibt es Fälle, wo die Reputation von den Personen abgelöst ist. Zwei Beispiele belegen das. Zunächst einmal bei den fünf Familien der New Yorker Mafia: Bonanno, Gambino, Genovese, Colombo und Lucchese. Berühmte Namen, die zwar noch nicht Legende geworden sind, jedoch auch keine echte Realität mehr besitzen; sie werden beibehalten, auch wenn keine dieser Familien mehr von den Gründerdynastien geleitet wird, von denen sie in den 30er Jahren ihren Namen bekamen. Die neuen Machtträger waren selbst niemals imstande, sich selbst entsprechend in Szene zu setzen, doch zu ihrem Ruf haben ungewollt die Massenmedien und die Gesetzeshüter beigetragen: Sie haben eines bewirkt, daß das Umfeld der Mafia geradezu zur mythischen Aura wurde – ein Effekt analog zu Namen wie Ferrari oder Jaguar; Gambino oder Bonanno rufen eine ebenso unmittelbare Reaktion hervor, wenngleich von etwas anderem Inhalt. Das zweite Beispiel: der Name »Mafia« oder »Cosa Nostra« hat wie bei den New Yorker Gangstern einen drohenden Beigeschmack erhalten, ähnlich einer Fabrikmarke oder einem Herkunftssiegel, und dies unabhängig von den aktuellen Mitgliedern der Organisation (ein Punkt, der in Kapitel VI noch umfangreicher untersucht wird).

3. Die Arbeitskräfte

Das dritte wesentliche Element für die Definition von Unternehmen – die Arbeitskräfte – weist weniger Probleme auf als die Kundschaft und das Eigentum. Kein Zweifel, daß die Schutzunternehmen stark von den Arbeitskräften abhängen: Zuträger, Schläger, Killer, Fahrer, Ärzte, »Vertreter« gehören zur notwendigen Ausstattung. Allgemein bevorzugt sind dabei vertrauenswürdige, mit einem hohen Grad von Flexibilität ausgestattete Personen; dennoch hängt die Frage, ob und wie sie angestellt werden, von allerlei Zufälligkeiten ab. Der Leser kann sich wohl am besten anhand einiger Beispiele ein Bild davon machen.

Viele Tätigkeiten werden von Aushilfskräften oder Gelegenheitsarbeitern erledigt, die unter der Hand bezahlt werden und so effektiv weniger kosten. Ein großer Teil der Zuträgerei wird zum Beispiel von Leuten durchgeführt, die als Taxifahrer, Portiers und so weiter tätig sind. Andere Dienstleistungen werden von Kunden selbst angeboten, als Gegenleistung für eine Vorzugsbehandlung (vergleiche dazu die oben zitierten Erklärungen Buscettas, Kapitel I.4). Hier die Zeugenaussage eines Mafioso aus Argigent, der zwar kein Mitglied der dortigen Mafiafamilie war, doch nach dem Mord an einem seiner Verwandten um sein Leben fürchtete:

»Einmal hat mich mein Schwager gefragt, ob ich bereit sei, in eine Autoelektrowerkstatt in San Giuseppe Jato zu gehen, deren Besitzer Pippo hieß, und unter Vorgabe einer Reparatur zu erforschen, ob dort Betrieb herrsche. Dasselbe sollte ich dann in einem Garagenbetrieb machen.« (Es handelte sich um ein Autoabstellgeschäft und nicht um eine Reparaturwerkstatt; in ihr fanden, wie er wußte, bestimmte Treffen statt; OSAG, S. 369.)

In anderen Fällen verlangt man von Leuten, die unter Schutz stehen (oder standen), sozusagen einen Leistungsausgleich »in Naturalien«. So etwa nach den Feststellungen des Revisionsgerichts von Palermo bei einem Koch: Die Leute, die ihm Arbeit verschafft hatten, forderten von ihm einen Mord an zwei mißliebigen Personen (der dann nicht gelang; SSPA 1986, S. 39–40). Gelegenheits-Rekrutierungen geschehen auch dort, wo besondere Kenntnisse oder Kompetenzen nötig sind. Etwa wenn man von jemandem aufgrund seiner Stellung geheime Informationen bekommen möchte (VM, S. 21) oder wenn man jemanden braucht, der mit Sprengstoff umzugehen (VM, S. 21) oder Drogen chemisch zu behandeln versteht (TC, S. 159). Mitunter ist auch jemand vonnöten, der orientalische Sprachen spricht: wie etwa der Schweizer Waridel, der zur Aufklärung eines gefährlichen Mißverständnisses mit türkischen Händlern angeworben wurde. »Er fand«, so die Ermittlungsrichter, »heraus, daß Priolo, der vor ihm für Rotolo gedolmetscht hatte, die Ausführungen Mussullulus falsch übersetzt hatte, so daß Rotolo zunächst fälschlicherweise angenommen hatte, La Mattina habe seine Schulden an Mussullulu bezahlt.« (OSPA IX, S. 1864)

Kompliziertere Aufgaben überträgt man naturgemäß Leuten, die feste Beziehungen zum Unternehmen haben. Nach Buscetta werden Killer niemals auf dem Markt mit »Einzelverträgen« angeheuert, sondern im Inneren des Clans, unter den Mitgliedern der einen oder anderen Art ausgesucht (TB, III, S. 138). Es gibt aber auch Fälle gelegentlicher Zuträger oder Killer, die man im Bereich der Kleinkriminalität leicht durch Erpressung rekrutieren kann. Diese Leute laufen jedoch Gefahr, unmittelbar nach Erledigung ihrer Arbeit selbst umgebracht zu werden, da sie gefährlich sind und nicht mehr gebraucht werden. Ein typisches Beispiel dafür ist der Fall des Giuseppe Scozzari, eines Dealers und Diebes, der in Turin arbeitete und nach Sizilien geschickt wurde, um dort einen örtlichen Capomafia umzubringen: Er wurde bei der Aktion verletzt, von einem seiner Schwäger gerettet und in seine Heimatstadt zurückgebracht, wo er kurz darauf verschwand. Seine Leiche wurde vier Jahre später auf dem Grund eines Turiner Brunnens aufgefunden (OSAG, S. 383–386).

Wo es an Arbeitskräften mangelt, wenden sich die Unternehmen an andere Firmen und erbitten von dort Personal (VM, S. 7). Sie werden in vielen Fällen zwischen den Unternehmen ausgeliehen, auch auf höchster Ebene (VM, S. 27). Der Mord am General Dalla

Chiesa soll nach Ansicht der Ermittler zu einem Austausch unter den Familien von Palermo und Catania gehört haben: Die Palermitaner hatten die Ermordung eines catanischen Mafioso besorgt, der den Cataniern Ärger zu bereiten begonnen hatte, und diese kompensierten den Gefallen durch die Ermordung des Generals (TB-GDS; TC-GDS, TB I, S. 71). Solche Aktionen können auch Bestandteil eines Austausches mit anderen Unterweltgruppen sein, etwa mit Rechtsterroristen: Von ihnen nehmen die Ermittler an, daß sie einen Pakt mit der Mafia geschlossen haben – sie ermordeten einen sizilianischen Politiker, im Gegenzug half die Mafia den Terroristen bei einem Gefängnisausbruch. Ein Sprichwort besagt zwar, daß alle Mafiosi früher oder später in einen Mord verwickelt werden müssen; trotzdem werden die Mitglieder nahezu immer ihren Fähigkeiten gemäß eingesetzt: Ärzte, Anwälte, Pfarrer und andere Berufe sind freigestellt vom Einsatz bei derart schwerstkriminellen Aktionen, es sei denn, sie selbst verlangen danach (OSAG, S. 297–298; VM S. 28).

Vollzeitbeschäftigung bleibt das Vorrecht der direkt beim Chef angestellten Personen. Aus ihren Reihen startet man die Karriere zu höheren Graden, bis hin zum Erwerb von Eigentum an einer Firma (vergleiche dazu auch Kapitel V). Die Rekrutierung für diesen Kreis erfolgt nach Bewertung der Gesamtheit aller Fähigkeiten eines Manns: Er muß ein guter Zuträger sein, verschwiegen und wenn nötig auch zu einem Mord bereit. 1973 legte Leonardo Vitale nach seiner »mystischen Krise« ein langes Geständnis bei der Polizei ab, doch die behandelte das nach der damals üblichen Art (in Italien »Absatz 22« genannt, der damals für vermindert Zurechnungsfähige zuständige Paragraph der Strafprozeßordnung) und schenkte ihm keinen Glauben: Ein Mafioso redet nicht; redet er doch, ist er verrückt; ein Verrückter aber ist nicht glaubwürdig. Er wurde ins Irrenhaus gesteckt, dort blieb er elf Jahre. 1984 wurde er entlassen und prompt ermordet, als er mit seiner Mutter aus der Sonntagsmesse kam. Ein paar Wochen zuvor hatte er verlangt, vor der parlamentarischen Antimafiakommission auszusagen. Daß man ihn umbrachte, zeigte, daß er doch nicht so verrückt war und tatsächlich die Wahrheit gesagt hatte. Die Tat, die ihm den Eintritt in die Mafia ermöglicht hatte, war die Ermordung eines Mannes gewesen, dem man vorwarf, ohne Erlaubnis in einem Gebiet Grundstücke gepachtet zu haben, das von Vitales Onkel kontrolliert wurde (OSPA Stajano, Kapitel I).

Belege für diese Art Rekrutierung gibt es genug, sie waren lange Zeit üblich. Die Einzelheiten kann man sich leicht vorstellen und muß sie daher nicht bis ins Detail beschreiben. Um eine gewisse Aussicht auf Anstellung zu haben, müssen die Kandidaten beweisen, daß sie hartgesottene Kerle sind – und daß sie keine Verwandten haben, die bei der Durchsetzung von Recht und Ordnung eingesetzt sind. Ohne Bedenken nutzt die Mafia auch gewöhnliche kriminelle Energie aus. Auf die Frage des Gerichtshofs, wer ihn zum Eintritt in die Mafia bewegt habe, antwortete Marsala: »Der Ritter (Mitglied eines Verdienstordens) Buongorno, der mich und Macaluso einführte ... sagte, nehmt doch diese Söhnchen auf, sie haben einen harten Schädel; die drehen ein paar kleine Dinger, ein paar Schweinereien ... ein paar Diebstähle oder so ...« (VM-GDS, 25. Mai 1989). Calderone beschreibt, wie zwei solcher Leute am Ende in die Familie von Catania aufgenommen wurden – man wollte sie besser bremsen können, »die zwei hatten zusammen eine unglaubliche Zahl von Menschen aus nichtigsten Gründen umgebracht« (AC, III, S. 642). Für den Eintritt gibt es keine feststehenden Altersgrenzen: Sogar ein gerade sechzehnjähriger Junge ist offenbar einmal bereits Mitglied geworden (AC, II, S. 573).

Zur Stellung als Angestellter in einer Mafia-Familie kommt mitunter auch selbständige geschäftliche Tätigkeit hinzu: Die Subalternen erhalten manchmal sozusagen als Subunternehmer Kunden zugeteilt oder dürfen spezielle Aufgaben lösen. Meist handelt es sich dabei um nicht sonderlich bedeutende Angelegenheiten – man will vermeiden, daß die Untergebenen zu stark und zu unabhängig werden.

»Ab und zu«, sagt der Anonymus in ›Mein Leben in der Mafia‹ unter Bezug auf seinen Boß, »schickte er mich zu jemandem, der einen vertrauenswürdigen Mann zur Regelung einer Angelegenheit brauchte. Einfache Dinge. Probleme unter Kaufleuten oder Bauern, von Leuten, die sich wegen eines Diebstahls oder eines Unrechts rächen wollten. Solche Sachen also. Den Preis dafür konnte ich festsetzen, er ging voll an mich. Ich schaffte es, mich gut bezahlen zu lassen: Ohne es ausdrücklich zu sagen, ließ ich durchblicken, daß die Sache schwierig und gefährlich gewesen war, daß ich plötzlich vor einer Pistole stand.« (Anonymus 1988, S. 105)

Mafiose Unternehmen praktizieren keine Gleichberechtigung der Geschlechter: Frauen sind ausnahmslos ausgeschlossen. Dennoch gibt es Belege, daß die Familie in manchen Fällen eine Pension oder eine Entschädigung für berufliche Risiken bezahlt, etwa bei Gefängnisaufenthalt oder nach Verletzungen bei einer Schießerei oder bei der Verfolgung durch die Polizei (VS, I, S. 152). »In der Praxis«, sagt Buscetta, »wenn ein Uomo d'onore ins Gefängnis kommt und, wie das bei mir der Fall war, nicht genug Geld hat, beauftragt der Boß einen Anwalt und bezahlt ihn sowie weitere kleine Spesen, die während des Gefängnisaufenthaltes entstehen« (TB I, S. 94–95). Wesentlich unsicherer ist die Lage, wenn der Capofamiglia selbst ins Gefängnis kommt: In den 70er Jahren wurde der Capomafia von Villalunga in den Norden Italiens verbannt – und dort überließ ihn die Familie seinem Schicksal. Er beklagte sich bei seinen Leuten: Wenn er keine Hilfe bekäme, sei er zu arbeiten gezwungen, und da er keine Ausbildung habe, müsse er Felder harken. Die Familie ließ sich nicht beeindrucken und setzte ihn ab (AC I, S. 54).

Zweiter Teil:
Die Industrie in Sizilien

Kapitel IV: Die Ursprünge

Bis hierher haben wir die Basisstrukturen der Schutzindustrie dargestellt, ihre Elementarteile sozusagen: Diese sind in die sizilianische Mafia integriert, aber auch in andere Gruppen, die mit ihr eine Reihe von Parallelen haben. Die sizilianische Mafia ist jedoch nicht eine allgemeine »Schutzagentur«, sondern eine spezielle Form dieser Industrie, die ihre Entstehung und Entwicklung in einem spezifischen sozialen und historischen Kontext hat. Der erste Teil unserer Betrachtungen hat eine Theorie ihrer Funktionsweisen und Eigenschaften vorgestellt; im zweiten Teil wollen wir nun mit Hilfe von historischen Belegen und Dokumenten die Ursprünge der Mafia rekonstruieren.

Dieses Problem wird gewöhnlich als singuläre Frage behandelt; es wird sich aber als nützlich erweisen, es aufzuteilen und als ein Miteinander von Subproblemen aufzufassen. Natürlich sind diese untereinander verbunden, die Lösung liegt aber nicht notwendigerweise auf jeweils der gleichen Abstraktionsebene. Es lassen sich detailliertere Kausalprozesse erkennen, die man nicht zusammenfügen kann, ohne sie zunächst voneinander zu unterscheiden und einzeln zu untersuchen.

1) Viele Elemente weisen darauf hin, daß die Mafia – wenngleich in unterschiedlichen, von Gebiet zu Gebiet wechselnden Formen – eine Erscheinung ist, die ursprünglich aus Süditalien stammt: Die Frage ist daher, warum sie sich hier entwickelt hat und nicht in anderen italienischen Regionen.

2) Die mafiosen Phänomene sind nicht im gesamten Süditalien entstanden: Ostsizilien zum Beispiel, Teile von Kalabrien (speziell das Gebiet um Cosenza und Crotone), Apulien sind davon lange Zeit unberührt geblieben. Auch innerhalb mafioser Bereiche gibt es Gebiete, die weniger als andere betroffen sind: Die Frage ist, wie derlei Differenzen zustandekommen.

3) Eine Verständigung über die Gebiete, in denen die Mafia sich nicht entwickelt hat, bedeutet nicht auch schon eine Übereinstimmung darüber, wie sie dort entstanden ist, wo es sie gibt. Die Meinungen darüber gehen auseinander, der empirische Augenschein ergibt kein abschließendes Resultat. Die Forscher verfech-

ten im wesentlichen drei unterschiedliche Thesen: Die einen setzen als Ursprung der Mafia den Großgrundbesitz, die anderen die städtischen Märkte, die dritten, vor allem in letzter Zeit, die lokalen politischen Auseinandersetzungen. Wir werden diese Deutungen später noch untersuchen und uns dabei ausschließlich auf Sizilien beschränken, ohne die schwierige Frage also nach einem gemeinsamen Ursprung von Mafia, Camorra und 'Ndrangheta.

Die drei eben vorgestellten Fragen werden von zwei weiteren Problemen überlagert: zum einen dem des genauen historischen Zeitpunkts, zu dem die Mafia auftritt. Der größte Teil der Forscher legt das Datum ungefähr auf die Zeit der italienischen Reichseinigung (1860), einige andere sind der Auffassung, daß Spuren davon schon früher feststellbar sind; zum zweiten dem der Rolle des neuen italienischen Staates bei der Entwicklung der Mafia. Die Mehrheit der Forscher meint, daß diese Rolle nicht vernachlässigt werden kann; doch die Interpretationen gehen in diesem Punkt weit auseinander.

Die Literatur ist übersät mit den unterschiedlichsten ethnographischen Berichten, die allesamt undifferenziert als Beispiele für Mafia dienen sollen. Banditen, Großgrundbesitzer, Vermittler, korrupte Beamte, Abkömmlinge der Inquisition, schwarze Sheriffs, Fuhrleute, Politiker, Bauern auf der Suche nach gesellschaftlicher Aufwertung, Erpresser und gewöhnliche Verbrecher: Sie alle erscheinen und verschwinden wieder von der Bildfläche eines riesigen Durcheinanders, in dem alles und auch sein Gegenteil den Namen Mafia annimmt. Die in der vorliegenden Arbeit ausgemachten theoretischen Merkmale des Mafioso dagegen sind streng eingegrenzt: Für eine Einordnung als »Mafioso« genügt es nicht, Gewalt zu gebrauchen oder Verbrechen zu begehen, einer Bruderschaft oder Gilde anzugehören oder einen bestimmten Beruf auszuüben, wie etwa den des »Landpächters« oder »Verwalters«. Keine dieser Eigenschaften für sich macht den Mafioso. Wir suchen nach Personen, die sich auf dem Gebiet des Schutzes »spezialisieren«. Nicht nach gewalttätigen Unternehmern also, sondern nach Unternehmern in Sachen Gewaltausübung. Weiterhin dürfen diese Schutzgeber keinem der beiden Geschäftspartner untergeordnet sein, sondern müssen volle Autonomie besitzen, das heißt, sie müssen frei jene Seite wählen können, die ihnen den größeren Profit garantiert.

1. Süditalien

In einem vor einigen Jahren veröffentlichten Aufsatz habe ich behauptet: Die Mafia hat ihren Ursprung in einem tief verwurzelten Mißtrauen, das Süditalien schon unter der Herrschaft des Königreichs beider Sizilien kennzeichnet; dies erklärt, warum sich die Mafia in diesen Gebieten entwickelt hat, an anderen Orten dagegen nicht. Ich fasse die damalige Argumentation zunächst kurz zusammen.

Folgt man Paolo Mattia Doria und anderen Philosophen des 18. Jahrhunderts (Padgen 1988), kann man davon ausgehen, daß seinerzeit das »öffentliche Vertrauen« – das heißt die Grundlage jeglichen gesellschaftlichen Zusammenlebens – aufgrund einer entschlossenen Politik des »divide et impera« der spanischen Regierung zerstört wurde. Überlebt hat nur das »private Vertrauen«, die Sphäre der Familie und der engsten Freundschaftsbeziehungen – in sie flüchtet man, um einem hohen Maß gesellschaftlicher Vertrauenslosigkeit zu entgehen.

Benedetto Croce widerspricht Doria: Auf einer halben Seite seiner ›Storia del Regno di Napoli‹ (1925, S. 154–155) kanzelt er den Gedanken, die Probleme des Südens könnten listigen politischen Strategien der Spanier entspringen, als Märchen ab. Seither wurden die neapolitanischen Philosophen des 18. Jahrhunderts aus allen Untersuchungen über die Frage des italienischen Südens ausgeklammert; erst 1988 hat Anthony Padgen die Aufmerksamkeit wieder auf die theoretische Tiefgründigkeit und Feinheit ihrer Argumente gelenkt. Die empirische Gültigkeit ihrer Analysen über die Gründe für den Zusammenbruch des Vertauens kann man heute natürlich nicht bewerten, da es keine unmittelbaren Untersuchungen gibt. Ein schwerwiegendes (wenn auch alleine nicht ausreichendes) Indiz, daß die spanische Kolonialisierung auf Dauer gefährliche Auswirkungen hatte, ist die Tatsache, daß faktisch alle ehemaligen spanischen Kolonien (einschließlich Süditalien und die Philippinen) heute die höchsten Mordraten der Welt aufweisen. Spanien selbst erscheint dagegen als wesentlich ruhigeres Land, und dasselbe gilt vom Rest Italiens (der Spanien nicht unterworfen war).

Wie dem auch sei: Selbst wenn man die spanischen Besatzer als

Ursache für das Mißtrauen ablehnt, ist das keineswegs eine grundsätzliche Negierung der Allgegenwart des Mißtrauens oder dessen beständige negative Einwirkung auf den gesellschaftlichen Prozeß und die wirtschaftliche Entwicklung im Süden (wobei beides historisch nicht nachweisbar ist). Wichtiger jedoch ist, daß viele glaubwürdige Quellen aus dem 18. und 19. Jahrhundert – darunter Tocqueville, Franchetti, Villari – mit Dorias zeitgenössischer Beschreibung der gesellschaftlichen Bedingungen des Südens einig gehen. Sie alle bescheinigen, wie stark der Süden unter der unfähigen Verwaltung und der Willkürjustiz der damaligen Regierung litt. Derlei könnte Wissenschaftlern, die sich mit dem Süden beschäftigen (ebenso wie geborenen Südstaatlern) als Gemeinplätze erscheinen; tatsächlich gibt es bis heute keinerlei Analysen über wirtschaftliche Implikationen des Mißtrauens und ihre tiefgreifenden, langfristigen Auswirkungen. Die Mehrheit der Forscher nimmt immerhin an, daß Umstände wie die oben skizzierten das Vertrauen zwischen Untertanen und Staat aushebeln konnten; doch nur wenige räumen ein, daß das Fehlen einer glaubwürdigen staatlichen Autorität die Grundlagen jeglichen Vertrauens untergräbt (Dasgupta 1988). Gerade dies zeigt die Scharfsinnigkeit der Arbeiten Dorias, der vielleicht nur Francesco Ferrara zu Beginn des vorigen Jahrhunderts nahekam (S. 144).

Dennoch stellt Vertrauensmangel alleine noch keine ausreichende Erklärung für die Entwicklung der Mafia dar. Fehlt es an Vertrauen, kann man vernünftigerweise folgern, daß damit eine erhöhte Nachfrage nach Schutz entsteht. Wie wir sehen werden, kann auch in den Einzelheiten präzisiert werden, aufgrund welcher Ereignisse sich die Nachfrage nach Schutz besonders verstärkt. Die Behauptung, diese Nachfrage finde in der Mafia – oder in Vergleichbarem – eine natürliche Antwort, ist jedoch eine etwas platte, funktionalistische These (Elster 1982). Der Mangel an Vertrauen erhöht lediglich die Wahrscheinlichkeit für eine Antwort auf diese Nachfrage, weil das rentabel wird. Doch das heißt nicht, daß automatisch die »richtige«» Antwort gefunden wird.

Die Mafia kann eine gleichwohl perverse – Losung für das Problem des Mißtrauens darstellen; doch sie ist nicht die einzige: Ein Gutteil des Südens hat überhaupt keine Lösung gefunden, und das hat die Qualität des sozialen Gewebes stark reduziert. In dem von Banfield untersuchten Dorf (1958) blieb der Mangel an Vertrauen ohne jegliche Lösung; an anderen Orten sind anstelle der Mafia Formen der Patronage entstanden (wie zum Beispiel in dem von John Davis 1975 dargestellten Dorf Pisticci). An anderen Orten hat sich eine echte bürgerliche Gemeinschaft entwickelt, wie auch im übrigen Italien. Es muß also weitere Faktoren geben, die man zur Erklärung des Phänomens in Betracht ziehen muß.

Hierzu gehören zunächst vor allem klare Vorstellungen von der Entstehung (nicht nur der Nachfrage, sondern auch des Angebotes) von Schutz. Das Angebot für die Mitarbeiter einer privaten Schutzfirma liegt in einer nicht sehr großen Anzahl von Bereichen, in denen Gewalt ständig präsent ist. Also ergeben sich als typische Rekrutierungsbereiche für Schutzanbieter vor allem die Umfelder von »Wächtern« aller Arten, von ehemaligen Soldaten, von Personen der Wach- und Schließgesellschaften, weiterhin von Banditen und von Häftlingen. Mangel an Personal gab es im Sizilien des 19. Jahrhunderts auf keinem dieser Gebiete. Infolge einer Reihe besonderer Umstände fiel dieses Angebot gerade in die Zeit der Nachfrage nach Schutz, und so entstand eine regelrechte Industrie. Der erhellendste, überzeugendste Bericht über diese Entwicklung stammt von Leopoldo Franchetti (1876). Im Gegensatz zu vielen anderen sah er die Mafia als Industrie, »die Industrie der Gewalt«. Er erblickte darin kein *modernes* Phänomen, zumindest nicht im üblichen Sinne des Begriffs; gleichwohl hielt er es auch nicht für ein unabwendbares Überbleibsel aus der Vergangenheit, eines zählebigen Feudalismus etwa oder einer vorkapitalistischen Produktionsweise. In klarem Gegensatz zu späteren Deutungen ordnete er es zwischen absterbendem Feudalismus und dem Beginn einer neuen demokratischen Gesellschaft ein. Seine Argumentation verdient eine ausführlichere Wiedergabe:

»Die tatsächlichen Bedingungen wurden jedoch infolge der Transformation des positiven Rechts ihrerseits verändert, die Gesellschaft bekam einen demokratischeren Charakter; sie gestattete jedem, der dazu fähig war, den Gebrauch der ihr innewohnenden Kräfte. Die Gesellschaft selbst hielt sich weiterhin mit Hilfe privater Machtausübung, woraus folgt, daß dort, wo diese gewalttätige Formen annahm, die Reform ausschließlich den Effekt hatte, einer erhöhten Anzahl von Personen den Gebrauch von Gewalt zu ermöglichen. Tatsächlich haben einerseits jene, die sich vorher exklusiv im Besitz der materiellen Gewaltausübung befanden, diese eingeschränkt; während auf der anderen Seite die nun von jeglicher Bindung und jeglichem Privileg gelöste Industrie der Gewalt eine unabhängige Existenz und auch eine unabhängige Organisation hatte. Mit der Wirkung, daß die Objekte, derenthalber es zu Gewalttaten kam, sich unendlich vermehrten. Tatsächlich handelt es sich nicht mehr nur um Verbrechen zur Förderung der Pläne des einen oder anderen Adeligen. Die Verbrecher sind zwar noch immer zu Diensten für andere bereit, doch sie arbeiten nun auch auf eigene Rechnung. Ihre Industrie ist eine neue Quelle für wesentlich mehr Verbrechen, als sie die Haudegen der früheren Barone und die Briganten vergangener Zeiten auf eigene Rechnung zu begehen imstande waren. Darüber hinaus ist die Organisation der Gewalt, auf diese Weise demokratischer geworden, nunmehr offen für viel mehr Kleininteressen ... Die Folge davon ist, daß die Klasse der Gewalttätigen heute auf der Insel besondere Bedingungen vorfindet, die nichts gemein hat mit jenen der Verbrecher in anderen Ländern; sie ist so zahlreich, intelligent und gutorganisiert, daß man sie durchaus als gesellschaftliche Einrichtung bezeichnen kann. Weit davon entfernt, ab antiquo ein Instrument in den Diensten vorhandener sozialer Kräfte zu sein, ist sie aufgrund der Bedingungen, die die neue Ordnung geschaffen hat, zu einer Klasse mit eigener Industrie und eigenen Interessen geworden, zu einer eigenständigen Kraft.« (Franchetti 1976, S. 90–91.)

Der hier von Franchetti so klar beschriebene Prozeß begann viel später als im übrigen Europa: Formal wurde der Feudalismus 1806 im Süden Festlanditaliens und 1812 auf Sizilien abgeschafft. Die wichtigste mit dem Ende des Feudalismus verbundene Transformation – die Befreiung von der Bindung an Grund und Boden, die diesen unveräußerlich machte – lief mit allerlei Kämpfen und gewalttätigen Konflikten bis nach dem Zweiten Weltkrieg mehr als ein Jahrhundert lang ab. Während dieser Zeit wurde die Schutzgewährung – deren Nachfrage wegen der Abschaffung der Feudalbeziehungen und der nachfolgenden Verbreitung des Privatbesitzes enorm anstieg – nicht dem Zentralisierungsprozeß unterworfen, der die Gewalt zum Staatsmonopol machte, wie das an vielen anderen Orten der Fall war. Nach Theorie der gängigen Politologie durfte die Schutzgewährung, im Gegensatz zu Grund und Boden, eigentlich nicht auf dem freien Markt landen – doch genau das geschah im südlichen Italien. Diese Privatisierung von Gewalt wurde in den Städten noch durch die Selbstverwaltung der Berufsvereinigungen und auf dem Land durch die Haltung privaten Wachpersonals gefördert (Romano 1964, S. 86; Finley et.al. 1986, S. 135–136). Für die Schutzgeber eröffneten sich so neue Marktgebiete, und sie boten nun ihre Dienste auch anderen Klassen als der Aristokratie an.

Die Nachfrage nach Schutz wurde jedoch keineswegs nur ausschließlich über den Einsatz roher Gewalt befriedigt: Die unternehmerische Vitalität, die der neuen Industrie einen mächtigen Impuls gab, stammte von professionellen Gruppen, deren Tätigkeit bereits in Beziehung stand mit bestimmten Formen der Schutzgewährung, wie etwa Notaren (Fiume 1986, Recupero 1987, S. 320), Anwälten (Raffaele 1989a), Ärzten (Hess 1970) und auch Priestern (Fiume 1986; Pezzino 1987; 1989a). All jene, die sich einen Ruf als Schützer verschafften, wurden nach und nach autonom. Diese Selbständigkeit ist das – in anderen Regionen des Mittelmeerraumes fehlende – Schlüsselelement, das erklärt, warum sich das Phänomen der Mafia in Staaten wie Griechenland nicht entwickelt hat, obwohl auch dort die Existenz bewaffneter Banden und Outlaws die Einrichtung staatlicher Kontrolle das gesamte 19. Jahrhundert über sehr erschwert hat (Koliopoulos 1987).

Daß die staatlichen Behörden die Bildung bewaffneter Banden nicht zu unterdrücken vermochten, bedeutet nicht, daß der Wille dazu fehlte. Die Einrichtung einer soliden öffentlichen Polizei hatte 1781 begonnen, bereits vor der formalen Abschaffung des Feudalismus; die Initiative ging von Vizekönig Caracciolo aus. Gesetze und Dekrete gegen das Führen von Waffen wurden von den Bourbonen 1806 erlassen, im Jahr 1808 wurden auch Duelle für ungesetzlich erklärt. Jeweils mit magerem Ergebnis: 1815, 1816, 1819, 1822 und erneut 1827 und 1928 gab es neue Gesetze, die Strafnachlässe im Gegenzug zur Auslieferung von Waffen versprachen. Noch in den 80er Jahren freilich blieben Waffen ein unabdingbares Element im Gepäck der Männer *aller* gesellschaftlichen Klassen. 1881 unternahm die englische Adelige Frances Elliot eine Reise durch Sizilien und berichtet von einem Fest, das der größte Industrielle der Stadt, Ignazio Florio, gab und das beschränkt war auf die lokale Elite: »Was mich vor allem beeindruckte, war der Blick auf einen Tisch in der Loge, der im wörtlichen Sinne bedeckt war mit allen möglichen Waffenarten: Pistolen, Revolvern, Messern, Schlagstöcken – die Besucher hatten sie zusammen mit ihren Hüten abgelegt. So ist das Leben in Palermo.« (Elliot 1881, S. 108)

2. Sizilien

Ein beständiger Mangel an Vertrauen, genährt von den noch ruinösen Folgen eines bereits abgestorbenen Feudalismus, zusammen mit dem Aufstieg von »Schutzgebern«, die aus der Asche des Ancien régime erwachsen war – das könnten bereits die ersten Elemente zur allgemeinen Erklärung der Ursprünge von Mafia sein. Man kann das Bild jedoch noch weiter anreichern, vom theoretischen wie vom empirischen Gesichtspunkt her: Zu Recht geben sich die Historiker nicht mit abstrakten Erklärungen – wie wir sie bisher vorgestellt haben – zufrieden, sondern betrachten diese eher als Ausgangspunkt für neue Untersuchungen. Wir werden sehen, ob unsere Argumentation auch auf jener Ebene Bestand hat, die wir zu Beginn dieses Kapitels als zweite Frage angeführt haben: Wie ist zu erklären, daß die Mafia sich nicht im gesamten Süden entwickelt hat? Wieso behauptet der Großteil der ältesten Quellen, wie die vom Innenministerium 1874 herausgegebenen ›Rapporti intorno alle condizioni della Sicurezza Pubblica nell'Isola di Sicilia‹ (zitiert bei Russo 1964, S. 51–63), die Berichte Franchettis 1876 (S. 53 ff. und 95) und die Cutreras 1900, daß Ostsizilien von der Mafia kaum berührt war? Nach Franchetti waren die Verhältnisse in diesem Teil der Insel derart andersartig, daß er vom Westen geradezu durch »Hunderte von Meilen Land und Meer getrennt« schien (Franchetti 1876, S. 55). Cutrera veröffentlichte sogar eine Landkarte der Insel, worauf die Gemeinden mit »erhöhter Mafiadichte« eingezeichnet waren, daneben jene, in denen es lediglich Spuren davon gab, und schließlich solche, die davon vollkommen unberührt geblieben sind. Die Karte wurde im Jahr 1900 angefertigt und weist in etwa auf dieselben Städte hin, die schon zwanzig Jahre zuvor dem Innenministerium als Festungen der Mafia angezeigt wurden (Russo 1964 gibt die beiden Berichte im wesentlichen wieder, vergleiche auch Ciuni 1982, S. 382, Catanzaro 1988, S. 21). Sie konzentrieren sich auf die Provinzen Palermo,

Trapani, Agrigent und Caltanissetta und berühren allerhöchstens stellenweise die Westgrenze der Provinz Catania.

Eine ähnliche Entwicklung läßt sich für Kalabrien feststellen (Arlacchi 1980; Piselli und Arrighi 1985; Piselli 1988), ebenso für die Campania: Hier zeigen vor allem Neapel und seine Umgebung eine originäre Präsenz organisierter Kriminalität. Selbst in Westsizilien gibt es Orte, in denen die Mafia kaum vorhanden ist oder ganz fehlt, jedenfalls nach landläufiger Meinung (Barone 1989).

Lassen sich diese stark ortsgebundenen Ursprünge mit den von uns entwickelten Argumenten in Einklang bringen? Eine klassische Erklärung – deren erste Formulierung wir wieder einmal Franchetti verdanken – besagt, daß die »Klasse der Besitzenden in Ostsizilien ihr Gewaltmonopol kostbarerweise zu erhalten vermocht hat und bis heute (1876) eine Teilung desselben mit den aus den untersten Gesellschaftsklassen aufgestiegenen ruchlosen Personen verhindert hat« (S. 55). Die Führungsschicht der ruhigeren Gebiete der Insel war unter sich einig und drückte sich weniger vor Gemeinschaftsaufgaben: So sicherte sie einen weniger traumatischen Übergang zur postfeudalen Gesellschaft und vermied jene Spannungen, die die andere Inselhälfte so erschütterten. Offenbar ohne Kenntnis der Argumente seines berühmten Vorgängers benutzt Pino Arlacchi faktisch dieselbe These zur Erklärung, warum es auf den Latifundien in Crotone (Kalabrien) keine Mafia gibt.

»Auch wenn ihr Einzugsgebiet ganz ähnlich dem der Mafia war... blieben die bewaffneten Leute der Latifundien von ganz anderem Schlage als die Mafiosi. Sie waren nichts anderes als abhängige Arbeiter, die schlicht Anordnungen ausführten, ohne alle Selbständigkeit und Befugnisse.« (Arlacchi 1980, S. 178)

Diese Erklärung für die Abwesenheit der Mafia in bestimmten Gebieten teilt ein Gutteil der Forscher (Lupo 1984, S. 70, Piselli 1988, S. 130 ff.). Unterschiedlich sind dagegen die Meinungen darüber, wie und warum die Mafia entstanden ist. Man kann sie im großen ganzen auf drei Hauptthesen zurückführen: Die Mafia hat sich dort entwickelt, wo es erstens wirtschaftliche Kämpfe über die Nutzung und Aneignung von Grund und Boden und der damit verbundenen Ressourcen gibt; wo zweitens mobiler Reichtum vorhanden ist, genauer gesagt, wo häufig Geschäftsabschlüsse stattfinden, wie in den Küstengebieten und auf den städtischen Märkten; wo drittens politischer Kampf zwischen örtlichen Fraktionen tobt, vor allem in Verbindung mit den institutionellen Veränderungen, die der vereinigte Staat zwischen 1869 und 1890 geschaffen hat. Diese drei Thesen sollen im folgenden untersucht werden.

3. Vom Großgrundbesitz zu den städtischen Märkten

Seit einem halben Jahrhundert ist es offizielle Lehrmeinung, daß die Mafia ihren Anfang auf den Großgrundbesitzen Westsiziliens nahm. Vordergründige Ressourcen waren dort Getreide, Viehherden und billige Arbeitskräfte. Der Prototyp des Mafioso wurde im »Gabellotto« gesehen, im Landpächter – dem Typ des Agrarunternehmers, der das Land von einer mehr an bürgerlichem Behagen denn an der Bestellung ihres Besitzes interessierten Aristokratie mietete –, sowie im »Campiere«, dem bewaffneten Latifundienwächter. Allerdings ist nicht leicht zu definieren, was die verschiedenen Forscher als Mafia der Latifundien betrachten. Blok (1974) sieht zum Beispiel darin eine solche Vielfalt, daß man gar nicht alle Facetten aufführen kann – eine »bewaffnete Bande gewalttätiger Menschen und ihre Gefolgsleute, die auf lokaler Ebene unter Einverständnis der offiziellen Stellen Macht ausübten«; dann wieder soll sie eine Einrichtung zur Schlichtung von Streit sein, diesmal aber ohne Einverständnis der Behörden. Später schildert er sie als Agrarunternehmer, um danach zu entdecken, daß Mafiosi wie halborganisierte Arbeitnehmer wirken, die aber gleichzeitig selbständig sind und die Landeigentümer zwingen, ihnen das Land zur Bewachung zu überlassen – womit eigentlich die Landpächter, die doch als Mafiosi anzusehen sind, ihrerseits Abgaben an diese mafiosen Wächter zahlen müßten! – In der Arbeit von Hess (1970) ist die Beschreibung der mafiosen Tätigkeiten überzeugender dargestellt, wenngleich auch bei ihm so mancher Widerspruch auftaucht, vor allem, wenn er im »Gabellotto« den klassischen Mafioso sieht, doch dann ihm bei der Beschreibung der realen Situation diese Identifikation wieder einigermaßen verschwimmt.

Die oben angeführte These über die Ursprünge der Mafia scheint auf den ersten Blick der Hauptaussage des vorliegenden

Buches zu widersprechen, wonach die Mafia dort entsteht, wo es reichlich Gelegenheit zur Gewährung von Schutz gibt und wo daher viele Geschäfte laufen müssen. Agrarwirtschaft auf der Grundlage ausgedehnter Ländereien mit nur geringer Vielfalt der Produkte, mit der Welt außerhalb allenfalls durch wenige elementare Geschäftsabläufe verbunden, stellt offenbar einen eher unwahrscheinlichen Kontext für die Entstehung der Schutzindustrie dar. Darüber hinaus schließt die These von der Schutzgewährung als primärer Tätigkeit des Mafioso die Möglichkeit aus, ihn im engeren Sinne mit Berufen zu identifizieren, deren Grundcharakter nicht auf den Schutz selbst zurückführbar ist. Betrachten wir daher die herkömmliche These vom Ursprung des Mafioso im Landpächter oder -wächter genauer.

Eine der entscheidensten Auswirkungen bei der Aufhebung des Feudalismus war die Verwandlung von Grund und Boden in eine Ware, die auf dem Markt gehandelt wird und dem vom Gesetz definierten privaten Eigentumsrecht untersteht. Der Kauf und Verkauf von Land wurde in Süditalien erst zu Beginn des 20. Jahrhunderts möglich: Eine neue mittelständische Klasse begann sich herauszubilden und knabberte Stück für Stück der riesigen Ländereien in vormaligem Adelsbesitz ab. Das geschah teils durch Kauf, teils – zu Beginn – auch in Form eines Schuldenausgleichs (der zwischen 1816 und 1824 gesetzlich möglich wurde). Gleichzeitig wurden große kommunale Ländereien für Privatleute zur Versteigerung ausgeschrieben (1787, 1812, 1838, 1841), ebenso wie kirchliche Liegenschaften (1792, 1860–63, 1866). Die Vermarktung des Grundbesitzes erschütterte von ihren ersten dramatischen Phasen an die bestehende Ordnung: Sie setzte Energien frei, schuf Mobilität, Verhandlungsräume und soziale Spannungen, die unter dem Ancien régime unmöglich gewesen wären. Die herkömmliche Position der Grundbesitzer wurde immer schwächer, langsam zwar, aber unerbittlich. Bauern und Hirten, noch ärmer geworden durch die Abschaffung feudaler Rechte, wurden zur Bedrohung, als Banditen ebenso wie als organisierte Mitglieder kollektiver Bewegungen. Die Mittelschicht schließlich, die in der neuen Möglichkeit des Grundbesitzes eine Chance zum sozialen Aufstieg erblickte, arbeitete bei diesem Aufstieg zusammen, dadurch wurden aber die einzelnen Vertreter gleichzeitig untereinander Konkurrenten. Der Zustand harter Klassenkonflikte dauerte bis zum Ende des Zweiten Weltkriegs.

Diese neuen grundbesitzenden Mittelschichten gelten in der Literatur nun als ursprüngliche Mafia. Forscher sozialistischer Provenienz haben – erstaunlicherweise – zwei einander entgegengesetzte Deutungen dieser sozialen Gruppe gegeben: Die einen stellen sie als neue Bewegung dar, die von unten, vom »primitiven Rebellentum« ausgegangen ist und sich gegen die Reste feudalistischer Unterdrückung gestellt hat (vgl. Colajanni 1885; Hobsbawm 1971). Die zweite Richtung betrachtet die Mafia, unter Bezug auf die Nachkriegszeit, als skrupellose Agenten, die von den Grundeignern für die Unterdrückung von Revolten und für die weitere Ausbeutung der Bauern bezahlt wurden. Überzeugender ist da wohl die Beschreibung der Gabellotti als Menschen, die schlicht und einfach von ihren persönlichen Interessen geleitet waren: Sie zogen Vorteile aus den Bewegungsspielräumen, die sich durch die Abwesenheit der Grundbesitzer ergaben, ließen kein Mittel zur weiteren Verbesserung ihrer Stellung aus, verurteilten die Bauern zu harter Arbeit und zwangen die Eigentümer zum Verkauf oder zur Verpachtung zu für diese höchst ungünstigen Bedingungen.

Unabhängig von Einzelheiten der Interpretation gibt es viele theoretische und empirische Gründe dafür, daß die Identifizierung des Gabellotto mit dem Mafioso so irreführend ist wie jeder andere Versuch, die Mafia außerhalb ihres spezifischen Kontextes auszumachen – dies führt nur dazu, sie mit ihren Kunden zu verwechseln. Es steht auch in Gegensatz zu den Gedanken Franchettis über die Ursprünge der Mafia und ihre konstitutiven Aspekte: Wie sollte man die Entstehung einer selbständigen Industrie der Gewalt – von der man annimmt, sie könne allen sozialen Schichten privaten Schutz verschaffen – mit einer grundsätzlich ländlichen Schicht in Verbindung bringen? Und dann auch noch mit einer Klasse, deren erklärtes Ziel darin besteht, einen höheren sozialen Status als den des Bauern oder des Landbesitzers zu erreichen? Wie könnten zwei derart radikal unterschiedliche Erscheinungen miteinander verschmelzen? Die Antwort kann nur sein: Es geht nicht.

Rein theoretisch ist es gar nicht nötig, daß ein Mafioso an einen bestimmten Beruf gebunden ist (das zeigt auch die Praxis): Es ist völlig bedeutungslos, ob ein Capomafia ein Fuhrmann ist, ein Erzpriester, ein Arzt, ein Rechtsanwalt, ein Landwächter, ein Getreidehändler oder ein Landpächter. Es genügt, wenn er glaubwürdigen Schutz verschafft. Die Ablehnung jedwelcher Identifikation des Mafioso mit dem »Gabellotto« bedeutet jedoch keineswegs, in Abrede zu stellen, daß einerseits einige Gabellotti für ihre Ziele gewalttätige Mittel einsetzten, im Einverständnis oder auch bei Konflikten mit ihresgleichen; daß andererseits sich manche von ihnen örtlicher Gewalttäter bedienten oder Kunden von Mafiosi waren (Blok 1974); und daß schließlich eine Zahl bekannter Mafiosi zu Gabellotti wurden, speziell in jener Zeit, in der die Bedrohung des Grundeigentums anstieg (Hess 1970). Wesentlich in diesem letzteren Fall ist jedoch die Veränderung, nicht die Identifizierung der beiden Rollen.

Die Welt ist voll von gewalttätigen Unternehmern, Mafiosi sind seltener und unterscheiden sich von ihnen stark. Verwechseln wir sie mit gewöhnlichen Unternehmern – mögen diese auch noch so skrupellos sein –, die den Markt zu ihren Gunsten manipulieren, so verschwindet die Mafia, und es bleiben uns zur Definition nur noch kulturelle, ethnische, rassische und andere gleichfalls nebulöse Besonderheiten übrig. Werden bestimmte Taten von Sizilianern oder Kalabresen begangen, deutet man sie automatisch als »Mafiafälle« – tut dasselbe ein Piemontese oder jemand aus der Emilia Romagna, handelt es sich nur um ein illegales oder unkorrektes Verhalten. Eine überzeugendere Identität der Mafia müssen wir also im Prozeß der Verselbständigung suchen: Vor dieser Entwicklung können wir nicht im eigentlichen Sinne von Mafia sprechen, allenfalls von sozusagen vormafiosem Gepräge.

Betrachten wir einmal kurz, worin die Bedeutung von Unabhängigkeit eines Anbieters (von Schutz oder anderem) liegt. Ein Verkäufer, der nur im Dienste eines einzigen Kunden steht, hängt völlig von diesem ab: Im einfachsten Fall können diese Schutzgeber schlichte Angestellte sein, wie etwa die Schläger der Barone oder die Landaufseher bei den Gabellotti. In diesem Falle wird der Schutz im Betrieb des Schutzkäufers selbst »internalisiert« (wie das technisch heißt) und unter seiner Kontrolle gehalten. Will sich ein Schutzanbieter selbständig machen, muß er mehr als einen einzelnen Kunden haben, damit er für die Abwicklung der Geschäfte unverzichtbar wird. Besser liegen die Dinge noch, wenn die Kunden sich auf mehrere Sektoren verteilen: Der Verkäufer vermeidet damit die Abhängigkeit von einem einzigen Käufertypus; sein Schutz wird zu einer abstrakten Ware, die er in verschiedenen Bereichen verkaufen kann.

Folgende Fragen stellen sich nun: Gibt es im ländlichen Bereich oder in dem des Großgrundbesitzes genug Raum für die Entwicklung von Schutzverkäufern, unabhängig von ihrer Provenienz und ihrem Beruf? Und gab es dabei Personen, die leichter als andere zu Schutzgebern werden konnten? War es im Gegenteil nicht gerade weitab von den Latifundien, wo zu allem entschlossene, durchaus mit Charisma und Intelligenz ausgestattete Jugendliche ihre Bestimmung als Mafiosi entdeckten? Verfolgen wir einmal die letztere Perspektive und verlassen für den Augenblick den ländlichen Bereich. Begeben wir uns in die Küstenstädte.

In letzter Zeit haben Historiker die Ursprünge der Mafia bei den kleinen Grundeigentümern reicher Agrargebiete und den damit verbundenen Märkten zu suchen begonnen. Ausgangspunkt war die These, daß die Mafia auch schon während ihrer Anfangsphasen ein eher städtisches denn ländliches Phänomen war. Die Beweise dafür sind noch bruchstückhaft, aber recht interessant. Salvatore Lupo (1984, S. 101 ff.) hat herausgefunden, daß auch die Autoren des 19. Jahrhunderts – Franchetti, Sonnino, Cutrera, Alongi – die Mafia als eine Erscheinung darstellen, die sich – wenngleich für ganz Westsizilien charakteristisch – auf die reicheren Gebiete konzentrierte, speziell auf Palermo und sein blühendes agrarisches Umland.

Pasquale Villari schreibt in seinen ›Lettere meridionali‹ an Colajanni folgende Beobachtungen:

»Im goldenen Becken (das Dreieck Casteldaccio-Bagheria-Altofonte östlich von Palermo) blüht die Landwirtschaft: Es gibt dort keinen Großgrundbesitz, der Bauer ist wohlhabend, mafios, und er begeht eine große Anzahl von Verbrechen. Ich wollte an diese Information zunächst gar nicht glauben, schien sie doch alle Grundsätze politischer Ökonomie und der Sozialwissenschaften auf den Kopf zu stellen; doch dann habe ich sie auf vielfältige Weise nachgeprüft und bestätigt gefunden.« (Zitiert in Lupo 1984, S. 61.)

Diese Passage zeigt die Überraschung eines Intellektuellen, der in der klassischen liberalen Schule ausgebildet wurde und der nun entdeckt, daß die Mafia kein Überbleibsel aus der Vergangenheit und kein abstruses Geschwulst der Rückständigkeit ist. (Und die Passage zeigt auch, wie aktuell die Position Franchettis ist, der ein Jahr nach Villari schreibt und nicht nur diesen Widerspruch hervorhebt, sondern als Ausgangspunkt für seine Deutung nimmt.) Im selben Jahr wie die ›Lettere meridionali‹ zieht die parlamentarische Untersuchungskommission analoge Folgerungen:

»Wo die Gehälter geringer und das Leben des Taglöhners ärmer ist, in Patti, Castroreale, in Syrakus und Trapani, gibt es das Symptom der Mafia nicht, die öffentliche Sicherheit bietet dieselben Garantien und denselben Verlauf wie in anderen ruhigeren Orten des Königreichs... Misilmeri und Partinico, Monreale und Bagheria, wo das Grundeigentum aufgeteilt ist, wo die Arbeitsplätze sicher sind, wo die Zitrusfrüchteplantagen Eignern und Landwirten Reichtum einbringen, dort sind gewöhnlich die Einflußzonen der Mafia. In Palermo, in seinen Vororten, seinen Gärten, sind die bekanntesten und machtbesessensten Mafiosi reiche Leute; sie leben von der Arbeit anderer.« (Zitiert in Pezzino 1987, S. 939.)

Noch zu Beginn unseres Jahrhunderts erwähnen die behördlichen und parlamentarischen Ermittlungen über die sizilianischen Ländereien nirgendwo den Gabellotto als kriminelles Problem (Duggan 1989).

In einer Untersuchung über den Zitrusfrüchtemarkt im Sizilien des 19. Jahrhunderts (erschienen im Rahmen einer der besten Arbeiten zur Mafia) beschreibt Salvatore Lupo (1984, S. 58ff.) für den Zeitraum von 1860 bis 1900 den Schutz über die Felder und ihre Produkte, die sogenannte »Guardiana«. Die Gegend ist dieselbe wie bei Villari, die »Conca d'Oro«, ein reicher Agrarbezirk um Palermo herum, in der die Struktur des Eigentums den Schutzgebern eine starke Autonomie zu gewähren vermochte. Bewachten auf den großen Latifundien viele Männer einen einzigen Besitz (hatten somit also nur einen einzigen Kunden), so konnte sich auf den Plantagen und Märkten ein einzelner Mann um unterschiedliche Besitze (mehrere Kunden) kümmern. Der Preis für den Schutz konnte daher höher sein, da der Schutzgeber in der Beziehung zum Beschützten eine größere Unabhängigkeit besaß: Sie war derart stark, daß Lupo die »Guardiania« als ein regelrechtes Racket ansieht. Darüber hinaus lebte der Wächter im Gegensatz zu seinen Kollegen vom Hinterland nicht auf dem Grundeigentum selbst, sondern in der nahen Stadt; um sich ins Geschäft zu bringen, setzte er nicht so sehr auf physische Vorzüge, sondern auf seine Reputation. Da er in der Stadt lebte, hatte er die Chance, seinen Ruf für mehr als nur ein Ziel zu nutzen (eine größere Vielfalt der Kunden also): So konnte er beispielsweise den Käufern auch Garantien für die Qualität der Waren bieten oder sogar (nach dem Bericht der Ehefrau des ehemaligen englischen Botschafters am Hof der Bourbonen, die 1879 noch in Sizilien lebte) als Kutscher für hochgestellte Damen fungieren, denen er bei nächtlichen Fahrten durch Palermo einen wirksamen Schutz vor üblen Burschen sicherte. (Elliot 1881, S. 114)

Giovanni Arrighi und Fortunata Piselli (1986, S. 397ff.; vgl. auch Arlacchi 1980, Kap. II) haben uns ein lebendiges ethnographisches Bild eines von der Mafia beherrschten Marktes in einem Gebiet Kalabriens gezeichnet, das der »Conca d'Oro« einigermaßen ähnlich ist. Sie beschreiben das Netz der Käufer, der Verkäufer und die entsprechenden Lokale der Mafiosi in einer von ihnen »Olivara« genannten Stadt. Seit der Ort Ende des vorigen Jahrhunderts zu einem wirtschaftlich überaus aktiven Zentrum wurde, haben die Mafiosi – auch hier Wächter auf den Feldern rund um die Stadt – mit einer »Regelung« der Großmärkte begonnen; sie überwachten die Geschäfte, legten die Preise fest, setzten Versteigerungen an, garantierten die Qualität, sorgten für die Einhaltung der Abmachungen, erlegten Verpflichtungen auf. Das reichte hin bis zum – scheinbaren – Schutz der Arbeiter vor Mißbrauch und übersteigerter Ausbeutung.

Sozusagen im Zwischenbereich zwischen Großmärkten und Agrarlatifundien findet sich auch noch ein drittes fruchtbares Feld für mafiosen Schutz. Franchetti nennt zwei Vereinigungen: die der Müller, die »Società dei Mulini« (1876, S. 6–7 und 96) – wir würden sie heute als Kartell definieren – und die der Fuhrleute und Müllergesellen, die »Società della Posa«. Für Franchetti standen beide Gesellschaften unter dem Schutz »mächtiger Mafiosi«; die Mitglieder zahlten einen Beitrag an die Vereinigung und verpflichteten sich, einander keine Konkurrenz zu machen. Sie hielten den Preis des Mehls durch Regulierung der Marktanlieferungen stabil: Die Mitglieder verringerten turnusmäßig die Produktion und erhielten dafür von der Gesellschaft einen Ausgleich (ein System, das die Agrarpolitik der EG heute recht deutlich kopiert). Die Mitglieder der Müller-Vereinigung waren verpflichtet, die Leute der »Posa« einzustellen oder ausschließlich Arbeiter aus dieser zu beschäftigen; die »Posa« ihrerseits bezahlte den Schutz sozusagen in Naturalien: Sie stellte die Schläger, derer sich die Capomafia bediente, um jene Orangenplantagenbesitzer – wie sowohl Villari als auch Lupo zitieren – unter ihre Gewalt zu bringen, die sich weigerten, von der Gesellschaft empfohlene Wächter anzustellen.

Franchetti befaßt sich nicht mit Einzelheiten, doch wir können aus alledem schließen, daß derlei vielfältige Absprachen ein hohes Maß gegenseitigen Vertrauens erforderten und genau an dieser Stelle der Mafioso ins Spiel kam: Er stellte dafür seinen Schutz zur Verfügung. Dabei garantierte er, daß erstens alle zahlten, wie es sich gehörte; zweitens der Müller, der turnusmäßig seine Produktion zurückfahren sollte, seine Kollegen nicht hereinlegte, indem er ohne ihr Wissen mehr produzierte als erlaubt; drittens die anderen ihn nicht ihrerseits hereinlegten, indem sie den vereinbarten Ausgleich nicht bezahlten oder ihrerseits die Produktion nicht zurückfuhren, wenn sie an der Reihe waren; und viertens die Gesellen und Fuhrleute der »Posa« bei der Arbeitszuteilung Vorrang hatten.

In Sizilien gab es zwischen 1860 und 1900 zahlreiche Vereinigungen dieser Art; sie schützten die Interessen von Agrarunternehmern (einige davon nennt Franchetti 1876, S. 96). Es gab Oligopole von Großhändlern (Lupo 1988, S. 478), es gab die »Stuppagiari« von Monreale, die vorwiegend aus Wächtern bestanden; es gab die »Frattellanza« von Favara, in der die Bergleute der Schwefelgruppen vereinigt waren, die »Fratzuzzi« von Bagheria, die »Fontana Nuova« in Misilmeri und noch andere, deren sich die Forschung neuerdings angenommen hat (Pezzino 1987, S. 953 ff.; 1989a; Lupo 1988). Die letztgenannten Vereinigungen bestanden aus Kleineignern, Bauern, Schustern, Sattlern, Hirten, Viehzüchtern und Angehörigen anderer Berufe (Pezzino 1987, S. 956; 1989a; Lupo 1988). Nach dem Bericht des Präfekten von Trapani aus dem Jahr 1874 bezog die »la maffia« Vermittler, Barbiere, Hirten, Bäcker, Müller, Konditoren, Kutscher und Fuhrleute ein (zitiert in Russo 1964, S. 18).

Die Beziehung zwischen den Mafiosi und diesen Gruppen ist nicht leicht festzulegen: Unter den Forschern herrscht daher deutliche Verwirrung. Tatsächlich handelt es sich hierbei um Konglomerate – ein Zwischending aus Kartellen, Syndikaten und organisierten Gruppen –, die aus einer Reihe von Gründen Profit aus der Schutzgewährung zogen – sowohl aus seiner Gewährung für andere wie auch aus seinem Gebrauch für sich selbst. In primitiv strukturierten Organisationen wurde dabei die Rolle der Schutzgeber wohl kollektiv wahrgenommen und bedurfte keiner Spezialisierung. Unklar ist auch, ob diese Mafiosi in den gleichen Branchen arbeiteten wie die von ihnen Geschützten. Es gibt Fälle, in denen die Mitglieder alle aus derselben Berufsgruppe oder aus untereinander verbundenen Berufen stammten. Die Müllervereinigung zum Beispiel stellte ein Kartell dar, dessen Mitglieder alle Müller waren; in der Beschreibung Franchettis ähneln sie weniger Mafiosi als vielmehr deren Kunden. Die Vereinigung »Posa« umfaßte ausschließlich Personen, die in den Mühlen arbeiteten. Sie sicherten ihre Beschäftigung dort über den Capomafia und bezahlten ihn durch gelegentliche Dienstleistungen. Die »Fratellanza« in der Gegend von Agrigent scheint eine ähnliche Funktion gehabt zu haben: Ein rudimentäres Syndikat, in dem Erpressung und scharfe Zugangskontrolle nebeneinanderstanden (Pezzino 1989a).

In anderen uns bekannten Konglomeraten aus der Zeit der Reichseinigung gab es unterschiedliche Branchen (Lupo 1988, Pezzino 1989a), ihr Zusammenschluß beruhte also nicht auf gemeinsamen beruflichen Interessen – und genau in diesen differenzierten Gruppen muß man meiner Meinung nach die Entstehung der Schutzindustrie suchen. Von den Mitgliedern dieser gemischten Vereinigungen konnte jeder in einem anderen Kartell – also in einer der in sich homogenen Gruppen – als Garant und Schützer auftreten: Die gemischte Vereinigung verschaffte in ihrer Gesamtheit die Reputation hinsichtlich der Einschüchterungskraft und die notwendige Unterstützung im Bedarfsfalle. Der Mafioso zum Beispiel, der die Müller schützte, war unabhängig davon, ob er selbst Müller war oder nicht.

Mit Hilfe dieser Beispiele ist eine Rekonstruktion der Ursprünge, der Verselbständigung und der Verbreitung der Schutzindustrie ohne direkten Bezug zum Großgrundbesitz möglich. Die Vorstellung von einer Mafia, die in den reichen Agrarzentren und in kaufmännisch lebendigen Gebieten mit vielen Kaufleuten entstanden ist, erscheint überzeugend – die kommerziellen Chancen der Schutzgewährung sind auf reichen, dynamischen Märkten sicher größer.

Diese Sichtweise scheint schlüssig – in einem gewissen Sinne jedoch fast zu schlüssig. Wenn die Mafia nur hieraus entspringt, warum zeigt sie sich dann nicht überall, wo die Wirtschaft blüht? Wenn die städtischen Märkte der Küstenzonen derart wichtig für das Wachstum der Mafia sind, warum ist dasselbe dann nicht auch in anderen Teilen Süditaliens geschehen? Warum gibt es diese Tradition nicht in anderen sizilianischen Städten wie etwa Messina oder Syrakus (und ursprünglich auch nicht in Catania) oder anderen sicherlich nicht ärmeren Städten des Südens? Umgekehrt, wenn das hohe Profitniveau einer dynamischen Wirtschaft ein grundlegendes Merkmal für die Entstehung der Mafia war, warum entstand dann trotzdem in ärmeren Städten des westlichen Hinterlands, aber auch der Küste ebenfalls eine selbständige Mafia, wie etwa in Caltanissetta und Agrigent?

Möglicherweise werden weitere Belege auftauchen, die uns bei der Untersuchung dieses städtischen Rahmens helfen. Jedenfalls wurzeln die Unterschiede zwischen West- und Ostsizilien offenbar nicht in den städtischen Gebieten, sondern auf dem Land und im unterschiedlichen Verhalten des Landadels. So gewinnt die These an Bedeutung, die Alongi schon 1886 dargelegt hat: Die Märkte in den reicheren Gebieten boten gute Chancen für Schutzanbieter und halfen ihnen, sich selbständig zu machen. Doch nur in den Märkten, die an die Agrargebiete Westsiziliens angrenzten, entwickelte sich in der zweiten Hälfte des 19. Jahrhunderts die Mafia. Derlei Nachbarschaft ist jedoch nicht zufällig: Möglicherweise waren diese Gebiete die Wiege für die Herausbildung von Reputation und von Solidaritätsnetzen. Alles in allem könnten die typischen Merkmale der mafiosen Spezialisierung letztendlich von den Bedingungen des Hinterlands angeregt worden sein – vor allem, was das *Angebot* der Schutzgewährung betrifft.

4. Ein weiterer Blick auf die ländlichen Gebiete

Es wäre nun allzu leicht, die Präsenz der Mafia in den begüterten Gebieten alleine mit dem dortigen Reichtum zu erklären (Franchetti 1976, S. 95; Lupo 1988, S. 469). Bei der Suche nach Märkten, die Mafiosi anlocken oder ihre Selbständigkeit verstärken, müssen wir vor allem jene Bereiche betrachten, auf denen die Nachfrage nach Schutz besonders ausgeprägt ist. Es geht also nicht unbedingt um Märkte, in denen es eine starke Nachfrage nach einer beliebigen Ware gibt – diese darf man auf keinen Fall mit dem Schutzmarkt verwechseln. Mitunter bieten die reichen Märkte tatsächlich die besten Chancen für Schutzgewährung; es gibt theoretisch keine Gründe, warum dies immer so sein soll.

Dies hat wichtige Konsequenzen für das korrekte Verständnis der Mafiaentstehung. Es trifft zu, daß die Küstengebiete es waren, die zuerst Zeichen mafioser Tätigkeit aufwiesen. Es trifft auch zu, daß die Beziehung zwischen Mafiosi und »Gabellotti« weniger eng ist als früher angenommen; und darüber hinaus gilt auch, daß es weniger Geschäftsabschlüsse im Hinterland gibt, wo der Grundbesitz weniger zersplittert und das Angebot an Produkten geringer ist. Daraus folgt jedoch nicht, daß der Schutzmarkt auf dem Land unterentwickelt ist. Das Gegenteil stimmt. Während des 20. Jahrhunderts hat der Süden gesellschaftliche Wandlungen durchgemacht, die den Mangel einer vertrauenswürdigen und effizienten Zentralinstitution noch schwerer ins Gewicht fallen ließen, und die eine Gesellschaft, in der schon seit langer Zeit allgemeines Mißtrauen herrschte, auf neue, noch härtere Proben stellten. Von 1812 bis 1860 erhöhte sich nach einer Rechnung von Denis Mack Smith (1986) die Zahl großer Grundeigentümer von Zwei- auf Zwanzigtausend; von 1860 bis 1900 wuchs der in Privathand befindliche Grund von 250000 auf 650000 Hektar (Sereni 1971, S. 267–76). Ein dramatischer Wandel; doch was hier noch mehr zählt: Je mehr Grund und Boden zur Verfügung stand, um so knapper wurde der Schutz dafür.

Wie oben schon gesehen, wurde die Nachfrage nach Schutz auf dem Land in Ostsizilien wie auch in verschiedenen Gebieten Kalabriens von den herkömmlichen Eliten befriedigt oder jedenfalls abgeschwächt: Sie bestellten ihr Land selbst und zeigten auch einen größeren internen Zusammenhalt, und standen so auch dem eben konstituierten italienischen Staat weniger feindlich gegenüber.

Im Westen jedoch, wo es keine derartigen Bedingungen gab und wo die Aristokraten vor allem durch häufige Abwesenheit glänzten, gab es mindestens drei Sektoren, in denen es an Schutz mangelte: bei der Kontrolle der Bauern; bei der Beachtung der Eigentumsrechte an Grund und Boden, Vieh und Ernteertrag; und bei der Reglementierung der Nutzungsrechte, des Besitzes und der Exklusivität mit dem Boden verbundener Ressourcen. Gehen wir diese Bereiche der Reihe nach durch.

Kontrolle der Bauern

Die Absicherung gegen Diebstähle der Bauern und gegen Rebellionen war im Sizilien des 19. und der ersten Hälfte des 20. Jahrhunderts eine überaus zeitraubende Tätigkeit. Die Abschaffung des Feudalismus hat den Bauern das Land genommen und, weil gleichzeitig allgemeine Rechte abgeschafft wurden, zu ihrer noch größeren Verarmung geführt (Sonnino 1976). In vielen kleinen Orten kam es das ganze 19. Jahrhundert hindurch zu spontanen Revolten gegen die Grundbesitzer, speziell nach 1860 (eine Zunahme, die man allerdings auch darauf zurückführen könnte, daß Revolten erst danach aufmerksamer registriert wurden). Dies verstärkte zusammen mit der Zunahme von Grundeigentümern aller Wahrscheinlichkeit nach die Nachfrage nach einer Kontrollmacht auf dem Lande.

Nicht festzustellen ist jedoch, ob die Kontrolle der Bauern die erste bedeutende Gelegenheit für die Schutzindustrie war. Die Bauern waren schwach, nicht organisiert und leicht ersetzbar, ihre Rebellion war zerstückelt und hatte eher verzweifelten Charakter. Viele Jahre lang verfügten sie weder über Programme noch über Anführer noch über irgendwelche gewerkschaftlichen Vereinigungen.

Die Organisation der Arbeitsbeziehungen auf den süditalienischen Latifundien entzog ihnen praktisch jede Vertragsfähigkeit. Höchst selten nur mußten die Grundeigner, die Gabellotti und ihre Landaufseher besondere Gewalt zur Aufrechterhaltung der Ordnung anwenden.

Als sich die Bauern schließlich dann doch organisierten, hatte dies sicher die Zweckmäßigkeit von Schutzgewährung erhöht, doch das geschah erst am Ende des Jahrhunderts, lange nach der Etablierung der Mafia in Sizilien. Die Behauptung, wonach die Kontrolle der Bauern einer der Gründe für die Entstehung der

Mafia ist, läßt sich also nur durch Manipulation der geschichtlichen Abfolge stützen. Kollektive Bewegungen gab es auf dem Land 1882 bis 1894, im Rahmen der Fasci siciliani, danach erneut am Ende des Ersten Weltkriegs und schließlich wieder im Jahrzehnt nach dem Zweiten Weltkrieg. Während dieser Perioden fürchteten die Grundeigner tatsächlich, ihre Besitze an die Kooperativen der Taglöhner abgeben zu müssen; die Gabellotti bangten gleichermaßen um ihre Pachtrechte: Die Nachfrage nach Schutz stieg folglich.

Weniger offensichtlich ist dabei, daß sie auch deshalb anwuchs, weil die Bauern selbst in den Augen der Mafiosi zu begehrenswerten Kunden wurden. Solange der Mafioso nur die Wahl zwischen einem reichen Grundbesitzer oder einem Gabellotto auf der einen und einem armseligen Bauern auf der anderen Seite hatte, gab es für ihn keinerlei Zweifel, zu wem er stehen wird; Latifundisten haben Macht, Beziehungen, Geld und sind bei vielen Geschäften und Transaktionen mit von der Partie: faktisch die idealen Kunden. Vereinigen jedoch die Bauern ihre Kräfte und handeln kollektiv für ihre Interessen, stellen auch sie unter bestimmten Bedingungen potientiell eine hervorragende Verdienstmöglichkeit dar.

Bekanntlich haben die Mafiosi nach dem Zweiten Weltkrieg die Großgrundbesitzer geschützt: Die von Hess gelieferten Daten lassen keinen Zweifel daran. Zwischen 1945 und 1965 wurden insgesamt 41 Vertreter der Bauernbewegung ermordet, viele Grundbesitzer stellten Vorbestrafte als Verwalter, Aufseher und Gabellotti an oder gar Personen, die als Mafiosi bekannt waren, wie Carmelo Lo Bue aus Corleone, beziehungsweise Leute, die kurz danach Mafiosi wurden, wie Luciano Liggio (Hess 1970, Blok 1974). Umgekehrt nahmen die örtlichen Mafiosi auch bis in die jüngste Zeit eine ambivalente Position ein; sie unterstützten auch häufig die Forderungen der Bauern nach Rückgabe des Landes; dies jedenfalls belegt die Parlamentskommission und die detaillierte Beschreibung Fortunata Pisellis (1988, S. 147 ff.).

Für die Zeit vor dem Zweiten Weltkrieg lassen sich nicht einmal für Sizilien einheitliche Linien finden. Es gab Mafiosi wie Vito Cascio Ferro (im letzten Jahrzehnt des vorigen Jahrhunderts) oder Calogero Vizzini und Giuseppe Genco Russo (in den 20er Jahren), die in einigen Perioden ihrer Karriere zugunsten der Bauern tätig waren und sich so beträchtliches Ansehen und Respekt erworben haben. Gleichzeitig jedoch wurde in Westsizilien eine Reihe von Gewerkschaftlern und Leitern von Kooperativen umgebracht, wenngleich nicht so viele wie in den 50er und 60er Jahren (Hess 1970, Ganci 1977).

Daß die Mafiosi lieber eine Vermittlerrolle wählen, liegt in der Gewerkschaftspolitik begründet. Wobei »Politik« hier in einem besonderen Sinn verstanden werden muß: Da die Mafiosi mit dem Verkauf von Schutz beschäftigt sind, können sie wohl kaum dulden, daß die gleiche Ware auch von anderen Verkäufern zur Verfügung gestellt wird, besonders nicht von solchen mit ideologischem Hintergrund. Die Mafia bekam daher, zumindest einige Zeit lang, ernsthafte Schwierigkeiten durch den Faschismus: Das Regime war ideologisch auf die Anwendung von Gewalt hin orientiert und verlangte das Monopol der Schutzgewährung; dabei bot es den Eliten bessere Bedingungen als die Mafia, und diese setzten sich nun auch prompt von ihren vormaligen Schutzgebern ab. Ähnliche Schwierigkeiten bekam die Mafia auch von der linken Gewerkschaftsbewegung, die sich als überaus scharfer Konkurrent erwies: Wären tatsächlich Land und Arbeit als Recht garantiert, korrekte gewerkschaftliche Beziehungen durchgesetzt und der Schutz unentgeltlich zur Verfügung gestellt worden, die Mafia hätte einpacken können.

Dennoch behinderten die Mafiosi die Kollektivbewegungen nicht als solche, sondern lediglich all jene, die sich ihrer Kontrolle entzogen. Die einschlägigen Belege zeigen, daß sich die Mafia bei ausnahmslos allen kollektiven Aktionen, die außerhalb von gewerkschaftlichen, speziell sozialistischen Einflüssen standen, auf die Seite der Bauern schlug. Gewalt wurde jedoch angewandt, sobald Gewerkschafter mit von der Partie waren. Morde und die Ideologisierung der Zusammenstöße gesellschaftlicher Klassen potenzierten sich von Auseinandersetzung zu Auseinandersetzung und erreichten ihren Höhepunkt nach dem Zweiten Weltkrieg, als das Engagement der Linksparteien stärker denn je wurde. Alleine 1946 und 1947 wurden dreißig Vertreter der Bauernbewegung umgebracht (Hess 1970). In Kalabrien dagegen blieben auch nach dem letzten Weltkrieg die Bauernkämpfe immun gegen politische Radikalisierung, und hier zögerten die Mafiosi nicht, sich selbst zu den Beschützern der Bauern beim Kampf um Grund und Boden zu erklären. Im Gegenzug verlangten sie natürlich den Löwenanteil davon.

Alles in allem können wir also feststellen, daß der Ursprung der

Mafia nicht abhing von der Nachfrage nach Schutz im Gefolge der gewerkschaftlichen Kämpfe. Daß der Klassenkonflikt als solcher im Anfangsstadium der Schutzindustrie große Möglichkeiten geboten hat, ist eher unwahrscheinlich. Das geschah zwar auch, aber erst später, seit den 90er Jahren des 19. Jahrhunderts und wahrscheinlich nach 1945, als die Konflikte auf dem Land schärfer wurden und radikalere Akzente bekamen. Warum die Nachbarschaft der Küstengebiete mit den ländlichen Gebieten des Hinterlandes so zentral für die Entwicklung der Mafia ist, bedarf also noch weiterer Erklärung.

Die Eigentumsrechte

Eigentumsrechte an Grund und Boden waren eine beispiellose Neuerung in einer Region, in der noch am Ende des 18. Jahrhunderts zwei Drittel der Bevölkerung unter der Jurisdiktion der Feudalbarone standen: Kaum verwunderlich also, daß es nicht leicht war, diese neuen Rechte durchzusetzen, und daß diese Auslöser für zahllose Auseinandersetzungen waren (Blok, 1974, nennt eine Reihe signifikanter Beispiele). Darüber hinaus war das weitgehend in Westsizilien konzentrierte Banditentum einen Großteil des 19. Jahrhunderts hindurch eine ständige Bedrohung für die Grundeigentümer (Fiume 1984). Der Schutz von Grund und Boden sowie des Viehs war jedoch nicht notwendigerweise ein strategisch wünschenswertes Objekt für professionelle Schutzgeber, zumal, wenn die Güter so ausgedehnt waren, daß jedes von ihnen eine durchgehende Kontrolle erforderte. In diesem Falle hing die Verhandlungsmächtigkeit sowohl vom Grad der Abwesenheit der Eigentümer wie von der Verwundbarkeit der Güter selbst ab. Verstärkten sich beide Faktoren, konnte jede Aussetzung der Dienstleistungen größere Schäden anrichten, die Verantwortlichkeit der Schutzgeber wuchs entsprechend, und sie konnten ihren Preis bis ins Unerträgliche hochtreiben. Das eklatanteste Beispiel einer solchen Entwicklung bot das Anwachsen der Macht Napoleons infolge der Bedrohung des revolutionären Frankreich durch die miteinander koalierenden europäischen Staaten: Eine Macht, die schon bald die seiner eigenen »Arbeitgeber« in den Schatten stellte.

Dieser Weg zur Selbständigkeit unterscheidet sich stark von

dem, der auf der Vielzahl und der Verschiedenartigkeit der Kundschaft aufbaut. Der professionelle Schutzgeber kann seine Position aufgrund seiner steigenden Macht per Erpressung rapide verstärken, doch er wird bei dieser Strategie bald eine Grenze erreichen: Im allerhöchsten Fall kann er die Position seines Herrn erreichen. Da sich der Eigentümer nicht anderer Schützer (etwa des Staates) bedient, kann der Mafioso ihn vertreiben. Setzt er sich aber an die Stelle seines ehemaligen Herrn, ist er an dieser Stelle kein Mafioso mehr, sondern ein neuer Grundbesitzer oder ein selbstgemachter Gabellotto. Er bleibt nur noch insofern Mafioso, als er die auf diesem Gebiet erworbene Reputation in anderen Bereichen zu Diensten stellt (der Fall des Luciano Liggio ist hier beispielhaft: Er war während der Gewerkschaftskämpfe der Nachkriegszeit Gabellotto in Corleone und wurde danach einer der Bosse der sizilianischen Mafia).

Beziehen sich die Eigentumsrechte nicht auf Grund und Boden, sondern auf deren Produkte – die auf die städtischen Märkte transportiert, bearbeitet und verkauft werden –, sieht der Schutz anders aus. Der Schutzgeber muß häufig seinen Standort ändern, und so kann er neue Kontakte schließen, die bis in die Stadt selbst reichen mögen; dabei vergrößern sich seine lokalen Beziehungen, weil dem Schutzgeber jede dieser Operationen mehr als nur einen Kunden verschafft. Obwohl die Zentren Innersiziliens nicht viel mehr waren als der Schlafraum für Tagelöhner, lebten dort Leute, die auch am Handel mit den Städten beteiligt waren (sie waren bis vor kurzem kaum Gegenstand von Untersuchungen – vergleiche dazu Pezzino 1989a).

Nehmen wir unsere Reise im Geist wieder auf und folgen den Wegen des Getreides zu den Mühlen. Wir befinden uns nun auf den Spuren eines Mafioso, der eine entsprechende Darstellung verdient. Um 1890 herum, schreibt Filippo Sabetti (1984, S. 104), »hatte der größte Teil der Bauern einigermaßen klar erkannt, daß sie, wenn sie nach Sicherheit verlangten, diese mit ihren eigenen Mitteln herstellen mußten... Das regte Mariano Ardena an, im Rahmen des katholischen Vereins, dem er vorstand, Paare bewaffneter Männer zu organisieren, die Bauern bei ihren Getreidetransporten zu den Mühlen gegen Geld eskortierten... Dieses Unternehmen hatte sofort großen Erfolg. Im Jahr 1900 war bereits eine Art Handel daraus geworden; die Bauern mußten nun gar nicht mehr unbedingt zur Mühle fahren: Für einen angemessenen Preis konnten sie direkt Getreide gegen Mehl tauschen, ohne Camporano zu verlassen.

Schon vor 1898 muß es Ardena und den Mitgliedern seiner Schutzgruppe gelungen sein, Schonung durch die beiden Brigantengruppen der Gegend zu erlangen..., denn in diesem Jahr wurden sie wegen der Zusammenarbeit mit den Banditen verhaftet. 1903 wurden sie erneut wegen dieses Verbrechens festgenommen... In beiden Fällen wurden sie wegen Mangels an Beweisen wieder entlassen. Niemand hatte gegen sie ausgesagt.

In dieser Zeit änderte sich die Position Ardenas und seiner Gruppe im Dorf stark. Die Sicherheit, die sie verschafften, und die Art, wie sie den Getreidetausch durchführten, sorgten für Sympathie und Hochachtung. Die Gefängnisaufenthalte 1898 und 1903 verstärkten nur noch die Legitimation und die Wertschätzung ihrer Arbeit. Die Bauern suchten Ardena nun auch bei anderen Anliegen auf... Aus diesen bescheidenen Anfängen wurde ein erfolgreiches Unternehmen, das noch viele Jahre bestand.«

Ardena war weder Gabellotto noch Landaufseher, er kam auch aus einer armen Familie – sein Glück war, daß er einen Erzpriester zum Onkel hatte, der ihn mit neunzehn Jahren zum Vorsitzenden des örtlichen Vereins katholischer junger Männer gemacht hatte. Während seiner Fahrten zur Mühle, zuerst mit den Bauern, dann in ihrem Namen, traf er sich wahrscheinlich mit den Müllern und mit den anderen Mafiabossen (von denen Franchetti spricht), die ihrerseits die »Wache« in den Orangenhainen um Palermo herum besorgten und den Mehlmarkt kontrollierten; oder aber er nahm selbst diese Stelle ein. Die Mafiakarriere ließ Ardena, ohne daß er sich aus seinem Geburtsort wegbegab, zu einem der wichtigsten Bosse der Insel werden; er war sogar noch nach dem Zweiten Weltkrieg aktiv.

Bei Fahrten von den Dörfen Innersiziliens zu den Städten mit Marktbetrieb gab es häufig Feuergefechte, natürlich erblühte die Nachfrage nach Schutz. Es ging darum, wer die Grundstücke pachten, wer sie bei Versteigerungen erwerben durfte; wer über die Wasserquellen verfügen, wer Wege- und Weiderecht haben sollte, wer Kredit, wer die Dreschverträge bekam; wer die Produzenten auf den städtischen Märkten vertreten, wer die Transporte kontrollieren würde. Derartige unausgegorene, außerrechtliche

Spannungen, die in einer sich modernisierenden Gesellschaft entstehen mußten, wurden nicht der Selbstregulierung durch Marktkräfte überlassen: Man wartete nicht darauf, daß sich derlei durch die Mechanismen des Preises und der Konkurrenz löste, sondern wandte als Regulierungsinstrument vielmehr eine Struktur an, die ähnlich dem der Müller war und die wir im Kapitel VIII wiederfinden werden: das Oligopol.

Ardena und Leute wie er befanden sich – über Mühlen und Ölpressen, den Transport von Getreide, Mehl, Öl, Orangen und anderer Produkte zu den Märkten und den Häfen der Städte – an einem zentralen Punkt, wo sich städtischer Reichtum und Handelsblüte profitabel mit der bäuerlichen Grobheit verbanden, die sich unter der harten Schule Westsiziliens herausgebildet hatte. Hätte auch nur eines dieser Elemente gefehlt, müßte man heute kaum über irgendeine Mafia diskutieren. Doch die ländlichen Bezirke verschafften die Eingangsbedingungen, die Stadt bot weitere, vorteilhaftere Anwendungsgebiete für mafiose Dienstleistungen.

Hier endet unsere Reise. Die vorhandenen Daten gestatten keine weiteren Erkenntnisse über die nachbarschaftlichen Beziehungen zwischen dem westsizilianischen Hinterland mit seiner Nachfrage nach Schutz und der resultierenden Professionalisierung dieses Bereichs auf der einen Seite und den reichen Märkten an der Küste, in denen sich Mitte der 70er Jahre des 19. Jahrhunderts die ersten Zeichen mafioser Tätigkeiten manifestieren, auf der anderen. Der enorme Machtzuwachs der Mafia wäre jedoch ohne diesen Sonderaspekt der Spannungen auf dem Land nicht erklärlich.

5. Die Datierung

Cancila (1984) berichtet, daß sich mafiose Praktiken in Sizilien schon seit dem 17. Jahrhundert erkennen lassen: Als Beleg zitiert er einen zweifellos interessanten Fall, der zeigt, welch lange Geschichte die Ausübung privater »Justiz« hat. Das hilft erklären, wie die Schutzindustrie jene speziellen Eigenschaften – Spezialisierung, Kapazität, Tradition und Stil – erworben hat, die sie von anderen Geschäften unterscheidet und die ihr gestattet haben, ein vorrangiger Faktor im wirtschaftlichen Gleichgewicht zu werden. Es ist jedoch unwahrscheinlich, daß sie bereits vor dem 19. Jahrhundert jenen Grad von Autonomie errungen hat, der sie als einen Sektor sui generis erkennen läßt (Spampinato 1987).

Die Forschung Franchettis ist für den zeitlichen Ablauf in zweierlei Hinsicht grundlegend. Erstens und vor allem legt er das erste Auftreten der Mafia auf den Beginn des vergangenen Jahrhunderts. Davor dominierten noch die feudalistischen Beziehungen: »Die Schläger der Herren ... begingen durchaus Erpressungen zum eigenen Vorteil, es mangelte nicht an Räubern, die ihre Tätigkeit auf eigene Rechnung ausübten; die Gewalttätigkeiten zwischen den Adeligen unterlagen keinerlei Regelung. Doch trotz dieser gelegentlichen Störungen blieb die Anwendung von Gewalt im größten Teil der Fälle beschränkt und bestimmten Regeln unterworfen.«

Erst der Prozeß der »Demokratisierung«, wie Franchetti das nennt, ergab dann die Bedingungen für die Entstehung einer wirklichen Mafia: Dieser Prozeß, der mehr als hundert Jahre dauerte, begann gegen Ende des vorigen Jahrhunderts. Viele Forscher haben mit mehr oder minder ausgetüftelten Argumenten die Ursprünge der Mafia weiter zurückzuverlegen versucht (manche gehen dabei bis in die Zeit der arabischen Kultur zurück). Doch alles, was sie an Beweismaterial beibringen konnten, waren allenfalls interessante Anekdoten über »gelegentliche Störungen«, wie sie nicht selten in allen feudalistischen und prämodernen Gesellschaften auftreten.

Zweitens kann die Arbeit Franchettis selbst als Beleg dienen. Die Existenz seiner Theorie bedeutet, daß die für die Konstitution der Mafia vorab notwendigen Elemente in Sizilien bereits zu der Zeit vorlagen, in der er seine Untersuchung durchführte. Der frühestmögliche Termin für das Auftreten der Mafia ist 1812, als die Auflösung des Feudalismus auf der Insel begann, der späteste 1875, das Jahr, in dem Franchetti seine Reise unternahm. Als erster hat der Generalstaatsanwalt von Trapani, Pietro Calà Ulloa, 1838 in einem berühmt gewordenen Bericht (zitiert in Pezzino 1987, S. 909–910) die Existenz einer »Protomafia« angeprangert, die sich in verschiedenen Städten Westsiziliens herausgebildet hatte.

Aller Wahrscheinlichkeit nach waren die Grundlagen dieser Industrie zur Zeit der Reichseinigung 1860 bis 1861 schon ziemlich konsolidiert. Der Staat mußte also nicht nur um seine eigene Legitimierung kämpfen in einem Gebiet, in dem es vordem kaum Ähnliches gegeben hatte; er mußte sich auch der Konkurrenz durch eine ganz und gar andersartige Lösung stellen. Eine festverwurzelte, wenngleich kaum faßbare Einrichtung hatte dem wirtschaftlichen Handel ebenso wie den allgemeinen Einstellungen, Erwartungen und den Verhaltensnormen Form verliehen. Wenig überzeugend klingen daher Erklärungen, die dem Staat die Hauptverantwortlichkeit für die Entstehung der Mafia zuschreiben. Der liberale Staat der Zeit nach der Reichseinigung mag sich durchaus verwirrt und unbehaglich einer ihm unbekannten Realität gegenüber gefühlt haben, er mag schlecht organisiert und zu sehr an anderen Stellen engagiert gewesen sein, um dem Süden allzuviel Energie zuzuwenden (Riall 1988); doch ganz bestimmt war er nicht schwächer (und andererseits auch nicht repressiver) als jeder andere liberale Staat dieser Epoche. Allenfalls hat die sizilianische Bevölkerung einen ganz besonderen Widerstand entwickelt.

Barone hat kürzlich (1989) darauf hingewiesen, daß die lokalen politischen Bedingungen eine weitere Erklärung liefern können, warum nicht alle sizilianischen Orte, ja selbst nicht einmal alle westlichen, eine eigene Mafia entwickelt haben. In Städten, in denen die Eliten – besonders die neuen Grundeigentümer – durch Kämpfe untereinander gespalten waren, hatte der Staat Mühe, seine Autorität durchzusetzen: Jede Fraktion tendierte dazu, vor Ort professionelle Schutzgruppen zum Kampf gegen die Rivalen aufzustellen. Umgekehrt gelang dem Staat das Eindringen dort relativ leicht, wo die Eliten ihre Macht in Einigkeit ausübten. Die These verdient eine weitere Überprüfung.

Das bedeutet jedoch nicht, daß der Staat etwa keine Verantwortung dafür trägt, daß die Schutzindustrie große Wachstumschancen nutzen konnte. Diese Möglichkeiten bot paradoxerweise gerade jene besonders fortschrittliche Politik, die damals in ganz Italien zum Tragen kam. Die politischen Reformen von 1860 und 1885 führten zu einer Ausweitung der Demokratie, und das bewirkte eine Verbreiterung des Horizonts professioneller Schutzgeber. Bis 1885 durften gerade zwei Prozent der Bevölkerung das nationale Parlament wählen (es herrschte das Persönlichkeitswahlrecht); die Selektion erfolgte auf der Grundlage des Besitzes. Doch das reichte, um aus den Wahlen den Vorwand für heftige Parteienkämpfe zu machen, mitunter unentwirrbar vermischt mit der Mafia und den wirtschaftlichen Kämpfen um Grund und Boden sowie andere Ressourcen (Fiume 1989).

Wir haben die vorhandenen empirischen Fragmente mit der in diesem Buch vorgetragenen Theorie verbunden und damit eine konsequente Erklärung für die Entstehung der Mafia aufzubauen versucht, die sowohl den Örtlichkeiten ihres Auftretens wie der historischen Abfolge der Entwicklung Rechnung trägt. Wir können nun folgendermaßen zusammenfassen:

Vertrauen war in der südlichen Gesellschaft in ihrer Gesamtheit lange Zeit eine seltene Ressource. Die verspätete Transformation des Feudalismus und die nachfolgende Demokratisierung der Gesellschaft haben einen zweifachen Effekt gezeugt, der diesen Mangel noch weiter, wenngleich ungewollt, verstärkt hat: Die Rolle des *privaten Vertrauens* wurde zu Lasten des *öffentlichen Vertrauens* betont. Die Nachfrage nach Schutz wurde auf dem Land angeregt durch die schnelle Veränderung der Rechte am Gundeigentum.

Wo die neuen Grundeigentümer untereinander einig gingen und sich selbst direkt bei der Bestellung ihres Besitzes engagierten, waren sie selbst imstande, die Nachfrage nach Schutz zu kontrollieren und zu befriedigen. In anderen Fällen begann sich in der ersten Hälfte des 19. Jahrhunderts eine spezialisierte Schutzindustrie neu herauszubilden und sich entlang der Handelsstraßen zu entwickeln, die die Ländereien Innersiziliens mit den Küstenmärkten verbanden. Die Mafiosi sind nicht erst in die Städte eingewandert, als ihre Entwicklung schon relativ fortgeschritten war; sie sind vielmehr von Anfang an hin und her gewandert. Die Mafia taucht auf den Latifundien bereits in völlig ausgebildetem Zustand auf, und sie erscheint auch nicht einfach dort, wo der Handel besonders lebendig ist, sondern da, wo sich die städtische mit der ländlichen Welt verbindet. Just in dieser Begegnung – von Kraft mit Verschlagenheit, von armen Schichten mit begüterten – liegt das Geheimnis der Mafia: die Energie, die sie in eine Industrie verwandelte.

Kapitel V: Das Kartell

Fragen wir nach dem Organisationsgrad beispielsweise der Automobilindustrie, lautet die Antwort wohl: »Das hängt von den jeweiligen Umständen ab.« Da kann etwa eine Firma alleine für sich gegen die Konkurrenz arbeiten; sie kann aber auch Allianzen für begrenzte Ziele suchen, wie zum Beispiel die europäischen Hersteller beim Wettbewerb gegen die Japaner; oder sie geht Fusionen mit anderen Fabriken ein – es gibt keine allgemeingültige Antwort. Sie hängt von strukturellen wie auch zufälligen Eigenschaften des Marktes und von den Fähigkeiten der jeweiligen Manager ab.

Für mafiose Unternehmen sollten die gleichen Überlegungen gelten. Statt dessen hat sich hier jedoch eine geradezu besessene Forschung entwickelt, die nach einer einheitlichen, definitiven Antwort auf die Frage sucht, ob es eine wirkliche mafiose Organisation gibt. Das hat die Wissenschaftler massiv entzweit und von ergiebigeren Analysen abgehalten. (Ich beziehe mich im folgenden ausschließlich auf die Literatur über Sizilien, doch gilt das gleiche auch über die Mafia der Vereinigten Staaten; vgl. dazu Graebner Anderson 1979, Kapitel 1.)

Da sind die einen, die die Existenz einer einheitlichen Organisation als gegeben ansehen. Meist halten sie sich dann jedoch nicht mit der Frage auf, was das denn genau heißt: der Mafia eine Organisation zuzuschreiben. Wir müssen diese Aussage zur Analyse in fünf verschiedene Thesen gliedern:

1) Die mafiosen Familien sind untereinander durch präzise Vereinbarungen zur Koordination der Aktionen verbunden, so daß die Mafia zumindest in einigen ihrer Bereiche als einheitliches Agens betrachtet werden kann (eine extreme Auslegung dieser These geht grundsätzlich davon aus, daß die Mafia eine einheitliche, zentralisierte Geheimgesellschaft sei).

2) Es gibt eine Übereinkunft von Normen, die das Verhalten der Mafiosi regelt, und zwar unabhängig von der Familie, der sie jeweils angehören.

3) Es handelt sich um eine hauptsächlich sizilianische Organisation, sie besitzt jedoch organisierte nationale und internationale Ausläufer.

4) Die Organisation trägt einen eigenen Namen und weist sich durch einen eigenen Verhaltens- und Lebensstil und einen eigenen Jargon aus.

5) Die Zugehörigkeit zu ihr ist durch eine klare Demarkationslinie bestimmt, die ein allen Familien gemeinsamer Initiationsritus repräsentiert.

Diese Thesen werden im allgemeinen miteinander vermischt, man muß sie jedoch getrennt voneinander untersuchen: Trifft eine von ihnen zu, heißt das noch lange nicht, daß auch die anderen vorhanden sind (im Laufe dieses Kapitels nehmen wir uns die ersten drei Thesen vor, die beiden anderen folgen im nächsten Kapitel).

Andere Forscher stellen die These von einer Mafiaorganisation entschieden in Abrede. Für manche von ihnen ist »Mafia« nichts anderes als ein Konstrukt, das Strafverfolger und Polizisten auf der Suche nach Schuldigen aufgebaut haben, sensationsgierige Journalisten und Politiker, denen Argumente gegen ihre Gegner fehlen (eine im übrigen etwas konspirative Vorstellung). Dieser Betrachtungweise hängen zum Beispiel einige englische Historiker an (vgl. Mack Smith und andere 1986, S. 182–183; Duggan 1989, S. 1–12); doch die einschlägige Deutungsrichtung ist, in moderater Form, auch schon seit dem vorigen Jahrhundert zu erkennen. In den ›Lettere meridionali‹ Pasquale Villaris (1878) heißt es: »Diese Mafia hat keine schriftlich fixierten Statuten, und sie ist auch keine Geheimgesellschaft; man könnte fast sagen, daß sie nicht einmal eine Vereinigung ist« (zitiert bei Ciuni 1977, S. 388). F. Lestingi, Königlicher Generalstaatsanwalt und Professor für Kriminalanthropologie, schrieb 1880: »Es gibt den Mafioso; Mafia aber gibt es nicht« (1880, S. 292). Leopoldo Franchetti hielt, wie schon berichtet, die Mafia vor allem für eine Industrie, nicht für eine Organisation; immerhin meint auch er, daß die »Verbrecher mächtig organisiert« seien (S. 56) und daß »die Industrie der Gewalt eine unabhängige Existenz und Organisation« aufweise (S. 90); auch spricht er von der »perfekten Organisation der Verbrecherklasse« (S. 104). Darunter verstand er jedoch weniger eine Organisation als feste Körperschaft, sondern eine Struktur, die jede um einen Boß herum gebildete Gruppe bei der Ausübung ihrer Tätigkeiten bewies: »Der Capomafia ... regelt die Aufteilung der Arbeit und der Funktionen, die Ordnung unter den Arbeitern in dieser Industrie, eine Ordnung, die in dieser Industrie wie in jeder anderen unabdingbar ist, will man ausreichenden, beständigen Verdienst erreichen« (S. 98).

Von den Untersuchungen, die von einer nicht organisierten Mafia ausgehen, ist die von Henner Hess wohl am fundiertesten. 1883 wurde der Angeklagte Mini während des Prozesses gegen die Brüder Amoroso gefragt, ob er zur Mafia gehöre; er antwortete auf die übliche Weise: »Ich weiß nicht, was das bedeutet.« Hess unterstreicht, daß Mini und die vielen anderen, die auf die gleiche Weise antworten, im wesentlichen die Wahrheit sagen: »Mini«, sagt Hess, »kennt Personen, die Mafiosi genannt werden, nicht weil sie Mitglieder einer geheimen Sekte wären, sondern weil sie sich in einer bestimmten Weise verhalten, und zwar in mafioser Weise« (Hess 1970). Unter Bezug auf Gerichtsakten vom Ende des vorigen Jahrhunderts definiert Hess Mafia als ein Agglomerat »kleiner, voneinander unabhängiger Vereinigungen, die in Beziehung zueinander stehen und einander helfen, die aber auch wild gegeneinander kämpfen können.« Diese kleinen Gruppen, die »Cosche« oder »Familien«, erkennen sich laut Hess nicht als kollektive Realität, das heißt, sie haben kein »Wir«-Bewußtsein.

Viele weitere Forscher haben nach der Veröffentlichung des Buches von Hess dieser Theorie zugestimmt; das Wort »Mafia« wurde immer mehr zu einem Begriff, der ganz allgemein eine Reihe sozialer Praktiken bezeichnet. Ein Widerspruch gegen diese Sichtweise empfahl sich für einen ernsthaften Forscher bald nicht mehr. Einer der wenigen, die diesen Ansatz angriffen, war Salvatore Lupo (1988). Auf der Basis ebenfalls von Quellen aus dem 19. Jahrhundert – insbesondere dem ›Rapporto Sangiorgio‹, den der Polizeichef Palermos zwischen 1898 und 1900 zusammengestellt hatte – bewies Lupo, daß die Existenz von Vereinbarungen unter den Mafiafamilien nicht so einfach geleugnet werden kann; er meint, daß der Angeklagte Mini sehr gut wußte, was die Mafia sei, daß er jedoch keinerlei Interesse hatte, dies zu enthüllen (S. 488).

Diese Auseinandersetzung wird wohl weitergehen, zumindest solange man nach einer *für alle und alles gültigen* Antwort sucht, die ihrer Natur nach jegliche Lösung verhindert. Beide Sichtweisen – die einer geschlossenen Geheimgesellschaft auf der einen und die eines verschwommenen Agglomerats recht und schlecht miteinander verbundener Gruppen auf der anderen Seite – leiden noch an einem weiteren Mangel: Sie nehmen die Erscheinung im wesentlichen außerhalb eines ökonomischen Kontextes wahr. So ist die Annahme nicht ganz von der Hand zu weisen, daß die Forscher da eher literarischen Stereotypen zum Opfer gefallen sind; Klischees, in denen die Verbrecher als stumpfsinnige Unholde mit eingeschränktem Horizont gemalt werden oder als bösartige Geschöpfe mit hochentwickeltem Intellekt – grundlegend andersgeartet jedenfalls als gewöhnliche Menschen. In der Kriminalliteratur speziell der angelsächsischen Tradition sind die grundlegenden Archetypen der Hauptfiguren just der Besessene und der Genius des Bösen, so etwa »Fagin und Bill Sykes, auch wenn Fagin bald hinter Moriarty zurückstand. Ganz allgemein sind die Verbrecher des Kriminalromans aus viktorianischer Zeit Amateure, doch Moriarty ist der Vorläufer der künftigen Paten« (K. Newman in ›The Sunday Correspondent‹, 29. April 1990; die beiden erstgenannten Personen stammen aus Charles Dickens' ›Oliver Twist‹; Moriarty wiederum ist bekanntlich der Erzfeind des Sherlock Holmes).

Vielleicht sind all jene, die die Existenz der Mafia als einheitliche Körperschaft definieren, Opfer des Mythos vom Verbrecher, der zu den unglaublichsten und skrupellosesten Machenschaften imstande ist. Umgekehrt freilich leugnen jene, die das Gegenteil behaupten, am Ende die elementare Feststellung, daß die Mafiosi zumindest nicht weniger zu planen und zu organisieren in der Lage sind als andere Menschen auch, daß sie keine geringeren Fähigkeiten besitzen als Automobilbauer, Freimaurer oder Priester. Wenn diese Leute sich ihrer Ziele wegen organisieren können, warum sollten wir derlei Fähigkeit a priori gerade den Mafiosi absprechen?

1. Prekäre Balancen

Zunächst einmal müssen wir eine Unterscheidung treffen: Die Organisation, um die es in diesem Kapitel geht, ist die Verbindung unterschiedlicher Unternehmen; es handelt sich nicht um eine interne Organisation dieser Unternehmen ihrerseits. Für letztere erwartet man vernünftigerweise, daß sie militaristisch ist, das heißt, zentralisiert und hierarchisch strukturiert. Wir wissen bereits (vgl. Kapitel II.2), daß die einzige Art des Verhandelns mit den Konkurrenten auf diesem Markt über die Gewalt erfolgt; deren wirksame Ausübung verlangt unabhängig von den Bedingungen des Marktes nach einer Organisation.

Die Frage ist jedoch: Welchen Sinn hat es, wenn sich die Schutzunternehmen untereinander organisieren?

Nehmen wir dazu das in Kapitel I bereits diskutierte Beispiel wieder auf. Da schützt ein einzelner Mafioso (M1) oder eine einzelne Firma bei einem Geschäft gleichzeitig beide Seiten (S1 und S2). Unterstellen wir weiter, daß S1 – in diesem Falle gleichgültig, ob Käufer oder Verkäufer – mit den Diensten des M1 nicht zufrieden ist, weil er meint, daß dieser ihn gegenüber S2 benachteiligt. Und gehen wir schließlich auch noch davon aus, daß die Vorhalte des S1 den M1 nicht beeindrucken. Da sind nun drei Auswege möglich: Im ersten Fall gibt es am Ort keinen anderen Mafioso mit vergleichbarer Stärke; hat also M1 das Schutzmonopol, ist die Lage einfach – für S1 bietet sich keine Alternative, weil ihm niemand anderer helfen kann (es sei daran erinnert, daß eine Bedingung zur Gewährung von Schutz darin besteht, daß M1 stärker ist als S1, so daß sich dieser nicht gegen ihn stellen kann). Nehmen wir nun aber statt dessen an, auf dem örtlichen Schutzmarkt herrsche Konkurrenz und eine andere mafiose Firma (M2) von zumindest gleichwertiger Stärke wie M1 böte Schutz an. Dann kann S1 im Falle seiner Unzufriedenheit bei M2 Schutz gegen M1 erbitten. Das bringt uns zu den beiden weiteren Möglichkeiten: M2 kann – Fall zwei – zugunsten S1 eintreten, was allerdings die Gefahr eines Krieges mit M1 bedeutet; oder er kann – Fall drei – jegliche Einmischung ablehnen.

Von M1 aus gesehen sind lediglich die Möglichkeiten eins und drei annehmbar: Er kann nur dann weiterhin ein effektiver Garant sein, wenn er absichern kann, daß M2 nicht in Konkurrenz zu ihm tritt. Wäre nämlich M1 ständig von M2 bedroht, könnten unzufriedene Kunden seine Reputation in Frage stellen, was auch die Beziehungen zur restlichen Kundschaft ins Wanken brächte. Daher muß M1 das letzte Wort haben und sich das Monopol der Schutzgewährung sichern, zumindest auf einem begrenzten Gebiet oder für eine bestimmte Art von Geschäften.

M2 stellt in diesem Zusammenhang natürlich Spekulationen über M1 an. Ist M1 in der Lage, sich gegen ihn zu stellen, ist er in jedem Falle in Bedrängnis, denn dann würden sich nun ihrerseits Kunden, die mit ihm unzufrieden sind, mit ihren Klagen an M1 wenden. Deshalb hoffen M1 wie M2 letztlich auf ein Gleichgewicht nach Fall eins, was den Erhalt des exklusiven Monopols mit Hilfe der Ausschaltung des Konkurrenten bedeutet, oder nach Fall drei, dem Erwerb eines begrenzten Monopols aufgrund der Enthaltung von jeglicher Einmischung in die Geschäfte des anderen. Was beide ganz sicher nicht wollen, ist der Fall zwei, ein anhaltendes Kriegsrisiko. Daß diese Lösung ihnen nicht paßt, heißt freilich nicht, daß sie sich auch immer vermeiden läßt. Doch gerade die Versuche, derlei Schwierigkeiten zu lösen, können nun zu gewissen Organisationsformen führen. Es ist jedenfalls unwahrscheinlich, daß M1 und M2 sich gegenseitig zu stören versuchen.

Auch gibt es eine ganze Anzahl wirtschaftlicher Gründe, die zur Bildung und Aufrechterhaltung flexibler Einheiten von eher kleinen Dimensionen beitragen und die mafiose Unternehmen von einer übermäßigen Expansion abhalten. Die Kosten des Informationsnetzes zum Beispiel bleiben so lange niedrig, wie man auf informelle Beziehungen zählen kann, wie sie eng begrenzte Gemeinschaften gewährleisten; arbeitet man jedoch auf ausgedehnteren Gebieten, werden sie bald unerschwinglich. Auch die Reputation unterliegt ähnlichen Beschränkungen, verbreitet sie sich doch im wesentlichen auf dem Weg über lokale Bekanntschaftszirkel (vgl. Kapitel II.1 und II.3). Und schließlich ist es auch die Illegalität, die zu erhöhter Flexibilität der Struktur und zur Reduktion der Sichtbarkeit antreibt. Beide Aspekte sind ausgedehnten monopolistischen Organisationen fremd. Die Nuova Camorra Organizzata Raffaele Cutolos zum Beispiel, die sich in den 70er Jahren mit einer Welle von Gewalt Neapels zu bemächtigen suchte, verfehlte ihr Ziel (so jedenfalls das Urteil des Schwurgerichts Neapel) aufgrund einer Zentralisierung, die sich für ein allzu schnelles Wachstum als verhängnisvoll erwies: Die Kosten stiegen schwindelerregend – und genauso die Austritte aus der Organisation. Die »pyramidenhafte« Struktur der Gruppe ermöglichte den leichten Sieg über die Organisation, sowohl seitens der Justiz wie seitens Konkurrenzorganisationen (RPMNA, S. 12).

So suchen also kluge Unternehmen nach einer Form »rechtlich

stabiler Aufteilung« (Schelling 1984, S. 182) der Kunden, um jeglichem gegenseitigen Eindringen vorzubeugen. Die Frage, die sich nun stellt, lautet: Kann sich eine derartige Lage überhaupt einstellen? Und wenn ja, wird sie durch formale Übereinkunft sanktioniert, oder reichen stillschweigend angewandte Mechanismen der Nichteinmischung aus, ohne daß dazu eine übergreifende Organisation erforderlich ist, die alle Unternehmen einbezieht?

Eine Vorgehensweise zur Neutralisierung der Konkurrenz, ohne diese als solche auszuschalten und ohne sich mit den Konkurrenten abzusprechen, besteht in der Einwirkung auf die Kunden: Man unterbindet jeglichen Kontakt zwischen ihnen und anderen Unternehmen. Das kann man durch Ausnutzung natürlicher oder kommerzieller Isolierung erreichen, oder auch durch die Kontrolle der Information, und natürlich durch Zwang. Dies funktioniert, wenn sich das Terrain, auf dem eine Firma arbeitet, geographisch mit dem Schutzmarkt deckt: Die Kontrolle der Kunden ist einfacher, außerdem sind die eigenen Regeln besser durchsetzbar, wenn sich die Geschäfte auf das Gebiet konzentrieren, das man kontrolliert. Dieses System reicht aber nicht mehr aus, sobald die Informationen, die Waren und die Personen, aus welchem Grunde auch immer, sich tendenziell auf Einzugsbereiche über die lokalen Grenzen hinaus auszudehnen beginnen. Konsequenz: Für die Schutzunternehmen« gibt es vermehrt Grund zur Suche nach Kontakt untereinander.

Nun läßt sich freilich schwer voraussagen, in welcher Form sich diese Balance zwischen den Firmen einstellen wird, das heißt, ob sie stillschweigend entsteht oder aber aufgrund eines Kartellvertrages. Die Stabilität eines Oligopols von Schutzunternehmen hängt vor allem von der gegenseitigen Angst ab: Die an der Partie Beteiligten können Angriffe ihrer Rivalen und die Abwanderung ihrer Kunden nur dann verhindern, wenn sie niemals die Mindestfähigkeit zur Verteilung wirksamer Repressalien verlieren. Diese Strategie erfordert keine wirkliche Kooperation der Unternehmen – besser gesagt, keine stärkere Kooperation, als sie bei internationalen Beziehungen üblich ist –, doch das daraus entstehende Gleichgewicht ist eher wackelig und leicht störbar. Der Tod eines Capofamiglia zum Beispiel stärkt die Position der benachbarten Unternehmen, erben sie doch automatisch Kundschaft und Arbeitskraft (die beide ohne Schutz nicht überleben könnten). Damit aber werden diese Nachbarunternehmen unvermittelt zu einer Bedrohung der anderen Firmen, weil sie nun größer sind als diese und mehr Mittel einsetzen können. Erschüttert werden kann das System auch durch die Entstehung neuer Schutzmärkte: Um den kämpfen dann die einzelnen Firmen untereinander und zerstören so den Status quo (so geschehen beim Drogenmarkt, wie wir in Kapitel IX sehen werden).

Daraus ergibt sich die Frage, ob die Beteiligten angesichts der Instabilität nur auf der Angst voreinander aufgebauter Balancen Vereinbarungen zur Aufrechterhaltung des allgemeinen Friedens treffen. Das muß nicht notwendigerweise der Fall sein. Der folgende Abschnitt wird zeigen, daß es da verschiedene Lösungsmöglichkeiten gibt.

Zunächst könnte man annehmen, daß vernünftige Geschäftsleute angesichts der Kosten für einen Krieg mit der Konkurrenz eher zu ausdrücklichen Vereinbarungen neigen, mit denen man die Folgen solcher Szenarien abfangen und gleichzeitig organisatorische Einrichtungen zur Durchsetzung entsprechender Verträge entwickeln könnte. Die Geschichte ist jedoch reich an gegenteiligen Beispielen, und das nicht nur, weil die Macht ab und an auch in die Hände eher irrationaler Menschen gerät, sondern viel allgemeiner deshalb, weil die geschlossenen Verträge ja auch durchgesetzt werden müssen (würden wir alle zu unserem Wort stehen, gäbe es ja Begriffe wie Vertrauen oder Schutz überhaupt nicht).

Das bedeutet, daß eine Autorität vonnöten ist, die nicht nur imstande ist, normale Käufer vor famoser »Roßtäuscherei« zu bewahren, sondern die Schutzunternehmen auch selbst voreinander zu schützen. Soll diese Autorität Effizienz entwickeln, muß sie hinreichend stark sein, nicht nur individuelle Regelverletzungen zu bestrafen, sondern auch die möglicher Allianzen mehrerer Firmen. Wo aber wäre eine derartige »Superagentur« aufzutreiben? Gäbe es eine Einrichtung, die eine derartige Macht ausüben könnte, wäre sie sicherlich imstande, die Unternehmen unter Kontrolle zu halten; doch welches Interesse sollte sie daran haben? Sie würde unweigerlich zu einer Supermafia und sich an die Stelle der anderen Unternehmen setzen. Denkbar wäre allenfalls, daß die Rolle dieser Superagentur von einer Koalition der stärksten Unternehmen übernommen würde. Endergebnis könnte dann ein hierarchisches Oligopol sein, in dem die kleineren Unternehmen unter den Fittichen der größeren Brüder angesiedelt sind, die ihrerseits wiederum untereinander kooperieren, um die Verträge über die territoriale Aufteilung durchzusetzen. Es gäbe aber jedenfalls keine externe Macht, die die Solidität dieses Zustands garantiert.

Das Problem muß also unentschieden bleiben, da es nicht nur eine Lösung gibt. Der Großteil der Alternativen – Kriege, stillschweigende Balancen, fließende Koalitionen, mit Vereinbarungen sanktionierte Allianzen – sind zum einen oder anderen Zeitpunkt realisiert worden: Keine davon hat jedoch vollen Erfolg gehabt.

2. Mafiose Karrieren

Das lange Verhör Tano Badalamentis, der 1986 in den USA verhaftet und abgeurteilt wurde, belegt die über alle Zeiten hinweg unveränderte Weigerung der Mafiosi, auf Fragen nach der Existenz der Mafia zu antworten. Obwohl ihn der Staatsanwalt, L. J. Friih, ohne Unterlaß bedrängte, gab Badalamenti nie zu, der Cosa Nostra anzugehören; allerdings leugnete er es auch nicht, was er mit Hilfe einer Reihe listiger Antworten bewerkstelligte. So sagte er zum Beispiel (auf die Frage, ob er Mitglied ist): »Wenn ich antworte, schade ich mir selbst.« (Auszüge aus diesem Verhör hat ›Panorama‹ am 22. März 1986 publiziert.)

Es gab nur einen Fall, in dem diese Mauer der Verschwiegenheit einen Riß bekommen hat. Im Oktober 1986 wurde in Palermo Claudio Domino ermordet, der elfjährige Sohn des Inhabers einer Firma, die mit der Reinigung des Gerichtssaals beauftragt war, in dem der Maxiprozeß gegen 474 mutmaßliche Mitglieder der Cosa Nostra durchgeführt wurde. Sofort wurde die Mafia dieser Greueltat verdächtigt. Zwei Tage danach erhob sich der Angeklagte Giovanni Bontade – ein Bruder des ermordeten Mafiabosses Stefano – in seinem Käfig des »Sitzungsbunkers« und gab eine überraschende Erklärung ab: »Herr Präsident«, wandte er sich an den Gerichtshof, »wir wollen jeglichen Verdacht beseitigen... Wir weisen jede Behauptung zurück, daß wir an einem derart barbarischen Akt beteiligt sein könnten... Wir sind Männer, wir haben selbst Kinder... Wir möchten der Familie Claudios unser Beileid ausdrücken« (›la Repubblica‹ vom 10. Oktober 1986). 1987 wurde Bontade zu acht Jahren Gefängnis verurteilt, später wegen seines angegriffenen Gesundheitszustandes in Hausarrest entlassen – wo er ein Jahr später zusammen mit seiner Frau ermordet wurde. Ende 1989 versicherte der Mafiaaussteiger Francesco Marino Mannoia, daß einer der Gründe für den Mord in der Erklärung Bontades lag – mit ihr hatte Bontade die Existenz der Mafia zugegeben, unter Bruch seines Schwurs zur Verschwiegenheit (›la Repubblica‹, 7. Dezember 1989).

Es war das bisher einzige Mal, wo ein Mafioso öffentlich das »Wir« benutzt hat. Vorher hatte man lediglich andeutungsweise eine Art kollektiver Identität zugegeben, nun aber wurde diese zum ersten Male anerkannt und entschlossen verteidigt. Dabei hatte es keinerlei formelle Anschuldigung gegen die Mafia gegeben – lediglich die Zeitungen waren mit Titeln erschienen wie »Die Mafia ermordet ein Kind, um seine Eltern zu treffen« (›La Stampa‹, 9. Oktober 1986) –, doch die Angeklagten erkannten sich in dem Vorhalt wieder und wiesen diesen vehement zurück. Sie saßen im Gefängnis, waren also schon rein technisch unschuldig am Tod Claudios, doch sie wußten, daß jedermann sie, auf dem Wege über jenes »Wir«, als handlungsfähig auch über die Gefängnismauern hinaus betrachtete; und so paßten sie dieses eine Mal nicht so genau wie sonst auf das auf, was sie sagten. Doch gibt es noch weitere Belege für enge Verflechtungen.

Nach einem Bericht der Carabinieri (CPM-RCC) gab es 1987 in Sizilien insgesamt 105 Schutzunternehmen, das heißt Mafiafamilien; sie waren vor allem im Westteil der Insel konzentriert, 18 davon alleine in Palermo. Ein weiterer Bericht von 1990 enthält etwas andere Zahlen: 48 Familien in Palermo samt seiner Provinz, statt der im anderen Bericht angegebenen 46; 38 in Agrigent statt 36, in Trapani 21 statt 14, in Caltanissetta 6 statt 5. In diesem Bericht gibt es auch eine Schätzung für Enna, nämlich 12 Familien. Der Bericht macht darüber hinaus einige Gruppen in traditionell nicht von der Mafia berührten Provinzen aus: 3 in Messina, 3 in Syrakus, 7 in Ragusa. Aus den Geständnissen der »Pentiti« wissen wir, daß es sich hier um »Filialen« der in anderen Provinzen gegründeten Familien handelt, oder daß hier Gruppen außerhalb der Mafiakartelle mitgezählt wurden. Ich gehe auf diesen scheinbaren »Zuwachs« weiter unten noch näher ein. Die Zahl der Unternehmen ist jedenfalls seit dem letzten Jahrhundert zumindest bis weit in die 80er Jahre hinein im wesentlichen unverändert geblieben.

Verglichen mit der Situation in New York, wo es seit einem halben Jahrhundert nur fünf Familien gibt (vgl. zum Beispiel Bonanno 1983), scheint die Gesamtzahl der mafiosen Unternehmen in Sizilien hoch und gleichzeitig das Territorium der einzelnen Familien recht beschränkt. Schon alleine die große Anzahl solcher Firmen macht es eher unwahrscheinlich, daß die Mafia in Sizilien jemals zu einem einheitlichen Schutzmonopol wird. Natürlich besagen die Zahlen alleine nichts über die Beziehungen, die zwischen diesen Unternehmen herrschen; doch muß die Organisierung eines Kartells mit so vielen Unternehmen eine höchst komplizierte Aufgabe sein, was allerdings nicht heißen muß, daß sie unmöglich ist. Es gibt eine Reihe direkter und indirekter Elemente, die einen gewissen Grad von Koordinierung zwischen mafiosen Unternehmen wahrscheinlich machen.

Man vergleiche zunächst einmal das Durchschnittsalter der Capofamiglia in Sizilien mit dem der neapolitanischen Bosse im Jahr 1987: 57 Jahre in Sizilien, 35 in Neapel, das sind volle 22 Jahre Unterschied. Auch das Alter der kalabresischen Capimafia liegt unter dem der sizilianischen: 1979 waren die Capi bei elf Familien im Durchschnitt 42 Jahre alt. Noch betagter sind die Bosse der amerikanischen Mafia: Durchschnittsalter 60 (Graebner Anderson 1979, S. 41). Derlei Unterschiede hätten wenig Bedeutung, wären sie aufgrund besonderer Zufälle bei etwa einer besonderen Auswahl der Mitglieder erklärlich. Man könnte zum Beispiel annehmen, daß die Unternehmen in Neapel und Kalabrien erstens jüngeren Gründungsdatums sind oder zweitens soeben einen »Krieg« beendet haben, der zu einem radikalen Mitgliederwechsel geführt hat, was Raum für jüngere Nachrücker schafft. Umgekehrt könnte das relativ hohe Alter der sizilianischen Capifamiglia drittens davon herrühren, daß da eine Generation in der besonderen Situation des Zweiten Weltkriegs an die Macht gekommen ist und diese heute noch immer innehat; es könnte aber auch viertens von Schwierigkeiten bei der Rekrutierung von Novizen herrühren, die in Sizilien höher sein mag als anderswo. Keine dieser Thesen überzeugt jedoch, denn es gibt für jede Version Gegenargumente. Zum ersten Fall: In Kalabrien wie in Neapel gibt es Schutzunternehmen mindestens schon genauso lange wie in Sizilien. Zweitens: Auch in

Sizilien sind, während der 80er Jahre, wilde Mafiakriege ausgebrochen. Drittens: Die Bosse der sizilianischen Mafia waren schon immer im Durchschnitt älter als anderswo (Arlacchi 1983, S. 85). Schließlich, viertens: Es gibt keinerlei Hinweise, wonach es auf der Insel Schwierigkeiten bei der Rekrutierung neuer Mafiosi gab, und sie waren auch historisch nie größer als in Kalabrien oder Neapel.

Man könnte also vermuten, daß der Altersunterschied aus einem kulturellen Unterschied herrührt, der in Sizilien zum Schutz der älteren Generationen führt: Möglicherweise haben die Sizilianer eine höhere Achtung vor dem Alter. Bonanno (1983) sagt zum Beispiel, daß »den sizilianischen Kindern von Geburt an der Gehorsam gegenüber den Alten beigebracht wird« und daß die Sizilianer zu größerer Solidarität und Selbstkontrolle als Neapolitaner imstande sind. Sie wären also weniger der Versuchung ausgesetzt, ihre eigene Karriere mit riskanten Mitteln voranzutreiben.

Wir können das alles nicht ausschließen, doch es gibt eine bessere Erklärung, die mit kulturellen Unterschieden vereinbar ist: In Sizilien (und den Vereinigten Staaten) sind die Bosse älter, weil man die Machtpositionen dort durch einen geordneteren Auswahlmechanismus erreicht, der die jüngeren Mitglieder zum Respekt vor der internen Hierarchie anhält. Mit anderen Worten, die Altersunterschiede der Bosse rühren davon her, daß die Schutzunternehmen besser organisiert sind.

Demnach werden die Sizilianer, die die Karriere eines Schutzgebers anstreben, vor allem in der Firma selbst aufgebaut und steigen erst spät in der Hierarchie auf, in Konkurrenz zu den gleichaltrigen, nicht zu den älteren Mitgliedern. Die berufliche Beförderung verläuft also hauptsächlich über interne Kanäle, nicht über eine direkte Konkurrenz auf dem Markt. Daher sind auch die Spannungen, die etwa bei der Erbnachfolge unvermeidlich eintreten (vgl. Kapitel III.2), in Sizilien seltener und auch geordneter als in Neapel oder Kalabrien; sie wird in vielen Fällen bereits lange im voraus geplant, und zwar in Übereinstimmung mit der bestehenden Hierarchie. Die für die Besetzung von Schlüsselstellen nötige Reputation erwirbt man nicht auf dem Markt, sondern innerhalb der Firmen, indem man Loyalität und Entschlossenheit beweist.

In Gebieten außerhalb Siziliens sind interne Karrieren seltener. In Kalabrien geschehen, nach Arlacchi, Angriffe auf den Capomafia oft von außen her: Man fordert ihn wegen nichtiger, von der lokalen Mentalität jedoch akzeptabler Anlässe gleichsam zum Duell (1983, S. 26 ff.). Ähnlich läuft es bei den Camorra-Familien in Neapel: Hier wird die Führung von vorandrängenden wagemutigen, gewalttätigen jungen Burschen bedroht, aber auch von neugegründeten Unternehmen und ebenso von internen Intrigen gegen den amtierenden Boß. Die Zahl von Schutzunternehmen in und um Neapel – die 1987 bei 53 lag – weist auf eine stärkere Fragmentierung als in Sizilien hin. Daß es auf einem viel kleineren Gebiet als Sizilien proportional mehr organisierte Gruppen gibt, ist Zeichen einer Instabilität des Schutzmarktes.

In Sizilien geschieht die Erbnachfolge (relativ) friedlich und durch allmählichen Aufstieg; doch selbst wenn es schneller gehen muß, ist der Herausforderer fast immer ein Mitglied derselben Gruppe, höchst selten ein absoluter Außenseiter: Luciano Liggio war 1958, als er mit 30 Jahren den Capofamiglia Dr. Navarra ermordete, bereits Mitglied der Familie von Corleone und baute danach die Firma mit seinen eigenen Leuten wieder auf (Dalla Chiesa 1990). Dennoch sind solche Fälle direkter Herausforderung eher die Ausnahme. Erhellend der Bericht Vincenzo Marsalas über die Art, wie die kleine Familie von Vicari arbeitete: Bevor die Jungen sich mit der Generation der Alten messen, kämpfen sie untereinander um die Nachfolge; die Alten nutzen den Wettbewerb der Jungen ihrerseits, um so lange wie möglich an der Macht zu bleiben. In der Familie Marsalas trat dann einer der jungen Männer hervor und setzte sich über den alten Boß wie auch über Vincenzo, der selbst zweifellos Ambitionen hatte, seinem Vater nachzufolgen. Doch diese »Machtübernahme« glückte nur aus ganz besonderen Gründen: Der Herausforderer wurde von einer – ihrerseits von einem alten Capo geleiteten – palermitanischen Gruppe unterstützt, die damals gerade im sogenannten zweiten Mafiakrieg engagiert war.

Wir wollen jedoch auch einen der relativ seltenen Fälle betrachten, in denen eine externe Gruppe eine »anerkannte« Mafiafamilie herausgefordert hat. Das zeigt sowohl die Art, wie die Organisation zwischen den Familien funktioniert, wie auch die Grenzen dieser Strukturen: Das Durchschnittsalter der externen Gruppe, die sich in Favara (Agrigent) gebildet hatte und die Giuseppe Di Stefano leitete, lag 1984 bei 37 Jahren, das der angestammten örtlichen Gruppe bei über 50 (OSAG, Schätzungen des Verfassers). In der Gruppe Di Stefanos gab es niemanden, der im Agrarbereich tätig war, zu ihr gehörten vier Unternehmer, sieben selbständige Kfz- und Lastwagenfahrer, ein Kaufmann, zwei Mechaniker, zwei Arbeiter, ein Straßenkehrer, ein Hirte und drei Arbeitslose (vgl. OSAG Arnone, S. 102–106 und 132–134). Di Stefano war Jahrgang 1947 und war, obwohl Sohn eines Capomafia, stets ein Outsider geblieben. Im Bericht der Carabinieri wird er als gefährlicher Psychopath dargestellt (OSAG Arnone, S. 127–132), die Mafiosi selbst lasteten ihm die Destabilisierung des Mafiakartells der Provinz Agrigent während der 70er Jahre an. Di Stefano geriet 1978 in starken Aufwind, nachdem er der Familie von Favara eine Beteiligung am Vertrag für den Bau des Staudamms »Furore« im Nachbardorf Naro abverlangt hatte: Dazu sprengte er, als nachdrückliches Zeichen seiner Forderung, das Haus des Capofamiglia Pitruzzella (geboren 1918) in die Luft und bekam danach einen (zeitlich begrenzten) Vertrag, in dem den Firmen, die unter seinem Schutz standen, 25 Prozent der Bauaufträge garantiert wurden.

Der Streit hatte damit freilich kein Ende. Die Offensive Di Stefanos fiel zeitlich gerade mit dem gewaltigen Angriff zusammen, den die bereits im Falle des Vincenzo Marsala erwähnte palermitanische Gruppe auf das Kartell von Agrigent startete. Der Bericht über die Ereignisse findet sich in den Akten des Maxiprozesses von Agrigent. Die plausibelste Rekonstruktion der Fakten legt nahe, daß die Gruppe Di Stefanos im Verbund mit jener aus Palermo an der Aktion gegen das Kartell teilnahm. Der erste, der getötet wurde, war Carmelo Salemi 1980 (seine Leiche wurde sieben Jahre später aufgefunden – begraben zusammen mit seinem BMW). Dann war die Reihe an Giuseppe Settecasi, dem ältesten und einflußreichsten Capomafia der Provinz, er wurde 1981 durch Gewehrschüsse getötet. Im selben Jahr starb auch Alfonso Caruana aus Siculiana (Provinz Agrigent), ein weiterer Capomafia der ersten Garnitur; er wurde in Palermo während der Hochzeit seines Sohnes umgebracht. Dann gab es eine kurze Pause, während der Carmelo Colletti, Chef der Familie von Ribera, der einzige bedeutende noch lebende Vertreter des Kartells war. Er enthielt sich gewalttätiger Reaktionen und versuchte die Auseinandersetzung politisch zu lösen: Er bot sich, wie drei Jahre später sein Sohn der Polizei erzählte, als Vermittler in der Fehde zwischen Di Stefano und der Familie von Favara an. Seine Versuche blieben jedoch erfolglos: Zunächst wurden seine Leute ermordet, dann, 1983, er selber. Als letzten erwischte es Gerlando Messina, er starb 1984. Damit war dann die Hälfte aller Bosse der Koalition von Agrigent tot.

Die alte Garde hatte den Krieg verloren, doch am Ende war es auch nicht Di Stefano, der gewann. Höchstwahrscheinlich hat sich Agrigent zu diesem Zeitpunkt Palermo unterworfen und wohl die Neuverteilung des Drogenhandels zugunsten der Hauptstadt akzeptiert, wofür sie den Waffenstillstand erhielt. Der Bericht der Carabinieri (CPM-RCC) weist als Capimafia der Gegend jene Leute aus dem alten Kartell aus, die überlebt hatten, oder aber die Erben der Ermordeten – der Name Di Stefano erscheint nicht mehr. Der Mann war in der gesamten Angelegenheit nur benutzt worden, danach wurde er kaltgestellt (und 1989 ermordet).

Die Geschichte Di Stefanos weist auf die Existenz zahlreicher sizilianischer Schutzunternehmen hin – so vieler, daß sie schwerlich von externen Gruppen ersetzt werden können. Untersuchungsrichter Falcone schrieb, die Massaker in den sizilianischen Städten seien häufig Zeichen eines Konfliktes zwischen einer mafiosen Familie und einer Gruppe außerhalb des herrschenden Kartells (Falcone und Padovani 1991, S. 37–38). Wenn mafiose Unternehmen gegeneinander kämpfen, bilden sie dazu lieber Koalitionen, als daß sie als Einzelfamilien streiten. Allianzen haben auf diesem Markt viele Vorteile: In Friedenszeiten verschaffen sie den Unternehmen eine stärkere Stabilität, weil so Kunden wie Angestellte besser unter Kontrolle zu halten sind, und während des Krieges haben sie größere Überlebenschancen und können sich selbst nach Niederlagen wieder regenerieren. Di Stefano, der Outsider, wurde in diesem Mechanismus zerrieben: Das siegreiche Kartell aus Palermo entschied sich für das alte (und nun unterworfene) Establishment aus Agrigent und vertraute sich lieber nicht der Bande Di Stefanos an. Zwar haben die sizilianischen Schutzunternehmen mit ihrem Aufbau von Koalitionen interne Kriege nicht verhindern können, doch immerhin haben sie damit ein System gefunden, das den besonders ungeduldigen jungen Burschen den eigenmächtigen Aufstieg verwehrt. Wer, wie Di Stefano, trotzdem das System herausfordert, muß für seinen Wagemut zahlen. Stefano Calzetta hat das lapidar kommentiert: »Wer auf sich selbst baut, kommt nicht weit voran« (SC I, S. 2).

Alles in allem lassen die Altersunterschiede zwischen den sizilianischen Bossen und denen anderer Regionen vermuten, daß die Inselunternehmen vergleichsweise stabiler und intern besser organisiert sind und sich in gewisser Weise koordinieren können. Doch die sizilianische Lösung ist nicht die einzig mögliche. In bestimmten Situationen hält sich für beträchtliche Zeit auch ein permanenter Kriegszustand aller gegen alle.

Die historischen Unterschiede zwischen den einzelnen Initiativen zur Lösung von Problemen spielen eine wichtige Rolle, die wir im folgenden Abschnitt behandeln.

3. »Naturwüchsige« Allianzen und provisorische Kartelle

Zahlreiche weitere Belege weisen auf die Existenz gleichsam naturgegebener Allianzen und Vereinigungen von Schutzunternehmen hin, für die keine ausdrückliche, formale Organisation nötig ist. Die kleineren Familien zum Beispiel gruppieren sich um die größeren. »Stefano Bontade«, erklärt Calzetta, »kontrollierte das gesamte Gebiet um Palermo herum, vom Bahnhof bis nach Ciaculli, auch wenn es in diesem Abschnitt einzelne Familien mit beschränktem eigenen Gebiet gab. Alle unterstanden jedoch Stefano Bontade, und wenn Entscheidungen getroffen werden mußten, begaben sich alle auf sein Territorium« (SC, IV, S. 62). Ähnliches sagen auch die Berichte anderer Mafiosi aus, wie etwa der Contornos: »Pietro Marchese, den man allgemein für den Chef der Familie vom Corso dei mille hielt, gehörte in Wirklichkeit zu der von Ciaculli« (ein von dem mächtigeren Greco kontrolliertes Gebiet; TC, S. 8). Diese Art Verschwägerung ist als Konzession anzusehen, aufgrund derer eine große Familie Teile ihres Territoriums oder ihrer speziellen Märkte an ihre kleineren Verbündeten verpachtet.

Eine andere Art der Zusammenarbeit zwischen Unternehmen, die ebenfalls keine systematische Koordination verlangt, weist schon eine lange Geschichte auf: der Austausch von »Dienstleistungen«. Hess (1970) zitiert verschiedene einschlägige Fälle, weitere stammen aus neueren Quellen (einige Beispiele wurden auch bereits im Kapitel III.3 erwähnt). Calzetta schildert diese Gegengeschäfte: »Rotolo und Sinagra sind die Killer von Spadaro, der wiederum mit Zanca verbündet ist. Es ist daher ganz normal, daß die beiden den Mord an der Piazza Scaffa (auf dem Terrotorium Zancas) begehen, denn Alfano kann da nicht tätig werden, weil er sehr bekannt ist« (SC, IV, S. 68). Ein über solche von Sicherheitserwägungen diktierte Notwendigkeiten hinausgehender Grund könnte aber sein, daß der Austausch von Killern die Allianzen stärkt, weil man sich damit gegenseitig erpressen kann.

Das interessanteste dieser »naturwüchsigen« Bündnisse ist das zwischen städtischen Familien und denen der kleinen Orte auf dem Land: Eine Art vertikaler Integration, an der jeder mit seinen spezifischen Ressourcen teilnimmt. Bei dieser Art der Zusammenarbeit ist allerdings nicht klar, welcher Partner dominiert: Das Unternehmen aus der Provinz ist häufig stärker oder zumindest genauso stark wie das städtische. So etwa die Familie der Corleonesier (Liggio-Riina), die mit der palermitanischen Familie Michele Grecos verbündet ist; ebenso war dies bei den Familien von Riesi (Di Cristina) und Cinisi (Badalamenti) der Fall, die mit der Calderones in Catania und der Bontades in Palermo in Liaison standen. Im Falle Vicaris dagegen scheint das Land eher eine periphere Rolle gespielt zu haben, es war abhängig vom städtischen »Zentrum«.

Diese Allianzen treten besonders während der Mafiakriege ans Tageslicht: Da verlaufen die Koalitionen der Konfliktparteien durch Stadt und Land. Die Stadt bietet mehr Chancen für den Handel mit Schutz, weil hier die Anzahl der Branchen wie die der Geschäfte viel größer ist. Das Land seinerseits stellt mehr Arbeitskraft zur Verfügung und wird, weil überschaubarer, für Treffen, Verstecke und zum Aufbau von Alibis benutzt. Michele Greco, seit den 70er Jahren bis etwa 1986 Leiter des Kartells von Palermo, versteckte sich lange Zeit in einem Haus auf dem Land bei Caccamo und wurde dabei von der lokalen Mafiafamilie geschützt. Wollen sich urbane Familien in der Stadt selbst ähnliche Sicherheit verschaffen, müssen sie zu erheblich teureren Maßnahmen greifen. Ein extremes Beispiel dafür: »Pino Greco ›Sacarpuzzedda‹ wollte das Gebiet von Ciaculli ›sanieren‹... und hat dafür angeordnet, daß sämtliche Familien, die keine absolute Loyalität garantierten, die Gegend verlassen mußten, selbst diejenigen, die aufgrund der

Haft oder des Untertauchens ihrer Männer nur noch aus Frauen bestanden« (TB, III, S. 16). Zu diesem Zweck wurde an die »unerwünschten« Familien ein anonymes Schreiben gesandt, das sie zur Räumung innerhalb eines Monats aufforderte; in den Straßen um Ciaculli herum wurde ein undurchlässiges Netz von Kontrollen und Straßenblockaden aufgebaut, das Überraschungsangriffe der Polizei oder gegnerischer mafioser Gruppen faktisch ausschloß (OSPA, XII, S. 2461–2467). Untersuchungsrichter Falcone kam nach jahrelangen Ermittlungen zur Überzeugung, daß »in einem gewissen Sinn Innersizilien mehr zählt als Palermo. In der Geographie der Mafiagruppen hat Palermo eine große Bedeutung, doch nur bis zu einem bestimmten Punkt. Palermo ratifiziert die Entscheidungen, die in Innersizilien und den umliegenden Orten der Stadt getroffen werden. Dabei denke ich nicht nur an Corleone, an die Mafia Corleones. Ich denke an die Provinz Caltanissetta, denke an die von Trapani, Orte, wo die Mafia in jeder Hinsicht eine flächendeckende Kontrolle des Territoriums innehat.« (›la Repubblica‹, 1. März 1991)

Alles in allem: Die ausgeglichene Mischung von vorwiegend ländlichen Angeboten und vorwiegend städtischer Nachfrage, die wir bereits in der ursprünglichen Mafia festgestellt haben, kennzeichnet auch noch nach einem Jahrhundert die Lage. Das Klischee von der Mafia, die nach dem Zweiten Weltkrieg in den Fußstapfen der verstädternden Bauern vom Land in die Stadt »emigrierten«, ist bar jeglicher Grundlage – doch es wird bis heute von einer unglaublichen Anzahl von Wissenschaftlern und Journalisten wiederholt. Das Gleichgewicht zwischen Stadt und Land im Bereich der Schutzindustrie schwankt jedoch beträchtlich: In Friedenszeiten, wenn die Geschäfte gut laufen, gewinnen die städtischen Familien leicht die Oberhand und expandieren an Größe wie an Reichtum, während sich die »Vettern vom Land«, wie die Leute aus Vicari, mit Brosamen zufriedengeben müssen. Stellen sich jedoch Gefahren und Konflikte ein, gewinnen die außerstädtischen Familien wieder Terrain: Die Nachfrage nach den typischen Ressourcen ländlicher Gegenden – »spezialisierte« Arbeitskraft und sichere Zufluchtsstätten – steigt unvermittelt, und damit auch der entsprechende »Preis« dafür. Das erklärt, warum die Beziehungen selbst zu den ärmsten ländlichen Familien auch in Friedenszeiten aufrechterhalten werden.

Zum Aufbau derartiger Gemeinschaften, Koalitionen, Geschäfte ist nicht unbedingt eine systematisch organisierte Struktur nötig. Dennoch weisen die Belege darauf hin, daß die Mafia seit Ende der 50er Jahre über bloß »naturwüchsige« Allianzen hinausgegangen ist. Im Laufe der 80er Jahre kamen völlig neue und in ihrem Umfang beispiellose Erkenntnisse über die Struktur der sizilianischen Mafia zustande. Die geballte Wirkung starker Spannungen im Inneren der Mafia selbst und die hervorragende Arbeit der Ermittler vom palermitanischen Anti-Mafia-Pool hatten mehrere hochrangige Mafiosi dazu veranlaßt auszusagen, wenn sie dafür Schutz durch den Staat erhielten. Das – durch Presseberichte – berühmteste dieser Geständnisse ist das des Tommaso Buscetta vor dem Untersuchungsrichter Giovanni Falcone. Es gibt jedoch noch andere Einlassungen, die weniger bekannt, doch noch erkenntnisreicher und genauer sind. Etwa die des Stefano Calzetta und des Vincento Sinagra (zwei Leute aus der unteren Mafiaebene, die jedoch schon vor Buscetta auszupacken begonnen hatten), später kamen dazu auch noch die Aussagen von drei weiteren »Uomini d'onore«, die zur gehobeneren Schicht der Mafia zählten, Vincenzo Marsala (aus Vicari), Salvatore Contorno (Palermo) und Antonino Calderone (Catania); ihre Geständnisse füllen zahlreiche Gerichtsakten. Ich fasse einmal zusammen, was die Quellen über die mafiose Organisation aussagen.

Alles begann Ende der 50er Jahre. Vor diesem Zeitpunkt waren die Familien untereinander nicht durch eine kollektive Struktur verbunden. Die Mafia war, wie der Untersuchungsrichter Terranova schrieb, »ein Mosaik kleiner Republiken (Mini-Clans) mit den von der Tradition gezeichneten Grenzen« (CPM, 4-XVII, S. 656); oder, wie Wirtschaftswissenschaftler sagen würden, ein territoriales Oligopol: mehr eine Ansammlung unabhängiger Firmen als eine Föderation an explizite Normen gebundener Unternehmen. Das Gleichgewicht beruhte auf natürlichen Mechanismen, die abhingen von der Dynamik der geschützten Märkte und des Schutzmarktes selbst sowie von gelegentlichen Verhandlungen zwischen einzelnen Unternehmen oder Gruppen davon. Dieser Ansammlung fehlte es möglicherweise nicht, wie Hess annimmt, völlig an kollektivem Bewußtsein, doch sehr viel war davon wirklich nicht vorhanden. Ende der 50er Jahre kam es zu einer Reihe von Versuchen, zwischen den Unternehmen eine bessere Organisation herzustellen: Nicht ein einziges Kartell, das alle einschloß (wie das oft vereinfachend unterstellt wurde), sondern ein Ganzes aus Einzelkartellen, die wiederum von Provinz zu Provinz verschieden aussahen. Die erste Provinz, die mit einer solchen Einrichtung begann, war Palermo; dort gab es besonders viele Unternehmen (46).

Zunächst noch einige Bemerkungen zur internen Struktur der Unternehmen. Es ist nicht bekannt, inwieweit die interne Organisation der einzelnen Unternehmen einander schon vor den Bemühungen um bessere Koordination ähnelten, und somit entzieht es sich auch unserer Kenntnis, ob die Koordinierung in irgendeiner Weise zur Homogenisierung der internen Strukturen beigetragen hat. Der Initiationsritus zum Beispiel scheint ein gemeinsames Kennzeichen aller Gruppen schon seit Ende des vorigen Jahrhunderts zu sein (vgl. auch Kapitel VI). Wie auch immer: Jede Familie hat nach Beginn dieser Koordinierungen eine typische hierarchische Struktur angenommen, die etwa folgende Gestalt hatte: Die Basis bilden die »Uomini d'onore« – auch »Soldati« oder »Operai« (Arbeiter) genannt; das sind die Personen, die regulär in die verschiedenen Unternehmen, auch Familien genannt, aufgenommen sind. Der Chef einer solchen Familie, allgemein als Capofamiglia bezeichnet, trägt den Titel »Rappresentante« (Repräsentant) und wird normalerweise von der Gesamtheit der Uomini d'onore der Familie gewählt; danach ernennt er einen Vicecapo und einen oder mehrere »Consiglieri« (Berater); laut Buscetta können das bis zu drei Personen sein. Es gibt jedoch auch Familien, in denen diese Posten überhaupt nicht vorgesehen sind oder in denen sie keine Bedeutung haben. Die Mitglieder einer Familie sind in Gruppen organisiert, die jeweils von einem »Capodecina« (Zehnerführer) kommandiert werden; diese leiten die »militärischen« Operationen und fungieren als Mittler zum Capofamiglia. Der Begriff Capodecina bezieht sich nicht auf eine wirkliche zahlenmäßige Aufteilung: Es gibt Familien, die nicht einmal eine Mitgliederzahl von zehn erreichen, oder auch andere, wie die der Bontade, die eine direktere und »demokratischere« Beziehung zum Capofamiglia zuließen (TC, S. 23). Calderone sagt: »Eine direkte Beziehung zwischen dem Uomo d'onore und dem Repräsentanten ohne die Zwischenschaltung des Capodecina ist unmöglich. In einigen Gegenden jedoch, etwa in Palermo, gibt es in den Familien

Uomini d'onore, die dem Repräsentanten direkt unterstehen, Personen seines absoluten Vetrauens, die ganz allgemein mit der Ausführung besonders delikater und geheimer Aufträge betraut werden.« (AC, III, S. 738, vgl. auch Arlacchi 1992, S. 160.)

Die Zahl der Mitglieder variiert von Familie zu Familie, sehr viele sind es jedoch fast nie: Die Familie Bontade zählte 1981 weniger als 120 Mitglieder und stellte damit doch schon eine der zahlenmäßig größten dar. Der Mittelwert liegt allem Anschein nach wesentlich niedriger: In der Familie, in die Calderone 1962 aufgenommen wurde, gab es zwischen 30 und 35 Mitglieder (AC, I, S. 4). Die Familie Collettis in Ribera hatte an die fünfzehn Mitglieder, die der Marsala in Vicari zehn. Und es gibt noch kleinere Gruppen: In Terrasini wies eine Familie nur zwei Mitglieder aus; laut Buscetta konnte eine Familie am Ende gar aus nur einem Mann bestehen (TB, III, S. 66): Ein wahrhaft selbständiger Schutzarbeiter.

Nach den Zeugenaussagen werden die Familien jeder Provinz dann – mal gut, mal schlecht – von einer »Commissione« (Kommission) koordiniert, die auch »Cupola« (Kuppel) oder »Provinciale« (vereinfachend für Provinzkommission) heißen kann (TB, I. S. 21, AC, II, S. 486–487). Dieses Organ wurde erstmals 1965 in der Provinz Palermo bekannt. Entdeckt wurde es im Laufe der Ermittlungen infolge des sogenannten »Ersten Mafiakrieges«, der die Straßen von Palermo 1962 bis 63 in ein Blutbad getaucht hat. Ermittlungsrichter Terranova schrieb auf der Basis eines Carabinieri-Berichts vom 28. Mai 1963:

»(Die Brüder La Barbera) hatten den Waffenstillstand gebrochen, der von Bossen mit großem Prestige im Verbrechermilieu der Provinz Palermo allen Angehörigen der Mafia auferlegt worden war.

Nach vertraulichen Informationen gehörten dieser Kommission fünfzehn Personen an, von denen sechs aus Palermo und die restlichen aus anderen Städten der Provinz kamen. Alle von ihnen hatten den Rang eines Gruppen- oder Familienoberhaupts der Mafia inne.« (CPM, 4-XVII, S. 627–628; vgl. auch OSPA, XII, S. 2345.)

Ermittlungsrichter Terranova hielt die Existenz einer solchen Kommission noch nicht für ein Indiz für eine stark vereinheitlichte Struktur der Mafia, die man mit einer Sekte hätte vergleichen können (CPM, 4-XVII, S. 656). Von den ursprünglichen Mitgliedern der Kommission waren Ende der 70er Jahre noch immer fünf uneingeschränkt als Mafiosi aktiv: Stefano Bontade, Gaetano Badalamenti, Salvatore Greco (»Cicchiteddu«), Pino Panno, Antonino Salamone. Badalamenti und Salamone leben heute noch.

Der Mafiakrieg setzte diesem ersten Versuch zur Organisation eines Kartells ein Ende; einen erneuten Ansatz gab es, wiederum beschränkt auf die Provinz Palermo, Ende der 60er Jahre, zunächst durch ein »Triumvirat« aus Bontade, Badalamenti und Riina (letzterer vertrat den eingesperrten Liggio). Der erste ist inzwischen tot, wohl das höchstrangigste Opfer des Mafiakrieges der 80er Jahre; der zweite büßt eine lebenslange Gefängnisstrafe in den USA ab, der dritte, aus der Familie von Corleone, wurde Anfang 1993 in Palermo festgenommen.

Dank der Enthüllungen durch die Aussteiger Mitte der 80er Jahre wissen wir heute viel über die Kommission: Ihre Mitglieder – »Capimandamenti« genannt (von »mandamento«, Bezirk) – repräsentierten jeweils drei territorial benachbarte Familien. Das hätte für die Provinz Palermo mit ihren damals schon 46 Familien eine Zahl von 15 Capimandamenti ergeben – tatsächlich nannte eine vertrauliche Quelle diese Zahl gegenüber dem Untersuchungsrichter Terranova schon zwanzig Jahre vorher (1965). Buscetta ist hier vager: Die Zahl der Kommissionsmitglieder sei »normalerweise zehn oder wenig mehr«, mitunter variiere sie auch (TB, I, S. 87). 1978, bei der dritten Neukonstitution der Kommission innerhalb eines Jahrzehnts, wurden zum Beispiel zwei neue Mitglieder zugelassen, die aus von Palermo relativ weit entfernten Orten stammten.

In der Regel war der Capomandamento der mächtigste Boß der drei benachbarten Familien. Als man erstmals eine solche Kommission einzurichten begann, Ende der 50er, Anfang der 60er Jahre, war das noch nicht so: Da konnte der Capomandamento auch ein Mann sein, der ansonsten nicht die Stelle eines Familienchefs einnahm – die Ernennung anderer einflußreicher Mitglieder der Familien sollte die interne Macht stabilisieren (TB, I, S. 102; III, S. 23; AC, I, 6, S. 122).

An der Spitze der Kommission stand ein »segretario« (Sekretär), im wesentlichen ein »Primus inter pares« (der Ausdruck erscheint in der Aussage Calderones wörtlich, vgl. AC, I, S. 8): Ein Amt, das bei den ersten Gehversuchen des Kartells noch besonders schwach war – der Sekretär hatte schlichtweg nur die Treffen zu organisieren (TB-GDS, 4. April 1986). Die Kommission war nur für die Provinz Palermo zuständig; in den anderen Provinzen soll es aber ebenfalls entsprechende Einrichtungen gegeben haben, außer in Messina und in Syrakus. Laut Antonino Calderone hat jedoch schon seit den 50er Jahren, sogar vor der Schaffung der Kommission und der Einrichtung der Capimandamenti, eine »Regionale Vertretung« existiert. Doch hier sind die Beschreibungen eher nebulös.

Viele Jahre gab es keinerlei Koordinierung zwischen den einzelnen Kartellen, auch wenn Buscetta behauptet, daß man zu einem bestimmten Zeitpunkt eine »zwischenprovinzielle Kommission« eingerichtet habe; ihr sollen Repräsentanten jeder Provinz angehört haben. Palermo sei zwar bei weitem die vorherrschende Kraft gewesen, doch in dieser Kommission seien alle Provinzen auf gleicher Ebene angesiedelt worden: »Vermittels dieses Mechanismus ist die Konstitution von Allianzen oder jedenfalls von Vereinbarungen über Geschäfte von gemeinsamem Interesse möglich.« (TB, I, S. 21; vgl. auch III, S. 13.) Wenig oder nichts sagt Buscetta jedoch darüber aus, wie dieses Superkartell effektiv funktioniert hat und mit welchen Zielen; wir wissen lediglich: Wenn »ein Unternehmer aus der einen Provinz Arbeiten von einer gewissen Bedeutung in einer anderen Provinz durchführen wollte, konnte dies nur nach einem Entscheid der zwischenprovinziellen Kommission geschehen« (TB, III, S. 12–13). Andere Quellen – darunter zwei Interviews, die ich mit palermitanischen Bauunternehmern geführt habe – bestätigen, daß ein Unternehmer, der Geschäfte auf dem Gebiet einer anderen Familie machen will, die ausdrückliche Erlaubnis dazu einholen muß, und zwar über seine eigene Familie, sofern er einer angehört, ansonsten über den Capofamiglia, unter dessen Schutz er steht (OSAG Arnone, S. 145–146, 155–156, 170 bis 171, 180–181). Durchaus denkbar ist also, daß bei Millionengeschäften (etwa dem Bau von Autobahnen) die Koalitionen der verschiedenen davon betroffenen Provinzen an den endgültigen Entscheidungen teilnahmen.

Über die Entstehungsgründe der Kommission gibt es zwei unterschiedliche Versionen. Die erste stützt sich auf einen Polizeibericht aus dem Jahre 1963. Danach wurde sie als Reaktion auf die Einrichtung der parlamentarischen Antimafiakommission geschaffen, die im Jahr zuvor beschlossen worden war. Mafiosi widersprechen dieser Erklärung jedoch und betonen, daß ihre »Commissione« bereits vor der parlamentarischen Kommission entstanden war (TB, II, S. 27); die Idee einer Kommission selbst habe man von den erfahreneren amerikanischen Vettern übernommen, die sich schon lange ein solches Organ geschaffen hatten. Nach dieser Version wurde die Einrichtung der Kommission 1957 sowohl von Lucky Luciano wie von Joseph Bonanno empfohlen, und zwar während eines Treffens im Hotel delle Palme in Palermo (CPM, 4-XIV, S. 1087ff.). Bonanno, der tatsächlich in diesem Jahr eine Reise nach Sizilien unternommen hatte, bemerkt in seiner Autobiographie, daß es in Sizilien keine Kommission nach Art der von ihm in den USA geleiteten gab (Bonanno 1983). Doch er sagt nichts über seine Rolle bei der folgenden Schaffung eines Kartells in Palermo. Dasselbe gilt für Luciano, der ebenfalls einen Teil der 50er Jahre in Italien verbrachte.

Contorno erklärt in seiner holprigen Art die Entstehung der Kommission so: »Die Kommission ist gerade deshalb entstanden, weil in jeder Familie jeder tat, was er wollte, jeder Capodecina zumindest. Jeder Boß und jeder Repräsentant. Da gab es eine Zeit, wo jeder tat, was ihm gerade in den Sinn kam, und diese Kommission entstand, um all diese schlimmen Dinge zu verhindern, die da geschahen, jeder herrschte über das Leben anderer Leute, gerade als wäre er wer weiß wer. Also haben sie die Kommision gegründet, damit man bei jedem Mord, auch wenn er innerhalb einer Familie geschehen sollte, zuerst zur Kommmission ging und sagte, ob der da leben oder sterben sollte; das war die Kommission. Doch davon hat nicht viel gehalten.« (TC-GDS, 12. April 1986)

Buscetta hat diesbezüglich eine Bemerkung gemacht, die unbeachtet geblieben ist, jedoch eine erhebliche Bedeutung hat, zeigt sie doch, daß das im ersten Abschnitt dieses Kapitels aufgeworfene Problem nicht nur theoretischer Natur ist: Die Kommission wurde zunächst nicht zum Zwecke einer Regulierung der Konflikte unter den Familien konstituiert, sondern um »die Streitigkeiten zwischen den Mitgliedern der verschiedenen Familien und ihren jeweiligen Capi abzublocken«; erst »später wurde ihre Funktion bis hin zur Regelung der Tätigkeiten aller in einer Provinz vorhandenen Familien ausgeweitet« (TB, I, S. 21). Dieser Satz enthüllt, daß es im Inneren der Familien stärkere Spannungen gab als zwischen den verschiedenen Familien: Die Kommission war eine Koalition der Familienchefs mit dem Ziel, die Mitglieder jeder Gruppe zu disziplinieren, so daß die Unzufriedenen keine Konflikte heraufbeschworen. Calderone sagt, daß es in der Familie von Catania recht häufig Disziplinlosigkeiten gab; zum Beispiel verschiedene Morde ohne die Zustimmung seines Bruders (der dort Repräsentant war): »Mein Bruder war ein General ohne Heer und baute seine Stärke ausschließlich auf die kräftige Unterstützung aus Palermo. Als die Palermitaner ihn fallenließen, war seine Ermordung ein Kinderspiel« (AC, III, S. 641). Noch klarer die Worte Marsalas:

»Wenn es unter den Mitgliedern einer ›Familie‹ Streitigkeiten verschiedener Natur gibt und dem ›Reggente‹ (Repräsentant) die Beilegung nicht gelingt, wendet er sich an den ›Capomandamento‹, der dann eingreift, um die Mitglieder zu einem Übereinkommen zu bewegen oder das Problem zu entscheiden. Handelt es sich um schwerwiegende Vorgänge, die das gesamte Gebiet der ›Familie‹ angehen, wendet sich der Repräsentant an den ›Capomandamento‹, und dieser legt die Sache der ›Kommission‹ von Palermo vor.« (VM, S. 3–6.)

Unklar ist dabei, was die einzelnen Mitglieder zur Auflehnung oder zum Handeln auf eigene Faust antreibt, und ob es sich dabei vor allem um unzufriedene Kunden handelt, die die Dinge wieder in die eigene Hand nehmen möchten, oder um Mitglieder, die den Capo absetzen und selbst eigenständige Schutzgeber werden wollen. Beide Möglichkeiten schließen einander nicht aus, doch Marsala und Calderone nehmen wohl mehr den ersteren Fall an. Wir wissen auch nicht, ob der Schutzmarkt Ende der 50er Jahre an Stabilität verlor (möglicherweise im Zusammenhang mit dem Schutz des Zigarettenschmuggels und des Drogenhandels) und daher Gegenmaßnahmen erforderlich wurden; oder ob es sich bei alledem um ein langfristiges Problem handelte, dessen Lösung sich rein zufällig in jener Zeit ergab.

Erstes Ziel der Kommission war eine strikte Regelung des Gebrauchs von Gewalt. Zahlreiche Aussagen belegen die Hindernisse, die einer Erlaubnis für einen Mord entgegenstanden. Zustimmen mußte in jedem Fall der Capomafia des Territoriums, auf dem der Mord geschehen sollte; anzunehmen, daß die Kommission versucht hat, diese Regel durchzusetzen. Wurde die Zustimmung nicht eingeholt, galt das als kriegerischer Akt oder zumindest als Herausforderung. Weiterhin stimmen sämtliche Quellen darin überein, daß die Kommission in bestimmten Fällen den Mord im voraus einstimmig billigen mußte. Das ist wohl bei verschiedenen Gelegenheiten geschehen. Trotzdem erklärt Tommaso Buscetta, daß Totò Inzerillo – selbst Mitglied der Kommission – 1981, ohne entsprechende Erlaubnis einzuholen, den Generalstaatsanwalt Costa ermordete, um seine eigene Reputation zu erhöhen (TB, I, S. 92). Soweit erkenntlich, war diese Tat eine Reaktion auf die Aktivitäten einer anderen Fraktion der Kommission, der Corleonesier, von denen Inzerillo fürchtete, sie könnten allzu aggressiv werden. Die Corleonesier standen ihrerseits unter dem Verdacht, einige Jahre zuvor just auf dem Territorium Inzerillos den hochrangigen Mafioso Giuseppe Di Cristina umgebracht zu haben und dabei ebenfalls die Zustimmungvorschrift mißachtet zu haben.

Die interessanteste Regulierungsfunktion des Kartells betrifft jedoch wohl die Ersetzung eines Capofamiglia, wenn dieser stirbt (gleichgültig aus welchem Grund) und ein Machtvakuum hinterläßt, das gefährliche Konflikte heraufbeschwören könnte. Wie schon oben im Kapitel III.2 gesehen, hat das Vermögen eines Schutzunternehmens, das ja ganz auf der Reputation des Bosses beruht, die Tendenz, mit dem Tod des Capo zu entschwinden. Die Kunden sind nun ungeschützt, Ersatz braucht Zeit, der Ausbruch eines Konflikts in dieser Periode ist äußerst wahrscheinlich: Es besteht die Gefahr, daß sich die Kunden in die Arme des benachbarten Schutzunternehmens flüchten, was wiederum dessen Stärke unvermittelt mehrt – auch wenn dieser regelrechte Take-over gar nicht geplant war. Diese Stärke kann nun zur Bedrohung für andere Familien werden, die dadurch in eine schwächere Position geraten – und das kann einen Krieg auslösen, den vorher niemand wirklich gewollt hatte. Nicht überraschend also, daß die Regulierung der Erbfolge ein entscheidender Faktor für die Stabilität des Ganzen ist.

Zwei Lösungen wurden dabei angewandt. Die erste bestand in der Verhinderung von Übernahmen und in »Fusionen« zur Vermeidung möglicher unerwünschter Folgen:

»Die Familie wurde aufgelöst, ihr Territorium Brancaccio oder Ciaculli zugeschlagen ... Die Familie von Corso Catalafimi wurde nach 1963 von der Porta Nuovas einverleibt. Der Capo der Familie von Corso Catalafimi – Mario Di Girolamo – war auch Capomandamento und Mitglied der Kommission; er emigrierte nach Deutschland und widmete sich dort dem Import-Export von Obst und Gemüse... Die fragliche Familie (vom Giardino Inglese) hatte kein besonderes Gewicht, und so wurde ihr Territorium unter den benachbarten Familien aufgeteilt« (TB, III, S. 4, 10, 56).

Marsala sagt auch, es sei »nicht ausgeschlossen, daß sich auf Maßgabe der Provinzkommission gewisse Veränderungen hinsichtlich der Ausdehnung des Territoriums eines Bezirks und damit auch der Zusammensetzung der Familien ergeben« (VM, S. 54).

Diese zweite Lösung wurde mit unterschiedlichem Erfolg angewandt: Sie sah die Nominierung von einem oder zwei »Regenten« vor. Die Nationalökonomie nennt so etwas das »Verleihen eines Reputationsvermögens«. Als Verleiher fungiert dabei die Kommission, die aus einer Koalition von Familien besteht, welche derart mit Schutzgeschäften gesegnet sind, daß sie sich deren Untervermietung leisten können. Der Empfänger, Regent genannt, hält die Familie vereint, solange man noch mit der Suche und Wahl eines neuen Chefs beschäftigt ist, der ein eigenes Vermögen zu investieren vermag (die Wahlen drücken in diesem Zusammenhang die Zustimmung aus, auf der die Reputation beruht). Wobei die Wahlberechtigten im Grunde gar nicht zu entscheiden haben, sondern die getroffene Auswahl legitimieren sollen: Sind alle einverstanden, daß A Capo wird, so wird diese Zustimmung ihrerseits zum Fundament der Reputation von A. 1975 zum Beispiel wurde Bontade einstimmig von elf Uomini d'onore gewählt, doch bereits 1979 war die Familie, wahrscheinlich wegen der »Hereinnahme« von Kunden aus dem Drogenhandel, auf mehr als hundert Mitglieder angewachsen – und da mußte die Wahl wiederholt werden, um die Oberherrschaft Bontades erneut zu bestätigen. Er wurde wiedergewählt, aber nicht einstimmig. Er verzieh den Dissidenten, doch dieses »Zeichen der Schwäche« hat wahrscheinlich eine Rolle bei seinem Tod gespielt, weil ihn die sezessionistische Gruppe verriet, indem sie sich mit der ihm feindlichen Gruppe in der Kommission verbündete.

Die Schiedsrichterrolle der Kommission erwies sich dabei als keineswegs unproblematisch; die Familien, speziell die größeren, haben ihre Entscheidungen stets unabhängig von den Urteilen des

Leitorgans getroffen. (In den USA hatte die Kommission laut Buscetta zwar Einfluß, aber keine Exekutivmacht und fungierte vor allem als Ort für Debatten; Buscetta 1983.) Ich gehe nun nicht auf die Einzelheiten der beiden Mafiakriege (1961 bis 1963 und 1981 bis 1985) ein – sie wären eine eigene Untersuchung wert. An dieser Stelle genügt der Hinweis, daß die Macht der Kommission zur Durchsetzung ihrer Normen sich auf die Koalition der stärksten Familien stützte und sicher nicht frei von massiven internen Spannungen war: Schon alleine die Regel, die von den Mitgliedern verlangte, an den Treffen ohne Waffen teilzunehmen, belegt deutlich die konkrete Gefahr von Gewaltausbrüchen (TB, I, S. 90), und sie zeigt auch, wie die Kommission, so wiederum Buscetta, zum Mittel wurde, mit dem die mächtigeren Familien ihren Willen den kleineren Gruppen aufdrängten (ebda. S. 5).

Wir haben bisher die These, wonach sich die sizilianische Mafia in ein System organisierter Kartelle zu verwandeln versucht habe, entweder indirekt abgeleitet oder den Geständnissen ausgestiegener Mafiosi entnommen – denen Skeptiker jedoch mythologische Verdrehungen der Wirklichkeit, persönliche Interessen oder Rachegelüste vorwerfen. Bestätigt wird die angeführte These jedoch auch von einer weniger verdächtigen Quelle, einer von der kanadischen Polizei abgehörten Privatunterhaltung in einer Bar von Montreal vom 22. April 1974. Daran nahmen drei Mafiosi teil, geredet haben jedoch vor allem zwei: der Besitzer des Lokals, Paul Violi, ein gebürtiger Kalabrese und vermutlich Capo der Familie von Montreal (er wurde 1978 in Montreal ermordet), und Giuseppe Carmelo Cuffaro aus Montallegro in der Provinz Agrigent. Aus dem Gespräch geht hervor, daß Cuffaro sich nach Montreal begeben hat, um Violi über die jüngsten Ereignisse in Sizilien zu informieren; jedenfalls unterstellen das die kanadischen Ermittler. Möglich wäre jedoch auch, daß er gerne nach Kanada umziehen wollte und die Chancen einer Aufnahme in die Familie Violis sondierte. Ein Gutteil der Unterhaltung – die in einer Mischung aus Italienisch und Sizilianisch ablief – betraf die Veränderungen in der internen Hierarchie innerhalb der Familien und der übergreifenden Organe der Provinz Agrigent; man stand wohl am Ende einer bedeutenden Übergangsperiode: Immer wieder ging es um die Absetzung von Personen und ihren Ersatz. Die folgenden Ausdrücke sind genaue Übertragungen aus der Aufzeichnung (die Zufügung der Eigennamen stammt von mir): »Giovanni gehört zur Familie Siculiana« – »Das war kein Brief, den man dem Capodesima vorlegen mußte« – »Carmelo (Salemi) ist der Repräsentant des Ortes« – »Nanà (Caruana) hat man zum Capo des Mandamento gemacht« – »Onkel Peppino (Settecasi) ist Provinz-Capo« – »Carmelino (Colletti) haben sie zum Berater der Provinz gemacht, anstelle von Campo«. Es gab auch Fragen an Cuffaro über die Lage in den anderen Provinzen: »Und in Palermo prügeln sie sich immer noch? Steht noch immer alles Kopf?« – »Gibt's in Catania welche, die ich auch kenne?« Schließlich taucht auch ein allerdings etwas vager Bezug auf einen Repräsentanten Siziliens auf. In der Textübertragung wird hier ein »Cicco Paolo« genannt, was vermutlich »Ciccio«, als Kosename von Francesco, heißt. Das könnte sich auf Francesco Paolo Bontade beziehen, den Vater von Stefano und Giovanni Bontade. Dann gälte die Passage aber nur für das Ende der 50er und den Anfang der 60er Jahre, weil Bontade an Diabetes litt und seine Stelle an den Sohn Stefano abtrat, als dieser noch kaum 22 Jahre alt war.

Die Ausdrucksweise in der Unterhaltung in Montreal entspricht nahezu vollständig derjenigen, die Buscetta, Contorno, Marsala und Calderone bei der Beschreibung von »la nostra cosa« benutzen (Calderones Bruder Giuseppe wird in dem Gespräch als Chef der Provinz Catania genannt). Doch während Buscettas Bericht derart trocken und stereotyp ist, daß er in manchem den Verdacht einer Präparation hat keimen lassen, kann man das eben wiedergegebene abgehörte Gespräch kaum als unecht betrachten, und bei dem hier erkennbaren Jargon handelt es sich eindeutig nicht um eine allgemein übliche sizilianische Terminologie. Diese drei Leute reden miteinander, und sie sprechen für sich selbst, unter Benutzung einer spezifischen Diktion. Die Sizilianer, die in Montreal abgehört wurden, kommen aus Agrigent, während die oben genannten Mafiaaussteiger aus Palermo und Catania stammen – will heißen, daß die Kartelle der verschiedenen Provinzen zumindest ein gemeinsames Wörterbuch organisatorischer Begriffe besitzen.

Weitere Elemente der Unterhaltung zeigen höchst realistisch, wie das Verhältnis zwischen der Zugehörigkeit zu einer sizilianischen und der zu einer amerikanischen Familie aussieht. Die beiden Gruppen existieren getrennt voneinander und sind auch unabhängig. Violi erklärt: Emigriert ein Mafioso nach Kanada, muß er fünf Jahre lang Lehrzeit in einer Familie auf sich nehmen, und in dieser Periode werden seine Eigenschaften eingeschätzt. Geht alles gut, wird er in die neue Familie aufgenommen. Der Wohnort wird wiederholt als Kriterium für die Mitgliedschaft erwähnt: »Wenn du dort unten wohnst«, erklärt Violi, »kannst du nicht zu uns gehören«, und Cuffaro sagt: »Jawohl, Gevatter Paolo, nehmen wir aber an, daß ich mit einem Brief aus Italien komme, und da du weißt, daß ich ein Freund bin, denke ich, hast du das Recht, mich als Freund zu achten, und ich habe das Recht, meine Pflicht dir gegenüber zu tun, nicht wahr? Wenn Italien ihn als Freund anerkennt und ihn hierher schickt, hat er doch zweifellos dieselben Rechte und Pflichten.« Violi darauf: »Nein, das ist anders. Wenn er hier bei uns lebt und wir ihn anerkennen, und wenn der Augenblick kommt (ihn aufzunehmen), ist alles in Ordnung.« Cuffaro erwidert: »Entschuldige, dann sag mir, soll das heißen: Wenn ich nach Amerika komme, kann ich keinen Besuch bei einem Freund machen?« – »Doch, aber du kannst nicht mit ihm über Dinge reden, die deine Familie betreffen.« – »Über die Familie nicht...?« – »Darüber darfst du nichts sagen.«

Aus der Anwesenheit Cuffaros in Montreal ziehen wir die Erkenntnis, daß es da internationale Beziehungen gibt. Gleichzeitig wird aber auch klar, daß es sich um sporadische Beziehungen handelt: Sie betreffen zwei getrennte Verbände, die ihre Kommunikation über informelle Kanäle betreiben. Auch Buscetta bekräftigt, daß die Beziehungen zwischen Sizilien und Amerika nicht sonderlich gut sind:

»Als ich noch in Palermo war (bis 1963), habe ich Gesprächen über die amerikanische Cosa Nostra entnommen, daß diese Organisation, die strukturell der sizilianischen ähnlich ist, früher mit uns verbunden war, doch die Beziehungen wurden gekappt. Ich habe auch gehört, daß es in der Zeit, wo diese Beziehungen noch intakt waren, für einen sizilianischen Uomo d'onore, der in die USA emigriert war, aufgrund seiner Eigenschaft als Uomo d'onore sofort möglich war, Mitglied der amerikanischen Cosa Nostra zu werden. In den USA mußte ich dann dagegen erkennen, daß ein Uomo d'onore, etwa ich, keinerlei Chance hat, offizielle Beziehungen zur amerikanischen Cosa Nostra zu unterhalten. Dieser Organisation gehören Süditaliener (und nicht nur

Sizilianer) an, die bereits in zweiter Generation Amerikaner sind.«
(TB, III, S. 116–117.)

4. Die Normen

Wir wissen, daß die mafiosen Unternehmen einen Kodex besitzen, auch wenn niemals schriftliche Dokumente darüber aufgefunden wurden (und es auch unwahrscheinlich ist, daß dies künftig geschieht).

Henner Hess nennt vier grundlegende Normen: Kumpane mit dem eigenen Blut rächen; ihnen helfen, wenn sie Schwierigkeiten mit der Justiz haben; die Profite teilen; den Mund halten. Dabei versucht Hess in diesem Zusammenhang zu belegen, daß es sich nicht um Sonderregeln einer Organisation handelt, sondern daß diese Normen Bestandteil der lokalen Kultur sind. – Mit Ausnahme der Schweigepflicht sollen diese Vorschriften jetzt jedoch nicht erörtert werden, denn wir beziehen uns ausschließlich auf Belege aus jüngster Zeit, und da spielen die ersten drei Normen keine zentrale Rolle. Ich denke jedoch, daß auch sie treffender gedeutet werden als grundlegende Komponenten des Schutzvertrages, der das einzelne Mitglied an seinen Boß bindet: Die erste Norm legt fest, daß ein Mitglied gegen jede Eventualität geschützt wird, auch wenn das den Gebrauch von Gewalt mit sich bringt; die zweite und dritte Norm stellen jeweils Versicherungsklauseln dar, wie sie bei Arbeitsverträgen üblich sind.

Wir wissen nicht, ob es diesen Kodex bereits vor den ersten Ansätzen eines Kartells gab oder ob die Gründung fester Allianzen ihrerseits der Grund für seine Einführung war. Sicher ist jedoch, daß die aussagewilligen Mafiosi der 80er Jahre eine gewisse Anzahl von Normen und Verboten als integralen Bestandteil ihrer Tätigkeit ansahen. Wir zerlegen diesen Kodex in vier Kategorien: die Rekrutierung von Novizen, die Reputation, die Information und die Eigentumsrechte.

Die Rekrutierung

Wir haben bereits einige der Eigenschaften diskutiert, die man braucht, wenn man Mafioso werden will. Ein weiterer Punkt sollte sein, daß man keine verwandtschaftlichen Beziehungen zu Polizisten, Carabinieri, Richtern et cetera hat (vgl. hierzu etwa AC, I, S. 248, III, S. 733). Dennoch gibt es da auch Ausnahmen: Aurelio Ocelli wurde in die Familie von Vicari aufgenommen, obwohl er Sohn eines Carabinieri war: Marsala sagt, das Verwandtschaftshindernis sei überwunden worden, weil sich der Mann guter Beziehungen zu Vito Ciancimino und Salvo Lima rühmte (beide Statthalter Andreottis in Sizilien, VM, S. 10–11). Auch Antonio Rolto durfte Mitglied werden, obwohl er mit einem Stadtpolizisten verschwägert war; doch seine Karriere kam – möglicherweise aus diesem Grund – nur relativ langsam voran (TB, III, S. 8–9, TB-GDS, 7. April 1986). Auch Francesco Cascio Ferro, Enkel des Vito Cascio Ferro – ein Mafioso, der zu Beginn dieses Jahrhunderts berühmt wurde als mutmaßlicher Mörder des Polizisten Joe Petrosino – galt als Mafiamitglied, obwohl er Militärarzt war. Calderone dazu: »Abgesehen davon, daß der Clan der Cascio Ferro seit Jahrhunderten zur Cosa Nostra gehört, kann man den Genannten (Francesco) als Arzt und Offizier ansehen, nicht als ›Sbirro‹, als ›Bullen‹: Er ist lediglich ein Soldat« (AC, III, S. 733).

Reputation

Das Verbot von Beziehungen und Kontakten zu Vertretern der Ordnungskräfte wurde wohl mehr wegen der Wahrung der Reputation eingeführt denn aus Sicherheitsgründen: »Es gehört zu den grundlegenden Vorschriften für einen Uomo d'onore, sich nicht an die Polizei zu wenden, wenn er das Opfer eines Diebstahls oder irgendeines Verbrechens wird« (TC, S. 121). Wie nämlich könnte man sich seinen Lebensunterhalt mit der Behauptung verdienen, man beschütze andere Menschen, wenn man sich gleichzeitig selbst schützen läßt? In diesem Punkt stimmen alle überein: In derlei Fällen muß man selbst den Dieb aufspüren und ihm eine Lektion erteilen (VM, S. 10; TB, III, S. 137). So können wir uns die Verlegenheit der Frau eines der angesehensten Capimafia Palermos (der heute eine lebenslängliche Haftstrafe verbüßt) vorstellen, als sie vom Diebstahl eines Pakets mit teuren Kleidern benachrichtigt wurde, die sie in einer Boutique in Val d'Aosta gekauft hatte: Die Sendung war beim Versand nach Palermo abhanden gekommen. Der Geschäftsführer ermahnte die Frau des Mafioso immer wieder, Anzeige zu erstatten, weil er sonst die Versicherungssumme nicht einfordern konnte. Es war für die Frau sicher nicht einfach, dem Boutiquebesitzer zu erklären, daß ihr Mann keine Zeit dazu hatte und daß sie deshalb die Kleider lieber bezahlt, ohne sie jemals erhalten zu haben (OSPA, V, S. 829).

Auch hier gibt es jedoch Ausnahmen. Zwei Mitglieder der Familie von Vicari rühmten sich öffentlich, wie sie den Diebstahl bei einem ihrer geschützten Kunden vereitelt hatten: Zunächst hatten sie aus den Autoreifen der Diebe die Luft ausgelassen, dann anonym bei den Carabinieri angerufen, die sofort hingefahren waren und die Diebe verhaftet hatten (VM, S. 10). Der Anruf bei der Polizei brachte den beiden jedoch einen scharfen Tadel seitens der älteren Mitglieder ein.

Doch auch die Kommission selbst mußte eine Ausnahme machen: Sie hat nach übereinstimmenden Berichten von Buscetta und Calderone festgelegt, daß man den Diebstahl des Autos eines Mafioso anzeigen dürfe – würde dieses nämlich danach für ein Verbrechen benutzt, könnte der Mafioso mit den Banditen verwechselt werden (TB, III, S. 137; AC, II, S. 363; vgl. auch weiter unten, Kapitel VII.6). Diese Ausnahme zeigt im übrigen auch, daß selbst Mafiosi nicht so unantastbar sind, wie ihnen das die Volksphantasie zuschreibt, und sie ihrerseits durchaus Opfer hartnäckiger sizilianischer Diebe werden können – was auch einleuchtet: Wie soll denn ein Mafioso sein Fahrzeug inmitten Tausender anonymer Autos kennzeichnen? Er kann ja nicht ein »M« aufkleben oder es mit seinem Namen versehen. Eine Lösung mag darin bestehen, die Autotür einfach nicht abzuschließen – eine Geste, die in Gebieten mit hohem Diebstahlrisiko eine erhebliche Furchtlosigkeit darstellt, die Übeltätern Angst einjagen soll (Calderone sagt, daß sein eigener Clanchef das Auto stets offen ließ). Eine Alternative wäre auch, Kleinautos zu benutzen, die Dieben weniger Appetit machen, und tatsächlich kutschieren viele Mafiosi in heruntergekommenen Kleinwagen herum. Doch auch der umgekehrte Fall ist nicht selten: Mafiosi fuhren auffällige, teure Autos – schwarze

BMWs, cremefarbene Mercedes, rotgeflammte Range Rovers, und das veranlaßte die Diebe – über den großen Eindruck hinaus, den solche Autos machten – zu einer gewissen Vorsicht beim Klau.

Die Verhaltensmaßregeln auf sexuellem Gebiet sind streng: Ein Mafioso darf der Frau eines anderen Uomo d'onore nicht nachstellen und muß ganz allgemein in den Augen aller ein untadeliges Familienleben führen. Diese Regel hat weniger die Anpassung an konventionelle Werte als Ziel, es handelt sich vielmehr um die Aufrechterhaltung der Reputation: Ein Schutzgeber muß in erster Linie die Moralität seiner eigenen Frau schützen können, sonst gerät er in den wenig ehrenvollen Stand eines »Gehörnten«. Etwas verdeckter könnte diese Vorschrift aber auch darauf abzielen, die unfreiwillige Weitergabe geheimer Informationen beim illegalen Sex zu verhindern (ein bewährtes Instrument von Geheimdiensten). Buscetta berichtet, daß er aus der Mafia ausgeschlossen wurde, weil er geschieden war und außereheliche Verhältnisse hatte. Ähnliches geschah einem Freund Contornos: Er lebte mit einer Frau zusammen, deren Verhalten als nicht hinreichend keusch galt (TC, S. 181).

Nicht schwer zu erraten, daß gerade auf diesem Gebiet die Ausnahmen recht zahlreich sind. Vincenzo Marsala und Salvatore Umina wurden beide widerspruchslos in die Familie von Vicari aufgenommen, obwohl sie nicht mit ihren Lebenspartnern verheiratet waren (VM-GDS, 16. Mai 1987; vgl. auch TC, S. 141, und OSPA, XII). Ein Mitglied der Gruppe Colletti hatte ein Verhältnis mit einer Frau, die ihn sogar zur Hochzeit seines Sohnes begleitete (OSAG, S. 224). Colletti selbst hielt sich, obwohl verheiratet, eine Geliebte. Diese wiederum berichtete vor Gericht, daß sie sich gegen Ende ihrer Beziehung auch mit anderen Männern getroffen hat und daß Colletti auch vor ihren Augen anderen Frauen den Hof gemacht hat (MPAG, Bono). Totò Inzerillo wurde ermordet, als er aus dem Appartement seiner Geliebten trat. Natale L'Ala, Capofamiglia von Campobello di Mazara, der 1990 im Alter von 77 Jahren umgebracht wurde, lebte viele Jahre unverheiratet mit einer Frau zusammen, Giacomina Filippello. Der illegale Status minderte die Liebe der Frau zu ihrem Natale nicht: Aus Protest gegen die behördliche Verweigerung einer Besuchserlaubnis im Gefängnis kettete sie sich sogar einmal am Tor des Rathauses von Campobello an (›la Repubblica‹, 11. Mai 1990). Laut Calderone unterhielten

Francesco Ferrera, Giuseppe Ferrera, Bernardo Provenzano und Giuseppe Madonia Beziehungen zu Frauen von zweifelhaftem Ruf; zwei Mitglieder der Familie von Catania hatten sogar uneheliche Söhne und taten nichts, dies zu verbergen (AC, I, S. 17). Laut Calderone werden »bei wichtigen, angesehenen Persönlichkeiten eben auch solche Hindernisse überwunden« (AC, II, S. 471, 510).

Die Instrumentalisierung dieser »Normen« ergibt sich aus einer Reihe von Vorkommnissen: Giuseppe Ferrera, Mitglied der Familie von Catania, wurde das Zusammenleben mit seiner Gefährtin gestattet, obwohl die beiden nicht miteinander verheiratet waren; zur gleichen Zeit wurde jedoch Giuseppe Santapaola die Aufnahme verweigert, weil er sich von seiner deutschen Frau hatte scheiden lassen (OSPA, IX, S. 1835; AC, I, S. 16). Vincenzo Arena – der Geschäfte hinter dem Rücken seiner Familie tätigte – wurde mit der Ausrede einer außerehelichen Beziehung »abgesetzt« (ebda. S. 36).

Es ist durchaus möglich, daß die Präsenz der Mafiosi und ihrer »Moral« der Grund für deutlich geringere Belästigungen ist, die Frauen im Vergleich zu anderen Gegenden auf den Straßen Siziliens erleiden – schließlich weiß man nie so genau, wem das ausgewählte Opfer »gehört«. Dennoch: Mafia oder nicht, der echte Latin Lover läßt sich am Ende doch nicht abbringen: 1981 oder 1982 wurde ein etwa fünfzigjähriger Mann ermordet, weil er »ein Playboy war und Frauen belästigt hatte, die er nicht belästigen durfte. Sie schossen von einer Vespa auf ihn« (VS, I, S. 50). Ein Bäcker, der seinen Stand an der Piazza Decollati in Palermo hatte und der sich allzugut mit der Schwägerin eines Capomafia verstand, verschwand spurlos (SC, IV, S. 85). Ein anderer Don Giovanni hatte etwas mehr Glück:

»Auf Anordnung Lorenzo Tinnirellos und mit Zustimmung Angelo Baiamontes haben wir einen Busfahrer mit Stöcken blutig geschlagen, der sich laut Tinnirello schlecht gegenüber Frauen aufgeführt hatte. Ich, Ignazio, Fazio und Tempesta stiegen in den Bus, und während ich die Passagiere mit einer Pistole in Schach hielt, hieben Tempesta und Ignazio auf den Fahrer ein« (VS, I, S. 184).

Auch der Bruder eines Fahrlehrers aus Catania hatte Pech: Der »Istruttore di guida« hatte sich von der Frau eines Capomafia nach der letzten Stunde als Belohnung für seine Geduld einen Kuß erbeten; die Frau hatte das einem der Statthalter des Ehemanns erzählt und dazugesagt, daß wohl »das Schlimmste passieren würde«, erführe ihr Mann von dem Vorfall. Die eifrigen Subalternen nahmen die Sache in eigene Regie: »Sie bewaffneten sich, um ihm in die Beine zu schießen. Doch sie verfehlten das Ziel und schossen den Bruder des Fahrschulbesitzers an, der sich wunderte« – wie Calderone schließt – »warum sie auf ihn geballert haben.« (AC, I, S. 182.)

Eine weitere Regel zur Aufrechterhaltung mafioser Würde verbietet die Simulation von Irresein zur Vermeidung gerichtlicher Strafen. »Wenn zu meiner Zeit«, berichtet Buscetta, »gegen einen Uomo d'onore Beweise für die ihm zur Last gelegten Taten erbracht worden waren, galt die Simulation von Verrücktsein unsererseits als Vergehen, weil es bedeutete, daß man die Verantwortung für die eigenen Taten nicht zu übernehmen verstand« (TB, I, S. 121). Doch auch hier herrscht kein Mangel an Ausnahmen: Mindestens neun der Mafiosi, die vor dem Maxiprozeß verhaftet worden sind, haben Verrücktsein vorgespiegelt. Die Richter in Palermo listeten unter die Kategorie »Simulanten« unter anderen auf: Giorgio Aglieri, Gerlando Alberti, Tommaso Spadaro, Antonino Marchese, Vincenzo Sinagra genannt »Tempesta«. Antonino Sinagra gab darüber einen Bericht: »Anwalt Chiaracane riet uns, Verrückte zu spielen, weil uns sonst dreißig Jahre Gefängnis drohten. Mir selbst riet er zu sagen, ich wolle jetzt zum Fischen gehen, Antonio sollte nach seiner Mamma rufen und Vincenzo ein Boot verlangen. Als Folge davon wurden wir im vierten Stock an Beruhigungsbetten festgebunden; dort verständigte uns Peppuccio Madonia, der Sohn von Ciccio, daß der Richter zur Vernehmung angekommen sei, und so verstärkten wir unser Verrücktspielen noch« (VS, I, S. 54). Der Grund für Sinagras Ausstieg aus der Mafia und sein Überwechseln zum Status des »Pentito« war dann, daß sein Verrücktspielen fehlschlug und er danach von seinen »Freunden« bedroht wurde (VS, I, S. 19–20 und 76–77).

Man muß allerdings hinzufügen, daß keiner dieser Simulanten eine hochrangige Figur war; eine Ausnahme macht jedoch möglicherweise Antonino Calderone. Dieser spielte nach einer Verurteilung Anfang der 70er Jahre Irresein vor, wurde einige Zeit in eine Psychiatrische Anstalt eingesperrt, jedoch nach seiner Entlassung wiederum zu seiner Familie in Catania zugelassen, wo er am Ende sogar Capoprovincia wurde (OSAG, S. 334–335, OSPA Stajano S. 58). Calderone selbst räumt ein, daß »die Mafiosi einen Haufen Regeln haben, die sie dann tatsächlich jedoch unentwegt verletzen« (Arlacchi 1992, S. 134).

Die Information

Werden Normen durch eine ausdrückliche formelle Entscheidung eingeführt, betreffen sie in der Regel Verhaltensbereiche, die sich allen anderen Formen der Kontrolle entziehen. Die wiederum entstehen dort, wo man keine andere zuverlässige Lösung für ein Problem gefunden hat, oder wo die Versuchung zur Entgleisung stark ist, oder wo der Mangel an berechenbaren Verhaltensweisen Verwirrung und schwerwiegende Konsequenzen heraufbeschwören könnte. Im mafiosen Umfeld ist der wichtigste, doch gleichzeitig am wenigsten kontrollierbare Bereich der der Information, und so gibt es denn auch zahlreiche Normen, die sich auf ihn beziehen.
Ganz oben auf der Liste steht die Schweigepflicht, die wir schon im Kapitel II behandelt haben: Ein Uomo d'onore darf niemandem seine Mitgliedschaft enthüllen und auch sonst nichts über die Existenz oder die Geschäfte der Familie verraten. Ganz besonders muß man sich hüten, mit Frauen darüber zu reden (»Man spricht nicht mit Frauen über Probleme der Cosa Nostra«, sagt Calderone, TC, S. 114). Auch Zurückhaltung wird in vielen Quellen als wichtige Eigenschaft angesehen: Ein Uomo d'onore, der Fragen stellt, erscheint übertrieben neugierig und ist daher verdächtig (TB, I, S. 49); auch wer komplizierte, überflüssige Reden führt, mindert sein Image von Stärke und Entschlossenheit. »Merkwürdig«, schreibt Alongi 1887, »daß in diesen heißen, phantasievollen Gegenden, wo der normale Duktus so schmeichlerisch, bombastisch, bilderreich erscheint, die Redeweise der Mafiosi kurz, anspruchslos, entschieden ist« (zit. in Hess 1970). »In einem Ambiente wie dem unseren«, sagt Contorno, »in dem es um so besser ist, je weniger man spricht, genügt ein halber Satz, und man versteht vollkommen, ob eine Person der Cosa Nostra angehört oder nicht« (TC, S. 185); Buscetta zum gleichen Thema: »In meinem Ambiente stellt man niemals Fragen, doch wenn der Gesprächspartner es für sinnvoll hält, läßt er mit einem Satz, einer Geste des

Kopfes oder auch mit einem Lächeln etwas durchblicken... mitunter auch mit seinem Schweigen.« (TB, I, S. 115–117.)

Kryptische Signale, Anspielungen, Metaphern: Das sind die Mittel, mit denen sich die Mafiosi untereinander verständigen; oder mit denen sie sich, häufig, auch nicht verstehen. Laut Marsala hat Michele Greco in Anspielung auf das Urteil zur Ermordung Pizzus bemerkt: »Wer Wechsel unterschrieben hat, die verfallen sind, muß früher oder später dafür bezahlen« (VM, S. 7). Oder als Don Mariano Marsala von Ciccio Intile, dem Capomandamento von Vicari, Auskunft über das Verschwinden von Ocelli forderte, der zur Familie von Vicari gehörte, erhielt er die folgende, von Vincenzo Marsala überlieferte Antwort:

»›In Misilmeri ist einst eine Person verschwunden und niemand hat mehr etwas von ihr gehört, man hat nie mehr etwas davon erfahren!‹ Daraus zog mein Vater die feste Überzeugung, daß das Verschwinden der ›Familie‹ zuzuschreiben ist, denn wenn die ›Familie‹ nicht dafür verantwortlich gewesen wäre, hätte Intile nicht in dieser Weise geantwortet, sondern eine Nachforschung angestellt« (VM, S. 13–14).

Es kann nicht überraschen, wenn dieses Babel von ausweichenden Signalen und dementsprechend ambivalenten Deutungen – wie in der Welt der Spione – jede Art von Betrug und Mißverständnissen nährt. Calderone sagt dazu:

»Das Wichtigste ist eine präzise Information. In der Mafia müssen akkurate, exakte Informationen umlaufen. Im anderen Falle versteht man nichts mehr, und es entsteht ein großes Durcheinander. Mein Bruder lief so um 1975 herum Gefahr, umgebracht zu werden, und zwar von einer Gruppe von Cataniern, die nach einer Auseinandersetzung mit der Bande Pillera nach Mailand geflohen waren: Der Boß dieser Catanier war, völlig zu Unrecht, davon überzeugt, daß Pippo (Calderones Bruder) der Capo der Pillera geworden sei. Zu dritt starteten sie von Mailand und wollten ihn umbringen, und wäre da nicht Gerlando Alberti gewesen – der so tat, als wolle er bei ihrer Unternehmung mitmachen und der zwei der Killer während eines Halts in Neapel umbrachte – ich weiß nicht, wie die Sache ausgegangen wäre. Eine fehlerhafte Information kann ein Menschenleben kosten.

Wenn man nicht weiß, wer eine bestimmte Person umgebracht hat, oder wenn man falsche Angaben darüber hat, ist keiner mehr irgendeiner Sache sicher, nicht einmal seines Lebens« (Arlacchi 1992, S. 36).

Nun gibt es bekanntlich keine sicheren Mittel gegen Lügen, und so nimmt es nicht wunder, wenn (so jedenfalls die Angaben der Aussteiger) eine weitere Regel der Uomini d'onore fordert, einander stets die Wahrheit zu sagen. Ein Mafioso kann sich weigern zu reden, doch wenn er redet, darf er nicht lügen: Die Strafe dafür kann der Ausschluß aus der Gruppe sein, aber auch der Tod (es gibt allerdings keine Belege, daß letzteres jemals geschehen ist). Die »Wahrheits«-Regel rangiert noch höher als die über die Verschwiegenheit. Doch die Verschwiegenheit ihrerseits kann gerade dadurch gefördert werden, daß man Lügen vermeiden will.

Man könnte nun annehmen, daß die Diskretion, wenn sie nicht unmittelbar mit dem Verkauf von Schutz verbunden ist, lediglich eine vorbeugende Maßnahme darstellt: Würde die Justiz heute nicht Löcher in die Mafiamauer zu schlagen versuchen, wäre die Geheimniskrämerei wahrscheinlich gar nicht so stark. Doch sie könnte auch über den praktischen Zweck hinaus ein wichtiges Element des mafiosen *Stils* geworden sein; inwieweit dies absichtlich geschehen ist, läßt sich schwer sagen. Drohungen, die nicht explizit, sondern eher verhüllt ausgesprochen werden, schaffen eine Atmosphäre wachsender Angst und zunehmenden Schutzbedürfnisses. Man weiß nicht wann und wo, doch kommen wird der Schlag: So verstärken sich Beklemmung und Mißtrauen, Angst breitet sich überall aus. Die hellwache, geradezu paranoide Aufmerksamkeit auf Signale verwandelt eine gerunzelte Stirn in die schlimmste aller Bedrohungen; wir werden das auch noch in Kapitel VI sehen.

Andere Normen regeln den Umlauf der Informationen zwischen den Familien. Normalerweise sind zum Beispiel die Nachbarfamilien von der bevorstehenden Initiierung eines neuen Mitglieds zu informieren, um sicherzustellen, daß es dagegen keine Einwände gibt. Laut Buscetta haben jedoch die Familien aus Corleone und Resuttana diese Vorschrift nicht beachtet und es offenbar vorgezogen, ihre Mitglieder von den anderen Familien zu isolieren – und niemand war imstande, sie zur Einhaltung der Regel zu zwingen. (OSPA, V, S. 817; die Geheimnistuerei der Familie aus Corleone wurde auch von Contorno und Calderone bestätigt,

AC, I, S. 3, wobei letzterer hinzufügt, daß man auch in Catania 1981 die Praxis der Vorstellung neuer Mitglieder unterbrach.)

Ganz allgemein bewahren die Familien ihre Unabhängigkeit in vieler Hinsicht; auch nach den Versuchen zur Einrichtung eines ordentlichen Kartells wurden die einzelnen Mitglieder nur in eine Familie, nicht allgemein in »die Mafia« aufgenommen. Contorno zum Beispiel weiß viele Dinge über einige Familien, aber absolut nichts über andere; von manchen kennt er lediglich ein paar Mitglieder, und über eine Reihe anderer Mafiosi sagt er: »Ich weiß nicht, zu welcher Familie die Genannten gehören, weil mir das nicht gesagt wurde und man danach im allgemeinen nur fragt, wenn einen das interessiert« (TC, S. 17–18). Buscetta beschreibt die Art und Weise des Informationsaustausches (oder Nicht-Austausches) folgendermaßen:

»Wenn ein Uomo d'onore mit dem Capo oder mit Mitgliedern anderer Familien in Kontakt treten muß, wendet er sich an den Capo seiner eigenen Familie, der ihn über ein Mitglied der Familie, das beide Seiten kennt, mit der anderen Seite bekannt macht. Auf diese Weise wird ein überaus wirksames System zur besseren Absicherung der mafiosen Familien gewährleistet; in der Tat werden die Bekanntschaftsbeziehungen untereinander auf das Wesentlichste beschränkt, man weiß relativ wenig über die anderen Familien« (TB, I, S. 123).

Diese Vorgehensart hat jedoch auch ihre Schattenseiten: »In meiner Welt hat es immer wieder Mißverständnisse gegeben, weil außer den obersten Stellen der Hierarchie niemand wußte, was im engeren Kreis der Macht geschah. Da die Informationen nur mündlich weitergegeben wurden, bekamen auch Klatsch und Anspielungen häufig Wahrheitscharakter« (Bonanno 1983, S. 232). Eine massive Spannung durchzieht diese Welt: Geheimnisse bewahren oder enthüllen, von einer Sache nicht zu viel, aber auch nicht zu wenig wissen lassen, Vertrauen haben und gleichzeitig Mißtrauen hegen, schweigen und lügen, notwendigerweise Wissen an sich ziehen und doch gleichzeitig lieber im Dunkeln gelassen werden.

Eigentumsrechte

Hat ein Uomo d'onore einen anderen als solchen erkannt, muß er stets aufrichtig zu ihm sein; wie Contorno vor Gericht erklärt hat, »wenn ich sage, der da ist ein Uomo d'onore, ist das ein *Vertrag*« (TC-GDS, 21. April 1986, Hervorhebung von mir). Mafiosi dürfen sich jedoch einander nicht direkt als solche vorstellen: Stets muß ein dritter dabei sein, der die Mitgliedschaft beider bestätigt. Die Vorstellung geschieht auf folgende Weise: »Der da ist unser Freund«, oder »das da ist dieselbe Sache«, oder »der da ist wie du und ich«. Ein von Calderone berichteter Fall zeigt, daß dieses Ritual höchst exakt eingehalten wurde. Amedeo Indelicato, Sohn eines einflußreichen Mitglieds der Familie von Catania, emigrierte in den 50er Jahren in die USA nach Philadelphia und wurde danach von der örtlichen Familie aufgenommen. Bei seiner Rückkehr Jahre später konnte er sich nicht einmal seinem Vater gegenüber als Uomo d'onore vorstellen, bevor Calogero Sinatra kam, der von seiner Aufnahme wußte (AC, II, S. 512).

Zum vollen Verständnis der Bedeutung solcher Normen muß man die Vorteile bedenken, die jemand aus einer unzutreffenden Präsentation als Uomo d'onore ziehen mag. Die einfache Antwort: Er könnte sich die »Rechte« der Schutzgewährenden aneignen. Die Mafiafamilien haben volles Interesse an der Kontrolle der Anzahl von Mitgliedern, die Schutz gewähren, und der Kunden, die dies nutzen. Nach Abadinsky blockierten die amerikanischen Familien 1957 Neuaufnahmen und gestatteten diese erst 1976 wieder; Frank Scalice, der auf eigene Faust Mitgliedschaften an Leute verkaufte, die der Mafia beitreten wollten, wurde 1957 ermordet (Abadinsky 1983, S. 117–118). Dennoch muß man zwei Arten »unrechtmäßiger Aneigung« unterscheiden: Den Anspruch, zum Schutze anderer imstande zu sein, und den Anspruch, von jemandem geschützt zu werden. Ersteres ist eine Art Fälschung von Markenware (wie die nachgemachten Lacoste-Hemden oder die falschen Rolex- oder Cartier-Uhren, vergleiche Jones 1990, S. 245), bei letzterem dagegen handelt es sich um eine Nutzung einer Ware, ohne dafür zu bezahlen.

Schützer und Kunden haben ein gemeinsames Interesse daran, den Verkauf von gefälschtem Schutz zu verhindern, wie in Kapitel II.3 gesehen: Die Schützer haben etwas gegen die illoyale Konkurrenz und legen großen Wert auf die Versicherung, daß ihre Kunden nicht die falschen Leute bezahlen. Im Kapitel I haben wir bereits das Beispiel einer Firma zitiert, die zur Geldzahlung an einen Betrüger veranlaßt worden war: Hier hätte die Regel über die gegenseitige Vorstellung der Mitglieder alleine den Betrug an der Firma allerdings auch nicht verhindert, und sie hätte die echten Mafiosi nicht vor der illegalen Aneignung ihrer Eigentumsrechte an der Schutzgewährung bewahrt. Wäre die Firma jedoch hinreichend schlau gewesen und hätte die »Wasserquelle« gesucht (so nennt man, wie mir ein Unternehmer gesagt hat, in Palermo die Verifizierung der Glaubwürdikeit einer Schutzgeldforderung) – der falsche Mafioso wäre sehr leicht demaskiert worden. Kaufleute und Unternehmer, die sich die Mühe machen und nachprüfen, ob die Leute, die Geld fordern, auch das »Recht« dazu haben, lassen sich kaum einmal hereinlegen: Salvatore Buscemi, der als Nichtmitglied zum Schützer avancieren wollte, wurde ermordet, weil »er sich erlaubt hatte, Schutzgeld im Gebiet von Villabate und Bagheria einzufordern, ohne Erlaubnis und von Personen, die schon an Marchese und an Greco bezahlten. Buscemi gab das zu und rechtfertigte sich damit, daß er nicht gewußt habe, wem das Gebiet gehöre. Die Ausrede war jedoch unglaubwürdig, weil wir alle die Aufteilung der Gebiete in Palermo kannten und wußten, welcher mafiosen Organisation sie zugeschlagen waren« (VS, I, S. 40–44).

Buscemi zog damit auch noch einen anderen Mann in den Tod: Er hatte nicht nur sich die Eigentumsrechte in einem Gebiet anzueignen versucht, das anderen »gehörte«, sondern diese auch noch untervermietet. Er hatte nämlich Antonio Migliore erklärt, er besitze die Erlaubnis »einer bedeutenden Persönlichkeit«; und so wurde auch Migliore »sofort stranguliert« (ebda. I, S. 48).

Neuerdings wurden zwei einfallsreiche Taktiken zur Lösung des Betrugsproblems bekannt. Die erste: Die Geldforderung wird telefonisch durchgegeben und von den Worten begleitet: »Wir raten dir, mit den Freunden von Palizzi Kontakt aufzunehmen« (Palizzi liegt in Kalabrien), und auf die Frage: »Wer sind denn diese Freunde, und wo finde ich sie?« folgt: »Frag herum und du wirst sie finden.« Die Antwort scheint zunächst absurd und ausweichend: Warum sollte man nicht sagen, wo man diese »Freunde« finden kann? Tatsächlich jedoch könnte gerade dies dann leicht nachgeahmt werden: Jeder könnte sagen, daß er einer der Freunde aus Palizzi ist. Entdeckt man jedoch in Gesprächen auf der Straße, daß sie jeder kennt, hat man die Garantie, daß es sich um die »richtigen« Freunde handelt – wir haben ja bereits festgestellt, daß das wahre Eigentum auf diesem Gebiet die Reputation ist. Die zweite Taktik wird von besonders vorsichtigen Opfern angewandt: Nach der Geldforderung sehen sie in das Strafregister der Schutzgeber; nur wenn dieses bedrohlich lang ist, nehmen sie die Forderung ernst (sollte diese Art der Unbedenklichkeitsbescheinigung Schule machen, könnte das freilich auch noch zur Schaffung gefälschter Vorstrafenregister anregen).

Gleichermaßen wichtig ist es, diejenigen abzuhalten, die die Mitgliedschaft in der Mafia nicht zum Verkauf von Schutz vorspielen, sondern um ihn zu erhalten. Zur Nutzung des Schutzes reicht oft nur die Nennung eines Namens, weshalb der widerrechtliche Gebrauch auch so schwer zu verhindern ist. Derlei kann sogar nur aus Versehen geschehen: Einem Mann, der nur den gleichen Nachnamen wie ein Mafioso aus New Jersey trug, wurde zu seiner Überraschung eine hervorragende Behandlung in den von ihm aufgesuchten Hotels zuteil, wie mir berichtet wurde. Bei den Mafiosi heißt dies »einen Namen ausgeben«, spendere il nome. »Du mußt mir nur die Gefallen tun, die ich von dir erbitte«, erklärt Tony Plate einem potentiellen Kunden, »und von da an bist du immer mit mir zusammen, niemand wird mehr wagen, dir etwas anzutun. Solltest du je ein Problem haben oder dir jemand Übles zufügen wollen, sage ihm nur, daß du mit mir zusammen bist; benutze meinen Namen: Tony Plate« (Abadinsky 1983, S. 132).

Problematisch wird die widerrechtliche Aneignung von Eigentumsrechten mit der Zunahme der Geschäfte auf dem Schutzmarkt. Solange alle beteiligten Seiten durch Bekanntschaft oder Verwandtschaft miteinander vernetzt sind, gibt es kein Problem. Wäre Palizzi eine große Stadt und nicht nur ein kleines Dorf, könnten wohl nur wenige Personen auf die Frage nach der Identität der »Freunde« antworten. Regeln wie die über die gegenseitige Vorstellung zeigen, daß die Mafia den kritischen Punkt überschritten hat (oder zu überschreiten versucht), bis zu dem das traditionelle Gemenge aus Verwandtschaft, Freundschaft und intimer Ortskenntnis noch ausgereicht hat.

Die Eigentumsrechte der Mafiafirma umfassen sowohl die Kunden wie auch die Mitglieder, die, wie wir wissen, »internalisiert« werden: Zur Zementierung dieses Zustandes gibt es eine eigene Regel, wonach der Wechsel zwischen Familien verboten ist und daß man stets an die Familie gebunden bleibt, in die man initiiert wurde: Jede Familie hat ihre Mitglieder und darf sich nicht um die anderer Familien kümmern; umgekehrt hat jedes Mitglied seine Familie und darf sich nicht mit anderen vermischen:

»Hat man einmal den Eid als Uomo d'onore geleistet, bleibt man ein solcher für sein ganzes Leben. Es ist in keiner Weise möglich, diese Eigenschaft von sich aus aufzugeben, zumindest wenn es keine ausreichenden Gründe dafür gibt. Wo immer man sich auch betätigt, man muß immer gegenwärtig halten, daß der Uomo d'onore nie seine Zugehörigkeit zur Familie verliert und daß er, so lange er sich nicht davon trennt oder aus ihr entfernt wird, seine Zugehörigkeit zur Familie selbst und zur mafiosen Organisation allgemein behält.« (TB, I, S. 23–24; vgl. auch III, S. 139.)

Dies ist nach Buscetta »eine der härtesten Regeln der Mafia«, auch wenn es nicht bedeutet, daß der Vertrag nur durch den Tod gelöst werden kann: Das belegt jedenfalls eine große Zahl von Ausschlüssen aus Mafiafamilien (TB, I, S. 86–87, TC, S. 20, VM, S. 65).

Kapitel VI: Die Warenzeichen

Die Ausdrucksformen und Symbole, die man gemeinhin mit der Mafia verbindet – und auch der Begriff »Mafia« selbst – entspringen einer Mischung gleichsam surrealistischer Quellen, wobei wir hier unter »Symbole« sowohl Worte wie graphische Markenzeichen, bestimmte Gegenstände, ja auch eine Melodie verstehen. Manche davon sind regelrechte Fälschungen, manche aber auch authentisch, mitunter leiten sie sich von mythischen Persönlichkeiten ab, andere von eher alltäglichen; ein Teil ist Erfindung, ein anderer entspricht der Wirklichkeit. Wild durcheinander wirbeln in der Mythologie dieses Milieus erfundene Sekten (wie die »Beati Paoli« und die des »Coriolano della Foresta«) mit historisch nachgewiesenen (»la Giovane Italia« oder die »Carboneria«, Der Köhlerbund). Um die Initiationsriten rankt sich ein Instrumentarium, das eigentlich eher dem Feuilleton und der Jugendliteratur als nüchternen modernen Verbrechern zu entsprechen scheint: Blutschwüre, Nadeln zum Anstechen der Finger, Blut, Dolche, Feuer. Auch die Terminologie ist ziemlich beliebig aus unterschiedlichen Bereichen entliehen: Der Wortschatz des Haushalts, des Militärs, der Religion, der Verwaltung, alles das verschmilzt zu einem ungewöhnlichen Vokabularium: »Familie« (für Mafiagruppe), »Don« (dem Kirchengebrauch entliehene ehrenvolle Anrede), »Zu« (Onkel, im Sinne von Pate), »Compare« (erworbener »Verwandtschaftsgrad« als Tauf- oder Firmpate des Sohnes oder der Tochter), »Picciotti« (Jüngelchen, im Sinne von Nachrücker oder Mafiaaspirant), »Soldati« (Mafiosi der untersten Ebene), »Pàpa« (Papst, Titel des früheren Vorsitzenden der »Kommission«, Michele Greco), »Repräsentant« (Vertreter, innerhalb der Mafia Bezeichnung für den Leiter einer »Familie«), »Consigliere« (Berater, eine formelle Einrichtung in der Führungsspitze einer Mafiafamilie), »Mandamento« (Bezirk, von der staatlichen Verwaltungseinheit abgenommener Begriff zur Abgrenzung des Territoriums einer Gruppe von Mafiafamilien). Darüber hinaus zeigt sich die Existenz als Mafioso auch im persönlichen Stil. Vorgeschrieben ist die Kleiderordnung (früher einmal die Flanelljacke mit Ballonmütze, später der dunkle Anzug mit Borsalino, neuerdings Lederjacke und dunkle Brillen), die Art, sich zu bewegen (langsamer Schritt, leicht wiegender Gang, was der sizilianische Dialekt leicht ironisch als Annacare, Entenschwänzeln, bezeichnet), die Redeweise (wortkarg, deutlich spürbarer Hintersinn, Übermittlung indirekter Botschaften, verschleierte Drohungen, vieldeutige Metaphern) und sogar die Modalitäten bei Mord (mit Hilfe einer Ladung Schrot aus der Flinte am hellichten Tag, aber auch per Versenkung – außerhalb geweihten Bodens – in Beton oder in Säure).

Sogar die Botanik mußte für die Symbolik der Mafia herhalten: Natale Gaggioli, ein abenteuerlustiger sizilianischer Fotograf, erzählte einmal, daß er stets das Blatt einer Feigenkaktee (eine für die öden, bedrohlich wirkenden Gebiete Innersiziliens typische Pflanze) bei sich trug und dies bei allen Aufnahmen mafioser Morde neben die Leiche legte: Ohne das Stück Kaktus sah das Verbrechen nicht so recht mafios aus – und dann hätte ihm niemand außerhalb Siziliens das Foto abgekauft (Lodato 1990, S. 8–9). Neuerdings wurde in Fernsehfilmen über die Mafia der monotone Klang der Maultrommel – die traditionelle musikalische Untermalung – durch elektronische Klänge ersetzt: Während sie die neuesten Nachrichten aus dem »Reich der Mafia« vernehmen, werden die bestürzten Zuschauer mit jaulenden metallischen Melodien durchbohrt, die an Spaghettiwestern erinnern. Fehlt derlei Untermalung, erscheinen die Nachrichten einfach nicht authentisch.

Erstaunlich, wie unkritisch dieser symbolische Apparat bisher betrachtet wurde. Polizei, Justiz, Journalisten und auch eine Reihe von Forschern (etwa Reid 1964 und Malafarina 1986) haben diese Mythologie – und ihre Ursprünge, Inhalte und Funktionen – häufig ernst genommen und als Ansammlung kriminologischer Kuriositäten aus dem Horrormuseum angesehen. Offenbar sind diese geläufigen Deutungen noch immer stark von einem einfachen Positivismus beeinflußt; Stile und Symbole werden in jedem Falle, wie einst in Cesare Lombrosos ›Uomo delinquente‹ (1889), wenn nicht gerade als Verirrungen kriminellen Geistes, so doch als authentische Produkte einer eigenständigen Subkultur angesehen.

Die Forscher sind jedenfalls geteilter Meinung. Manchen von ihnen ist – wohl wegen eines Rationalismus oder einer gewissen marxistischen Prüderie – unwohl bei der Behandlung des »Irrationalen«; sie ignorieren die mafiose Mythologie einfach, sehen sie als irrelevant an, als lediglich substrukturelle Drapierung. Andere ersetzen dies durch Skepsis und tun die Mythologie der Mafia als reine Phantasieprodukte ab, als Übertreibungen, lanciert von Leuten, die Interesse an der Aufblähung des Phänomens Mafia haben, Journalisten etwa oder die Polizei. In diese Richtung gehen angesehene Untersuchungen, etwa die von Smith (1975), der Forschungen über die Beziehungen zwischen den Medien und der »mafiosen Mystik« angestellt hat, oder von Hess (1970), der die leichtfertige Mythisierung an sich prosaischer Realität bemängelt.

Es fehlt auch nicht an einer extremen Deutung: Sie zieht alles ins Lächerliche und stellt nicht nur die Symbolik, sondern die Mafia insgesamt als reine Erfindung dar. Wie schon bei der Frage der Organisationsstrukturen gesehen, begegnen manche Autoren bestimmten Handlungen der Mafia mit Ungläubigkeit, während sie dieselben Aktionen bei nichtkriminellen Organisationen als normal akzeptieren. Das Freimaurertum zum Beispiel, aber auch die alten englischen Universitäten (die Oxford Colleges) praktizieren Zeremonien und Riten, die ein uninformierter Außenstehender als geradezu unglaublich ansehen würde. Warum sollen gerade die Mafiosi dazu außerstande sein?

Leichtgläubigkeit hilft wenig, aber eine vorgefaßte Skepsis kommt nicht einmal an den Kern des Problems heran: Tatsächlich geht es nämlich nicht um die Feststellung, ob Symbole und Terminologie für uns glaubwürdig sind, das heißt, ob sie dem Forscher oder dem Leser plausibel erscheinen – ihre Aufgabe ist es ja nicht, Schutz in einer Welt grober, starrsinniger Leute zu verkaufen. Und es handelt sich auch nicht um die Suche nach einer trügerischen Unterscheidung zwischen dem originären Produkt und dem Ausfluß der Einbildungkraft phantasiebegabter Schutzverkäufer. So überzeugt es nicht sonderlich, wenn man die Erkenntnis, daß die Wirklichkeit wesentlich weniger mythisch ist als angenommen (etwa Duggan 1989, S. 188), aus der »Verwechslung von Mythos und Wirklichkeit« ableitet. Ich versuche im folgenden zu zeigen, daß man in einem bestimmten Sinne das Gegenteil behaupten kann, daß der Mythos einer Realität Kraft verleihen kann, die sich ansonsten gar nicht manifestieren könnte.

1. Ausgeliehene Symbole

Die Wirksamkeit von Symbolen hängt nicht davon ab, ob sie beabsichtigt sind oder sich zufällig ergeben haben, ob sie Ergebnis der Phantasie sind oder von historischen Ereignissen herrühren. In der Mode, der Werbung, der religiösen oder politischen Ikonographie werden bewußt Symbole geschaffen, sowohl völlig neue wie auch Kopien und Anpassungen solcher, die es bereits gibt: Sie sind das Ergebnis eines kreativen Prozesses, werden jedoch als reale Anreize benutzt; der Umfang ihrer Nutzung ist ein Maß ihres Erfolges als Symbole. Umgekehrt werden auch mit Personen oder Ereignissen verbundene Eigenschaften zu Symbolen; diese sind dann oft das Ergebnis unvorhersehbarer Assoziationen: die Mähne Beethovens, das Gesicht Che Guevaras, das Blatt des Feigenkaktus. Selbst wenn die Absicht ebenso fehlt wie die historische Realität, werden bestimmte Eigenschaften zu symbolischen Werten: die Posen James Deans etwa, oder auch die Ferse Achills. Warum sollte man von vornherein annehmen, daß die Mafia bei der Auswahl für ihre Symbolik wählerischer ist als irgendeine andere soziale Gruppe?

Bei der Werbung für normale Waren wundern wir uns überhaupt nicht über attraktive Slogans, verführerische Aufmachung, über Bilder und musikalische Motive unterschiedlichster Provenienz; warum sollte das anders sein, wenn es im Zusammenhang mit dem Angebot von Schutz geschieht? Man müßte ansonsten schon eine grundsätzliche Gegenposition von »normalen« und kriminellen Geschäften annehmen; diese ist aber durch nichts zu rechtfertigen. Die im Kapitel II.4 geschilderte Assoziierung von Mafiosi und sakralen Symbolen zum Beispiel läßt sich als schlichter Fall von Propaganda erklären: Die Schutzgeber defilieren durch den Ort unter dem Banner des Heiligen – und der stellt schließlich einen Schutzpatron par excellence dar, zu dessen Vertreter auf Erden sie sich damit machen. Da ist kein substantieller Unterschied zur Reklame, die am Straßenrand oder auf dem Fernsehschirm erscheint: Haferflocken, die von Cowboys hinuntergeschlungen werden, Seife, die in kühle Wasserfälle hineinplumpst, von Gangstern empfohlene Bonbons, Waschmaschinen, deren Füllung zu Straußschen Walzertakten geschleudert wird. In all diesen Fällen, und das gilt auch für die Schutzgewährung, hofft der Produzent, daß sich eine Eigenschaft des symbolischen Gegenstandes auf das Produkt überträgt und es auf diese Weise attraktiver macht. Dieser Mechanismus nutzt die Aura, die sich auf Leute überträgt, die für das Produkt aufgeschlossen sind – die sogenannte »Externalität« der Reputation, wie Wirtschaftswissenschaftler das nennen. Die Assoziierung mit einem kraftvollen Symbol vermehrt die eigene Glaubwürdigkeit.

Solche Symbolik wird auch noch auf anderen Gebieten angewandt. Eine Frau, die in Vicari Land kaufte, wurde mit folgenden Worten zur Schutzgeldzahlung aufgefordert: »Wie könnt Ihr in das Heilige Haus eintreten, ohne um Erlaubnis zu fragen?« »Casa Santa«, Heiliges Haus, ist dort eine Metapher für mafioses Territorium, wobei der Ursprung dieses Begriffs nicht klar ist; in ihm schwingt eher der Nachhall der Bruderschaften denn der offiziellen Religion mit. In einem anderen Fall wurde ein Mann, den man übertriebener Neugier verdächtigte, telefonisch mit einem Rätsel pseudoreligiösen Inhalts eingeschüchtert. Der unbekannte Anrufer stellte plötzlich eine unsinnig erscheinende Frage: »Wißt Ihr zufällig, wo die Kirche der Madonna del Riposo steht?« Der Anrufempfänger verneinte, machte sich danach aber hastig auf die Suche nach dem Ort – die fragliche Kirche steht auf dem städtischen Friedhof; »Riposo«, deutsch »Ausruhen«, spielte offensichtlich auf die »Ewige Ruhe« an.

Als Einschüchterungssymbole können auch bestimmte Gegenstände dienen. Ein metallenes Herz – für Votivgaben als Dank für empfangene Gnade üblich – wurde in den 80er Jahren mindestens zweimal dazu verwendet; beide Male war es mit Schüssen durchlöchert. Das eine wurde am Dienstboteneingang Salvatore Catanias deponiert; es folgte jedoch keine Bluttat. Weniger Glück hatte Pasquale Gramaglia – er wurde wenige Tage nach dem Erhalt der Botschaft umgebracht (OSAG, S. 128). Bei Raimondo Lampo hielten die Absender eine derartige Anspielung offenbar für zu subtil – er fand gleich einen leeren Sarg vor seiner Wohnung (OSAG, S. 42). Gioacchino Basile, militanter Gewerkschafter auf den Schiffswerften von Palermo, versuchte eine Antimafiakonferenz zu organisieren und fand alsbald einen toten Vogel in seinem ordnungsgemäß abgesperrten Auto (›il manifesto‹, 4. Juli 1990). Weitere Drohungen bildeten die Deponierung abgeschnittener

Köpfe von Haustieren, aber auch Tarockkarten, deren Figuren Schwerter trugen.

Man mag Drohgesten mit Hilfe symbolischer Gegenstände für antiquiert halten, doch sie haben durchaus einige Vorteile. In einem Umfeld allgemeiner Feindseligkeit sät man Terror am besten mit dunklen Signalen; gleichzeitig mindert es das eigene Risiko: Man braucht keine Stimme dazu, hinterläßt nichts Schriftliches, niemand kann mithören – es gibt keine Spuren (eine Sammlung interessanter Drohformen haben Falcone und Padovani, 1991, S. 40 und 49 ff. zusammengestellt).

Zur Förderung mafioser Interessen wurden auch mythische Personen eingesetzt: Viele Quellen erwähnen zum Beispiel die Beati Paoli, eine angebliche Rächersekte aus dem 19. Jahrhundert, und Coriolano della Foresta, eine Art sizilianischer Robin Hood. Leonardo Vitale beklagt sich in seiner Aussage, man habe ihn mit der betrügerischen Vorspiegelung rekrutiert, die Mafia bekämpfe Diebe und helfe den Schwachen in der Tradition der Beati Paoli und des Coriolano della Foresta (OSPA Stajano, S. 14); die Schwurformel beim Initiationsritus stamme unmittelbar vom »heiligen Ritus der Beati Paoli« (ebda. S. 7). Daß diese Gestalten der mafiaintern benutzten Mythologie angehören, belegt auch die Tatsache, daß der Spitzname Salvatore Contornos just »Coriolano della foresta« war. Für eine historische Existenz dieser Figuren gibt es keinerlei Beweis; auch Francesco Renda bleibt in einer Arbeit zu den Dokumenten darüber eher vage und beschränkt sich weise auf die *Idee* der Sekte.

Das einzig Sichere ist, daß die Beati Paoli und Coriolano della Foresta die Helden zweier Romane sind, die der sizilianische Feuilletonist Luigi Natali unter dem Pseudonym William Galt geschrieben hat; sie wurden vor rund hundert Jahren zuerst als Fortsetzungsgeschichten im ›Giornale di Sicilia‹ veröffentlicht. Insbesondere das Werk ›I Beati Paoli‹ wirkt stark auf die Phantasie der einfachen Menschen in Sizilien: Das Buch wurde vor fünfzehn Jahren für das Fernsehen aufbereitet und vor kurzem neu aufgelegt; es war sogar an den Zeitungskiosken der Flughäfen zu haben. In Palermo gibt es eine Via Beati Paoli; die Bewohner dieses Viertels zeigen einem willig ein baufälliges Gebäude, in dem sich die Sekte getroffen haben soll. Dazu wird der Besucher auch über ein unterirdisches Gängesystem informiert, in dem sich die Verschwörer durch die Stadt bewegten. Der erste Mensch, dem ich 1986 in Palermo begegnete, war ein Angestellter einer Immobilienagentur. Er fragte mich, ob ich die Stadt kenne. Ich verneinte, und da sagte er sofort: »Wenn Sie Palermo verstehen wollen, müssen Sie die ›Beati Paoli‹ und den ›Coriolano della Foresta‹ lesen.« Nun hatte ich gerade die Geständnisse Leonardo Vitales gelesen, und so überraschte mich dieser Rat sehr. Der Immobilienmakler sagte, daß er selbst nur wenig davon gelesen habe, daß darin jedoch die Geschichten stünden, die er als Kind gehört hatte. Es ist anzunehmen, daß der Mann mit seiner Ansicht nicht alleine steht. Man muß nur einmal die rationalistischen Vorurteile ausschalten, dann kann man in den Beati Paoli, so trivial sie sein mögen, doch einen symbolischen Ausdruck eines allgemeinen Mißtrauens und der mythischen Hoffnung auf Rettung sehen. Das Buch benutzt gebräuchliche Themen der volkstümlichen Literatur (man vergleiche dazu die Einleitung Umberto Ecos in der Ausgabe von 1972) und frischt alte Ikonographien auf: In einer bedrohlichen, ungerechten, mit düsteren Farben gemalten Welt nehmen die Taten der rächenden Helden – die aus mysteriösen Löchern zur Rettung von Jungfrauen und erniedrigten Seelen auftauchen – den Leser derart in Beschlag, daß er am Ende beruhigt glaubt, hier sei Gerechtigkeit geübt worden.

Diese Modelle tauchten dann in den 70er Jahren in den Enthüllungen des Mafiaaussteigers Vitale im Zusammenhang mit dem Image auf, das die Mafia von sich selbst aufbaut – als Symbole zur geistigen Ausbildung der Novizen. Calderone hat das neuerdings in der Erzählung über seine eigene Initiation bestätigt, bei der der »Repräsentant« ausführte: »Und nun sage ich euch, wie die Cosa Nostra entstanden ist: Sie ist zur Zeit der sizilianischen Vesper entstanden. Als die Menschen rebellierten, zu dieser Zeit sind auch die Beati Paoli entstanden. Die Uomini d'onore gehen auf die Beati Paoli zurück« (Arlacchi 1992, S. 56). Man könnte nun den repräsentativen Wert von solchen Enthüllungen anzweifeln und mit Verachtung auf Leute blicken, deren Phantasie sich an derartigen Einbildungen weidet. Doch die Funktion dieser Einbildungen besteht vermutlich gerade darin, eine allgemein anerkannte symbolische Sprache zu vermitteln, einen Korpsgeist, ein Gefühl der Zugehörigkeit und des Sichabhebens von anderen Gruppen – ähnlich jenem, das mutatis mutandis auch zum Beispiel IBM ihren Angestellten vermittelt. Die Beati Paoli spiegeln eine prosaische Ideologie wider, in der unschuldige Opfer passiv und ohne Hoffnung sind, die Schützer dagegen omnipotent, wobei jene ihrerseits Mittel benutzen, die sich kaum von denen der Unterdrücker unterscheiden (Eco 1972).

Daß sich Image und Stil auf literarische Bezugspunkte und auf Vermischung mit mythischen Personen gründen, ist nichts Außergewöhnliches. Die Aneignung (und Manipulation) einer achtbaren Tradition gehört zur Praxis aller Institutionen; sie soll ihren Status in den Augen der anderen Menschen erhöhen und den internen Zusammenhalt stärken. Offenbar gibt es kaum Einschränkungen für das, was Menschen zu glauben oder zumindest zu ertragen bereit sind. Beispiel moderner Symbolerfindungen ist etwa die nationale Kultur des modernen Griechenland: Sie gründet sich auf eine Fortführung der griechischen Antike, die tatsächlich jedoch nicht stattgefunden hat. Ein anderes Beispiel ist der Faschismus, der ungeniert die Embleme und die architektonische Opulenz des römischen Reichs einsetzte. Doch nur wenige Italiener und noch weniger Deutsche lachten über die seinerzeitigen Selbstdarstellungen. Warum sollen Mafiosi geistreicher sein als der Durchschnitt der Bevölkerung?

Jedenfalls sind die geläufigen Deutungen der Mafiasymbolik mangelhaft. Dieser Apparat von Symbolen ist jedenfalls nicht genuin; er stammt zum größten Teil nicht von Mafiamitgliedern. Und wir haben es auch nicht mit einem von der »Abteilung Werbung« der Mafia hergestellten Produkt zu tun. So deutlich und zahlreich sind die Elemente, die einem Glauben an die Authentizität der Mafiasymbole entgegenstehen, daß es eigentlich nicht der Mühe wert wäre, darauf einzugehen, wäre dieser Glaube nicht so tief verwurzelt.

Andererseits: Daß manche Symbole äußeren, mitunter gar romantischen Quellen entnommen sind, bedeutet weder, daß sie ohne Zweck eingeführt wurden, noch daß die Importeure selbst (in diesem Falle die Mafia) nicht authentisch sind: Plutarch berichtet, daß Alexander der Große mit der ›Ilias‹ unterm Kopfkissen schlief und daß er beim Zweikampf die Wut eines Achill in sich aufzubauen suchte; er verehrte die Helden Homers geradeso, als hätten sie wirklich gelebt. Bei einem Besuch in Troia verlangte er gar, die Harfe Achills zu sehen – und die wurde ihm dann natürlich auch prompt gezeigt. Doch macht das aus Alexander keineswegs eine irreale Person, sondern förderte höchstwahrscheinlich seine Einsicht und gab ihm mehr Vertrauen in sich selbst. Ganz ähnlich wie das auch bei Lucky Luciano nach Einführung seines neuen »Look« geschah:

»Ich trug einen schönen dunkelgrauen Oxford-Zweireiher, dazu ein einfaches weißes Hemd, eine blauseidene Krawatte, auf die kleine Hufeisen eingeprägt waren, Konsequenz eines humoristischen Anflugs von Arnold (Arnold Rothstein, der Lord Brummell Lucianos). Darüber trug ich einen schweren anthrazitfarbenen Kaschmirmantel mit einem einfachen grauen Pelzaufsatz, denn es war etwas kalt. Rothstein hatte mir ein ganz, ganz neues Image verpaßt, und das übte großen Einfluß auf mich aus. Seither trug ich immer graue Anzüge und Mäntel, ab und zu legte ich auch eine blaue Serge ein.« (Gosch und Hammer 1975, S. 58.)

2. Austauschbare Identitäten

In vielen Fällen hat der Ursprung eines Symbols keine spezielle Verbindung zu den Personen, die sich dessen später bedienen. Die im vorigen Abschnitt erwähnten religiösen Symbole und Romanfiguren wurden völlig unabhängig von den Mafiosi, die sie nun benützen, geschaffen: Sie wurden nicht nur ohne jeden Auftrag seitens irgendwelcher Mafiosi produziert, sondern ursprünglich auch von Menschen, die nicht einmal entfernt etwas mit Mafiosi zu tun hatten. In anderen Fällen hat die Schaffung von Symbolen nur eine entfernte Beziehung zu ihrem Benutzer: So regt bekanntlich die Werbung die Kunden zum Erwerb von Dingen an, die Symbol für die soziale Schicht sind, der sie gerne angehören möchten.

Es gibt noch interessantere und merkwürdigere Fälle, in denen die Quelle der Inspiration und die Benutzer des Symbols aus ein und derselben Gruppe bestehen und eine Art Rückkopplung aufrecht halten. So läßt sich die Literatur von symbolischen Eigenschaften leibhaftiger Menschen inspirieren, auch wenn diese Menschen die stilisierten Züge in der Realität gar nicht aufweisen. Nun kommt es aber vor, daß diese künstlich produzierten Eigenschaften just den Menschen attraktiv erscheinen, denen sie zugeschrieben werden – und daß diese Leute nun ihr Image danach umformen. Wahrscheinlich sehen Mafiosi in einem Feigenkaktus wirklich nur einen Feigenkaktus. Doch nun hat ein einfallsreicher Fotograf den Feigenkaktus als Symbol *ihrer* Morde in den Mittelpunkt gerückt: Nehmen wir an, wir fänden während eines Geschäftsbesuches ein solches Stück Kaktus in unserem Briefkasten – was schösse uns da nun wohl durch den Sinn?

Drei einfache Beispiele dieses Kreisverkehrs: Dunkle Brillen sind das Symbol »harter Männer« – und das nicht nur in den Vereinigten Staaten. Fürst Alessandro Vanni Calvello Mantegna di San Vincenzo, der im Verdacht einer Mitgliedschaft in der Mafiafamilie von Alia steht, zählte 1982 zu den Gästen beim Empfang zu Ehren von Königin Elisabeth II. während ihres Palermobesuchs: Ein Foto zeigt den Fürsten stehend links von der Königin – und dabei trägt er, völlig unpassend, eine dunkle Brille (das Foto war in ›The Illustrated London News‹ vom Oktober 1987 zu sehen). Auch bei Verbrechern mit weniger wohlklingendem Familiennamen sind Sonnenbrillen in Mode: Diktator Noriega von Panama und seine Bande trugen sie ständig, auch in eher schummriger Umgebung. Sie verbergen so den lebendigsten Teil der Persönlichkeit: Man kann die Blickrichtung nicht erkennen, ebensowenig bemerkt man eine momentane Schwäche oder Geistesabwesenheit. Die Augen sind der »Spiegel der Seele«: Schirmt man sie ab, kommen dem Gegenüber Zweifel, ob dahinter wirklich eine Seele steckt.

Diese Identifikation von dunkler Brille und Härte ist jedoch relativ neu. Früher trugen nur Blinde dunkle Brillen; erst in den 30er Jahren tauchten sie in den USA zunächst bei gefährlichen Sportarten wie etwa Autorennen oder beim Hochgebirgsklettern auf. Die Assoziation mit »harten Kerlen« könnte während des Krieges entstanden sein, insbesondere während der amerikanischen Invasion: Ein Foto zeigt John Ford mit einer Zigarre im Mund; zur Fliegeruniform trägt er eine dunkle Brille; sein Gesichtsausdruck ist dabei besonders kalt und hart (Fahey und Rich 1988; ›The International Film Encyclopedia‹ berichtet, daß Ford »ein langwieriges Augenleiden hatte und in der Öffentlichkeit nur mit einer Augenbinde oder dunklen Brillen erschien«). ›Business Week‹ schrieb jedenfalls schon 1947: »Hollywood hat aus der Sonnenbrille eine Mode gemacht; sie ist heute absolut ein Zeichen von Stil« (Carson 1967, S. 228). Zu dieser Zeit wandte dann auch das Kino dunkle Brillen zur Kennzeichnung »harter Kerle« an: Der von Joseph H. Lewis 1949 gedrehte Streifen ›Gun Crazy‹ war wohl der erste Film, in dem ein Gangster eine abgedunkelte Brille trug. Es gibt keinerlei Belege dafür, daß Gangster damals wirklich schon dunkle Brillen trugen. Sicher aber ist, daß diese sich nach ihrer Einführung im Film als »Zeichen von Stil« just unter jenen »harten Kerlen« verbreiteten, für die solche Augengläser ursprünglich das cineastische Symbol sein sollten.

Zwei signifikante Gegenstücke zu den dunklen Brillen aus der Welt der Musik und aus der Pferdezucht: In den 70er Jahren lieh eine angesehene sizilianische Adelsfamilie einem Capomafia ihre Villa für den Hochzeitsempfang seiner Tochter; etwa fünfhundert Personen nahmen daran teil. Die Musik, die man aus sentimentalen Gründen ausgewählt hatte, hatte einen spektakulären Erfolg: Es war die Titelmusik aus dem Film ›Der Pate‹. Dieser Streifen ist in vieler Hinsicht bis heute eine Quelle von Inspirationen geblieben, auch für weniger romantische Anlässe: Im Mai 1991 fanden drei Bauunternehmer aus der Provinz Palermo einen Pferdekopf im Auto ihrer gemeinsamen Firma (›la Repubblica‹, 31. Mai 1991). Der Unterschied zur Originalszene im Film (der Kopf wurde dort ins Bett des Opfers gelegt, auch stak dem Kadaver von Palermo zusätzlich ein Messer zwischen den Augen) ist unerheblich – das ganze ist sicher ein Plagiat der Filmszene. Sowohl die Titelmusik wie die makabre Botschaft mit dem Pferdekopf wurden ursprünglich vom Kino zur Charakterisierung erfundener Mafiosi geschaffen; und das haben die echten Mafiosi offenbar durchaus positiv aufgenommen. Calderone, der das Buch ›Der Pate‹ als »gut gelungen« bezeichnet, berichtet eine weitere Episode dieser Art: »Totò Di Cristina hatte das Werk kaum gelesen, da kam ihm die Idee, daß er es genauso machen könne ... Seine Leute verkleideten sich als Ärzte und brachten die Feinde im Bett um« (Arlacchi 1992, S. 35, 172).

Immer wieder beziehen sich Mafiosi auf das Kino: Giuseppe Pellegriti, ein kürzlich ausgestiegener Mafioso, beschreibt den verstorbenen Scarpuzzedda, der für seine Grausamkeit bekannt war, als »gewandten, düsteren Typ, geradewegs ein Killer aus dem Film« (›L'Espresso‹, 3. Juni 1990). Als Lucky Luciano in seinen sizilianischen Geburtsort Lercara Friddi zurückkehrte, finanzierte er die Einrichtung eines Kinos; als erster Film wurde ›Der kleine Cäsar‹ gezeigt, ein Klassiker des Gangstergenres mit Edward G. Robinson. Hier der Bericht Lucianos: »Die Leute kamen zu mir und küßten mir praktisch die Hand; nicht nur, weil ich ihnen das Kino gebracht hatte, sondern weil sie mir zeigen wollten, daß ich mächtiger bin als der kleine Cäsar« (Gosch und Hammer 1975, S. 300). Das Niveau ihrer japanischen Kollegin, der Yakuza, muß die Mafia allerdings erst noch erreichen: Ursprünglich war der ›Pate 2‹ auch dort sehr bewundert (Kaplan und Dubro 1986, S. 144); mittlerweile jedoch nutzt die Yakuza die ihr in Japan zugestandene Halblegalität und finanziert Filme über sich selbst. Sie verstärkt und verbreitet so ihr Image als Hochglanzverbrechertum (›The Independent Magazine‹, 3. Februar 1990).

Ein komplexerer Fall des Austausches von Quellen zur Inspiration von Symbolen betrifft das Wort »Mafia«. In einem Dokument taucht es zum erstenmal 1865 auf, und zwar in einem Brief des Direktors für Öffentliche Sicherheit in Carini bei Palermo, der eine Verhaftung mit einem »Verbrechen der Mafia« rechtfertigt. Kurz danach, ebenfalls noch 1865, verwendet auch der Präfekt von Palermo, Gualtiero, diesen Ausdruck in einem Bericht für das Innenministerium (Hess 1970). Es gibt jedoch insgesamt neunzehn verschiedene etymologische Herleitungen des Wortes; keine davon läßt darauf schließen, daß sich der Begriff innerhalb der Mafia selbst herausgebildet hat. In der bisher überzeugendsten Arbeit beschreibt Lo Monaco (1990) das Hauptwort »mafia« als Ableitung vom Adjektiv »mafioso«. Woraus sich ergibt, daß die Etymologie von »mafia« über das ursprünglichere »mafioso« her anzugehen ist.

Das könnte aus dem Arabischen stammen. Früher vermutete man als Ausgangswort »mahyas«, was »Aufschneider«, »Prahlhans« bedeutet. Lo Monaco schlägt nunmehr jedoch »marfud« vor, das für »verweigert«, »abgelehnt« steht. Dieses Adjektiv könnte sich, nach Lo Monaco, in das »mafiusu« oder »maffiusu« des sizilianischen Dialekts verschoben und dabei mit einem ähnlich klingenden Ausdruck verbunden haben, nämlich »marpiuni« oder »marfiuni«, das auch in vielen anderen Gegenden Italiens vorkommt (und heute auch als »marpione« bekannt ist); es bezeichnet einen schlitzohrigen Betrüger. Diese Erklärung beruht auf einer Reihe korrelierender Begriffe (marfuz im Spanischen, malfusso im Alttoskanischen, marfusu im Sizilianischen) und möglichen Lautverschiebungen (rf = lf, u = iu). In seiner männlichen Form war »mafiusu« im Sizilien des 19. Jahrhunderts ein mehrdeutiger Begriff und bedeutete »präpotent«, »arrogant«, aber auch »unerschrocken«, »unternehmungslustig«, »stolz«.

Doch die Etymologie erklärt noch nicht die geläufige Bedeutung von Mafioso. Deren wahrscheinlichster Ursprung ist – wie dies schon Giuseppe Pitré mutmaßte – eine Oper Plazido Rizzottos, ›I Mafiusi della Vicaria‹, die 1863 uraufgeführt wurde. Wohl nach einer apokryphen Quelle kam dem Autor die Idee zur Verwendung dieses Ausdrucks, als er in den Straßen Palermos eine erregte Stimme ausrufen hörte: »Chi vurristi fari u mafiusu cu mia?« (Möchtest dich mir gegenüber als Starker aufspielen?) Das Stück beschreibt das Leben einer besonders respektheischenden Gruppe von Häftlingen im Gefängnis von Palermo: Es sind durchaus individualistische Streithanseln, doch gleichzeitig gehören sie auch einer Gemeinschaft an, die genaue Verhaltensregeln (einschließlich eines Initiationsritus) besitzt, hierarchisch aufgebaut ist und Einfluß auf das politische und administrative System der Insel beansprucht. Nach einer allerdings nicht bewiesenen Annahme soll der Autor seine Informationen über das palermitanische Verbrechertum von einem Bekannten aus der Vereinigung selbst erhalten haben, einem gewissen Gioacchino D'Angelo mit dem Spitznamen Funciazza – und der wurde wegen dieses Verrats später mit einem Messer verunstaltet (Novacco 1959, S. 208, Fußnote 17 bezieht sich darauf). Man mag sich verwundert fragen, warum ein einziges Werk ausschlaggebend für die Verbreitung einer heute so allgemein bekannten Bezeichnung gewesen sein soll. Tatsächlich mag das wohl an dem großen Erfolg gelegen haben, den das Stück hatte (Novacco 1959, S. 208f.): Es wurde bereits im Jahr 1863 fünfundfünfzigmal aufgeführt und im Laufe der folgenden einundzwanzig Jahre mindestens zweitausendmal auf Tourneen süditalienischer und römischer Theatergruppen inszeniert. Selbst König Umberto I. sah die Oper bei Gelegenheit (Gambino 1975, S. 28). Nur wenige Stücke brachten es auf einen solchen Rekord.

Das Vorkommen ähnlicher Worte in piemontesischen und toskanischen Dialekten – die nach der These Lo Monacos einen gemeinsamen etymologischen Ursprung mit dem sizilianischen Urbegriff für Mafia haben könnten – regt zur Forschung über die weiteren Wege an, auf denen der Ausdruck in das übrige Italien gelangt sein mag. (Wobei anzumerken ist, daß einige sizilianisch-italienische Wörterbücher aus dem 19. Jahrhundert mit einem Schuß pingeligem Regionalismus behaupten, das Wort sei umgekehrt aus dem Piemontesischen nach Sizilien importiert worden.) Das piemontesische Adjektiv »mafiun« bedeutet unter anderem »plump«, »ungeschliffen«, »stur«, »schweigsam«, »unbekümmert«; im Florentinischen bedeutet das Substantiv »maffia« »Elend«. Obwohl es sich hierbei um abwertende Begriffe handelt (oder vielleicht gerade deshalb), könnten sie durchaus mit der Bedeutung verschmolzen sein, die der Begriff dann in der Oper Rizzottos hatte. In jedem Falle hatte das Wort »mafia« – als eine Vereinigung von »mafiusi« – seinen Ursprung in einer literarischen Quelle, die vage von einer realen Gruppe inspiriert war.

Hess (1970) und Duggan (1989) sehen beide dies als Ursprung des Begriffs an. Doch gerade das macht in ihren Augen das gesamte Phänomen verdächtig – als könnten aus der Phantasie stammende Symbole ausschließlich von Phantasiegebilden inspiriert oder mit diesen verbunden sein. Man kann jedoch in mindestens zweierlei Hinsicht sagen, daß das Wort tatsächlich das Phänomen als solches geschaffen hat: Erstens hat es unzweifelbar dem Außenstehenden einen Namen zur Identifizierung eines undeutlichen Konglomerats zur Verfügung gestellt und damit erst einmal ermöglicht, daß man darüber reden und es als ein Ganzes verstehen konnte (natürlich auch falsch verstehen, als mythisches, zentralisiertes Ganzes). Noch wichtiger ist jedoch, daß der Name ein regelrechtes Markenzeichen geschaffen hat und damit ermöglicht wurde, daß sich Menschen einer Einrichtung anschließen konnten, die über eine Reputation verfügte – eine negative für Außenstehende, aber überaus wohlklingend für potentielle Mitglieder. Leopoldo Franchetti war der erste, der die kreative Funktion des Wortes erkannte: »Deshalb ist das Substantiv ›Mafia‹ auf eine Klasse gewalttätiger Verbrecher gestoßen, die nur auf ein Substantiv zu ihrer Kennzeichnung wartete; eine Klasse, der ihre Eigenschaften und ihre besondere Bedeutung innerhalb der sizilianischen Gesellschaft das Recht auf einen Namen gab, der sie von den gewöhnlichen Verbrechern anderer Orte unterschied« (1876, S. 93).

Daß eine Bezeichnung außerhalb einer Gruppe selbst entstand, verhindert nicht die Anwendung durch jene, die sich mit ihr identifizieren. Primo Levi schrieb, daß er sich selbst vor der faschistischen Unterdrückung Ende der 30er Jahre niemals klar als Juden empfunden und daß er Juden nie unter irgendeinem wichtigen Aspekt anders als die anderen Landsleute oder als Katholiken wahrgenommen hatte. Dasselbe gilt bis zur Affäre Dreyfus auch für viele französische Juden (wie etwa den Historiker Marc Bloch, vergleiche dazu Fink 1989, S. 18 ff.).

Der neuere Ausdruck »Cosa Nostra« hat eine ähnliche Geschichte – auch er rührt von einem Wechselspiel zwischen externer Interpretation und interner Aneignung her. Er wurde erstmals Ende der 50er Jahre vom Kronzeugen Joe Valachi während eines Hearings der McClellan-Kommission erwähnt und danach willkürlich als Eigenname verstanden, bekam daher auch – im Gegensatz zur sonstigen Schreibweise von Substantiven und Adjektiven – große Anfangsbuchstaben: Cosa Nostra. Das FBI, das sowieso überall Verschwörungen witterte, akkreditierte den Begriff, die Massenmedien verbreiteten ihn, und alsbald errang der Name weitläufige Popularität – am Ende ersetzte er gar das Wort »Mafia« selbst. Es gibt jedoch handfeste Gründe, die Deutung, die ihn so hochwirbelte, als vollkommen falsch anzusehen.

Joe Bonanno schreibt: »Ich habe diesen Ausdruck häufig von Vincent Mangano gehört, er benutzte den Begriff mundartlich so, wie ich sage ›in meinem Ambiente‹.« Darüber hinaus erklärt Bonanno, daß das, was er häufig »meine Tradition« nennt, auch noch auf vielerlei andere Weise ausgedrückt wird: »Manche ziehen den Ausdruck ›Mafia‹ vor, andere wieder ›Cosa Nostra‹. Das sind alles Metaphern« (1983, it. Üb. S. 131). Die drei ohne ihr Wissen im Lokal Paul Violis in Montreal abgehörten Mafiosi benutzten den Ausdruck »la cosa nostra« (OSPA Stajano, OSPA, V). In diesem Zusammenhang wird klar, daß der Ausdruck bereits 1973, zehn Jahre, bevor die Presse ihn als Eigennamen zu verwenden begann, metaphorisch im Sinne von »unsere Welt«, »unsere Gebräuche« verwendet wurde. Nach Buscetta sagt der Mafioso, der den Initiationsritus zelebriert: »Nun kennst du die Geheimnisse dieser Sache« (diese Sache = questa cosa). Im Verhörprotokoll ist »Cosa«, im Italienischen an sich kleingeschrieben, mit großem C angegeben, weil man offenbar etwas voreilig unterstellte, daß der Ausdruck sich auf eine bestimmte Einrichtung bezieht.

Diese Fehlinterpretation könnte aus einem Irrtum resultieren, der ständig wiederholt wurde, wodurch der neue Begriff am Ende den ursprünglichen Ausdruck ersetzt hat: vielen Mafiaaussteigern zufolge, Buscetta inbegriffen, haben die Mafiosi selbst den Namen Cosa Nostra angenommen. Seit den Zeiten Bonannos ist der Ausdruck wohl immer mehr zu dem von ihnen selbst bevorzugten Namen geworden: »Das Wort ›Mafia‹ ist eine literarische Schöpfung, die wirklichen Mafiosi werden schlicht und einfach ›Uomini d'onore‹ genannt. In ihrer Gesamtheit nennt sich diese Organisation ›Cosa Nostra‹ wie in den USA« (TB, Im S. 4–5). Contorno und Calderone bestätigen dies (TC, 1–2, 8; AC, III, 735). Dennoch benutzen alle drei in ihren Zeugenaussagen häufig das Wort Mafia. Andererseits behauptet Marsala – aus seiner Sicht aus dem Hinterland Palermos – ein Jahr nach den Aussagen Buscettas genau das Gegenteil: »Die Organisation, zu der mein Vater einst gehörte, kam nach Sizilien und wurde stets mit dem Begriff ›Mafia‹ benannt, so wie ihre Mitglieder ›Mafiosi‹ hießen. Den Namen Cosa Nostra habe ich als Bezeichnung für die Organisationen gehört, die in Amerika gearbeitet haben« (VM, S. 3).

Der 1916 in die Mafia aufgenommene Militärarzt Melchiorre Allegra wurde vor dem Ritus zu seiner Einführung in die »Vereinigung« darüber informiert, daß »diese Assoziation ebenjene ist, die in Sizilien Mafia heißt« (MA-»L'Ora«). Calderone berichtet (1987), daß der Novize während des Ritus vor allem darüber aufgeklärt wird, daß »das, was ›Mafia‹ genannt wird, in Wirklichkeit ›Cosa Nostra‹ heißt.« Später hat er eine detaillierte Beschreibung hinzugefügt; es ist der Mühe wert, sie vollständig zu zitieren. Der »Repräsentant«, der den Ritus bei der Initiation Calderones zelebrierte, sagte:

»›Kennt ihr die Mafia? Habt ihr davon gehört, habt ihr eine Vorstellung, was diese Mafia ist, von der alle reden?‹

›Gewiß, ja‹, sagten einige.

›Also heute abend...‹ Der Repräsentant hielt inne. Es ging ihm zu schnell voran. ›Also die echte Mafia ist nicht das, wovon alle reden. Die echte Mafia ist die Cosa Nostra. Sie heißt Cosa Nostra.‹

Er sagte das mit erhobener Stimme, wie eine offizielle Mitteilung. Als ob er sich einer Last entledige. Ich war überrascht. Es war das erste Mal, daß ich diesen Namen hörte. Zwar hatte ich ihn schon einmal gehört, zur Zeit Valachis, des amerikanischen Kronzeugen. Ich hatte davon in den Zeitungen gelesen, aber geglaubt, die Cosa Nostra sei die amerikanische Mafia. ›Die unsere heißt wirklich Mafia‹, hatte ich mir damals gesagt.

Der Repräsentant wiederholte seine Worte im Stakkato immer wieder, um sie in unsere Köpfe einzuhämmern: ›Dies ist die Cosa Nostra – Co-sa-No-stra! Versteht ihr? Cosa Nostra, nicht Mafia. Mafia nennen uns die Häscher, die Zeitungen.‹« (Arlacchi 1992, S. 68f.)

Tatsächlich erweisen sich alle Nachforschungen, wie diese »Sache« (cosa) nun »in Wirklichkeit« heißt, als fruchtlos; es gibt keinen Namen, der für alle Zeiten und Örtlichkeiten gilt. Je nach Zusammenhang zählt die eine Bezeichnung soviel wie die andere, ist weder richtig noch falsch; sie stellt lediglich eine Übereinkunft dar: Buscetta hat möglicherweise bei seinen Kumpanen den Ausdruck »Cosa Nostra« häufiger als andere Bezeichnungen gehört, während Marsala dieselbe Erscheinung als »Mafia« ansah und Bonanno von »Tradition« sprach. In der Beschreibung durch Calderone gibt es eine bezeichnende Inkonsequenz: Zur Information Neurekrutierter wird ein »externer« Ausdruck benutzt, um das fragliche Objekt zu identifizieren – um die Richtigkeit dieses Begriffes danach sofort zu dementieren. Das ist in etwa so, als würde man sagen: »Ich bin der, den alle als Marlon Brando kennen, doch in meiner Familie nennen sie mich, sagen wir mal, Pasquale.« Mit anderen Worten: Zur Information derer, die auf ihren Ruhm und ihre Stellung in der Welt hören, greift die Mafia auf einen »unrichtigen« Namen zurück.

Bei illegalen Geschäften ist der Informationsfluß erschwert, Reklame muß auf Symbole bauen, die von außen geschaffen und verstärkt werden; das aber führt zu einer gewissen Konfusion und Instabilität der Symbole selbst. Außerdem gibt es dabei keine Gesetze zum Schutz der Eigentumsrechte an einem solchen Etikett. Das Etikett ist das, von dem »die anderen reden«; will man sich damit von anderen abheben oder damit benennen, muß man jedenfalls die Identität wahren. Der »richtige« Name ist der mit der besseren Funktionalität – zur Repräsentanz, zur Unterscheidung, zur Einschüchterung. Wir kommen noch auf dieses Thema zurück.

Kann man einmal wirklich nicht auf Einfälle anderer Leute zurückgreifen, kommen zuweilen auch die Mafiahelden selbst in

Schwung. Lucky Luciano nannte seine neue Vereinigung »Unione Siciliana«; das wiederum hilft uns nun bei der weiteren Klärung, wie die Wahl solcher Namen zustande kommt. Besonders überrascht dabei, daß sich die gesamte Angelegenheit ohne einen Namen sofort verflüchtigen könnte. Die (von ihm selbst in die Schreibmaschine diktierte) Biographie Lucianos gibt das folgendermaßen wieder:

»Lansky nahm Luciano beiseite. Er war besorgt: ›Wir haben etwas vergessen, Charlie. Wenn du die Sache nicht bis heute abend regelst, könnte sich alles in Luft auflösen. Da sind eine Menge Burschen dabei, die sich nicht so schnell von den alten Methoden lösen können. Denen mußt du etwas geben, das auch sie verstehen. Die neue Tätigkeit braucht einen Namen; außerdem, was ist ein Geschäft oder eine Firma schon ohne einen Namen? Man geht ja nicht in ein Autogeschäft und sagt: ‹Ich nehme den da vorne, den ohne Namen›« (Gosch und Hammer 1975, S. 146).

Aufschlußreich ist auch die Entwicklung des Ausdrucks »Mano Nera« (Black Hand), mit dem die Mafia der Vereinigten Staaten für einige Zeit bezeichnet wurde. »Schwarze Hand« ist der phantasiereichste aller hier erwähnten Namen, und das zu Recht. Seine Ursprünge sind unklar; es gibt zahlreiche Anwärter für die Vaterschaft: eine spanische Sekte aus der Zeit der Inquisition; eine sozialistische Bauernvereinigung im Spanien des 19. Jahrhunderts, schließlich auch noch eine Befreiungsbewegung in Portorico 1898; sie alle waren als »La Mano Negra« bekannt. Auch die nationalistische Geheimorganisation, die den Erzherzog Ferdinand ermordete, nannte sich »Schwarze Hand« (Smith 1975, S. 46–47). Schon um 1855 (vor der Einführung der Fingerabdrücke zur polizeilichen Erkennung) wurden in New Orleans Erpresserbriefe mit einer gemalten oder in Tinte getauchten Hand »unterzeichnet«. Bei ihren Absendern handelte es sich aller Wahrscheinlichkeit nach jedoch »schlichtweg um nichtorganisierte Verbrecher, die einen Namen benutzten, weil sie in dieser hochtrabenden Wortkombination eine Möglichkeit sahen, Terror zu säen« (Chandler 1976, S. 67). In Italien war die »Mano Nera« völlig unbekannt – dennoch wurde sie schließlich für Unbeteiligte zu einer kriminellen Organisation italienischer Emigranten, ein primitives amerikanisches Äquivalent zur Mafia. Sowohl das Symbol wie der Name »Black Hand« traten in einigen Großstädten Amerikas bis Anfang unseres

Jahrhunderts nicht nur in bezug auf Italiener, sondern auch verschiedener anderer ethnischer Gruppen auf. Während der Zeit der Prohibition wurde er dann aber durch Ausdrücke ohne ethnischen Bezug ersetzt, etwa durch »Gangster« oder »Racketeer«. Umgekehrt kam der Begriff Mafia bis zum Zweiten Weltkrieg nur selten vor (in der ›New York Times‹ erscheint er zwischen 1918 und 1943 nur viermal, vergleiche dazu Smith 1975, S. 62); größere Verbreitung erfuhr er erst ab 1950/51, als die Hearings der Kefauver-Kommission durchgeführt wurden. Zehn Jahre später aber, nach den Geständnissen Valachis vor der McClellan-Kommission, wurde er seinerseits durch Cosa Nostra ersetzt.

Die Entwicklung von »Mano Nera« verlief in gewisser Weise in anderer Richtung als die der bisher betrachteten Ausdrücke. Unter den Mafiosi selbst wurde der Ausdruck nie populär, er verbreitete sich auch nicht unter den Italienern, weder in den Vereinigten Staaten noch in Italien. Aller Wahrscheinlichkeit nach war er ein reines Phantasieprodukt, und er trat auch nie aus diesem Umfeld heraus. Daß sich sein Gebrauch auf Unbeteiligte beschränkt, läßt die Annahme zu, daß die Aneignung von Symbolen eben doch nicht wahllos geschieht: Der Ausdruck hatte keinerlei sprachliches Fundament im Wortschatz oder in der italienischen Geschichte; außerdem schmeckte er eher nach Erpresserbriefen als nach einer geheimnisumwitterten Gruppe. Kurz: Die Phantasie wurde mit ihm nicht angeregt.

Es gibt aber noch eine bessere Erklärung für den Mißerfolg der Bezeichnung »Mano Nera«. Die Reputation wird anfällig, wenn man ihre spezifischen Etiketten leicht kopieren kann: Legen sich zu viele Konkurrenten dieselben Namen und Symbole zu, verlieren diese leicht ihre Glaubwürdigkeit. In den 60er Jahren begann eine Bande gewalttätiger Verbrecher mit Banküberfällen und trug dabei Karnevalsmasken: Pappnase, Schnurrbart, Brillen mit Fensterglas; sie wurde als »Schnurrbartbande« berühmt. In kurzer Zeit legten sich nun Räuber aller Arten in ganz Frankreich derlei Masken zu – die »Schnurrbartbanden« vervielfältigten sich, und so verlor die Verkleidung schließlich den Einschüchterungscharakter, besonders als sie am Ende auch noch von Amateuren verwendet wurde.

Natürlich ist jeder Namen nur unzureichend gegen Mißbrauch geschützt. Dennoch sind »Mafia« und »Cosa Nostra« nur relativ schwer zu kopieren, weil sie zugleich präzise und doch auch wieder vage sind. Einerseits schränken sie auf eine bestimmte Volksgruppe ein, der zuzugehören man nicht leicht nachmachen kann: Behauptet ein großer, blonder, sommersprossiger Bursche mit englischem Akzent, ein Mafioso zu sein, würde das alleine wohl nirgendwo auf der Welt jemanden einschüchtern. In Italien selbst wäre ein piemontesischer Akzent als Drohpotential auch nicht ausreichend. Auf Sizilien schwindet derlei sprachliche Abhebung natürlich, weil jedermann die entsprechenden ethnischen Requisiten besitzt – hier akzentuieren die Mafiosi also auch ihren sizilianischen Dialekt, wenn sie Drohanrufe durchführen (Falcone und Padovani 1991, S. 56).

Die »Schwarze Hand« könnte spanisch, italienisch, südamerikanisch sein oder auch zu Osteuropa gehören: Im Unterschied zu »Mafia« ist sie in jede Sprache übersetzbar. Andererseits weisen »Mafia« und »Cosa Nostra« auf keinerlei klar definierte Tätigkeit oder Eigenschaft hin, sondern schlichtweg auf allgemeine illegale Geschäfte. Für »Mafia« oder »Cosa Nostra« gibt es kein spezielles Symbol, dessen Benutzung alleine ihre Nachahmung so leicht machen würde wie die Verkleidung der »Schnurrbartbande«. Lucky Luciano wußte, was er tat, als er seine Vereinigung »Unione Siciliana« nannte: Der Name beinhaltet die ethnische Spezifität und gleichzeitig auch die erwähnte Unbestimmtheit. Die allererste Aufgabe der Schutzindustrie ist der Schutz des eigenen Namens vor Nachahmungen.

Man könnte nun einwenden, daß kriminelle Organisationen und verdeckte Beziehungen heute häufig mit dem Namen »Mafia« belegt werden: Chinesische Mafia, akademische Mafia, jüdische Mafia, Ärztemafia und so weiter. Diese Übertragung wird jedoch nie als Originalitätsnachweis verstanden, behauptet keinen Bezug zur wirklichen Mafia. Es sind Analogien, die nur den Namen wiederholen; insofern schwächen sie ein Markenzeichen längst nicht so, wie das geschähe, wenn zahlreiche Authentizitätsansprüche miteinander konkurrierten. Es gab zahlreiche »Schwarze Hände«, und in diesem Fall war die Kopie schädlich für die Identität des Namens, weil niemand von den Benutzern nachweisen konnte, daß er den Namen zu Recht trägt. Was den Begriff »Mafia« anbelangt: Die Gruppe, die in diesem Fall das Original zu sein behauptet, hat beim Auftauchen ungelegener Kopien die Möglichkeit, sich umzubenennen: »Cosa Nostra« hat weder Übertragungen noch Übersetzungen erfahren. Ein weiterer Vorteil, der den Erfolg erklären mag, den der Name in jüngster Zeit innerhalb der Gruppe erfahren hat.

3. *»Im Anfang war das Wort...«*

»Im Anfang war das Wort... Und das Wort ist Fleisch geworden und hat unter uns gewohnt.« Könnte eine säkularisierte Deutung dieses Johanneswortes durch das Labyrinth aus Phantasie und Wirklichkeit führen, das wir in den voranstehenden Abschnitten besucht haben?

Die Vorstellung, daß Worte Wirklichkeit schaffen können, kann unterschiedliche Formen annehmen. Einmal in der »postmodernen« Konzeption: sie leugnet jegliche signifikante Unterscheidung zwischen Fakten und Worten, Objekten und Deutungen und weigert sich so, unsere verbalen Ausdrücke in etwas Realem zu begründen. Andererseits kann man sich dem Problem auch auf die überlieferte mystische Weise annähern – »die mysteriöse Macht der Worte in der Menschheitsgeschichte« hat Václav Havel das kürzlich genannt: »Man kann sagen, daß die Worte die authentische Quelle unseres Seins, die authentische Substanz jener kosmischen Lebensform sind, die da Mensch heißt... Alle wichtigen Ereignisse in der wirklichen Welt (im Unterschied zu den Postmodernen glaubt Havel an eine solche), mögen sie bewundernswert sein oder abscheulich, finden ihre Vorläufer stets im Reich der Worte.« (›New York Review of Books‹, 18. Januar 1990.) Ich selbst stelle mich bei der hier aufgeworfenen Frage auf keinen der beiden Standpunkte, sondern beschränke mich auf eine ökonomische Interpretation des Evangelistenwortes und beginne mit dem besonders erhellenden Fall des »Cacao Meravigliao«.

Das staatliche italienische Fernsehen RAI hatte 1986 bis 1987 eine Unterhaltungssendung mit dem Titel ›Indietro tutta‹ eingerichtet, die bald überaus populär wurde. Etwa nach der Hälfte jeder Show wurde stets ein Ballett eingeblendet, das immer dieselbe Vorstellung bot: Brasilianische Tänzerinnen führten eine Samba vor und sangen dazu ein Werbelied in einem verballhornten Portugiesisch. Das Stück skandierte den Namen eines imaginären Sponsors, eben des »Cacao Meravigliao«, und tat mithin so, als mache es Reklame dafür. Das Ganze war eine Parodie auf diese Art der Public Relations und sollte das Publikum vor allem belustigen.

Die Sendung lief viele Wochen lang und löste einen regelrechten Run echter Schokoladenhersteller auf die Rechte am fingierten Firmennamen »Cacao Meravigliao« aus. Die Autoren der Sendung verweigerten jedoch die Vergabe der Lizenz eines Produktes, das sie niemals zu schaffen beabsichtigt hatten; am Ende hatten sie es recht schwer, dem Druck der miteinander konkurrierenden Firmen zu entkommen.

Die Italiener lachten darüber. Es war eine erheiternde Geschichte, doch sie zeigte auch, wie wenig man sich darüber klar wird, daß man Worte (wie alle Symbole, selbst wenn diese nicht wie »normale« Erscheinungsformen von Gütern auf dem Markt wirken) auch als regelrechte Wirtschaftsgüter aufnehmen kann. Worte können Glaubensinhalte mitteilen, Informationen und Gefühle, doch in den von uns betrachteten Fällen übertragen sie noch etwas anderes: die Reputation, eine Ressource, die wir in unserem Sprachgebrauch selbst als »guten Namen« bezeichnen. Namen erhalten die Kraft, unabhängig von jedweder anderen Erwägung Reputation zu übermitteln; sie werden zu Markenzeichen. Der Fall des »Cacao Meravigliao« zeigt, daß auch die Erfindung des Markenzeichens »Mafia« sehr gut der Entstehung der »Sache« selbst vorangegangen sein könnte und daß sich die Schutzproduzenten – die sicherlich schon vorher als unabhängige Größen existierten – erst später das Markenzeichen angeeignet haben. Erst als »die Mafia« die Reputation einer gefährlichen, allgegenwärtigen Größe erhalten hatte, erhielt der Anspruch »Die *echte* Mafia sind wir« einen enormen ökonomischen Wert.

Die Kommunistische Partei Italiens diskutierte 1989/90 eine Änderung ihres Namens; da verschaffte sich die Gruppe »Democrazia proletaria« eiligst eine Option auf den Namen »comunista«: die kleine Partei hatte längst keinerlei Zuwachs mehr zu verzeichnen und hoffte nun auf ein Wunder durch den Namen (wobei es nicht überrascht, daß niemand *ihren* alten Namen kaufen wollte; ›la Repubblica‹, 9. Dezember 1989). Die KP änderte ihren Namen schließlich in »Demokratische Partei der Linken« (Partito democratico della sinistra, PDS) – und fand sich danach in der gleichen mißlichen Situation wie die Mafiosi, die ihren Novizen erklären müssen, daß das, was als Mafia bekannt ist, »in Wirklichkeit« Cosa Nostra heißt. Auf einem Wahlkampfflugblatt zum Beispiel in Gela (auf Sizilien) vom Mai 1991 konnte man lesen: »Die Kommunistische Partei nimmt an den Wahlen mit dem Symbol einer Eiche und darunter dem Name Partito democratico della sinistra teil« (›la Repubblica‹, 24. Mai 1991).

Die Entstehung einer abgespaltenen Gruppe, der Rifondazione comunista, hat dann das Problem weiter zugespitzt. Der Gruppe ist es gelungen, den Namen »comunista« und dazu das alte Symbol von Hammer und Sichel zu übernehmen. Drolligerweise sind unter diesem Markenzeichen ganz unterschiedliche Strömungen zusammengeflossen – einschließlich der alten Democrazia proletaria, die so (nach der Beilegung ideologischer Differenzen) ihren Traum von der Aneignung des Markenzeichens »comunista« verwirklichte. Die Neuwahlen vom April 1992 haben gezeigt, daß die Befürchtungen der ihres Symbols »beraubten« Mehrheitsfraktion durchaus berechtigt waren: Trotz ständiger Betonung durch die Führer der »Demokratischen Partei der Linken«, sie seien die »echten« Nachfolger der Kommunistischen Partei, haben unaufmerksame Wähler oft Kandidaten der Konkurrenzpartei »Rifondazione comunista« angekreuzt; ein Verlust vieler Tausender Stimmen für die PDS.

Bei gewöhnlichen Produkten kann man die Qualität leicht nachprüfen, und so reicht der gute Name allein nicht aus, bei einer Minderung der Qualität einen Kaufverlust zu verhindern. Parteien, aber auch die Mafia, verkaufen jedoch keine »gewöhnlichen« Produkte. Aus Kapitel II.2 wissen wir, daß die Reputation die von den Mafiosi meistgeschätzte Ressource ist, hat sie doch großen wirtschaftlichen Wert: Ist sie im Schutzgeldgeschäft einmal hergestellt, muß man kaum einmal auch den Handelsgegenstand – den Schutz – selbst produzieren. Die Reputation ist, solange sie niemand herauszufordern wagt, dieser Gegenstand selbst (Kreps und Wilson 1982). Der Richter Fabio Salomone beschreibt die Quintessenz der Mafia so:

»Jedes der Mitglieder kann die Einschüchterungskraft wie ein immaterielles ›Gut‹ der Vereinigung nutzen, ist diese doch – wie festgestellt wurde – ein gemeinsames Vermögen aller Mitglieder und gehört damit pro indiviso jedem einzelnen von ihnen« (OSAG, S. 280).

Die Einschüchterung ist ein gemeinsames Vermögen, doch »handelt es sich nicht um eine genetische Mitgift der Vereinigung, sondern, wenn man so will, um das ›Kapital‹, das das Ergebnis eines Prozesses ›kollektiver Akkumulation‹ darstellt und das dem einzelnen Mitglied eine ›Rendite‹ einbringen kann, selbst wenn dieses an diesem Prozeß gar nicht mitgewirkt hat« (ebda., S. 280 und 287).

Der Schrein, in dem diese Ressource enthalten ist, heißt »Name«. Für illegale Tätigkeiten gilt jedoch eine Einschränkung, die das Problem der Namenspflege, verglichen mit anderen Einrichtungen wie etwa den Parteien, doch etwas kompliziert: Illegale Tätigkeit kann keine offene Werbung betreiben, muß auf informelle Arbeit bauen und sichtbare oder phonetische Signale nutzen, die andere (auf legalem Sektor) durch ihre Reden, Schriften, Filme, Kompositionen et cetera geschaffen haben. Es ist also für die Mafia zuweilen recht schwierig, Warenzeichen abzusichern und Durcheinander zu vermeiden.

Wir haben oben eine Brücke zwischen alten sizilianischen Romanen und der Mafia errichtet; mitunter fallen die Ziele der Romanhandlung und die der Verbrecher zusammen: Beide Sektoren nutzen Geheimnistuerei, Angst, Terror; insofern ist es auch nicht überraschend, wenn die Erfindungen der Gegenseite kopiert werden. Diese Wechselwirkung ist übrigens auf vielen Gebieten zu beobachten: Griechenland wäre nicht Griechenland ohne seine »Entdeckung« durch Winckelmann, Venedig nicht Venedig ohne die Ruskins. Griechen und Venezianer nehmen heute selbst eine Wirklichkeit ein (und verbreiten sie), die sie auch von diesen Schriftstellern erhalten haben. Entkleidet man die Hügel der Langhe in Piemont der literarischen Aura, die ihnen Fenoglio und Pavese verliehen haben, erwecken sie allenfalls noch einen recht monotonen Eindruck. Als Marcel Proust in seiner ›Suche nach der verlorenen Zeit‹ lang und breit schilderte, wie die Bewohner von Illiers ihr Dorf sahen, fühlten sich diese so geschmeichelt, daß sie ihrem Ortsnamen das von Proust erfundene »Combray« dazufügten und sich in Illiers-Combray umtauften. Mitglieder des Archäologischen Instituts des University College von London waren überglücklich, als sich der amerikanische Schauspieler Harrison Ford, der den erfundenen Archäologen Indiana Jones gespielt hatte und somit Held denkwürdiger Abenteuer war, zum Mäzenatentum bereiterklärte und seine berühmte Peitsche zu ihren Gunsten versteigern ließ (›The Independent‹, 7. Juni 1990).

Die Umformung der Wirklichkeit durch die Kunst oder durch Romanphantasien bringt mitunter ein derartiges Maß an Täuschung hervor, daß sogar unverdiente Reputation abgesichert wird. Literarisch gebildete ausländische Touristen erwarten sich zum Beispiel in Sizilien eine wesentlich größere Vielfalt wunderbarer Ruinen und Stile als in Apulien: griechische, arabische, normannische, barocke. Tatsächlich jedoch hat Sizilien lediglich viele Schrifsteller hervorgebracht, die die Ruinen berühmt gemacht haben – Apulien, das über keineswegs weniger architektonischen Reichtum verfügt, kann schlichtweg nicht mit so vielen lobreichen Schriftstellern aufwarten. In diesem Falle ist die Verzerrung der Wirklichkeit in gewisser Weise meßbar. Solche Prozesse können sich auch zum Extrem auswachsen, dann nämlich, wenn die Übertragung eine Realität schafft, die vorher de facto nicht vorhanden war.

4. Der Initiationsritus

Es gibt mindestens dreizehn Berichte, in denen der Initiationsritus der Mafia beschrieben wird; sie stammen aus ganz unterschiedlichen Quellen und Zeiten. Die älteste Beschreibung geht auf das Jahr 1877 zurück und kommt aus Monreale nahe Palermo, die jüngste wurde 1990 live mitgeschnitten vom FBI in Medford, New England (USA). Sämtliche Aussagen darüber waren ursprünglich mündlich überliefert, lediglich in einem Fall – aus dem Jahr 1884 – soll angeblich ein Dokument gefunden worden sein, das den Ritus intern für die Mitglieder darstellt. Leicht erkennbar ist dabei eine allen Beschreibungen gemeinsame archetypische Sequenz von symbolischen Gesten: Die Aufnahme geschieht in Gegenwart anderer Mitglieder; das einführende Mitglied sticht dem Novizen mit einer Nadel in den Finger und läßt etwas Blut auf ein Heiligenbildchen tropfen, das dann angezündet und – zur Vermeidung von

Verbrennungen – schnell zwischen den Händen hin- und hergeschwenkt wird; dabei leistet der Novize den Eid auf die Familie.

Die Berichte weisen dabei jedoch zahlreiche Varianten auf: Anzustechen ist normalerweise der rechte Zeigefinger, doch auch der Daumen, der Mittelfinger und sogar die Unterlippe sind als Alternativen erwähnt; anstelle der Nadel kann auch ein Messer verwendet werden oder der Dorn einer Bitterorange (citrus aurantius). Das Heiligenbildchen ist in einer Beschreibung durch die Zeichnung eines Schädels ersetzt, in einer anderen durch ein beliebiges Blatt Papier. In einem Fall wird der Schwur nicht während des Verbrennens geleistet, sondern erst danach, während die Asche noch in Händen gehalten wird.

Auch sonst gibt es noch zahlreiche zusätzliche Optionen. Manchmal sind die eidleistenden Mitglieder bewaffnet, in zwei Fällen gehören Messer und Pistolen zum Ritus. In einem Bericht heißt es, daß am Ende der Zeremonie jedes Mitglied den Neurekrutierten küßt, was in einer anderen Aussage aber ausdrücklich dementiert wird; in den meisten Erzählungen taucht dieser Teil der Szene jedoch überhaupt nicht auf. In einer Version bekommt der Neuaufzunehmende während der Zeremonie eine Augenbinde. Auch daß man die Asche des Heiligenbildchens in alle Winde verstreut, kommt vor. Der Garant wird in einigen Berichten aus den Vereinigten Staaten aus den Reihen der Mitglieder nach dem Zufallsprinzip ausgewählt und vermischt sein Blut mit dem des Novizen.

Die weitaus detaillierteste Beschreibung hat Antonino Calderone 1987 in seiner Zeugenaussage gegeben. Er selbst hat bis 1983 – da floh er ins Ausland – an zahlreichen Zeremonien dieser Art teilgenommen; für Sizilien ist dies der letzte uns bekannte Bericht über eine Initiation. Die Prozedur und die Worte unterscheiden sich nicht wesentlich von den anderen Versionen, doch die Darstellung Calderones ist sehr unmittelbar, präzise, aufmerksam; sie erweist sich als ganz besonders wirklichkeitsnah, sozusagen »naturalistisch«: Er erinnert sich auch an flüchtige, ansonsten unbekannte Einzelheiten und zeigt ein bemerkenswertes Bewußtsein für die Feinheiten und Unterschiede innerhalb der verschiedenen Familien und mafiosen Ebenen.

So merkt er zum Beispiel an, daß die Kandidaten in Catania gruppenweise eingeführt wurden, während sie an anderen Orten nur jeweils einzeln zugelassen werden (so wie das auch in der erwähnten Initiation in Medford geschah); auch wurde hier dem Kandidaten vor dem endgültigen Beitritt noch eine Chance zum Rückzug gegeben. Auf dem Heiligenbild war die Schutzpatronin der Cosa Nostra, die Heilige Jungfrau Maria, dargestellt. Das Stichinstrument variiert, wie schon erwähnt, von Familie zu Familie. Der Novize wählt einen Paten unter den anwesenden Uomini d'onore aus, der dann den Ritus mit ihm durchführt. Weiterhin erinnert sich Calderone auch präzise an die »Gebote«, auf die die anderen Berichte nur anspielen, ohne sie genauer zu zitieren:

»Diese Regeln besagen, daß man die Frauen anderer Uomini d'onore nicht ›anrühren‹ darf, daß man keinen anderen Uomo d'onore bestehlen darf, auch sonst allgemein niemanden, es sei denn im Falle absoluter Notwendigkeit; daß man nichts bei der Polizei anzeigen, niemals mit anderen Uomini d'onore streiten darf, und daß das eigene Verhalten von Ernst getragen sein soll. Gegenüber Außenstehenden muß man absolute Verschwiegenheit über die Cosa Nostra beachten und absolut vermeiden, sich alleine anderen Uomini d'onore vorzustellen; es muß unbedingt ein dritter Uomo d'onore dabei anwesend sein, der beide kennt und der die Zugehörigkeit zur Cosa Nostra bestätigt, indem er sagt: ›Das ist unser Freund‹ oder auch ›Der ist von derselben Sache‹ (Questo è la stessa cosa)« (AC, III, S. 736).

Calderone enthüllt schließlich noch zwei weitere Details. Erstens, daß es für die Zulassung genügt, aus einer Familie (im physischen Sinne) von Mafiosi zu stammen. Zweitens kann die Initiation unter erschwerten Bedingungen, etwa im Gefängnis, auch mit einem vereinfachten Ritus geschehen.

Der größte Teil der Berichte gibt keine Auskunft über die Schwurformel selbst, und auch die Aussagewilligen zeigen hier oft Erinnerungslücken. Dennoch ist ein Kern immer wieder wiederholter Worte klar erkennbar. Das Blut, das Heiligenbild, ihre Vereinigung im Verbrennen, der Zerfall zu Asche: diese Elemente sind in allen Beschreibungen vorhanden, sie stellen die gleichbleibende symbolische Versinnlichung des Ritus dar. Nachfolgend Auszüge aus fünf Beschreibungen, die eine Zeitspanne von hundert Jahren umspannen und die jeweils die konkrete Bedeutung dieser Symbolik verbalisieren:

»Wie diese Heilige und diese wenigen Tropfen meines Blutes

verbrennen, werde ich all mein Blut für die Bruderschaft vergießen, und wie diese Asche nicht in ihren früheren Zustand zurückkehren kann und ebenfalls nicht dieses Blut, so kann ich diese Bruderschaft nicht mehr verlassen.« (1884, Beschreibung des Treueschwurs für die »Fratellanza« von Girgenti – heute Agrigent – durch den Königlichen Staatsanwalt F. Lestingi.)

»Ich schwöre, meinen Brüdern treu zu sein, sie nie zu verraten, ihnen immer zu helfen, und sollte dies nicht geschehen, möge ich verbrennen und zerfallen, wie dieses Bild zerfällt, das zu Asche wird.« (Melchiorre Allegra, initiiert 1916, in seiner Aussage 1937.)

»Mein Fleisch soll verbrennen wie dieses ›Heiligenbild‹, wenn ich meinem Schwur nicht treu bin.« (Tommaso Buscetta 1984; Contorno und Calderone bestätigen seine Version.)

»Ich schwöre, der Familie treu zu sein, und sollte ich sie verraten, soll mein Fleisch verbrennen, wie dieses Heiligenbild verbrennt« (Vincenzo Marsala, 1987.)

»So wie dieser Heilige verbrennt, wird meine Seele verbrennen.« (Phonetische Aufzeichnung des FBI über eine Initiation 1990 in Medford, New England/USA.)

Die Schwurformel ist im Laufe der Jahre verkürzt worden, wohl durch Anpassung an einen weniger hochgestochenen, praktikableren Sprachgebrauch. Trotzdem ist der Wesenskern unverändert geblieben.

Jedenfalls kann man durch die umfangreichen Dokumente weitgehend die Vorstellung ausschließen, es könne sich beim Initiationsritus lediglich um eine Erfindung für leichtgläubige Außenstehende handeln. Vor allem aber beweisen sie, daß die Initiation ein besonderes, von einer Reihe reglementierender Normen bestimmtes Ereignis ist, aus dem sich die Unterscheidung zwischen Mitgliedern und Nichtmitgliedern herleitet. Die von der Polizei 1974 abgehörten Gespräche zwischen Paul Violi und seinen »Freunden« von Agrigent enthalten Sätze wie diese: »Giovanni ist dasselbe« (Giovanni è lo stesso), »Er ist wie ich und wie du« ('E uno come me e come te), »Pinuzzi ist ein regulär aufgenommener Arbeiter« (Pinuzzi è un operaio regolarmente fatto), »Giovanni ist ein aufgenommenes Mitglied« (Giovanni è un membro fatto), »Habt ihr ihn nach den Normen aufgenommen?« (L'avete fatto con le norme), »Nanà haben wir regulär aufgenommen« (Nanà l'abbiamo fatto regolarmente) (OSPA Stajano, S. 56–61 und 169).

Es wäre auch kaum vorstellbar, daß die Übereinstimmung so verschiedener Quellen das Ergebnis einer systematischen Fälschung sei. Die Varianten widersprechen dem symbolischen Kern nicht; gewisse Ungenauigkeiten und gelegentliche Irrtümer hinsichtlich des Inhalts wie des Umfangs sind bei mündlicher Weitergabe eines Ritus von einer Generation zur anderen und zwischen einander verwandten Gruppen durchaus normal. Es gibt zahlreiche anthropologische Belege, daß Menschen im allgemeinen nur die wesentlichen symbolischen Elemente von Riten in Erinnerung behalten. 1985 fügte Vincenzo Marsala seiner Aussage über den mafiosen Ritus hinzu: »Mein Vater sagte mir, daß der einzige, der diese Schwurformel in Vicari kannte, Antonino Buttacavoli war, der vor etwa drei Jahren gestorben ist... Nicht einmal mein Vater kannte die Schwurformel« (VM, S. 3 und 76). Solche Erkenntnisse hat die Anthropologie auch auf anderen Feldern geliefert: Fast immer »hütet« nur eine einzige Person die rituellen Worte (vergleiche dazu etwa Barth 1987 über ähnliche Probleme in Neuguinea). Amerikanische Quellen belegen vergleichbare Unsicherheiten:

»»Keiner von uns erinnert sich an den Ritus‹, meinte ›Dope‹ Delsanter, ›es ist so viel Zeit vergangen, seit hier bei uns eine Zeremonie stattgefunden hat!‹ – ›Na gut‹, sagte Jimmy Fratianno, der wohl auch nicht mehr darüber wußte, ›tu die Burschen auf, dann komme ich und helf dir‹« (Abadinsky 1983, S. 116).

Auch bei den symbolischen Gesten handelt es sich um elementare Dinge, nicht um künstlich eingeführte Handlungen. Wären die Beschreibungen Fälschungen und nur zur Vernebelung erdacht, wären sie sicherlich besser ausgearbeitet und genauer: Übertreibung und der Wunsch, Erstaunen auszulösen, sind ja zumeist eng miteinander verbunden. Nun sind aber Mafiosi bekanntlich gerade besonders versiert in der Kunst, andere Menschen zu überraschen – gerade deshalb beeindruckt die Schlichtheit und Offenheit ihres Rituals um so mehr: eine Konzentration beschwörender Kraft, typisch für Rituale in mündlich tradierten Kulturen. Alles konvergiert in dem Blut, das sich als feiner Strahl auf das Papier ergießt und dann den Flammen übergeben wird.

Die Schlichtheit des Mafiaschwurs fällt auf im Vergleich mit den Riten ähnlicher Gruppen, von denen einige tatsächlich ihres Bombastes wegen nur schwer zu reproduzieren sind, sofern sie nicht schriftlich niedergelegt wurden. Verwickelt und wortreich sind zum Beispiel die Rituale, die der Camorra in der Campania und der 'Ndrangheta in Kalabrien zugeschrieben werden. Über den allgemeinen Wortreichtum der Kalabresen der 'Ndrangheta berichtet unter anderem auch Calderone (in Arlacchi 1992, S. 149 bis 152). 1982 fanden Carabinieri auch einen rituellen Text, den ein Statthalter Raffaele Cutolos, Chef der Nuova Camorra Organizza, aufgezeichnet hatte; 1984 beschrieb der Aussteiger Armando Fragomeni in seiner Aussage vor den Turiner Staatsanwälten De Crescienzo und Borgna die Struktur und die Elemente der Riten der 'Ndrangheta. Höchst verwirrend sind auch die Schwurformeln der Triaden aus Hongkong (Morgan, 1960, beschreibt sie umfassend). Ein bezeichnender Vorfall belegt, welches Problem die rein aufs Gedächtnis gestützte Aufrechterhaltung komplexer Zeremonien bei dezentralisierten illegalen Gruppen darstellt: »Als kürzlich die Polizei eine Initiationszeremonie der Triaden sprengte, entdeckte sie, daß die Leute ihren Ritus nach einer Beschreibung zelebrierten, die sie – einem Polizeihandbuch entnommen hatten« (›Observer Magazine‹, 5. März 1989). Möglicherweise hatten die Zeremonienmeister einfach das Ritual vergessen; es könnte aber auch sein, daß es sich bei der Gruppe um gefälschte Triaden handelte, die eine eigene Vereinigung aufbauen wollten – und dazu kopierten sie das Ritual just von der Polizei, die sie in diesem Falle für die glaubwürdigste Quelle hielten.

Recupero merkt an (1987, S. 313), daß das Ritual der Mafia ganz nach einer vereinfachten Version der Rituale der Carboneria klingt, des Köhlerbundes aus dem vorigen Jahrhundert; entfernter auch nach dem des Freimaurertums ganz allgemein. Der Initiationsritus des Köhlerbundes sah Messer, Augenbinden, Blut, Feuer und die Anrufung eines Heiligen vor (St. Theobalds, des Schutzpatrons der Sekte). Auch die Höhepunkte der Initiation klingen uns vertraut: »Ich bin damit einverstanden, ja verlange sogar danach, daß mein Körper, sofern ich mich meineidig erweise, in Stücke geschnitten und danach verbrannt und daß meine Asche in alle Winde verstreut wird...« (MacKenzie 1967, S. 324 bis 327). Das mächtig ausgefeilte Ritual der Freimaurer enthält eine noch grandiosere Version als die bisher zitierten: »Sollte ich jemals das Unglück oder die Schmach auf mich laden und meinen Eid brechen, bin ich mit meiner Kreuzigung einverstanden: Meine

Augen mögen mit einer rotglühenden Eisenstange ihres Lichtes beraubt werden, mein Blut sei von den Söhnen der Witwe verdammt...« Auch die flankierenden Erklärungen beim Freimaurerschwur klingen ähnlich wie beim Mafiaeid: »Ich schwöre, ohne Zögern und Abweichung den Anordnungen zu gehorchen, die mir vom Souverän übermittelt werden... Aus keinem Vorwand werde ich den Schutz der Schwachen und Unschuldigen unterlassen...« (›la Repubblica‹, 23. März 1990.)

Erstaunlich, wie auch einige Elemente des Rituals der Triaden denen der Mafia ähneln. Gegen Ende der langen Zeremonie, bei der eigentlichen Initiation, wird ein Stück gelben Papiers mit den Namen der Novizen und den Worten der 36 Schwüre den Flammen übergeben; eine ganze Anzahl dieser Schwurformeln (Morgan 1960, S. 157–160) entspricht denen der Mafia, wie sie von Calderone überliefert sind. Die Asche wird dann mit Wein, Zinnober und Zucker vermischt. Danach wird ein junger Hahn getötet und sein Blut dem Tasseninhalt hinzugefügt. Schließlich »sticht der Initiationsmeister den Mittelfinger der linken Hand des Rekruten an, bis Blut erscheint« (Morgan 1960, S. 252–259). Nach zahlreichen weiteren Zwischenstationen wird das Blut des Novizen mit dem Tasseninhalt vermischt, und der Novize muß das Gebräu trinken.

Umgekehrt überrascht aber auch, daß die Rituale der italienischen Camorra und der 'Ndrangheta zwar einander, nicht aber denen der Mafia ähneln. Trotz der räumlichen Nähe zu Sizilien kommt bei diesen Gruppen weder Blut noch Feuer vor, auch kein Heiliger. Im großen und ganzen handelt es sich dabei um Riten ohne große Aktion: Sie bestehen im wesentlichen aus dem etwas melodramatischen Hersagen von Fragen und Antworten, dazu werden auch einige imaginäre Persönlichkeiten angerufen (zum Beispiel Osso, Mastrosso und Carcagnosso). Ihr Ursprung muß also anderswo liegen als der des mafiosen Rituals. Ich habe keine einzige tiefgreifende Untersuchung darüber vorliegen, doch der Eindruck drängt sich auf, daß es sich dabei eher um schlichte Nachahmungen der spanischen Rittertradition handelt als um Herleitungen aus den konspirativen Gesellschaften des 19. Jahrhunderts.

Die räumliche und zeitliche Nähe rechtfertigt die These, daß das Ritual des Köhlerbundes eine Art »vornehmer« Verwandter des bäuerlichen mafiosen Rituals ist; andererseits kann man jedoch sicherlich keine Verbindungen zwischen sizilianischen und zum Beispiel chinesischen Gruppen herstellen. Einige der verwendeten Symbole haben also eindeutig universelle Bedeutung: Blut und Feuer zum Beispiel werden bei zahllosen Initiationsriten verwendet und beschwören, auch quer durch unterschiedliche Kulturen, jeweils die Geburt, die Verwandtschaft, den Tod, die Angst vor der Vernichtung. Nun fehlen aber gerade solche Symbole bei den genannten anderen süditalienischen Gruppen, und das läßt zwei bemerkenswerte Schlußfolgerungen zu.

Erstens: Es gibt kein spezielles Symbol, das von sich aus in allen einander ähnlichen Gruppen zentrale Bedeutung besitzt. Ob die beschwörende Kraft eines Ritus vom universellen Ruf bestimmter Symbole abhängt oder von Übereinkünften der örtlichen Traditionen herrührt, läßt sich schwer feststellen; im Vordergrund steht in der Regel das Lokale. Wichtig ist, daß alle Gruppen ein Ritual besitzen, weniger bedeutend dagegen die Form, die dieses annimmt: Die Zeremonien erfüllen ihre Aufgaben auch ohne Bezug auf ein genau umschriebenes Feld von Symbolen. Es ist also unwesentlich, wenn der Ritus der sizilianischen von dem anderer Gruppen abweicht oder umgekehrt diesem stark ähnelt – jede Gruppe schöpft einfach aus dem Reservoir der Symbole, das sie in ihrer Umgebung vorfindet.

Zweitens: Die geographische Nähe führt nicht unbedingt zur gegenseitigen Durchdringung. Nachbarschaft kann sogar zur Notwendigkeit verstärkter Unterscheidung führen – um Mißverständnisse zu vermeiden: Es besteht ja keine Gefahr der Verwechslung einer sizilianischen Familie mit einer chinesischen – doch man kann durchaus Gruppen der verschiedenen süditalienischen Regionen durcheinanderbringen. »Die Kalabresen versuchen nicht, in die Mafia einzutreten«, sagt Calderone: »die hatten ihre eigene Organisation, die fast genauso war wie die unsere, und sie beanspruchten sogar, wichtiger zu sein als wir« (Arlacchi 1992, S. 139).

Eine andere Frage ist der Sinn und Zweck des mafiosen Rituals. Warum unterziehen sich illegale, verschlagene, ausgekochte, gewalttätige Schutzgeber einem Ritus, den jeder vernünftige Mensch einfach lächerlich finden wird? Zur Analyse müssen wir diese Frage teilen: Daß sich ein Novize willig dem Ritus unterwirft, ist die eine Frage, sie ist jedoch viel leichter zu beantworten als die zweite, nämlich warum die schon eingetretenen Mitglieder dem Novizen diese Zeremonie auferlegen. Für den Novizen handelt es sich um eine Nutzenabwägung: Warum sollte man nicht beitreten, wenn die Vorteile nach der Initiation größer sind als die Unkosten, mit anderen Worten, wenn der Ritus allenfalls vernachlässigbare Schmerzen fordert im Vergleich mit der ansehnlichen Kompensation durch die Mitgliedschaft? Das schließt natürlich eine wirkliche innere Anteilnahme am Ritus keineswegs aus und ebensowenig die Befriedigung, die man aus solch feierlicher Liturgie ziehen kann. Doch es reicht in jedem Falle aus, sich dem Ritus irgendwie (und keineswegs unbedingt innerlich) zu unterwerfen, auch wenn der Initiierte dessen Bedeutung gar nicht versteht oder auch gar nicht darauf achtet. Die zweite Seite der Frage ist damit jedoch noch nicht erklärt.

Alle Anzeichen deuten darauf hin, daß das mafiose Ritual aus rein internen Gründen praktiziert wird. Mehr als hundert Jahre hat der Ritus selbst keinerlei Modifikationen erfahren: Wollte man mit ihm nur Außenstehende beeindrucken, hätten Mode- und Geschmackswechsel immer mal wieder zu Veränderungen geführt. Welche Funktion hat der Ritus also? Eine mögliche Antwort wäre: Er dient zur Besiegelung eines Vertrages, den man nicht auf konventionelle Weise schließen kann: Der bloße Handschlag wäre eine allzu schwache Geste, sie besetzt weder die Phantasie des Neuaufgenommenen, noch würde sie in einem illegalen Milieu opportunistische Meinungswechsel verhindern. Andererseits hätte die Besiegelung eines schriftliches Dokumentes mit einer Unterzeichnung – ihrerseits ein ritueller Akt, der bei normalen Geschäften die Partner bindet – den Nachteil, daß dies auch einen Beweis darstellen kann. Gut vorstellbar also, daß der an sich banale Schutzvertrag rituell mit Hilfe eines konzentrierten symbolischen Aktes in eine stabile Bindung verwandelt wird. »Wenn der Zeigefinger an der Hand des Mannes gestochen wird«, erklärt Calderone in seinem Geständnis, »sagt der Repräsentant feierlich, daß man keinen Verrat üben darf, denn in die Cosa Nostra tritt man mit dem Blut ein und tritt auch nur mit Blut aus.« Angst begleitet also jeden Bruch der Bindung.

Die Assoziation eines kurzen, scharfen Schmerzes mit einem denkwürdigen Ereignis ist eine für mündlich tradierte Kulturen typische Strategie: Im mittelalterlichen Italien wurden Eheverträge in Gegenwart der jüngsten Generation (die die größte Lebenserwartung hatte) der Stadt geschlossen; jedes Kind bekam dabei zur Sicherstellung späterer Erinnerung eine Ohrfeige und sofort danach ein Bonbon: Das Kind sollte damit nicht einfach nur den Schmerz erinnern, sondern vor allem die Aufeinanderfolge von Strafe und Entgelt dafür – der Sinn bestand gerade darin, daß das überhaupt keinen Sinn ergab. Eine analoge Spannung steht auch hinter der Initiation der Mafia: Das rationale, ausgewiesene Ziel der Zeremonie ist den Teilnehmern klar (»Ich unterwerfe mich dem Ritus, weil ich ein Mafioso werden will«, »Ich möchte aus A nach B kommen«), die konkrete Sequenz der hierzu eingesetzten symbolischen Phasen hat keine aus sich heraus verständliche Bedeutung – sie steht *jenseits* der Rationalität. Dies läßt das Gefühl sakraler Ehrfurcht aufkommen: »Wenn das, was mich aus A nach B gebracht hat, derart mysteriös ist, wie könnte ich mich jemals von B trennen, ohne die Wut geheimnisvoller Kräfte zu entzünden?« Zu Verrätern gewordene Mafiosi – darunter Buscetta, Contorno, Fratianno – beklagen unablässig mit fatalistischer Melancholie, sie seien zum Tode bestimmt; »die dort« würden sie früher oder später jedenfalls erwischen.

Es könnte noch einen zweiten Grund für die Beibehaltung des Ritus geben; er ist subtiler als der eben dargelegte, mit ihm aber durchaus vereinbar. Die Mafia ist ständig durchdrungen von Unsicherheit, Mißtrauen, Argwohn, paranoider Unruhe, Mißverständnissen. Wer ist der Stärkste? Wer wird der Erbe sein? Ist Don Peppe wirklich ein Mafioso? Legt er sich gerade mit einem anderen Don Peppe an, oder tut er nur so? Ist Don Peppe noch immer stark genug, Herrn X zu schützen? Einschätzungsfehler sind an der Tagesordnung; häufig stehen sie am Anfang einer der gewaltigen Mordserien, die die Mafia bekanntlich immer mal wieder treffen. Bei der Lektüre der Geständnisse von Aussteigern wird klar, daß jeder von einem Mafioso gesprochene Satz von anderen Mafiosi minutiös gewertet wird – man sucht die möglicherweise darin enthaltene Mehrdeutigkeit oder auch die Falle, die sich dahinter verbergen könnte. Hat jemand einmal einen hinterhältigen Mord begangen (was in der Mafia der Normalfall bei Tötungsdelikten ist), erhält die Angst vor ähnlichem Schicksal enorme Bedeutung. »Nun wußte ich, daß das auch mir geschehen konnte; in der Christnacht, am Ostermorgen oder an jedem anderen Tag«, formuliert der Anonymus seine Überlegungen, nachdem er seinen Gevatter hinterhältig ermordet hatte (1988, S. 117).

Das Ritual alleine verschafft nur eine vorübergehende Gewißheit: Gerade weil es aus sich heraus ohne Sinn ist, kann es nur beschrieben, nicht aber gedeutet und damit mißverstanden werden. Es ist bar jeder Mehrdeutigkeit, ein Akt, der von den Teilnehmern nicht geleugnet oder verdreht werden kann; ein klares Zeichen, das die Qualifikation einer Person zur Teilnahme an der *authentischen* Herstellung von Schutz und zu seinem *legitimen* Gebrauch feststellt. Das Ritual verschafft einen gewissen Schutz vor der allgegenwärtigen Möglichkeit der Fälschung: Es umschreibt diejenigen, die zum Schutz imstande sind, indem es sie untereinander identifizierbar macht und ihnen in einer Welt, die sie andernfalls unerbittlich bedrängen würde, Authentizität verleiht: »Hast du X den Normen gemäß aufgenommen?«; »Hast du X in regulärer Weise aufgenommen?«; »Ist er tatsächlich ein aufgenommenes Mitglied?« Derlei Fragen sind von größter Wichtigkeit; sie treten immer wieder regelrecht zwanghaft auf. »Am Anfang war das Ritual« enthält einen präzisen (und keineswegs magischen) Sinn. »Die Mafia«, sagt Calderone (und vergißt dabei, daß er kurz zuvor gesagt hat, sie heiße Cosa Nostra), »ist die Organisation derer, die den Schwur geleistet haben« (Arlacchi 1992, S. 17).

Die Folgerungen aus diesem und dem vorangegangenen Kapitel bieten eine einfache Lösung des Dauermysteriums »Mafia«: Sie belegen, wie es den mafiosen Familien möglich ist, unabhängig zu sein und doch gleichzeitig etwas Unfaßbares, aber doch Bedeutendes gemeinsam zu haben. Das grundlegende, allen gemeinsame Moment ist weder eine zentralisierte Struktur noch eine dauerhafte formale Organisation; es ist vielmehr eine kommerzielle Identität – die Identität von Schutzgebern mit »Qualitätsanspruch«. Wir können damit »Mafia« also definieren als ein spezielles *Warenzeichen*, die Marke der Schutzindustrie. Mitglied der Mafia zu werden bedeutet den Abschluß eines Vertrages mit nur einer speziellen Familie – über die einzelnen Familien hinaus gibt es ja keine umfassende Organisation, deren Mitglied man sein könnte und der man Loyalität schulden würde. Die Familie ihrerseits jedoch hat, zusammen mit anderen Familien, Teil an dieser profitablen Marke: Wer bevollmächtigt ist, sich bei seiner Arbeit auf diese Empfehlung zu stützen, zieht Vorteile aus der mit dem Zeichen »Mafia«

verbundenen Achtung und Ehrfurcht. Das einzige wirklich gemeinsame Interesse der Familien besteht in der Aufrechterhaltung und Verteidigung dieses Warenzeichens. Die nach dem Zweiten Weltkrieg in den verschiedenen Provinzen Siziliens geschaffenen Kartelle und die damit verbundenen Normen wurden, außer zur Eindämmung von Konflikten und zur internen Stabilisierung, vor allem dieses Interesses wegen eingeführt: Es ging um die Aufrechterhaltung der Reputation, um die Verhinderung unkontrollierter Beitritte, um die Ausschaltung von Betrügern, die das Warenzeichen ohne Lizenz verwenden wollten.

Diese Interpretation der Mafia löst auch ein anderes Dilemma, das die Beziehungen zwischen dem externen Image und der internen Wirklichkeit betrifft. Es ist durchaus wahrscheinlich, daß das Markenzeichen als solches ursprünglich von Außenstehenden geschaffen oder jedenfalls aufgebauscht wurde, von Menschen, die von der Existenz einer wirklich oder mutmaßlich gefährlichen Größe namens »Mafia« gehört hatten und diese Erkenntnis in die Öffentlichkeit trugen. Wir haben jedoch im Laufe dieses Kapitels gezeigt, daß Phantasie die Wirklichkeit erst hervorbringen kann, von der sie sich inspiriert glaubt.

Das Warenzeichen »Mafia« wird hauptsächlich durch drei Identifikationsmerkmale vor Nachahmung geschützt: durch die ethnische Herkunft der Mitglieder, durch den Initiationsritus und durch den Geschäftsnamen. Als viertes Merkmal könnte man natürlich auch noch das Geschlecht nennen – auch wenn Frauen in illegalen Geschäften mitmachen, sind sie von der Mitgliedschaft in der Cosa Nostra ausgeschlossen. Die beiden ersten Merkmale (und das vierte) sind über die Zeit gleich geblieben: Die Mitglieder sind unverändert Sizilianer. Buscetta hat jedoch eine Ausnahme genannt: Der neapolitanische Boß Nuvoletta wurde initiiert und dann sogar Mitglied der Cupola als Repräsentant der neapolitanischen Familien; später hat Buscetta das jedoch modifiziert und erklärt, Nuvoletta habe tatsächlich nie an den Treffen der Cupola teilgenommen. In den Vereinigten Staaten wurden mitunter auch Neapolitaner und Kalabresen aufgenommen, allerdings nehmen »echte« Sizilianer wie Bonanno sehr abschätzig darauf Bezug. Auch der Ritus ist noch immer praktisch der aus dem 19. Jahrhundert. Der Name dagegen, der – wie ich verdeutlicht habe – alleine aus dem Inneren der Mafia heraus nicht kontrollierbar ist, zeigt sich unbeständig: »Fratellanza«, »Mafia«, »la nostra Tradizione«, »Cosa Nostra« und so weiter.

All das bedeutet nicht, und das sei hervorgehoben, daß nun jede beliebige Gruppe sizilianischer Männer, die auf eigene Faust diese Marke benutzt, ipso facto bereits auch Inhaber dieses Warenzeichens wird und damit voll von der damit verbundenen Reputation profitieren kann: Dazu ist eine wechselseitige Anerkennung der Familien nötig. In Sizilien gibt es eine Reihe kleinerer Warenzeichen, die nicht »Mafia« sind: Da existiert zum Beispiel eine Familie in Villagrazia di Carini, die als »nicht anerkannt« gilt (TB, S. 18), eine weitere in Barrafranca, bekannt als »Stiddari«, besteht aus Männern, die aus der Mafia ausgeschlossen wurden, Leute also, könnte man sagen, die das Recht auf die Nutzung des Warenzeichens verloren haben (AC, I, S. 61–64). Francesco Marino Mannoia hat die Existenz einer Gruppe namens »Stella« enthüllt, die in den Provinzen Agrigent und Trapani arbeitet, eine Gruppe »parallel zur Cosa Nostra« (›la Repubblica‹, 5. Dezember 1990). In Catania gibt es drei unabhängige Gruppen – die Cursoti, die Caragnusi, die Malpassoti – die sich mit der Mafia die Herrschaft über das Gebiet teilen. Calderone berichtet dazu auch noch den merkwürdigen Fall einer Untergruppe in Turin, einer »Decina«: Sie bestand »aus Personen, die aus Riesi stammten und die von einem alten, dort lebenden Mafioso aus Caltanissetta zu Uomini d'onore gemacht worden waren. Es handelte sich jedoch um illegale, nicht genehmigte Initiationen, und diese Leute wußten nicht, mit wem sie sich zusammentun konnten, zu welcher sizilianischen Familie sie gehörten. Das waren recht fähige Leute, aber eben verlassen. Sie vegetierten so dahin als Arbeiter. Di Cristina wollte diese Situation bereinigen, schuf so diese ›Decina‹ und verleibte sie seiner Familie ein.« (Arlacchi 1992, S. 146.)

So kann sich die Mafia also abschließend als ein Ganzes von Unternehmen definieren, die erstens in der Schutzindustrie unter gemeinsamem Warenzeichen mit den angeführten Eigenschaften tätig sind; zweitens sich gegenseitig als legitime, authentisch »mafiose« Schutzgeber anerkennen; und schließlich drittens den nichtgenehmigten Gebrauch des Warenzeichens seitens »Schummelunternehmen« zu verhindern vermögen.

Dritter Teil:
Der Schutz in der Praxis

Kapitel VII: Schlichtung von Streitigkeiten

Die Frage ist nun, was Mafiosi konkret schützen. Bisher haben wir uns mit ihrer Organisation befaßt; in den letzten drei Kapiteln dieses Buches versuchen wir eine Beschreibung dessen, was ihre Industrie in der Praxis zur Verfügung stellt. Dafür gehen wir zunächst einmal die verschiedenen Arten von Verträgen, von Schutz und von Zahlungsweisen durch, die den Kunden offenstehen. Unter dieser Klientel wiederum schenken wir dann den Politikern besondere Aufmerksamkeit. Und schließlich analysieren wir die zahlreichen Unannehmlichkeiten, denen sich die Kundschaft unweigerlich aussetzt.

Eine Beobachtung müssen wir noch voranstellen: Wir haben nur ein recht lückenhaftes Wissen darüber, wie der mafiose Schutz konkret funktioniert, weil die Nachrichten darüber nur sehr spärlich nach außen dringen. In der Regel erfahren wir allenfalls etwas über Fälle, in denen irgend etwas nicht funktioniert hat – dann nämlich, wenn es Auseinandersetzungen gibt und möglicherweise auch Blut fließt. Klappt jedoch alles, gibt es nichts zu denunzieren und also auch keinen Grund, darüber zu reden. Wahrscheinlich ist daher das hier von der Schutzgebung gezeichnete Bild härter und konfliktreicher als in Wirklichkeit. Der größte Teil uns bekannter Fälle bezieht sich auf solche, die durch den Ausbruch von Streitigkeiten verursacht waren; das aber bedeutet nicht, daß Schutzgebung ausschließlich eine repressive Maßnahme ist – im Gegenteil. Wie wir wissen, besteht ihre hauptsächliche Rolle in der – nur schwer meßbaren – vorbeugenden Verhinderung bestimmter Taten.

1. Verträge

Der deutliche Gegensatz zwischen den von Mafiosi offiziell angegebenen Berufen und ihrem Prestige innerhalb ihrer Gemeinschaft (und oft darüber hinaus) legt die Vermutung nahe, daß die Geschäfte, auf die sie sich spezialisieren, wenig mit ihrer gewerblichen Position zu tun haben. »Das Ansehen, das ein Mafioso innerhalb der Cosa Nostra genießt«, sagt Calderone, »ist nicht an seinen Beruf oder an einen akademischen Titel gebunden« (Arlacchi 1992, S. 41 f.). Mafiosi haben in aller Regel einen ganz normalen Beruf: Chauffeure, Aufseher, Wachmänner, Straßenkehrer, Bauern, Hirten, Fleischer, Kleinunternehmer, Agrarmakler, Melker, Angestellte, Papierwarenverkäufer, Blumenhändler, Stoff- und Bekleidungsverkäufer, Bestattungsunternehmer, Bar- oder Tankstellenbesitzer, Neu- und Gebrauchtwagenhändler. Viele Capifamiglia sind als ungelernte Arbeiter tätig; 31,1 Prozent von ihnen sind noch heute im landwirtschaftlichen Bereich beschäftigt. Von den wirklich wichtigen Mafiosi ist oft überhaupt keine berufliche Tätigkeit bekannt (von gut 40 der von den Quellen erwähnten 114 Capimafia vermochten die Aussteiger kein Gewerbe anzugeben). Sie scheinen dem auch wenig Aufmerksamkeit zu widmen: Müssen sie ein eigenes Geschäft führen, sind sie meist dazu nicht imstande und gehen pleite – natürlich nur, wenn sie sich nicht mit einem richtigen Unternehmer zusammentun. In diesem Falle jedoch ist die Teilhaberschaft lediglich eine Art Maskerade für die Bezahlung des Schutzes.

»Mein Bruder«, sagt Calderone, »war mittellos und daher damit einverstanden, sich um die Ausführung der Aufträge zu kümmern, die die Firma Costanzo übernahm. Er übte so eine wirkliche berufliche Tätigkeit aus, doch daß er ein Mann von Ansehen, von Gewicht war, half natürlich bei der Beseitigung der Schwierigkeiten, die bei der Ausführung der Arbeiten der Firma Costanzo auftraten« (AC, I, S. 19–20).

Tatsächlich gibt es unter den »aufgenommenen Mitgliedern« auch Personen qualifizierter Berufsstände – Finanzmakler, Anwälte, Ärzte, Agronomen, Chemiker, Apotheker –, doch die Quellen vermitteln vor allem den Eindruck, daß diese Männer weniger Schutzgeber denn Schutznehmer sind – beständige, treue Kunden, die in die Familien »internalisiert« sind und deren gesellschaftliche Stellung ihnen eine Bezahlung des Schutzes sozusagen »in Naturalien« gestattet. Angemerkt sei zudem, daß derzeit niemand aus diesen Berufsgruppen an der Spitze einer Familie steht.

Der Bankier Michele Sindona ist ein berühmtes Beispiel solcher Kundschaft: Zwar gibt es keine ausdrücklichen Zeugenaussagen darüber, ob er reguläres Mitglied war, doch liegen verschiedene Indizien für eine solche Annahme vor. Sicher ist jedenfalls, daß er jedesmal Schutz erhielt, wenn er ihn brauchte (De Luca 1986). 1979 inszenierte er gegen sich selbst eine Entführung, um den Freunden eine Lektion zu erteilen, die ihn nach seinem Bankrott verlassen hatten. Seine Helfer waren dabei amerikanische und sizilianische Mafiosi: Sindona verließ in Begleitung Joe Gambinos heimlich New York und versteckte sich in Palermo, wo er sich mit Stefano Bontade und Salvatore Inzerillo traf (OSPA, V, S. 982 bis 983). Rechtsanwalt Ambrosoli – der mutige Konkursverwalter des Sindona-Imperiums nach dem betrügerischen Bankrott – wurde 1979 von einem italoamerikanischen Mafioso der zweiten Garnitur ermordet (Stajano 1991). Sindona wurde für diesen Mord zu lebenslänglicher Haft verurteilt.

Noch interessanter ist der Fall der Vettern Nino und Ignazio Salvo (mit denen nach Gerichtsmeinung auch Sindona in Beziehung stand, De Luca 1988, S. 179–182). Bis 1984 war der Steuereinzug in Sizilien einer Privatfirma übertragen, der Esattoria regionale, und diese wurde gut zwanzig Jahre lang von den Salvo geleitet. Die Salvo standen nicht nur unter dem Schutz von Mafiosi – sie waren, wie zahlreiche Zeugen belegen, selbst Mitglieder der Familie von Salemi (vergleiche etwa AC, I, S. 26, Anonymus 1988). Über ihre Integration in die Mafia berichtete erstmals 1965 ein Carabinieri-Wachtmeister aus Salemi. Dennoch wurden sie laut Mannoia erst Mitte der 70er Jahre »wirklich« aufgenommen (FMM, S. 143). Ihre Mitgliedschaft kam anderen Mafiosi zupaß, etwa dem Boß Stefano Bontade: Er wurde unter anderem von der Steuerpflicht entbunden und entgalt diesen Gefallen mit diversen Formen von Schutz.

Den Salvo stand gesetzlich eine Provision von maximal zehn Prozent der eingenommenen Steuern zu; sie boten dafür einen effizienten Service – und das nicht zuletzt ihrer außerordentlichen »Überzeugungskraft« wegen. Dieser Auftrag stellte einen einzigartigen Fall echter Zusammenarbeit des italienischen Staates mit der Mafia dar. 1984 ging der Steuereinzug wieder in die öffentliche Hand über – die Steuerhinterziehung ist seither mächtig angewachsen (OSPA, S. 6918, ›la Repubblica‹, 10. Februar 1991).

»Natürlich sind nach der Anklage gegen sie und nach ihrer Verhaftung fast alle sofort auf Abstand zu ihnen gegangen, doch die unwiderlegbaren Ergebnisse des Prozesses und die partiellen Eingeständnisse Antonino Salvos selbst beweisen, daß die Salvo den Mittelpunkt einer ansehnlichen ›Pressure group‹ bildeten, die über einen langen Zeitraum das öffentliche Leben zumindest der Region in bemerkenswerter Weise beeinflußt hat... Man fragt sich daher, ob nicht alleine das schon symptomatisch ist für das Gesamtverhalten einer bestimmten gesellschaftlichen Schicht, deren anerkannte Vertreter die Salvo waren« (OSPA, V, S. 980–981).

Die Mitgliedschaft war jedoch niemals frei von Unannehmlichkeiten für die Salvo, und so hielten die beiden Vettern wie ihre Schützer diese Aufnahme sogar gegenüber manch anderen Mitgliedern zu geheim: »Badalamenti hütete diese Freundschaft eifersüchtig – hätte er die Salvo als Uomini d'onore bekanntgemacht, sagte er zu meinem Bruder, wären wohl alle gekommen und hätten Gefallen von ihnen gefordert« (AC, I, S. 123). Mannoia erinnert sich an die Heimlichtuerei um die Beziehung der Salvo zu Bontade, das rührte seiner Meinung nach »von ihrer Beziehung zur Welt der Politik« her (FMM, S. 143).

Nino Salvo starb wenige Tage vor Beginn des Maxiprozesses von Palermo 1986, wo er angeklagt war; Ignazio wurde im Frühjahr 1992 vor seiner Wohnung ermordet – nach Salvo Lima der zweite große Mord an engen Verbündeten der Mafia im »heißen« Jahr der Wandlungen.

Die damalige Position der Salvo wird noch deutlicher, wenn man sie mit der der Unternehmerfamilie Costanzo aus Catania vergleicht, die sich entschieden hatte, nicht beizutreten und so externer Kunde der Mafia zu bleiben:

»Niemand aus der Familie Costanzo ist formell Uomo d'onore. Mein Bruder sagte mir, daß Gino Costanzo das Zeug dazu mitgebracht hätte und daß er diesbezüglich eine Zeitlang unentschlossen war. Wäre Costanzo jedoch Uomo d'onore geworden, hätte er als solcher allen anderen Uomini d'onore vorgestellt werden müssen, und die hätten sich danach berechtigt gefühlt, sich direkt an ihn zu wenden, wenn sie einen Arbeitsplatz oder andere Gefallen brauchten; das aber hätte, im Falle einer Weigerung, die Gefahr eines ›Ausschlusses aus der Familie‹ und damit das Ende seiner ruhigen Tage bedeutet.« (AC, I, S. 248; viele der von Calderone berichteten Fakten, angereichert durch weitere Einzelheiten über die Beziehungen zu den Unternehmern aus Catania – dessen Oberhaupt

Carmelo 1990 starb – finden sich in dem Interview Arlacchis mit Calderone; vergleiche Arlacchi 1992, speziell Kapitel XVII.)

Die bei einer regulären Mitgliedschaft mögliche Bezahlung in »Naturalien« bringt Unannehmlichkeiten vor allem für reiche, mächtige Männer mit sich, weil diese viel zu geben haben; sie hat jedoch Vorteile für minder gutsituierte Kaufleute und Unternehmer. Wer durch Familienzugehörigkeit an die Mafia gebunden ist, bezahlt den Schutz mit Dienstleistungen statt mit Geld, indem er Vergünstigungen vermittelt oder gelegentlich spezielle Aufträge ausführt, als Zuträger oder Killer. »Im Bausektor«, bezeugt Calzetta, »arbeiten alle Familien teilhaberisch zusammen; Unternehmen nichtmafioser Eigentümer müssen Provisionen bezahlen und alles Material aus den Magazinen der Mafiosi beziehen« (SC, IV, S. 77). Contorno bestätigt diesen Aspekt: »Ist der Bauunternehmer ein Uomo d'onore, oder besteht eine Freundschaft zu ihm, zahlt er nicht; besteht keine Freundschaft, gibt er stets ein Geschenk« (TC, S. 19, TC-GDS, 19. April 1986). Als Nichtmitglied hat mir ein Kleinunternehmer aus Palermo berichtet, daß die Mafiosi ihm freie Wahl der Bezahlung anbieten, in bar oder als Kauf von Materialien; er selbst bevorzugte Barzahlung, weil das weniger bindet. Ein anderer, größerer Unternehmer sagte mir dagegen, daß seine Firma stets den Kauf von Waren in den von den Mafiosi bezeichneten Läden vorgezogen hat, weil dieses System keine Spuren geschäftlicher Verbindungen zur Mafia hinterlasse.

Auch für Außenstehende ist das Angebot von Schutzverträgen recht variantenreich; man kann das daraus ersehen, daß »Graci zunächst von Francesco Madonia geschützt wurde, der jedoch nur in schwerwiegenden Fällen zugunsten der Abwicklung von Geschäften des Unternehmers eingriff. Die anderen wichtigeren Bauunternehmer – das heißt Rendo, Finocchiaro und Costanzo – hatten ebenfalls ihre Schutzgeber; am wenigsten noch Rendo, der es vorzog, die Kontakte zu den Mafiosi über Angestellte aufrechtzuerhalten« (AC, I, S. 19).

Giuseppe Di Cristina, ein Verbündeter Giuseppe Calderones, versuchte verschiedentlich, »eine dauerhafte Schutzbeziehung zu Rendo herzustellen, doch dieser hat sich, soweit ich weiß, stets geweigert, direkte Beziehungen zur Unterwelt einzurichten; er wandte sich lieber an die Polizei, mit der er hervorragende Beziehungen hergestellt hatte. War es doch unvermeidlich, ließ er seine Angestellten die Kontakte halten« (AC, II, S. 549).

All das verdeutlicht zahlreiche wichtige Elemente: die Möglichkeit zur Verhandlung über den Umfang und die Häufigkeit des Schutzeingriffs; die Vorliebe der Mafiosi für langfristige Verträge; das Bewußtsein, daß die Polizei ein Konkurrent bei der Schutzgewährung ist.

Die Kunden in Catania lebten an der Grenze des traditionellen Territoriums der Mafia. Dort war das Monopol weniger festgefügt als in Westsizilien, und so besaß die Klientel mehr Freiheiten bei der Wahl ihrer Schützer. In Catania gibt es, wie bereits erwähnt, drei unabhängige Beschützergruppen – die Cursoti, die Caragnusi und die Malpassoti –, die nicht zum Mafiakartell gehören. Ein großer Bauunternehmer zum Beispiel »wurde von einer wichtigen Persönlichkeit der Cursoti-Bande geschützt« (was allerdings nicht lange währte, der Mann wurde laut Calderone 1981 oder 1982 in Mailand ermordet, »ich weiß nicht, wer den Unternehmer jetzt schützt«; AC, I, S. 19). Ein Fischgroßhändler »hatte ein Grüppchen Verbrecher nicht sonderlich großen Kalibers um sich geschart, von denen er sich schützen ließ und denen er viel Geld gab« (AC, I, S. 194). Deutlich zeigt sich immer wieder die Verachtung Calderones für die kleinen, mit der Mafia konkurrierenden Schutzgeber und seine Anspielung auf ihre übertriebenen Forderungen. Trotzdem bezeichnet er sich und seinen Bruder als die einzigen innerhalb der Mafia, die sich über die Notwendigkeit eines Kompromisses mit den »Selbständigen« klar waren, um einen gnadenlosen Krieg mit den kleineren Gruppen zu vermeiden:

»Die Auseinandersetzungen, die vorher zwischen der Familie von Catania auf der einen und den Cursoti und Carcagnusi auf der anderen Seite stattgefunden hatten, waren auch die Folge des unsinnigen Verhaltens der Mafiosi, die sich im Gegensatz zu mir und meinem Bruder nicht klar darüber waren, daß die Familie von Catania nicht so stark war wie die palermitanischen Gruppen; wir mußten daher notwendigerweise auf ein ausgeglichenes Zusammenleben mit dem gewöhnlichen Verbrechen hinarbeiten und durften nicht um jeden Preis unsere Vorherrschaft aufdrängen« (AC, III, S. 642, 643).

Die Art des Schutzvertrags hängt auch mit dem Kräfteverhältnis zwischen Kunde und Mafioso zusammen. Unter gleichen Voraussetzungen sind legale Unternehmen weniger erpreßbar als illegale, weil sie stets auf die Justiz zurückgreifen können. Weiterhin ist ein mit vielen Kunden ausgestatteter Mafioso unabhängiger als der mit nur einem Klienten. Weiterhin wird ein mächtiger Kunde stets voller Achtung behandelt: Die Costanzo waren reich und einflußreich, genossen politische Protektion und die Freundschaft eines wichtigen Mafioso aus einer anderen Provinz. Ihre Firmen stellten letztlich ein Monopol dar, konsequenterweise erschien der Schutz der Gebrüder Calderone in keiner Weise als Tyrannei – im Gegenteil: Die beiden Mafiosi mußten sogar allerlei Launen ihrer Kunden über sich ergehen lassen (AC, I, S. 19–20 und 224). Einmal rief sie Carmelo Costanzo zu sich, und sie mußten sich, wie Antonino Calderone zugibt, »eine regelrechte Standpauke anhören« (Arlacchi 1992, S. 192): Eine Demütigung, die zeigt, daß die hochgelobte »mafiose Ehre« so ihre Grenzen hat.

Mafiosi können sich in jedem Falle weigern, einen Kunden anzunehmen. Ein zum Generalvertreter einer großen ausländischen Autofirma aufgestiegener Verkäufer nahm Kontakt zu Giuseppe Calderone auf und fragte nach, ob dieser sein »Sozius« werden wolle; Calderone verweigerte sich jedoch aus irgendeinem Grund, und der Händler erbat danach ganz einfach bei einem anderen Mitglied der Familie Schutz (AC, I, 118). Manch einer hat jedoch sozusagen »Glück« und bekommt einen Schutzvertrag sogar geschenkt: Ein Mann, Bruder zweier Mafiosi – »mittleren Kalibers«, wie Calderone spezifiziert – erhielt eine Stelle in einem Geschäft für ärztliche Instrumente in Palermo. Als Ausdruck ihres Dankes informierten die Brüder den Geschäftsleiter, daß er keine (legalen) Nachtwächter mehr benötige, weil sein Geschäft nun »unter einem guten Schutz« stehe (SC, I, 34).

2. Diverse Dienstleistungen

Mafioser Schutz zeigt sich auf verschiedenartigste Weise. Selbst Filmteams haben schon mal vorsichtshalber die »Erlaubnis« der Mafia erbeten, wenn sie die Mitarbeit der örtlichen Bevölkerung erhalten wollten. Ein Regisseur, der lange in Sizilien gearbeitet hat, sagte mir: »Die großen Kaliber kommen in die Bar und trinken einen Espresso; schon verschwindet die Menge vor den Kameras, alle beginnen mitzuarbeiten... Mitunter sind es sogar die Carabinieri, die dir sagen, wer hier der Boß ist.«

Ab und zu sorgen die Mafiosi für Ordnung auf ihrem Territorium, als wären sie zuständig für die öffentliche Sicherheit. Sie sammeln junge Verbrecher auf und halten sie damit von der Straße fern (vergleiche dazu auch Kapitel III.3); machen Burschen, die Frauen belästigen, das Leben schwer (und verkürzen es manchmal auch, siehe Kapitel V.4); ab und zu unterdrücken sie mit harter Hand sexuelle Perversionen. Der Schwager eines Mitglieds der Familie von Catania wurde mit Billigung seiner Verwandten ermordet, »weil er ein zügelloser Mensch war«. Es handelte sich um einen Voyeur; er wurde in einem Wald umgebracht, wo sich Pärchen trafen – der Mord wurde so inszeniert, daß man an die Tat eines der unziemlich beobachteten Paare glauben konnte (AC, I, S. 180). Der Priester im folgenden Beispiel war sicherlich größerer Verbrechen schuldig, kam jedoch mit einer milderen Strafe davon: Ein Mitglied der Familie von Catania kam »vor Gericht, weil er einem Priester Messerschnitte am Hinterteil versetzt hatte... Das war eine von der ›Familie‹ ausgesprochene Strafe gewesen, weil der Priester unaussprechliche Akte an den Mädchen vorgenommen hatte, die in die Pfarrei kamen. Man zog die Schnitte am Hinterteil denen im Gesicht vor, weil es ja nicht gut ausgesehen hätte, wenn ein Pfarrer mit einem zerschnittenen Gesicht herumlief« (AC, III, S. 707–708).

Mafiosi haben sich sogar bei der Kampagne gegen den Alkoholmißbrauch ausgezeichnet: »Über den Tod (Carmelo) Lo Iaconos kann ich sagen, daß ihn die Zanca nicht ausstehen konnten, weil er gerne trank und wenn er betrunken war, unkontrolliert dahinredete und jedermann beleidigte« (SC, IV, 69). In zahlreichen Fällen halfen Mafiosi auch freiwillig bei der Suche nach gewöhnlichen Verbrechern mit: Der letzte bekannte Fall betrifft die Mörder des Richters Giacomelli, der 1988 in Trapani umgebracht worden war. Dabei handelte es sich um kleine Verbrecher, Drogenhändler (»schlechtes Fleisch« im örtlichen Jargon), die sich auf diese Weise für eine Gefängnisstrafe rächten. Im April 1989 klopfte einer der beiden an die Tür des Kommissariats und gestand unerklärlicherweise den Mord am Richter: Sein Bericht wurde danach durch stichhaltige Beweise bestätigt. Nach Ansicht der Polizei hatten Mafiosi parallel zu den Ordnungskräften eigene Ermittlungen zur Identifizierung der Schuldigen angestellt und diese zum Geständnis gezwungen, weil sie für diesen Mord nicht verantwortlich gemacht werden wollten (›la Repubblica‹, 24. Oktober 1990).

Sind ihre Interessen nicht unmittelbar im Spiel, übernehmen Mafiosi keineswegs den Schutz einer undifferenzierten, gesichts- und namenlosen Öffentlichkeit, die man ja auch kaum in »Geldwert« umrechnen kann. Nur in kleinen Orten – wo jedermann kontrollierbar ist – erheben sich die Mafiosi zu Patronen einer Art bürgerlichen Zusammenlebens. Die begehrenswertesten Kunden sind und bleiben jedoch die einzelnen Geschäftsleute; diese werden häufig recht energisch zur Aufnahme von Beziehungen zu den Mafiosi getrieben. Der folgende Bericht eines Unternehmers (in seiner Aussage vor dem Staatsanwalt) zeigt Giuseppe Settecasi – als »›Zu‹ Peppino« bis zu seiner Ermordung 1981 der bedeutendste Vertreter der Mafia von Agrigent –, wie er, auch über Mittelsleute, eifrig und unter Einsatz seiner Reputation einen Kunden zu ködern versucht:

»Ich habe Settecasi auf der Baustelle kennengelernt. Der damalige Werkmeister sagte mir, daß es sich um einen höchst gefälligen Menschen handle, den fast alle in der Stadt kennten; der Mann besuche die Baustellen und biete sich an, Angelegenheiten für Unternehmen zu erledigen, besser gesagt, für die Angestellten. So habe er sich für einen Arbeiter bei der Suche nach einem Haus eingesetzt, auch begleite er Leute zum Arzt oder zu preiswerten Einkäufen. Ich selbst erinnere mich, wie ich einmal ein Konto bei der Banco di Sicilia eröffnen mußte und in Begleitung meines Buchhalters dorthin ging. Da traf ich den Settecasi, der sich anbot, die Sache schnell zu erledigen. Ich glaube, sein Sohn arbeitete dort. Daß alle Leute Settecasi kannten und ihn achteten, wurde mir bei Gelegenheit des Festes der Mandelblüte klar; da stand ich mit meiner Familie etwa eine Stunde bei der Bar Patti und schaute den vorbeiziehenden Wagen mit den Folkloregruppen zu. Settecasi stand nahebei, und ich bemerkte, daß alle Leute, die vorbeikamen, anhielten und ihn höchst ehrerbietig grüßten.« (OSAG Arnone, S. 264 f.)

Vielfältig sind die Dienstleistungen, die Mafiosi den Unternehmen anbieten, sobald diese in ihren Dunstkreis eintreten. Eine

Firma der Gruppe Cassina – La Realizzatrice – bekam den Zuschlag für einen öffentlichen Auftrag zum Bau der Uferbefestigungen eines Flusses, der Ribera durchfließt. Als Cassina eine Anklage drohte, gestand er, daß »die von uns ausgegebenen Beträge nicht die Bezahlung für von Colletti erhaltene materielle Güter, sondern das Entgelt für ›Dienstleistungen‹ anderer Natur seitens des Carmelo Colletti darstellten« (OSAG, S. 98–99; OSAG Arnone, S. 153). Der Unternehmer hob besonders hervor, daß Colletti ihn nie bedroht und sich »stets korrekt verhalten hat«. Die »Problemlösungen«, die Don Carmelo oblagen, waren die Sicherung beständiger Materialanlieferungen auf die Baustelle (S. 193), die Vermittlung bei jeder Art von Auseinandersetzung mit den Ansässigen (S. 149–151) und die »Abwehr gewerkschaftlicher Agitationen, die die Produktivität der Firma gefährden könnten« (OSAG, S. 170); außerdem stand er dafür ein, daß keine Diebstähle vorkamen (S. 151).

Colletti betätigte sich auch als Makler bei der Anwerbung einer Gruppe von Holzfällern (wie oben, wo Mafiosi dem Regisseur bei der Anheuerung von Komparsen halfen). »Warum habt Ihr Kontakt mit Colletti aufgenommen?« fragte der Richter Cassina, weil er nicht einsah, was ein ehemaliger Taxifahrer, Besitzer einer Ölmühle und Eigner einer Autovertretung mit Holzfällen zu tun haben mochte. Antwort: »Richtet man eine Baustelle weitab vom Firmensitz ein, verläßt man sich als Verantwortlicher doch ganz natürlich auf Personen der betreffenden Gegend, die zur Lösung diverser Probleme imstande sind. Colletti war der erste Mann, mit dem die Ingenieure der Firma Kontakt aufnahmen, als sie in Ribera ankamen« (OSAG Arnone, S. 149 und 151). Die Holzfäller akzeptierten zunächst eine Bezahlung in Holz, überlegten es sich nach getaner Arbeit jedoch anders und verlangten Barzahlung. Colletti versprach eine Schlichtung der Auseinandersetzung; am Ende erhielten sie auch etwas Geld. Wahrscheinlich hat sich der Mafioso in diesem Falle auf die Seite der örtlichen Arbeiter gestellt: Wie schon in Kapitel IV gezeigt, hat die Mafia keine ideologischen Vorbehalte gegen Arbeiter, schließlich können diese, kollektiv gesehen, durchaus gute Kunden sein.

Der Schutz Collettis erwies sich jedoch nicht immer als wirksam. Einmal drang sogar ein Dieb in die Baustelle ein, »auch wenn sich das angesichts des Schutzes, den Colletti mit der Firma vereinbart hatte, nicht hätte ereignen dürfen« (so ein Angestellter des Unternehmens; OSAG Arnone, S. 149 und 170). Der »Vertrag« zwischen La Realizzatrice und Colletti deckte eine bestimmte Zeitspanne ab und trat außer Kraft, sobald die Arbeiten aus dem Umkreis Riberas verlagert wurden.

Suchen wir nach dem Element, das allen »Schutzdiensten« gemeinsam ist, stoßen wir als Dreh- und Angelpunkt auf die *Schlichtung von Streitigkeiten*. Darin sehen auch die Mafiosi selbst ihre Aufgabe. Im Laufe der bereits mehrmals erwähnten, von der kanadischen Polizei abgehörten Unterhaltung mit sizilianischen Freunden rekapitulierte Paul Violi die Sache so: »Unser Leben besteht darin, vernünftig nachzudenken, Dinge miteinander in Einklang zu bringen. Hat jemand mit anderen Leuten zu tun und hat keine Ahnung, wie er sich verhalten soll, weiß er, daß ihr da seid und was von euch zu erwarten ist. Und von euch weiß er, daß ihr die Macht habt, die Situation zu bereinigen« (OSPA Stajano, 59–60). Vincenzo Colletti, der sich zur Zusammenarbeit mit der Justiz entschloß, beschrieb seinen Vater Carmelo so: »Er war ein begehrter Mann, den viele Leute aufsuchten; er engagierte sich für alle, mal zur Bereinigung persönlicher Anliegen von Menschen, die sich an ihn wandten, mal um einen Arbeitsplatz aufzutun und so weiter. Keine Ahnung, ob das bedeutet, ein Mafioso zu sein, und ich weiß auch nicht einmal, ob es in Sizilien die Mafia gibt« (OSAG, S. 249–150).

Stefano Bontade hat in seinem kurzen, bewegten Leben oft die typische Rolle des Garanten gespielt, ähnlich der in der Geschichte der »Roßtäuscherei« vor einem Jahrhundert. So veranlaßte er zum Beispiel einen Gebrauchtwagenhändler, einem Käufer aus Bontades Viertel ein zuvor aufgedrehtes schlechtes Fahrzeug umzutauschen. Der Geleimte erhielt von Bontade genaue Anweisungen für einen erneuten Gang zu dem Verkäufer, der ihm vorher kein Gehör hatte schenken wollen: »Du kehrst zu ihm zurück und erklärst, ›Don Stefano Bontade hat mir aufgetragen, dir die Schlüssel zurückzubringen‹. Leg sie ihm auf den Schreibtisch und geh« (Galante 1986, S. 97). Das Auto wurde sofort durch ein anderes ersetzt.

Alessandro Vanni di Calvello hatte eine Auseinandersetzung mit einem »Oberaufseher« über seine Grundstücke. Es muß ein schwerer Streit gewesen sein, da beide mit Don Stefano bis nach

Catania fuhren, um das Problem im Beisein Giuseppe Calderones in der Tankstelle des Antonino Calderone beizulegen (AC, I, S. 186). Don Stefano fuhr mindestens noch ein weiteres Mal als Garant nach Catania, diesmal im Interesse der Eigner eines Steinbruchs: Sie hatten Material auf die Baustellen der Costanzo geliefert und verlangten einen Aufschlag (AC, I, S. 168).

Bontade ist kein Einzelfall. Während des Baus der Umgehungsstraße von Palermo beschädigten die Arbeiter Costanzos unabsichtlich einige Obstplantagen in Ciaculli, dem Reich der Greco: Der daraus entstandene Streit wurde bei einem Treffen mehrerer Mafiosi aus Palermo und aus Catania auf dem Hof Michele Grecos beigelegt (AC, I, S. 168). Carmelo Colletti stand einmal vor der Aufgabe, einen Streit zwischen zwei von ihm geschützten Personen zu schlichten. Ein Betrieb Cassinas benötigte Sand aus einer Stelle bei Ribera und verständigte sich mit dem christdemokratischen Abgeordneten Gaetano Di Leo über die Aushebung von Sand aus dessen Grundstück zum Preis von 500 Lire pro Kubikmeter. Doch wie die Interessen eben liegen, verstand die Firma den Preis netto, während ihn der Abgeordnete brutto auffaßte. Keine der beiden Seiten wollte nachgeben, und Colletti wurde, wie ein polizeilicher Telefonmitschnitt ergab, als Schiedsrichter angerufen (OSAG Arnone, S. 150, 170–171 und 180–181).

Immer wieder greifen Mafiosi auch bei einem besonders häufigen Streitanlaß ein, der Rückzahlung von Krediten oder umgekehrt beim Prolongieren oder der Minderung geschuldeter Beträge. Untersuchungsrichter Falcone führte die Anrufung von »Uomini di rispetto« in solchen Fällen vor allem auf die Langsamkeit der ordentlichen Gerichte zurück (›la Repubblica‹, 16. Oktober 1990). Eine von der Confesercenti (Händlervereinigung) von Palermo durchgeführte Untersuchung bestätigt das und belegt dabei auch noch, daß die Mafiosi Kaufleuten ihre Dienste als Eintreiber von Krediten anbieten und dabei auch dort noch Erfolge vorweisen, wo Banken und Anwälte normalerweise nichts mehr ausrichten (›la Repubblica‹, 25. April 1991).

Ob der Mafioso den Schuldner oder den Gläubiger schützt oder als Vermittler zwischen den beiden auftritt, hängt von der Vertragsmächtigkeit der betroffenen Seiten ab. Felice Bruno zum Beispiel erhielt von einem Bekannten einen Kredit von zehn Millionen Lire. Da er keine Anstalten zu einer Rückzahlung machte, kehrte der Bekannte eines Tages »im Namen Don Pietrinos« zu ihm zurück; und der war stellvertretender Capomafia des Viertels Santa Maria del Gesù in Palermo. Das Gericht erwähnt nicht, ob Bruno das Geld danach tatsächlich zurückgegeben hat, aber es ist nicht schwer, das zu erraten (OSPA, VIII, 1532). Umgekehrt verlieh 1969 jemand auf die Schnelle einen ansehnlichen Betrag an drei Männer, deren hervorragendste Eigenschaft die Beziehung zur Mafia von Agrigent war. Als der Gläubiger die Rückgabe des Geldes verlangte, wurde er auf dem Flughafen von Palermo entführt, einige Stunden festgehalten und aufgefordert, über seine Lage nachzudenken. Am Ende war er von der Zweckmäßigkeit einer Vermittlung durch Antonio Ferro überzeugt; der war ein Freund von Colletti und ein herausragender Capomafia der Gegend um Agrigent. Ferro betätigte sich als Garant bei der Schlichtung des Streits; dabei wurde festgelegt, daß der Gläubiger Geld zurückbekommen sollte, jedoch nicht die gesamte Summe.

Ein reicher Grundeigentümer aus Ribera hatte einen Kredit von 86 Millionen Lire bei einer pleitegegangenen Firma der Stadt offenstehen. Er vereinbarte mit den Eigentümern des Unternehmens eine erste Rate von 38 Millionen Lire. Dann kaufte ein von Colletti geschützter Mann die pleitegegangene Firma mitsamt ihren Schulden, fertigte jedoch Schecks nur über 28 Millionen Lire aus. Colletti selbst überbrachte die Papiere und empfahl dem Gläubiger, sich mit dem niedrigeren Betrag zufriedenzugeben. Der Gläubiger »kannte den Mann als eine höchst geachtete Person, deren Wort einem notariellen Akt gleichkam«, und willigte ein. Einem anderen Gläubiger, der 1,2 Milliarden verliehen hatte, widerfuhr ein ähnliches Schicksal: Man überredete ihn, als Gegenwert Grundstücke anzunehmen, die auf den Betrag von 1,4 Milliarden Lire festgesetzt wurden – mit dem Ergebnis, daß er am Ende noch 200 Millionen zuzahlen mußte und dann ein Grundeigentum besaß, das nicht einmal die Hälfte wert war (OSAG, S. 169 ff.).

3. Schutz vor Verbrechen

Einige Mafiosi legen bei ihrer Tätigkeit weniger Gewicht auf die Schlichtung von Streitigkeiten denn auf den Schutz *vor* dem Verbrechen. »Cosa Nostra«, sagt Contorno, »wurde geschaffen zum Wohl der Armen, weil die Menschen, wenn etwas passiert war, nicht zu den Carabinieri gingen. Sie kamen in den Ort und sagten, man hat mir mein Auto gestohlen, die haben mir die Wohnung gestohlen (sic!) und dann haben sie (die Mafiosi) dafür gesorgt, daß sie das Zeug wiederbekamen« (TC-GDS, 12. April 1986). Betrachtet man Eigentumsrechte als Vertrag zwischen einem beliebigen Individuum und dem Rest der Gemeinschaft, so ist diese Form des Schutzes jedoch substantiell ebenfalls nichts anderes als die Schlichtung von Streitigkeiten. Vor einer Vertiefung dieses theoretischen Aspektes (auf den ich in Abschnitt 6 dieses Kapitels eingehe) betrachten wir jedoch zunächst, wie sich der Schutz von Eigentum und von Personen vor Dieben, Räubern und auch Erpressern konkret abspielt.

Schutz vor Diebstahl

Calderone sagt, daß man sich beim Initiationsschwur auch verpflichtet, »andere Uomini d'onore und ganz allgemein niemanden« zu bestehlen (AC, III, 734–738). Wie wir in Abschnitt 6 sehen werden, wird diese Norm jedoch nicht immer beachtet; es gibt Mafiosi, die, wenn sie auch selbst nicht stehlen, so doch eher die Diebe schützen und nicht ihre Opfer. Dennoch sind die Berichte über den Schutz vor Dieben in Sizilien auch heute noch wesentlich häufiger; hier eine dafür bezeichnende Anekdote:

»Vor vielen Jahren«, schreibt Michele Pantaleone, »wurde einer französischen Adeligen vor dem Palazzo des Fürsten Lanza di Trabia, wo sie als Gast weilte, ein teurer Pelz und eine wertvolle Halskette gestohlen. Tags danach fand die französische Aristokratin neun Pelzmäntel und neun Halsketten vor (wobei unklar blieb, ob diese nun ihrerseits jemand anderem gestohlen worden waren); doch die ihr gestohlenen Gegenstände waren nicht darunter. Der Täter war nämlich ein ›freischwebender‹ Dieb, und es dauerte, bis man ihn fand. Tatsächlich wurde die Kette einige Tage danach bei einem Hehler sichergestellt, der Pelz ein Jahr danach in Canicattí. Die Mafia hatte die Sache ›in Umlauf‹ gesetzt. Das Diebesgut wurde sofort nach seiner Entdeckung zurückerstattet.« (›la Stampa‹, 4. September 1989)

Carmelo Colletti fand unter Mithilfe eines anderen Uomo d'onore das gestohlene Auto einer seiner Nichten wieder (OSAG, S. 47). Ein hochgebildeter Palermitaner, der sich normalerweise offen gegen die Mafia aussprach, erzählte mir nach einigen Gläsern Wein mit einer gewissen Nostalgie von Matteo Biondo, einem niederrangigen Mafioso der Vucciria, der vielleicht nicht einmal ein »echtes« Mitglied war. Die beiden pflegten eine lebendige Freundschaft; wenn sie sich trafen, küßten sie sich auf beide Wangen. Aufgrund dieser Freundschaft half ihm Matteo bei der Schlichtung eines Streits nach einem Verkehrsunfall und versicherte ihm, er könne das »Auto Tag und Nacht offenlassen, mit den Taschen darin«. Einmal wurden Touristen aus Turin ihrer Handtaschen beraubt, Matteo fand sie prompt wieder. Dann verschwand der Mann irgendwann spurlos; es hieß, daß man seinen Körper als Schweinefutter verwendet hatte.

Mitunter reicht der Schutz auch über das örtliche Milieu hinaus. Calderone fuhr einmal mit einem seiner Schützlinge bis nach Neapel, um einen mit der gesamten Ladung verschwundenen Lastwagen wiederzubeschaffen (AC, I, S. 98). Calderone berichtet auch vom einem Freund des Michele Greco, der sich über zwei Nervensägen ärgerte, die ständig auf seinem Hofgut bei Riesi herumstrichen. Grecos Territorium war Palermo, und so nahm er Kontakt mit Giuseppe Di Cristina auf, dem Capomafia von Riesi. Der fand heraus, wer die beiden waren, und ließ sie sofort verwarnen.

Zum effizienten Schutz ihrer Kunden müssen die Mafiosi notwendigerweise gewisse Kontakte zum gewöhnlichen Verbrechen aufrechterhalten. Contorno auf die Frage nach dem Verhältnis zwischen der Alltagskriminalität und den Mafiafamilien: »Man suchte die Burschen auf, die da herumfuhren und Überfälle verübten und warnte sie vor Dummheiten und Raubtaten im Viertel; waren es brauchbare Männer, kamen sie ihrerseits zu unsereinem und wollten Uomini d'onore werden« (TC-GADS, 19. April 1986). Eine wirksame Kontrolle der kleinen Verbrecher sah er jedoch nicht: Zwar sei theoretisch zum Stehlen in einem bestimmten Gebiet eine Erlaubnis nötig, doch die Diebe kennen gar nicht alle Mitglieder der Cosa Nostra; mitunter verlassen sie auch ihr Wohnviertel und stehlen anderswo. Weshalb die Mafiosi häufig herausbringen mußten, »wer da losgezogen ist«. Laut Contorno ist die gewöhnliche Kriminalität keineswegs eine Quelle für Neuzugänge der Mafiafamilien: »Das sind Phantasiegebilde der Zeitungen; in Wirklichkeit trägt die Prostitution, das Rauben, die Diebstähle kleiner Delinquenten nicht zur Mafia bei.« Ein ähnliches Bild zeichnet Calzetta:

»Die großen Mafiosi kümmerten sich um die Wiedererlangung von Diebesgut, weil sie danach Geld von den Firmen nehmen konnten. Eines Tages kamen ein paar Burschen zu Pietro Vernengo, die die Erlaubnis für einen Einbruch in ein Ersatzteillager in der Gegend der Via Lincoln bekommen hatten. Doch sie wurden von Pietro Vernengo zur Rückgabe der Waren gezwungen – er wußte jetzt ja, wer den Diebstahl begangen hatte: ganz sicher hatte der Bestohlene die Provision bezahlt, und so mußten die Burschen alles zurückgeben. Ich möchte Ihnen, Herr Richter, erklären, was passiert, wenn sich ein Capomafia eines Diebstahles annimmt. Der Capomafia des Gebietes, in dem der Diebstahl geschehen ist, fährt zu allen Capimafia um Palermo herum und fragt nach, ob da Waren sind, die in seiner Zone gestohlen wurden. Finden sie sich, sagt er: ›Stellt sie sicher‹, denn man muß sie dem Eigentümer zurückgeben, für den sich der Zonenboß einsetzt. Das geschieht bei jeglicher Ware, die gestohlen wird, vom Fernseher bis zur Kleidung, von Schuhen bis zu Autos« (SC, I, S. 32-33).

Calzetta weist auch darauf hin, daß jeder Privatmensch im Falle eines Diebstahls als Kunde auftreten kann, während ein »Diebstahl am Eigentum der staatlichen Eisenbahn niemanden interessiert«. Öffentliches Eigentum ist in diesen Gebieten per definitionem »alles, was man ohne Erlaubnis klauen kann«.

Mißachten Diebe, daß ein Kunde geschützt ist, werden sie bestraft, mitunter mit großer Brutalität.

»Da war ein Diebstahl in einem Import-Export-Großhandelsmagazin auf dem Gebiet der Familie vom Corso dei mille-Rocella geschehen; im Verdacht standen einige Burschen aus Falsomiele. Stefano Bontade, der sich sehr für die Sache einsetzte, schickte Giuseppe Abate in Begleitung von Giacomo Coniglaro los und ließ fragen, ob das Diebesgut wiedergefunden worden war. Das

Diebesgut wurde gefunden, und die Diebe wurden, wie damals üblich, kräftig verprügelt. Ich erinnere mich nicht genau an das Jahr, in dem das geschah. Ich erinnere mich aber, daß der Diebstahl hinter dem Rücken des Depotaufsehers, auch er Uomo d'onore, geschehen war« (TC, S. 128).

Vincenzo Marsala berichtet, daß der Versuch eines Einbruchs im Landhaus eines Mitglieds der Familie von Vicari mit Gewehrschüssen verhindert wurde; die Diebe flohen und ließen einen Lastwagen zurück. Die örtlichen Mafiosi legten sich nun in einen Hinterhalt, weil sie darauf setzten, daß die Diebe das Fahrzeug zu holen versuchten. Als diese tatsächlich wieder auftauchten, ließen sich die Mafiosi die Herausgabe des Lastwagens bezahlen. Nach einiger Zeit jedoch beschloß ein Mitglied der Familie zusammen mit einem Komplizen eine weitere Strafaktion, »entweder weil er einen Auftrag dazu erhielt oder weil er sich hervortun wollte«. Die Diebe wurden stranguliert, ihre Leichen fand man im Kofferraum eines Autos (VM, S. 9–10).

Calderone hat gestanden, an einem besonders schauderhaften Vorfall beteiligt gewesen zu sein. Er läßt erahnen, wie leicht die Gewalttätigkeit jeglicher Kontrolle entgleiten kann in dieser Welt, in der die Konkurrenz unter Mafiosi oft sehr erbarmungslos ausgetragen wird. 1976 wurden vier Jungen entführt, »deren jüngster an die zwölf Jahre alt war und die anderen nicht viel älter«; alle vier wurden stranguliert und dann in einen Brunnen geworfen – einer davon war da wahrscheinlich noch am Leben, weil der Vetter Calderones »die Schlinge nicht ganz zuzuziehen vermochte«. Calderone beschreibt mit rohem Realismus die langen Verhandlungen, die dem Urteil vorangingen. Die Burschen waren mehrerer Raubtaten für schuldig befunden worden, darunter eines Handtaschenraubs an der Mutter zweier Clanmitglieder. Einige der Mafiosi hatten beschlossen, sie umzubringen, andere waren dagegen; da sorgte einer der Befürworter dafür, daß die Jungen sein Gesicht sahen, was ihr Schicksal besiegelte. Die möglichen Alternativen – die Polizei zu rufen oder auf diesen blutgierigen Mafioso zu schießen – hätten große Gefahren bedeutet. So war Calderone »gezwungen, diese Entscheidung zu akzeptieren«. Er habe jedoch, behauptet er, die Teilnahme an der Exekution verweigert, obwohl einer seiner Kumpane »sagte, daß das in den Augen der anderen Uomini d'onore einen schlechten Eindruck machen würde« (AC, I, S. 257–259, vgl. auch Arlacchi 1992, S. 247–252).

Diebstahl kann auch bestraft werden, wenn der Schuldige ein Uomo d'onore ist. Damiano Caruso hatte 1969 am sogenannten »Massaker in der Viale Lazio« teilgenommen, bei dem fünf Mafiosi in einem Büro überfallen und ermordet worden waren, und »nach dieser Aktion stieg ihm alles zu Kopfe, er wollte niemandem mehr gehorchen« (AC, I, S. 54). Er wurde für einige Zeit ausgestoßen und gezwungen, in die Vereinigten Staaten zu gehen, wo er weiterhin allerhand anstellte, worüber sich sogar der damalige oberste Boß Charlie Gambino beklagte. Nach seiner Rückkehr nach Palermo verstieg sich Caruso zum Einbruch in das Geschäft eines Uomo d'onore, und, noch schlimmer, »in den Juwelierladen eines Schützlings von Riina. Diese Tollkühnheiten wurden am Ende bestraft. Caruso wurde in Mailand zusammen mit seiner Geliebten und deren vierzehnjähriger Tochter umgebracht. Ein Vetter von ihm, der Fragen über seinen Verbleib gestellt hatte, verschwand spurlos« (AC, I, S. 54).

Schutz vor Erpressung

Die Mafia wird oft als eine Bande von Schutzgelderpressern dargestellt. Wenn das zutrifft, haben sie – wie James Buchanan und Thomas Schelling hervorheben – Interesse daran, zur Aufrechterhaltung ihres Monopols ihrerseits jeglichen Erpressungsversuch durch Gruppen auszuschalten, die zu ihnen in Konkurrenz stehen. Eine scherzhafte Unterhaltung zwischen einem gewissen Giuseppe Contorno (lediglich ein Namensvetter des Aussteigers Salvatore) und Francesco Marino Mannoia vermittelt einen Eindruck davon:

»Ich erinnere mich, daß (Contorno) Schutzgelder einnahm, und ich glaube, er nimmt sie noch immer von den ›S. 7‹-Magazinen in der Via Oreto Nuova. Jedenfalls habe ich ihn eines Tages auf den Arm genommen und gesagt, er solle sich schämen, das ›Monatsgeld‹ zu verlangen, weil diese Depots trotz seines Schutzes nahezu täglich überfallen werden. Contorno rechtfertigte sich, daß diese Magazine außer seiner Schutzgelderpressung keine anderweitigen größeren Schäden erleiden« (FMM, S. 40).

Die nachfolgenden Vorfälle bestätigen, daß »der Schutz auch

den Schutz vor Rivalen einschließen muß, die ihrerseits imstande wären, Gelder zu erpressen« (Schelling 1984, S. 185):

»Ich habe nie von telefonischen oder brieflichen Schutzgeldforderungen an die Costanzo gehört, mit Ausnahme von zwei Fällen. Einmal ging ein Brief ein, in dem ein Treffen mit Costanzo in Playa zur Aushändigung der Summe festgesetzt wurde; da gingen ich, mein Bruder, mein Vetter Salvatore Marchese und Calogero Bono hin, letzterer arbeitete damals als Wachmann bei den Costanzo. Es zeigte sich jedoch niemand. Das zweite Mal erhielt Enzo Costanzo, der Sohn Carmelos, einen Erpresseranruf in Rom, wo er Architektur studierte. Genauer gesagt, er wurde in irgendeiner Weise informiert, ich erinnere mich nicht mehr genau wie, daß ihm eine Entführung drohe. Zu seinem Schutz begab sich Salvatore Marchese nach Rom, doch die Sache klärte sich bald, wir bekamen heraus, daß es sich um einen Dummejungenstreich gehandelt hatte« (AC, III, S. 948–949).

An anderer Stelle seiner Aussage berichtet Calderone von einem weiteren Erpressungsversuch; dieser bezieht sich jedoch auf die Zeit nach der Ermordung seines Bruders, und da war auch er selbst nicht mehr der wichtigste Schützer der Costanzo: »Ende der 70 er, Anfang der 80 er Jahre hatten die Costanzo eine Baustelle in Messina. Nach einiger Zeit stellten einer oder mehrere Leute aus Messina Geldforderungen. Gino Costanzo unterrichtete mich darüber und sagte mir, daß es sich wahrscheinlich um Personen handelte, die früher für die Costanzo gearbeitet hatten. Ich fragte ihn, ob er darüber mit Nitto Santapaola gesprochen habe, und er bejahte. Später wurde einer der Erpresser in Messina umgebracht« (AC, I, 155).

Die Costanzo waren vielleicht die wichtigsten, sicherlich aber nicht die einzigen Schützlinge der Familie von Catania. Die Eigentümer einer Möbelfirma zum Beispiel wurden von einer »nichtautorisierten« Erpressung befreit, und zwar durch Nitto Santapaola. Der ging höchstpersönlich zur Übergabe der verlangten 200 000 Lire. Als der Mann zu dem Treffen kam und Nitto erblickte, wurde ihm sofort der Fehler klar, den er da gemacht hatte, und er wußte, daß ihn das sein Leben kosten würde. Santapaola wurde danach Sozius des Möbelgeschäftes: die übliche bequeme Art indirekter Bezahlung für den Schutz (ähnlich geschieht dies auch in den Vereinigten Staaten; vergleiche dazu Bonanno 1983). Calderone berichtet, daß Santapaola zu Beginn der 80er Jahre häufig zum Abendessen im Restaurant »Costa Azzurra« eingeladen war – ein klarer Hinweis des Geschäftsführers an einige »unabhängige« Schutzgelderpresser.

Laut Calderone (AC, I, S. 181) ermordete ein Mitglied der Familie aus Catania einmal einen Angestellten einer norditalienischen Firma, die einen Kanal baute. Dieser Unglücksrabe wußte nicht, daß sein künftiger Mörder (und auch Calderone) von der Firma nicht zum Transport von Ziegelsteinen, sondern aus ganz anderen Gründen angestellt war; er rief einige Male den leitenden Ingenieur an, gab sich als Mafioso aus und forderte Geld. Im Unterschied zu den ahnungslosen Geschäftsleitern, denen wir schon in Kapitel II begegnet sind, kannte dieses Unternehmen die Regeln gut und hatte bereits die »ortsübliche Versicherung« zur Vermeidung von Unannehmlichkeiten abgeschlossen.

Das Schicksal von Schutzgeldaspiranten ist jedoch nicht immer so unabwendbar: Handelt es sich um isolierte Betrüger, sind sie verloren; sind sie aber imstande, eine gewisse Angst einzuflößen, *und* bereit zum »vernünftigen Miteinanderreden«, kann man das Monopol auch mit weniger extremen Mitteln aufrechterhalten – und manchmal sogar untereinander teilen. Der Arbeitgeber eines Mitglieds der Familie von Catania erhielt eines Tages den Anruf eines Mannes mit der Forderung nach Geld. Der Angestellte, ein eifriger Mann und ein »reguläres Mitglied« dazu, informierte darüber seinen Boß Giuseppe Calderone und Carletto Campanella, den »Berater« der Familie. Campanella schlug vor, den Schutzgelderpressern beim folgenden Anruf eine andere Telefonnummer zu geben, unter der er dann selbst saß. Er antwortete auf den Anruf, stellte sich vor und vereinbarte ein persönliches Treffen mit den Erpressern. Der Firma sagte Campanella danach, er habe die Zahlung nur um zehn Millionen herunterhandeln können. Tatsächlich hatte sich Campanella nach Ansicht Antonino Calderones mit den Schutzgelderpressern die Einnahme geteilt (ob mit oder ohne Zustimmung Giuseppe Calderones, ist unklar): So glaubten die Opfer, sie seien mit einer niedrigen Zahlung davongekommen, und sowohl die Erpresser wie die »Schützer« hatten ihren Verdienst (AC, I, S. 294; III, S. 937–938). Der Verdacht, der Erpresser »ohne Lizenz« könne in Wirklichkeit mit den Mafiosi insgeheim verbündet sein, ist nicht immer ungerechtfertigt.

Antonino Calderone erklärt, wie sich die Gefahren illoyaler Konkurrenz unter Schutzgebern sogar in seiner eigenen Familie zeigten. Salvatore Torrisi, seinerzeit Vizecapo der Familie von Catania, hatte heimlich Geld von Carmelo Costanzo erpreßt: »Costanzo berichtete meinem Bruder davon, und der faßte Torrisi von diesem Augenblick an sehr hart an. Dieser wurde sich klar, daß mein Bruder wußte, was geschehen war, und hielt es für geboten, die Familie von Catania unvermittelt auf einer Sitzung des Familienrates zu informieren. Der Vorfall wog schwer, denn mein Bruder hatte den Costanzo Schutz gesichert, und es war nicht seriös, wenn andere auf eigene Faust weiteres Geld dafür nahmen. Darüber hinaus war da auch noch die Gefahr, daß weitere Mitglieder unserer Familie diesem Beispiel folgen würden« (AC, III, S. 947 bis 948).

Torrisi gab sein übles Verhalten offen zu, behauptete aber, das Geld bereits ausgegeben zu haben. Ohne die anderen Familienmitglieder darüber zu informieren, wurde nun beschlossen, daß Torrisi die Unterschrift des Fürsten von Misterbianco – den Torrisi mit Erlaubnis der Familie regulär schützte – auf einem Scheck fälschen sollte; dieser Scheck sollte dann den übrigen Mitgliedern vorgezeigt werden, mit dem Hinweis, der Fürst habe den notwendigen Betrag zur Rückerstattung an die Costanzo zur Verfügung gestellt. Auf diese Weise verloren weder Calderone noch Torrisi ihr Gesicht: Calderone bewies, daß man *seinen* Kunden nicht ungestraft Geld abpreßte, Torrisi ließ erkennen, daß er zwar einen Fehler begangen hatte, doch jederzeit imstande war, Geld aus den *eigenen* Schutzbefohlenen herauszupressen. Nach dieser Charade wurde der Scheck zerrissen, der Fürst erfuhr nichts, und Costanzo bekam, soweit wir wissen, nie eine Rückerstattung.

In solchen Fällen verwandelt sich die Geschichte jedoch auch schnell in eine Tragödie. Die von Nitto Santapaola auf der einen und Alfio Ferlito auf der anderen Seite geführten Fraktionen der Familie von Catania gerieten gerade über solche Dinge aneinander (allerdings war da auch noch das Monopol des Tabakschmuggels mit im Spiel); Ferlito wurde 1982 ermordet. Danach trafen sich die zwei Gruppen in Catania und suchten nach einem »Ausgleich«; bei dieser Gelegenheit wurde eine in Turin residierende Bande von Catanier gebeten, sich als Garanten zur Verfügung zu stellen. Antonio Saia, der zu dieser Gruppe gehörte, erklärte später vor

Gericht, daß die »genannten Fraktionen ein Abkommen schlossen, wonach fortan die Schutzgelderpressungen gegenüber Unternehmern und Kaufleuten in einer Art und Weise aufgeteilt wurden, daß man nicht Leute ins Visier nahm, die von der jeweils anderen Gruppe geschützt wurden« (OSPA, 5335).

Schutz vor Entführungen

Buscetta und Calderone behaupten übereinstimmend, daß eine Vorschrift der Cosa Nostra ausdrücklich Entführungen verbietet.

»Die ›Kommission‹ hatte beschlossen, daß Personenentführungen in Sizilien nicht mehr stattfinden dürfen, und das nicht aus humanitären, sondern aus praktischen Gründen. Die Entführungen schaffen in der Bevölkerung ein allgemein feindseliges Klima gegenüber den Entführern, und das ist kontraproduktiv, wenn es in Gebieten wie Sizilien geschieht, wo die Mafia traditionell eingesessen ist; außerdem provozieren Entführungen eine größere Aufmerksamkeit der Polizei gegenüber der organisierten Kriminalität« (TB, I, S. 63).

Antonino Calderone berichtet, daß sein Bruder Giuseppe während des ersten Treffens der wiederentstandenen »Kommission« 1975 die Zustimmung zur Note gegen Personenentführungen unterstützte, und zwar »mit dem Hauptziel, Costanzo zu schützen, denn mein Bruder selbst war trotz seines großen Prestiges innerhalb der Mafia ein General ohne Soldaten und fürchtete, daß er nicht imstande gewesen wäre, Costanzo angemessen zu verteidigen, hätte ihn jemand entführen wollen. Tatsächlich hatte er dafür gesorgt, daß Costanzo den Domenico Condorelli als Chauffeur anstellte, und einige Zeit hat auch Pietro Rampulla für die Costanzo gearbeitet. Außerdem hatte er sie aufgefordert, sich Pistolen zu kaufen und nur bewaffnet auszugehen. Wobei er sich darüber klar war, daß es sich bei alledem um recht unzureichende Maßnahmen handelte« (AC, I, S. 289; III, S. 953).

Buscetta und Calderone beziehen sich wahrscheinlich auf den gleichen Vorgang: Giuseppe Calderone hat seinerzeit wohl in allgemeinen Formulierungen eine vorher bereits bestehende Norm berufen, und zwar aus gegebenem Anlaß zur Besorgnis (und Buscetta hat davon erfahren); auch Giuseppes Bruder Antonino wußte von diesen Sorgen. Ein weiteres Motiv haben die Gerichte herausgefunden: Danach war der Grund für das Verbot, daß sich Riina und Calò 1972 zusammengetan und den erwachsenen Sohn Cassinas entführt hatten – Bontade und Badalamenti, die Schützer Cassinas, saßen gerade beide im Gefängnis, und ihre Kollegen nutzten das aus (OSPA, V, S. 907).

Insgesamt ereigneten sich in Sizilien jedoch in den 70er und 80er Jahren nur äußerst wenige Entführungen, jedenfalls viel weniger als im übrigen Italien während dieser Jahrzehnte. Das läßt vermuten, daß die Mafiosi mit sehr wenigen Ausnahmen die Norm gegen Entführungen durchzusetzen vermocht haben. Drastisch war schließlich auch die Strafe für jemanden, der eine Entführung realisierte oder auch nur plante. Ein Mann »von ungefähr 50 Jahren hatte meinem Vetter gegenüber – von dem er nicht wußte, daß dieser zur Mafia gehörte – die Absicht zu einer Personenentführung geäußert und ihn um Unterstützung dafür gebeten. Als mir mein Vetter das berichtete, sagte er, ›Der Mann muß sterben!‹, er hatte sich sein Urteil bereits selbst durch die Planung einer Entführung – gegen den Willen der Mafia – gesprochen. Das Urteil wurde bald vollstreckt – etwa eine Woche, nachdem die beiden sich zu treffen versprochen hatten (mein Vetter war inzwischen aus dem Gefängnis entlassen worden)« (VS, I, 301).

Nach der Entführung einer Frau aus Palermo wurde einer der beiden Täter entdeckt und, laut Calderone, von Rosario Riccobono und Vittorio Mangano umgebracht; seine Leiche wurde in einem Abfallsack gefunden. Eine Komplizin der Entführer, die als Wärterin der Geisel fungiert hatte, wurde ebenfalls erwischt, ihr Leben jedoch verschont. Die Henker beeilten sich, den anderen Mafiosi über ihre »gute« Tat zu berichten, denn »die entführte Frau befreit zu haben, zählte innerhalb der Cosa Nostra stark« (AC, II, S. 492–493). Auf dem Gebiet von Sciacca entführten »kleine Verbrecher aus Trapani« einen gewissen Campisi. Da informierte Stefano Accardo, ein Mafioso aus Partana, sofort die Carabinieri, und Campisi wurde befreit. Kurz danach entkam Accardo einem Attentat, das die Entführer – so die Ansicht der Ermittler – aus Rache verübt hatten. Die Antwort darauf ließ nicht lange auf sich warten: Am 5. April 1976 wurde Silvestro Messina ermordet, Giuseppe Ferro und Ernesto Cardio wurden schwer verletzt, am 9. des Monats wurde Antonio Luppino mit einer

Schrotflinte erschossen. Kurz danach erwischte es auch Baldassare Ingrassis – er hatte Cardio Unterschlupf gewährt. Die Opfer waren allesamt in die Entführung Campisis verwickelt und, nach Ermittlermeinung, schuldig befunden worden, »das Verbrechen ohne Zustimmung der Cosa Nostra organisiert zu haben« (OSPA, V, S. 785–787).

4. Zahlungsarten

Unter bestimmten Umständen handeln Mafiosi genauso wie Patrone und politische Vermittler in anderen Mittelmeerregionen. Sie verschaffen Arbeit, sorgen für Genehmigungen, Freistellungen vom Wehrdienst und so weiter. In solchen Dingen war Carmelo Colletti unübertroffen: In seinen letzten Jahren ging er zum Beispiel Cassina immer wieder an, weil er in Palermo ein Appartement zu einem unter dem Marktpreis liegenden Betrag kaufen wollte. Das könnte zunächst zur Annahme führen, daß Colletti da eine Erpressung versucht hatte; doch dieser Eindruck trügt in gewisser Weise: Colletti wollte damit der Mutter eines behinderten Kindes helfen, die er unter seinen Schutz gestellt hatte. Auch dem Sohn und dem Bruder seiner Geliebten, Benedetta, verschaffte er Arbeit in einer Pipeline-Baufirma beziehungsweise in einem städtischen Betrieb von Palermo, ebenso dem Mann einer Freundin Benedettas; er wurde auf einer der Baustellen Cassinas eingestellt. Allerdings gelang Colletti auch nicht alles nach Wunsch: Sein andauernder Druck auf ein Krankenhaus von Palermo zwecks Anstellung seiner Benedetta als Krankenschwester führte zu nichts, und ins Leere lief auch das als Gegenleistung für den schnellen Telefonanschluß gegebene Versprechen zur Karriereförderung eines Ingenieurs der staatlichen Telefongesellschaft SIP. Jedenfalls konnte er schlecht nein sagen, wenn jemand in Not war: Für einen Freund, der schnellstens eine Zahnoperation benötigte, besorgte er sogar einen Dentisten. Der allerdings war noch nicht zugelassen, und so übte Colletti später auch noch Druck auf die Prüfungskommission aus, damit der Mann die Approbation erhielt (vergleiche OSAG, S. 42, 48, 82, 84, 158–159, 163–164, 191–192; OSAG Arnone, S. 147–148).

Die Empfehlung von Studenten an die Prüfungskommission ist im Süden nicht selten, und da machen auch die Mafiosi keine Ausnahme, mit dem Unterschied allerdings, daß ihre Intervention am Ende oft »überzeugender« wirkt als die anderer Leute. Genco Russo sagte 1960 zu Danilo Dolci: »Morgen zum Beispiel muß ich hier meine Dreschmaschinen, Tiere und alles andere lassen und nach Agrigent sausen; da muß ich jemanden empfehlen, damit sie ihn durchs Examen lassen« (zitiert bei Hess 1970). Ein Beispiel aus jüngerer Zeit: Giuseppe Calderone riet einem Freund, der seinen nur mäßig begabten Sohn durch das juristische Staatsexamen bekommen wollte, zur Übersiedelung an die Universität Palermo – da könne er bestimmte Fäden ziehen. Am Ende brachte der Junge den Abschluß nach Hause – doch Calderone hatte so schwer dafür werkeln müssen, daß sie »den Titel eigentlich ihm hätten geben müssen« (AC, I, S. 233).

Der Austausch von Gefallen ist die Grundlage vieler Geschäfte. Antonino Calderone wußte, was Dankbarkeit bedeutet, und er vergaß nie, daß ihm Staatsanwalt Sebastiano Campisi einst die Untersuchungshaft erspart hatte. Er brachte ihm also üblicherweise »Geschenke, etwa Fische oder geschmuggelte Zigaretten – er rauchte Marlboro, seine Angehörigen Muratti Ambassador« (AC, I, S. 305–307). Als die neue Straße Catania-Enna über das Grundstück der Frau Campisi geführt werden sollte, erbat der Staatsanwalt über einen Advokaten die Intervention Calderones. Glücklicherweise wurde die Straße von den Costanzo gebaut, und so wurde die Trasse verlegt – und danach sogar der Eingang zum Hof der Frau auf Kosten der Costanzo renoviert (ebda., noch mehr Details dazu finden sich bei Arlacchi 1992, S. 188). Merke: Trifft man bei einem Besuch in Sizilien auf merkwürdige gekrümmte Kurven oder öffentliche Bauten in merkwürdiger Form, sollte man nicht immer an Unfähigkeit, Irrationalität oder schlechten ästhetischen Geschmack der Architekten denken.

Giuseppe Settecasi, der Boß des Kartells von Agrigent, wollte für eine alte Frau eine Pension erreichen und wandte sich dazu persönlich an den Direktor des Schatzamtes der Provinz. Dem hatte früher einmal ein Arzt einen Gefallen erwiesen, und er bekam damit Gelegenheit zum Ausgleich, indem er die Bitte Settecasis erfüllte – der nämlich war der Schwiegervater des Arztes (OSAG, S. 71). Auf diesem Markt der Gefälligkeiten passen sich die Mafiosi an eine im Süden weitverbreitete Praxis an. Mitunter sind sie aufgrund ihrer – wenngleich keineswegs immer ausgesprochenen – Drohung mit Gewalt dabei besonders effizient. Doch im Rahmen von Gefälligkeiten greifen sie nur selten darauf zurück – und wenn sie es tun, haben sie keineswegs immer Erfolg damit. Die Leute, mit denen sie auf der Basis gegenseitiger Gefallen verkehren, sind oft zu wichtig, als daß man sich einfach mit ihnen anlegen könnte: Doktoren, Professoren, Richter, Bankdirektoren, Unternehmer – nicht zuletzt auch Politiker –, die sich disponibel zeigen, werden stets respektvoll behandelt.

Andererseits verbirgt sich hinter dem Austausch von Gefälligkeiten häufig stillschweigendes Entgelt für mafiosen Schutz. Als Colletti zum Beispiel glaubte, daß die Salvo ihm seines Schutzes wegen etwas schuldeten, bat er um die Anstellung zweier Personen bei der Firma Satris, die den Salvo gehörte (OSAG, S. 39–41). Der Hochzeitsempfang von Collettis Sohn wurde in einem Hotel der Salvo gegeben, und die bezahlten die Rechnung über 21 Millionen Lire (damals umgerechnet mehr als 100 000 DM) aus ihrer Tasche (OSAG Arnone, S. 42–44). Preisabschläge, Kaufverpflichtungen, kostenlose Nutzung von Ressourcen, Anstellung von Wachleuten, Geschäftsbeteiligungen – alles ganz gewöhnliche Formen der »Entlohnung«. Der von mir interviewte Regisseur meinte, nur Mafiosi der unteren Kategorien würden direkte Geldzahlungen für den Schutz von Filmkameras und die Anwerbung von Komparsen annehmen (1986 beliefen sich die vereinbarten Beträge für derlei auf 500 000 bis 2 Millionen Lire, umgerechnet 1000 bis 4000 DM): Capimafia dagegen bevorzugten die einfache Anerkennung – mit dem impliziten Versprechen künftiger Gefallen.

Handelt es sich jedoch um große Geschäfte, verachten auch wichtige Mafiosi Geld nicht. »Als mein Bruder noch lebte«, sagt Calderone, »gab ihm Costanzo eine Million Lire im Monat (seinerzeit umgerechnet etwa 6000 DM). Nach dem Tod meines Bruders setzten Nitto Santapaola und Alfio Ferlito fest, daß das Unternehmen weiterhin den Betrag von einer Million an die Witwe meines Bruders und darüber hinaus fünfzehn Millionen Lire jährlich an die Familie von Catania zu bezahlen hatte« (AC, III, S. 953). Contorno stellt eine klare Verbindung zwischen Bargeld und Geschäftsbeteiligung her: Die Unternehmer, die einen Auftrag an Land zogen, konnten zwischen zwei Möglichkeiten wählen:

»Entweder sie bezahlten die Provision oder ließen sich auf Teilhaberschaft ein« (TC, 19, TC-GDS, 19. April 1986).

Von der La Realizzatrice wurde Colletti in bar bezahlt, doch gleichzeitig sorgte er dafür, daß dieses Unternehmen bei den von ihm geschützten Firmen einkaufte – die ihn ihrerseits bezahlten, um sich Kundschaft zu sichern. Der Leiter der Baufirma enthüllte, daß Colletti ihn »für die Lieferung von Beton an die Marotta verwiesen hatte, für Holz an die Firma Tallo aus Ribera, für die Reparatur von leichten Lastwagen an einen gewissen Contino und für die schweren Fahrzeuge wieder an eine andere Firma« (OSAG, S. 193). Colletti konvertierte faktisch die Bezahlung für den Schutz in weitere Schutzgewährung für seine örtlichen Kunden.

Der Kauf von Waren bei einem bestimmten Händler ist eine übliche Form der Bezahlung, die einem Schutz des betreffenden Kaufmannes vor der Konkurrenz gleichkommt. Calzetta berichtet zum Beispiel, daß »Graviano herumlief und sagte, daß alle ihr Eisen bei der Edilferro Giuseppe Casella kaufen sollten, weil er selbst Interesse daran hatte. Er fügte auch hinzu, daß man dort auch einkaufen solle, wenn es 50 Lire mehr als bei anderen Händlern kostete« (SC, II, S. 62). Die beiden Brüder Calzetta besaßen eine kleine Firma, die Zementblöcke herstellte: Sie bezahlten Schutzgeld – 300 000 Lire im Monat – an Pietro Vernengo auch dafür, daß sie seinen *Namen* benutzen durften, um mögliche Kunden davon zu überzeugen, daß sie die »besten« Lieferanten am Ort waren (SC, I, S. 22).

Die Bezahlung kann ebenfalls in Form von Krediten, Geschenken, Gastfreundschaft, Wohltaten aller Art geschehen. Die Costanzo stellten ihre Büros für Treffen zur Verfügung: »Mein Bruder entschied sich für die Räume der Costanzo, weil sie Diskretion sicherten (AC, I, S. 113; III, S. 779). Als Giuseppe Calderone selbst ein Häuschen in Monterosso Etneo baute, »schenkte ihm Costanzo den dafür nötigen Zement« (AC, I, S. 224). Antonino Calderone gehörte dem Bauunternehmerverband an, doch, wie er selbst zugab, waren die Dokumente für die Einschreibung dafür von den Costanzo gefälscht worden – er hatte nie auch nur einen Bauauftrag ausgeführt (AC, I, S. 248). Melo Zanca, ein Mafioso aus Palermo, bekam von einem Geschäftsfreund der Salvo einen feuerroten Range Rover geschenkt (SC, IV, S. 67). Luciano Cassina erwarb zwei Autos und einige Ersatzteile in der Autovertretung

Collettis in Ribera; die Richter staunten über einen Kauf so weit von seinem Wohnort entfernt, noch dazu wo die Wägen anderswo weitaus billiger waren; es habe sich wohl um «Lokalpolitik» gehandelt, wie das Urteil taktvoll schließt (OSAG, S. 29). In einem von der Polizei abgehörten Telefongespräch sichert Colletti dem Professor Antonio Nicosia seine Untertstützung bei der Wiederwahl in den Verwaltungsrat der Cassa di Risparmio Vittorio Emanuele zu; Nicosia seinerseits verspricht eine Förderung der Karriere des Schwagers von Colletti und den Titel eines »Commendatore« für Colletti selbst (eine staatliche Auszeichnung, ähnlich einem Orden). Am Ende der Unterhaltung ruft der Professor überwältigt aus: »Meine Frau sagt es doch: Ihr seid besser als Vettern, sagt sie, wir sind alle zusammen aufgewachsen, sagt sie, wir waren eben alle ein und dasselbe (eravamo tutti una cosa), sagt sie.« (OSAG, S. 344).

Schließlich kann Schutzgewährung auch noch schlicht und einfach durch Arbeit beglichen werden; zwei Brüder, beide Uomini d'onore, hatten laut Contorno innerhalb der Familie die Rolle von »Laufburschen« und bezahlten damit Salvatore Greco (genannt »der Senator«): Der hatte ihnen eine Stelle im städtischen Transportwesen verschafft (TC, S. 128).

5. Die Politiker

Nicht nur für Finanzmakler, Kaufleute und Unternehmer, sondern auch für Politiker steht eine Vielfalt von Schutzverträgen zur Verfügung. Dabei sind Fälle zu verzeichnen, die einer regelrechten Aufnahme in eine Familie gleichkommen. Laut Leonardo Vitale war zum Beispiel der palermitanische Stadtdezernent Pino Trapani Mitglied der Familie des Viertels Porta Nuova. Buscetta weiß, daß Trapani sogar zum »Berater« der Familie aufstieg (OSPA, V, S. 733–734). Calderone wiederum erinnert sich, daß er »den Abgeordneten Calogero Volpe persönlich kennengelernt hat; er wurde mir in Caltanissetta von meinem Bruder rituell als Uomo d'onore vorgestellt« (AC, II, S. 594). Außerdem: »Gut kannte ich auch die greisen Brüder Guttadauro, alle drei Uomini d'onore der Familie

Di Girolamo; einer hieß Giuseppe, der war Parlamentsabgeordneter für die Monarchistische oder die Liberale Partei, ich glaube, er ist mittlerweile gestorben« (AC, II, S. 441).

Wenn nicht durch regelrechte Aufnahme, so sind Politiker doch oft durch ein Netz von Geschäften auf Gegenseitigkeit an die Mafia gebunden. Solche geheimen Verbindungen wurden Salvo Lima angelastet, dem Chef des Andreotti-Flügels in der Democrazia cristiana Siziliens. Er war bis 1970 Bürgermeister von Palermo, danach Parlaments- und schließlich Europaabgeordneter; am 13. März 1992 wurde er in Mondello bei Palermo ermordet (zu seinen Beziehungen zur Mafia vergleiche ›Antimafia‹ Nr. 1, 1990, sowie ›la Repubblica‹, 13. Juni 1991). In den Einlassungen Francesco Marino Mannoias (FMM, S. 145) wird auch der verstorbene Abgeordnete und Exminister Gioa als Schützling der Familie von Santa Maria del Gesù – deren Chef Bontade war – bezeichnet. Auch der Nachfolger Limas als Bürgermeister von Palermo, Vito Ciancimino, galt seit langem des Zusammenspiels mit der Mafia verdächtig: Über ihn sagte Buscetta aus, daß er »in den Händen Totò Riinas sei« (TB, I, S. 39); mittlerweile wurde der Politiker in mehreren Verfahren wegen mafioser Bandenbildung verurteilt. Mafiaverbindungen behauptet Buscetta auch von einem weiteren Politiker zu wissen: »Martellucci war in seiner Zeit als Bürgermeister von Palermo von Stefano Bontade sehr geschätzt« (TB, I, S. 70). 1976 sprach Bontade in Gegenwart Calderones auch von einem anderen Bürgermeister von Palermo, Giuseppe Insalaco (er wurde 1988 umgebracht): der sei ein zuverlässiger Mann, dessen Wahlkampagne man unterstützen solle (AC, III, S. 767).

Auch Calogero Mannino, Landwirtschaftsminister und später Ressortchef für die Entwicklung des Südens, hatte keine Skrupel, sich auf die Gesellschaft von Mafiosi einzulassen, etwa auf die des mittlerweile verstorbenen Peppino Settecasi und des Carmelo Salemi. Einer der Leibwächter ›Zu Peppinos‹ behauptet, die Freundschaften des Capomafia seien »weitgestreut« gewesen, und die betreffenden Personen hätten »freien Zugang zu den Büros von Politikern gehabt, einschließlich der Abgeordneten Bonfiglio und Mannino« (OSAG, S. 219). Mannino war Trauzeuge bei der Hochzeit des Sohnes von Leonardo Caruana, des inzwischen verstorbenen Chefs der Familie von Siculiana. Mannino rechtfertigte das damit, daß »mich am Vorabend der Hochzeit Professor Parisi in der Wohnung meiner Schwiegereltern aufsuchte und bat, für seine Tochter den Trauzeugen zu machen. Ich hatte gute Beziehungen zu Parisi, und so nahm ich an« (OSAG Arnone, S. 313 und 316; OSAG, S. 223–224). Aus einem Carabinieribericht, der im Rahmen einer Fernsehsendung verbreitet wurde, geht indessen hervor, daß Mannino Trauzeuge des Bräutigams war (›la Repubblica‹, 28. September 1991). Inzwischen wurde Mannino auch noch von dem Mafia-Aussteiger Rosario Spatola beschuldigt, ein reguläres Mitglied der Mafia zu sein (›la Repubblica‹, 7.–10. September 1991). Das allerdings hat die – in solchen Dingen aufgrund des Wohnsitzes von Mannino zuständige – Staatsanwaltschaft von Sciacca sofort dementiert: Die Anschuldigungen Spatolas seien falsch (ebda. 12. September).

Giovanni Micelli, ein zweimal zur Senatswahl angetretener Christdemokrat aus Sciacca, hat die Instrumentalisierung dieser Beziehungen gegenüber dem Staatsanwalt mit seltener Offenheit beschrieben:

»Ich hatte sofort erkannt, daß Colletti viele Beziehungen hatte und daß er daher im Rahmen eines Wahlkampfs hilfreich sein konnte. Zwar hatte ich gehört, daß er eine ›Respektsperson‹ war oder besser ein ›einflußreicher Mann‹, doch war mir damals noch nicht all das bekannt, was er darstellte und was ich danach durch Zeitungsmeldungen erfahren habe. Außerdem habe ich mich – als Selbständiger und als Politiker – nicht um Collettis sonstige Berufe gekümmert: Ich beobachtete vor allem seine Fähigkeiten im regionalen Wahlkampf. Im übrigen habe ich im Rahmen von zwei Wahlen mehr als 35 000 Stimmen bekommen und konnte nicht verlangen, daß man die Herkunft all dieser Stimmen überprüfte« (OSAG Arnone, S. 182–183).

Wenn Stimmen Ware sind, werden Wahlen ein Geschäft, bei dem die Wähler Verkäufer und die Politiker Käufer sind. Der daraus entstehende Markt ist jedoch nur sehr schwer kontrollierbar. Der Käufer muß vor allem ein technisches Problem lösen: Er kann nicht um die Stimme jedes einzelnen Wählers verhandeln. Außerdem ist da noch die Frage, wie man die erfolgte »korrekte Einlösung des Vertrags« erkennt – also ein Problem des Vertrauens: »Wie kann ich sicher sein, daß X für mich gestimmt hat?«; oder »Muß ich X vor oder erst nach den Wahlen bezahlen?« Ein Sozialist aus Marsala zum Beispiel, Enzo Leone, hat sicherlich seine Vorauszahlung bereut: In einem abgehörten Telefongespräch mit einem seiner sogenannten »Capobastone«, den Stimmenzutreibern, sagte er nach der Wahl 1990: »Das sind Diebe, die haben uns verraten, wir haben ihnen Geld gegeben und dann haben sie uns die versprochenen Stimmen nicht gegeben« (›la Repubblica‹, 26. Oktober 1991).

Gleichwohl gibt es höchst verwickelte Systeme zur Kontrolle, ob da auch Wort gehalten wurde. Bis zum Referendum von 1991 konnten die Wähler in Italien entweder eine der Parteilisten als Ganzes ankreuzen oder aber – innerhalb einer Liste – bis zu vier Kandidaten ihren Vorzug geben. Dazu mußten sie deren Vor- und Zunamen oder deren Listenplatzziffer in die dafür vorgesehenen Spalten eintragen. Den Wählern, die ihre Stimme verkauften, wurde aufgetragen, bestimmte Platzziffern in einer bestimmten Reihenfolge einzutragen; so konnte man nach der Auszählung feststellen, ob sich die Betreffenden auch an die Vorgabe gehalten hatten. Die Stimmen wurden in der Regel von den »Capobastone« en bloc gekauft.

Schließlich ist da aber auch noch das Problem einer effizienten Form der Auszahlung all derer, deren Votum man sich gesichert hat; umgekehrt haben in diesem Punkt aber auch die Stimmenverkäufer selbst ihre Schwierigkeiten: »Welche Sicherheit habe ich, daß der Kandidat Y bezahlt, wenn ich ihn gewählt habe?« Ein besseres Betätigungsfeld für Mafiosi ist wohl kaum vorstellbar.

Anzumerken ist indessen, daß es den Stimmenmarkt auch in Gegenden gibt, wo die Mafia nicht vorkommt; doch in Sizilien ist er offenbar umfassender und effizienter als anderswo; das rührt wohl von der Vertrauenswürdigkeit her, die die Mafia den verschiedenen Phasen dieses komplexen Geschäftes verleiht.

Im großen und ganzen kann jedes Mafiamitglied auf dreißig bis vierzig Verwandte und Freunde zählen, »die derlei Anordnungen sklavisch befolgen. Das mag die Größe der Rolle zeigen, die die Mafia in Wahlkämpfen spielt; es reicht aus, daß die Regionalkommission angibt, welche Partei man wählen soll, und schon fließen dieser Zehntausende von Stimmen zu und sorgen so für die Wahl von Kandidaten, die gegenüber der Mafia nicht feindlich eingestellt, sondern sogar für sie eingenommen sind« (AC, I, S. 260 bis 270).

Die Unterstützung kann nämlich nicht nur Parteien als solchen, sondern auch speziellen Kandidaten zufließen. Angelo Bonfiglio wurde mit der Hilfe Collettis viermal hintereinander Abgeordneter (OSAG, S. 90-92). Die Familie von Vicari »unterstützte regelmäßig Salvo Lima, und die gesamte Organisation ließ ihre Hilfe diversen anderen Kandidaten der Democrazia cristiana zukommen, so etwa D'Acquisto, Carollo, Fasino...«, so jedenfalls Vincenzo Marsala (VM, S. 30). Calzetta spielt auf drei Lokalpolitiker an: »Da sind Leute zu mir persönlich gekommen (sic!) und empfahlen mir, für diese drei Männer zu stimmen. Die Mafia macht das so. Die stellen sich auch vor den Schulen auf, versprechen Arbeitsplätze, geben Benzinscheine, Lebensmittel und auch Geld.« (SC, III, S. 7: die Schulen fungieren als Wahllokale.)

Während der Regionalwahlen 1991 setzte die Polizei in Catania Telefonüberwachung bei einer großen Anzahl von Personen ein, die der Stimmenschieberei verdächtig waren. Ausgemacht wurden dabei unter anderem zwei Kandidaten – ein Christdemokrat und ein Republikaner – sowie die beiden Vermittler, die jedem der beiden einige Tausend Stimmen versprochen hatten. Einer der Vermittler, eine Frau, bezahlte die Wähler mit Theaterabonnements und rechnete damit, daß die Politiker nach der Verteilung der Karten die Rechnung bezahlen würden. In den abgehörten Telefongesprächen mischte jedoch Sorge mit: »Ich habe Angst, daß ich auf der Rechnung sitzenbleibe, dabei habe ich Abonnements für 80 Millionen Lire verteilt.« »Keine Angst«, antwortete der Gesprächspartner, »um das Geschäft kümmert sich doch der Onkel« (›la Repubblica‹, 25. Juni 1991). Doch Zu Angelo hatte auch die Interessen der Gegenseite zu schützen, die Politiker nämlich, und als dann klar wurde, daß keiner der beiden Kandidaten die für die Wahl notwendige Stimmenzahl erreicht hatte, brach die Hölle los. Die Polizisten hörten fuchsteufelswilde Telefongespräche Zu Angelos und seiner Mitarbeiter ab; der Vermittler wollte herausbringen, in welchem Stimmbezirk denn die Wähler davongelaufen seien: »Wie viele Stimmen haben wir in San Giovanni Galermo gekriegt? Ich möchte das sofort wissen!« »Der Onkel möchte wissen, wie viele Stimmen der Kandidat gekriegt hat, weil er zu diesen Leuten hin und mit ihnen reden muß« (ebda.). Zu Angelo landete jedoch im Gefängnis, bevor er eventuelle Strafaktionen starten konnte.

Mitunter werden solche Geschäfte auch mit einer gesamten Partei getätigt: »Die einzige Partei, für die man gestimmt hat, war die Democrazia cristiana; ihre Vertreter haben die Mafia am stärksten geschützt. Grundregel war, daß politische Propaganda seitens der Mitglieder ausschließlich zugunsten der DC erlaubt war, dagegen war streng verboten, für Kommunisten und Faschisten zu stimmen. Dennoch war gestattet, mitunter auch für Vertreter anderer politischer Parteien zu stimmen, doch das nur auf persönlicher Ebene, als Gegenleistung für persönliche Gefälligkeiten, die man erhalten hatte; Propaganda dafür war jedenfalls verboten. Bei anderer Gelegenheit geschah es auch, daß eine ganze Familie einen bestimmten Kandidaten lancierte. Das waren dann Politiker, die die Mafia in bestimmten Positionen haben wollte. In allen anderen Fällen wurden die Stimmen an Leute von der Democrazia cristiana gegeben, die aufgrund ihrer Macht bestimmte Vorteile garantieren konnten« (VM, S. 30).

Calderone bestätigt die Vorschrift, niemals für Faschisten, Kommunisten »und Parteien der äußersten Linken ganz allgemein« zu stimmen; alles in allem flossen die mafiosen Stimmen grundsätzlich »Kandidaten des Zentrums« zu (AC, I, S. 260–270).

Die Politiker bezahlten die Unterstützung bei Wahlen grundsätzlich »in Naturalien«, mit mehr oder weniger großzügigen Gefälligkeiten. Mariano Marsala bekam einmal Führerscheinentzug; da fuhr er wiederholt nach Palermo zu den Abgeordneten D'Acquisto und Pergolizzi und forderte die Rückgabe (VM, S. 15). Calderone berichtet, wie man auf erfinderische Art einen legalen Reisepaß erhielt, dessen Existenz aber nicht den zuständigen Behörden mitgeteilt wurde: »Aurelio Bonomo war in Catania das Faktotum des verstorbenen Abgeordneten Lupis. Er konnte in kürzester Zeit Reisepässe für jeden von uns, der einen brauchte, verschaffen. Er hatte Verbindung zu einem Angestellten des italienischen Konsulats in Deutschland, der für die Ausstellung von Pässen zuständig war. Da reichte es, wenn Bonomo ihm die Fotografie und die persönlichen Daten zuschickte – der Angestellte stellte sofort den Paß aus und schickte ihn nach Catania. All das blieb der Polizei verborgen, weil der Konsulatsangestellte die Mitteilung über die Ausstellung des Passes an das Polizeipräsidium von Catania unterließ« (AC, I, S. 74).

Giuseppe Calderone erhielt 1962 als Subunternehmer einen Bauauftrag im Werte von acht Millionen Lire (damals knapp 50 000 DM),

»dank des Abgeordneten Concetto Gallo« (AC, II, 529–530). Doch die besonders bezeichnenden Gefälligkeiten – die aus Politikern begehrenswerte Kunden machen – sind eigentlich anderer Natur: 1976 war Dr. Cipolla von der Kriminalpolizei »der einzige im Polizeipräsidium von Catania, der uns gegenüber ernsthafte Ermittlungen durchführte und uns dabei Ungelegenheiten bereitete. Mein Bruder und ich hatten versucht, ihn von Catania wegversetzen zu lassen, es war uns aber nicht gelungen. Wir wandten uns daher an Nino und Ignazio Salvo. Die trafen wir in ihrer Steuererhebungsstelle von Palermo. Wir sprachen ohne Gegenwart anderer mit den beiden; als wir ihnen unser Problem dargestellt hatten, antworteten sie, daß man sich hier sinnvollerweise an Salvino wende, an den Abgeordneten Salvo Lima also. Wir verabredeten uns mit ihm in Rom. Lima hörte sich unsere Bitte an und sagte, er werde sich um die Sache kümmern. Später wurde mein Bruder von Salvo darüber informiert, daß der Abgeordnete Lima versucht hatte, Cipolla versetzen zu lassen, es ihm aber nicht gelungen sei. Der damalige Justizminister soll Lima jedoch benachrichtigt haben, er solle sich etwas gedulden, weil Dr. Cipolla sowieso bald freiwillig weggehen werde, möglicherweise wegen der Arbeit seiner Frau« (AC, I, S. 131).

Auch als Einzelperson ist jeder Mafioso als solcher imstande, Vorteile aus der von der Mafia kollektiv gewährleisteten Hilfe zu ziehen: Laut Calderone ist es »wichtig zu wissen, welche Politiker bei Wahlen die Unterstützung der Cosa Nostra besitzen, weil es in diesem Falle möglich ist, sich an sie um Gefallen zu wenden, als Gegenleistung für die vorher gewährte Wahlhilfe. Ein Beispiel dafür ist das, was ich soeben bezüglich der Intervention des Abgeordneten Lima berichtet habe« (AC, III, S. 768).

Erfolgt die »Bezahlung« nicht rasch genug, verlassen die Mafiosi die unsicheren Kunden und suchen sich andere: »Als dem Giuseppe Di Cristina Untersuchungshaft drohte, bekam er von der Democrazia cristiana keinerlei konkrete Hilfe; so wandte er sich daher an den Abgeordneten Aristide Gunnella (ein Republikaner). Ich weiß nicht, ob dieser dann in der Sache etwas Konkretes für Di Cristina unternommen hat, doch ich weiß – Di Cristina selbst hat es mir gesagt –, daß der Abgeordnete Gunnella die Anstellung Di Cristinas bei einer regionalen staatlichen Einrichtung durchgesetzt hat. Symptomatisch für die Unterstützung Di Cristinas zugunsten des Abgeordneten Gunnella ist meiner Erinnerung nach auch, daß die Republikanische Partei bei einer Wahl in Riesi eine Lawine von Stimmen einfuhr, ganz anders als in der Vergangenheit« (AC, III, S. 768–769).

Bei Gelegenheit können sich Mafiosi nicht nur von einem Politiker, sondern von einer ganzen Partei zurückziehen. Francesco Marino Mannoia enthüllt, daß »in der Vergangenheit Cosa Nostra ganz allgemein Democrazia cristiana gewählt hat. Bei den Parlamentswahlen, ich glaube 1987, wurde jedoch eine präzise Anordnung ins Gefängnis hineingegeben, mit der alle Uomini d'onore und ihre Angehörigen verpflichtet wurden, die Sozialistische Partei Italiens zu wählen. Der Befehl wurde damals an die gesamte Cosa Nostra Siziliens ausgegeben« (VMM, S. 20).

Laut Mannoia tätigten die Mafiosi zur selben Zeit auch Geldzuwendungen an die Radikale Partei: »Als die Radikale Partei, die vor der Auflösung stand, zehntausend neue Mitglieder benötigte, haben wir im Gefängnis auf Initiative Pippo Calòs Zuwendungen gegeben. Calò selbst hat 100 Millionen Lire (damals umgerechnet rund 200 000 DM) an diese Partei geschickt; die Familie von Santa Maria del Gesù 50 Millionen Lire, von denen 30 Millionen direkt von Giovanni Bontade stammten; ich selbst habe nur eine Million Lire überwiesen, mein Vetter Pietro Vernengo fünf Millionen.« (FMM, S. 24, vgl. auch ›la Repubblica‹, 8. April 1989 und 28. Juni 1990; Auszüge aus der Aussage Mannoias wurden von ›la Repubblica‹ am 7. und 8. Dezember 1989, weitere am 24. und 27. Juni, am 15. November und am 5. Dezember 1990 veröffentlicht.)

Radikale und Sozialisten dementierten zwar diese Behauptungen, tatsächlich jedoch hatten beide zu Beginn der 80er Jahre mehr als jede andere Partei versucht, Verfahren gegen die Mafia durch enge formale Vorschriften einzuschränken: So widersetzten sie sich Prozessen, die auf den Aussagen ausgestiegener Mafiosi beruhten; dazu unterstützten sie die Entscheidungen der 1. Kammer des Kassationsgerichtshofes unter deren Vorsitzendem Corrado Carnevale, der häufig die Urteile der ersten und zweiten Instanz aufgehoben hat. Einige Radikalenführer inszenierten sogar eine Demonstration vor dem Obersten Richterrat zugunsten Carnevales (›La Stampa‹, 22. März 1987); in einer der zahlreichen Solidaritätsadressen für diesen Richter sagte der Justizsprecher der Sozialistischen Partei, Salvo Andò (aus Catania): »Wer die Urteile der

1. Kammer des Kassationsgerichtshofes angreift, möchte die Regeln und Gesetze zugunsten politischer Opportunität beugen. Zur Kritik unerwünschter Urteile ist sogar eine Verleumdungskampagne inszeniert worden« (›la Repubblica‹, 18. März 1987). 1989 trat auch der damalige Justizminister Vassalli (von der Sozialistischen Partei) zugunsten Carnevales ein: »Das ist nicht die Schuld des Kassationsgerichtshofes«, sagte er nach der x-ten Aufhebung eines Urteils durch die 1. Kammer angesichts der nachfolgenden Polemiken, »sondern die Schuld des Schwur- und des Revisionsgerichtes« (›Panorama‹, 24. Februar 1991).

Wie dem auch sei: Die bloße Konvergenz mafioser Interessen mit diesen parteipolitischen Linien alleine stellt natürlich noch keinen Beweis einer expliziten heimlichen Absprache dar.

6. Die Unannehmlichkeiten

An dieser Stelle sollte – und das nicht nur theoretisch – klar sein, daß man den Schutz der Mafia nicht als durchgehend reine Vorspiegelung oder Erpressung abtun kann: Fälle von »übertriebener« Förderung dieses Produktes dürfen nicht darüber hinwegtäuschen, daß solche Dienstleistungen häufig den Kunden nützen und von ihnen auch aktiv gesucht werden. Die Richter von Palermo betonen daher auch, daß die Schutzgewährung notwendigerweise einen ambivalenten Charakter aufweist:

»Die Verwicklung zahlreicher Unternehmer in strafrechtliche Ermittlungen über die Mafia ist der deutlichste Beleg dafür, daß das Klima der mafiosen Einschüchterung für die Überzeugung ausreicht, wonach der Staat unfähig zur Sicherung friedlichen Zusammenlebens ist und andererseits der ›Schutz‹ durch die Cosa Nostra in bestmöglicher Weise profitable Geschäfte ermöglicht. Angesichts dieser Lage ist es im jeweils konkreten Falle recht schwierig festzustellen, wo die von der Mafia erzwungene Tätigkeit endet und die Einbindung und die flankierende Förderung mafioser Geschäfte beginnt« (OSPA, V, 927).

Dennoch wäre es absurd, sich auf der illegalen Schiene so etwas wie einen völlig defektfreien Schutz zu erwarten: Das ist nicht anders als im legalen Sektor, wo zum Beispiel selbst Versicherungsgesellschaften nicht selten Ansprüche anständiger Kunden ausschalten, auch wenn diese ihr Leben lang bezahlt haben; ebenso wie die legitimen Staatsorgane mitunter die Rechte der Bürger verletzen. Allerdings sind die Unannehmlichkeiten, die einem im Rahmen mafioser Schutzgewährung begegnen können, ganz besonders hart und unerfreulich.

Mißbrauch von Gewalt

Daß das Gewaltmonopol faktisch frei von jeglicher Kontrolle aufrechterhalten wird, dies alleine lädt schon zur Mißachtung der Rechte anderer Menschen ein – eine verbreitete menschliche Schwäche, die in Gebieten mit mafioser Präsenz zum Alltag gehört. Mitunter kann man sich Drohungen entziehen, wenn man auf Präpotenz mit Takt und Wendigkeit reagiert. Ein Mafioso wollte von einem jungen Reitschulbesitzer in der Nähe von Palermo ein Pferd für seine Tochter mieten; er war aber nicht vorgemerkt, und so stand keines der Tiere zur Verfügung. Der Mafioso fühlte sich wegen der abgewiesenen Bitte zutiefst beleidigt. Am Tag danach verschwand ein Pferd aus der Reitschule, gleichzeitig übermittelte ein Kunde dem Schulbesitzer eine verschleierte Drohung – er hinterbrachte ihm, daß der Mafioso gesagt habe: »Heu brennt leicht, und man kann leicht alles verlieren.« Da der Stall gerade Heu für die gesamte Saison eingekauft hatte, fühlte sich der Besitzer zu diesem Zeitpunkt besonders verwundbar.

Doch er wußte, wie man mit solchen Dingen umgeht. Also wandte er sich zur Beilegung des Streits an den Onkel des unzufriedenen Reitkunden, einen älteren Mafioso. Er beschrieb ihm, was geschehen war und daß er das Verschwinden des Pferdes mit dem Neffen des Mafioso in Verbindung brachte. Außerdem ließ er eine Bemerkung fallen, der Neffe sei wohl nur »eine halbe Portion« (ein unterschwelliger Bezug auf die berühmte Unterscheidung zum »echten« Mann, wie sie Leonardo Sciascia in seinem ›Tag der Eule‹ gemacht hatte) – schließlich habe er eine Frau in die Sache zu verwickeln gesucht: eine Anspielung auf das angedrohte Anstecken des Heuschobers, was als weibliche Tat gilt: Ein »echter Mann«, wiederholte er immer wieder, hätte nicht gedroht, sondern einfach seine Absichten realisiert. Zu seiner großen Erleichterung wurde das Pferd drei Tage danach zurückgebracht.

Man braucht nicht viel Phantasie zur Vorstellung, wie schwer man sich Unannehmlichkeiten in einer Welt erspart, in der Geschäfte auf diese Weise betrieben werden.

Nicht alle Geschichten haben ein derart gutes Ende: Recht häufig werden die Opfer zum Verkauf ihres Eigentums gezwungen, genauer gesagt, zu seiner Verschleuderung. 1982 wurde die Wachszieherei der Gebrüder Gange in Brancaccio am östlichen Stadtrand von Palermo durch einen Brand völlig vernichtet. Laut Contorno wollte Pietro Vernengo dieses Gelände schon seit 1979 für seine Schwäger, die dort ein Geschäft aufmachen wollten; er hatte die Gange daher bereits unter Druck gesetzt. Die Gebrüder verlangten jedoch einen »übertriebenen« Preis, und der Handel kam nicht zustande, trotz der Drohungen und der Anschläge auf ihr Eigentum. Einige Zeit danach erhielten sie eine enorme Schutzgeldforderung – 200 Millionen Lire (damals etwa eine halbe Million DM) – die nach außen hin nichts mit dem Verkauf ihrer Hallen zu tun hatte. Die Gange wußten nicht, wer der »Don Peppe« hinter der Forderung war; im Gegensatz zum sonstigen Ablauf von derlei Fällen erschien auch niemand, um das Geld abzuholen. Merkwürdig war dabei auch die Weigerung der Erpresser, über die Sache zu verhandeln. Die Gange wußten nicht so recht, wie sie sich verhalten sollten, und so versuchten sie herauszubringen, wie ernst die Drohung war. Sie stellten ein »Experiment« an, indem sie einige Lastwagen als Köder unbewacht außerhalb ihrer Anlage stehenließen. Wenn die Erpresser kämen, so der Gedanke, würden sie wohl zuerst die Lastwagen beschädigen. Doch statt dessen wurde der Betrieb selbst angesteckt; er brannte eine ganze Woche lang. Manche dachten, daß dies die Reaktion unfähiger Schutzgelderpresser war, die sich selbst eine mögliche Verdienstquelle zerstört hatten. (Calzetta stützt diese Version: »In der Wachszieherei haben sie es falsch gemacht und eine zu große Bombe gelegt«, SC, I, S. 23.) Tatsächlich war diese Erpressung, wie das in Sizilien häufig geschieht, nur ein Mittel für ein anderes Ziel gewesen, nämlich die legitimen Eigentümer zum Verlassen des Ortes zu zwingen. Die das Grundstück haben wollten, hatten das Attentat möglicherweise selber ausgeführt; oder aber, einfacher noch, sie hatten herumerzählt, daß die Firma keinen Schutz mehr besitze. Erst später, als niemand das Gelände – und das, was nach dem Brand noch übrig war – mehr kaufen wollte, wurde klar, daß da jemand schon eine Option darauf gehabt hatte. Contorno hat die Gründe dafür dann in seiner Aussage enthüllt.

Natürlich kann man gar keinen anderen Ausdruck als den des blanken Gewaltmißbrauchs dafür finden, wenn Mafiosi aus purem persönlichen Gewinnstreben die elementaren Rechte anderer Leute derart brutal wie hier verletzen. Zieht jedoch eine ganze Gruppe geschützter Personen daraus Vorteile, bekommt derlei Mißbrauch durchaus eine gewisse Ähnlichkeit mit dem Schutz vor Konkurrenz. Dafür spricht, daß die beiden Aspekte in Wirklichkeit nur die beiden Seiten einer Medaille sind – sie ändern lediglich ihre Bedeutung: Mißbrauch oder Schutz. Der Schutz Collettis erwies sich als Vorteil für Firmen, die um öffentliche Aufträge konkurrierten, wie die Savar aus Sciacca, die – zum Nachteil der anderen Mitbewerber – als Subunternehmer die Lastwägen für die Müllabfuhr der Gemeinde Burgio zur Verfügung stellen durften (OSAG, S. 404). Giuseppe Calderone achtete stets darauf, daß kein unerwünschter Konkurrent seinen Freunden in den Weg geriet, und auch nicht den Freunden seiner Freunde. Einmal bat ihn Rosario Riccobono für einen seiner Schützlinge um Hilfe bei der Akquirierung eines Auftrags für Instandhaltungsarbeiten am Flughafen von Catania; Calderone bewerkstelligte dies, indem er die anderen Firmen »überzeugte«, sich aus dem Wettbewerb zurückzuziehen. Die davon Betroffenen protestierten danach zu Recht über allerlei erlittene Mißhandlungen (AC, II, S. 354).

Im zuletzt aufgeführten Fall gibt es einen weiteren interessanten Aspekt: Auch die mitkonkurrierende Firma stand nämlich unter Schutz, wenngleich nicht so gut wie das siegreiche Unternehmen. Deutlich wird daraus: Wo sich viele Geschäftsleute schützen lassen, kann man nur schwer unterscheiden zwischen echtem Gewaltmißbrauch gegenüber unschuldigen Opfern und gelegentlichem Versehen der Schutzgeber im Rahmen effizienter Dienstleistung. Das aber führt oft zu großer Verwirrung sowohl bei der Polizei wie bei all jenen Beobachtern, die davon ausgehen, daß stets unschuldig ist, wer wegen eines verlorenen Auftrages oder eines verfehlten Wettbewerbs aufschreit. Natürlich stimmt das ab und zu tatsächlich, doch die Opferrolle ist auch schillernd: Oft beschweren sich gerade jene Leute so lautstark, die nur eben mal aus irgendeinem Grund von *ihren* Schützern verlassen worden sind.

Verhandelbare »Rechte«

Eines der Mysterien der Schutzindustrie besteht darin, daß ihre Präsenz Eigentumsdelikte offenbar keineswegs verhindert. Präzise werten kann man dies allerdings nicht, weil nicht alle einschlägigen Taten bei der Polizei angezeigt werden, speziell in Sizilien. Alles deutet jedoch darauf hin, daß die Alltagskriminalität hier stärker verbreitet ist als in anderen Teilen Italiens. 1990 zum Beispiel geschahen 24 Prozent aller gemeldeten Diebstähle und Raubüberfälle in Sizilien, obwohl dort nur neun Prozent aller Einwohner Italiens leben. Die Statistik des Innenministeriums weist weiterhin für die vier großen Regionen des italienischen Südens – Campania, Kalabrien, Apulien und Sizilien – bei einer Einwohnerzahl von etwa einem Drittel der Gesamtbevölkerung zwei Drittel aller Eigentumsdelikte aus (vergleiche ›la Repubblica‹ vom 26. Juli 1991). Da liegt zunächst einmal der Schluß nahe, daß der Schutz der Mafia nutzlos ist. Oder doch nicht?

Eine allzu vereinfachende Vorstellung identifiziert den Mafioso mit dem Verbrecher schlechthin, so daß am Ende dieser selbst es ist, der die Delikte begeht, vor denen er zu schützen vorgibt. Man muß jedoch nicht zu dieser simplifizierenden Gleichung greifen und kann doch mindestens drei Gründe anführen, warum privater Schutz und eine hohe Kriminalitätsrate durchaus zusammen vorkommen können. Geraten miteinander konkurrierende Schutzfirmen in Streit, können gerade die Kunden und ihr Eigentum Opfer solcher Gefechte werden. Dieser Fall ist der unangenehmste Aspekt im Umfeld mafioser Schutzgeschäfte; wir kommen noch darauf zurück. Andere Erklärungen gehen nicht davon aus, daß der Schutz des Mafioso als solcher ineffizient sei: Im Gegenteil, dies legt nahe, daß die Verbrechen gerade deshalb ansteigen, weil ein effizienter Schutz auf der einen Seite Auswüchse auf der anderen bewirken kann.

Zunächst sei daran erinnert, daß der mafiose Schutz nicht allgemeiner, sondern privater Natur ist: Die Diebe werden am Stehlen in geschützten Orten gehindert, diese Orte aber müssen ihrerseits gut erkennbar sein. Umgekehrt sind dadurch natürlich die nicht geschützten Geschäftsleute schon aufgrund des Fehlens einschlägiger Erkennungszeichen besonders leicht auszumachen. Stehen nicht alle unter Schutz, fällt dem Verbrecher die Auswahl des Opfers leichter – schon alleine das kann zum Beispiel Diebstähle fördern. Dies erklärt etwa, warum Ausländer schon beim Aussteigen aus dem Omnibus leichter angegriffen werden und warum öffentliches Eigentum besonders gefährdet ist.

Unverständlich bleibt jedoch, warum auch Einheimische bestohlen werden: Bezahlt eine große Zahl von Geschäftsleuten für den Schutz, wird wahrscheinlich kein einheimischer Geschäftsmann so unvernünftig sein und nicht zahlen (vergleiche dazu Kapitel I.4). Wenn aber nun alle Schutz bezahlen, warum gehen die Eigentumsdelikte weiter? Will man darauf eine Antwort, muß man sich fragen, wie wohl gewöhnliche Verbrecher bei einer Tat denken.

Normale Bürger wollen nicht bestohlen werden. Man vergißt aber leicht, daß auch Diebe nicht gerne bestohlen werden; nichts kann sie zum Beispiel mehr in Rage bringen als ein unehrlicher Hehler. Sie können nicht in der Justiz Zuflucht suchen, und da sie Verbrecher sind, haben sie alle Gründe, keinem anderen zu trauen. Woraus folgt, daß auch Diebe ein extremes Bedürfnis nach Schutz haben und konsequenterweise auch gut dafür zu zahlen bereit sind. Auch gilt eine weitere Überlegung: Ist Schutz leicht zu erhalten, wächst die Versuchung, eine kriminelle Karriere einzuschlagen, weil sich aus gestohlenen Gegenständen leichter Profit ziehen läßt. Warum nun sollten die Mafiosi große Unterschiede machen und systematisch nur die Eigentumsrechte der Bestohlenen vor Dieben schützen – und nicht umgekehrt auch Diebe unter ihre Fittiche nehmen? Vielleicht sollte man zum Verständnis hier die Natur der Eigentumsrechte definieren:

Eigentumsrechte kann man ansehen als einen speziellen Vertrag, den jeder Geschäftsmann mit der Gemeinschaft schließt. Darin wird festgelegt, daß alles, was als Eigentum des Geschäftsmannes definiert wird, nicht verbraucht und nicht übertragen werden und auch ohne seine freiwillige Zustimmung keinen Gewinn abwerfen darf (Barzel 1989). Folglich ist jede Verletzung des Eigentumsrechtes ein Vertragsbruch. Hat der Geschäftsmann kein Vertrauen, daß alle Mitglieder der Gemeinschaft den Vertrag respektieren, wird Schutz eine begehrenswerte Dienstleistung. In einer normalen Gesellschaft, in der das Legalitätsprinzip herrscht – schließt jeder, ob damit einverstanden oder nicht, diesen Vertrag *per Gesetz* und erhält dadurch entsprechenden Schutz.

Zum Verständnis dessen, was in Sizilien geschieht, muß man sich jedoch eine Gesellschaft vorstellen, in der die Eigentumsrechte nicht definiert sind und niemand automatisch geschützt ist. Was anderwärts als Verbrechen angesehen wird, sieht man hier als eine spezielle Art der Auseinandersetzung zwischen zwei Parteien an. Eigentumsrechte sind da einem Vertrag nachgeordnet, der nicht als solcher vorgegeben, sondern Gegenstand von Verhandlungen ist; erworben werden diese Rechte ausschließlich durch die Unterschrift unter einen Schutzvertrag. Die konventionelle Übereinkunft zwischen Individuum und Gemeinschaft unterscheidet klar zwischen »Opfer« und »Schuldigem«; in der Mafiawelt dagegen hat das Recht aufs Nichtbestohlen- (oder Nichtberaubt-, Nichtbetrogen-)Werden dann und nur dann Vorrang vor dem Recht aufs Stehlen oder Rauben, wenn der Wert des Opfers für den Schutzgeber höher ist als der des Täters. Faktisch gibt es hier keine *Rechte* als solche. Bezahlt ein Dieb entsprechend gut, kann er Schutz erhalten wie jeder andere Mensch auch. Die Mafiosi haben keine Vorurteile. Wie aber wählen sie nun die Seite aus, zu der sie dann stehen?

Der zeitliche Horizont

Der Wert, den man einem bestimmten Kunden zumißt, wird auch vom zeitlichen Horizont des Schutzgebers beeinflußt: Wie in jedem anderen Wirtschaftssektor wächst in dem Maß, in dem dieser Horizont sich verengt, die Versuchung zur Anwendung räuberischer Strategien – das heißt, sich lediglich um die Maximierung des augenblicklichen Gewinns zu kümmern und nicht um künftigen Profit. Im Falle eher enger zeitlicher Perspektiven werden die Mafiosi stärkeren Ansporn haben, erstens vorgespiegelten (und nicht unbedingt echten) Schutz zu verkaufen, zweitens erpresserische Preise zu verlangen, drittens lieber zwischen Verbrecher und Opfer zu vermitteln, als letztere systematisch zu schützen, oder, schlimmer noch, viertens lediglich die Delinquenten zu schützen.

Nun werden Kunden, wenn ihnen klar wird, daß ein Mafioso nur kurzzeitig plant, den Kauf von Schutz bei ihm verweigern, folglich werden in diesem Falle schließlich fünftens die Schutzgeber häufiger auf Drohungen zurückgreifen müssen, um ihre Ware aufzuzwingen. Kurz gesagt: Verengt sich der zeitliche Horizont, schlägt die Schutzgewährung tendenziell in Erpressung um.

Sehen Mafiosi umgekehrt zukunftsreiche geschäftliche Perspektiven für sich oder ihre Nachkommen, werden sie es ablehnen, normale Kunden nur deshalb schlecht zu behandeln, um damit gewöhnliche Verbrecher zu begünstigen – schließlich könnte dies die eigenen künftigen Gewinne aufs Spiel setzen. Sie würden also wohl eher die (zahlenden) Opfer vor den Verbrechern schützen als umgekehrt, geradewegs wie das ein Staat tut. Entsprechend beruhigt würden sich dann auch die Geschäftsleute beim Kauf von Schutz fühlen. Zeit schafft Legitimität: »Politiker, häßliche Häuser und Nutten werden allesamt respektabel, wenn sie nur lange genug durchhalten«, sagt John Huston in Roman Polanskis Film ›Chinatown‹; er hätte durchaus die Mafiosi in diese Aufzählung hineinnehmen können.

Wir haben noch kein klares Profil des tatsächlichen Verhaltens der Mafiosi in Sizilien: Es gibt eine stärkere Tendenz zum Schutz von normalen Geschäftsleuten vor Dieben als umgekehrt, doch es gibt auch Ausnahmen, und mitunter werden wirklich die Diebe geschützt. Buscetta hat berichtet, daß »es früher ein absolutes Diebstahlsverbot für jedermann auf dem Territorium der Familien gab, weshalb jemand, der dabei entdeckt wurde, zunächst streng ermahnt wurde und bei Rückfall eine schwere körperliche Strafe erhielt. Schon bei meiner Rückkehr aus Brasilien (1972) vernahm ich jedoch im Gefängnis Ucciardone mit Mißfallen, daß sich die Zeiten geändert hatten und es nun tatsächlich möglich geworden war, Eigentumsdelikte zu begehen, also Diebstähle und Raubüberfälle, sofern man die Erlaubnis eines Uomo d'onore hatte, der für diese Genehmigung eine ansehnliche Quote der Einkünfte aus diesen Verbrechen verlangte« (TB, III, S. 137).

Buscetta mag den Unterschied zwischen Vergangenheit und Gegenwart übertrieben haben, um glaubhaft zu machen, daß die Mafia zur Zeit seines Beitritts (1948) ein achtbares Gewerbe gewesen sei. Dennoch könnte seine Sicht der Gegenwart durchaus zutreffen und eine Spannung hervorheben, die tief in die Mafia eindringt.

Die Quellen weisen darauf hin, daß die Mafiosi bis zum 20. Jahrhundert Diebstahl als eine Streitigkeit betrachtet haben, bei der beide Seiten Aufmerksamkeit verdienen (Hess 1970). In neuerer Zeit stammt die klarste Beschreibung der Beziehung zwischen Mafioso und Dieben aus der Einlassung Sinagras: Danach schützten die Mafiosi, mit denen er zu tun hatte, sowohl Kaufleute wie Diebe, wobei sie auf mehrdeutige Weise gleichen Abstand zu beiden hielten (VS, I, S. 152–176).

Sinagra berichtet in allen Einzelheiten schauerliche Strafaktionen, bei denen aber nie klar wird, ob die Diebe bestraft werden, weil sie gestohlen oder aber weil sie ohne Erlaubnis geklaut und damit die Beute autorisierten Dieben weggeschnappt hatten: Ginetto Tagliavia, Neffe des Mafioso Pietro Tagliavia, »wurde in Säure aufgelöst, weil er sich allzu unabhängig verhalten und niemanden geachtet hatte«; er verübte »Raubüberfälle in bestimmten Gebieten, die unter der Kotrolle von Mafiosi standen«, außerdem »war er ein Störenfried, der sich mit bestimmten Leuten anlegte«. Vor allem aber war Ginetto ein Dickkopf und hatte nach den ersten Ermahnungen gezeigt, daß er »harte Hörner« besaß, »einer, dem all das gleichgültig war« – derart, daß sich am Ende nicht einmal mehr sein eigener Onkel seiner Ermordung widersetzte (VS, I, 68; VS-GDS, 17. Juni 1986). Zwei Räuber, die ein Postamt überfallen hatten, wurden umgebracht, weil sie ohne Erlaubnis zu Werke gegangen waren. Der dritte im Bunde, ein Postbeamter, wurde geschont: »Er hat sich verpflichtet, nie wieder Leute außerhalb der Mafiagruppen zu unterstützen, und wurde daher begnadigt.« Er mochte sich ein andermal nützlich erweisen (VS, I, S. 125).

Einen weiteren Beleg für das ambivalente Verhalten der Mafia gegenüber Verbrechern bietet die Aussage Vitales; sie bezieht sich auf die Zeit vor dem Verbot von Entführungen durch die Kommission: »Ich erinnere mich, daß mir Calò vor etwa einem Jahr (1972) vorgeschlagen hatte, in Baida den Sohn Cianciminos zu entführen; dies im Zusammenhang mit unserer Frage an ihn, wie wir zu Geld kommen konnten. Dieser Vorschlag Calòs ging davon aus, daß sich Ciancimino angesichts seiner Beziehungen an Riina wenden würde und Calò danach seinerseits die Rolle des Vermittlers hätte spielen können, wobei er in Wirklichkeit unsere Interessen verfolgte« (OSPA, V, S. 735).

Instabilität

Der zeitliche Horizont für die Tätigkeit der Mafiosi ist seinerseits beeinflußt vom Kampf gegen den Staat und vom Wettbewerb zwischen den Mafiosi selbst: Verstärken sich diese beiden Elemente, verschwinden die Schützer unvermittelt, und das schafft, wie wir bereits wissen, Instabilität. Weiterhin nimmt während mafiainterner Kriege die allgemeine Kriminalität zu: Raubüberfälle, Erpressungen und Schädigung des Eigentums von geschützten Kunden durch Rivalen sind übliche Methoden zur Schwächung der Glaubwürdigkeit; sie leiten oft den direkten Angriff ein.

Mariano Marsala befand sich auf einer Reise in Australien, da begannen in seinem Herrschaftsgebiet Erpressungen. Ein Bauunternehmer erhielt eine Schutzgeldforderung. Als er sich weigerte, zu zahlen, wurden seine Baustelle und sein Maschinenpark gebührend beschädigt. Das Opfer suchte Zeit zu gewinnen und wartete auf die Rückkehr Don Marianos, seines regulären Schützers. Doch alles, was der bisherige Schützer des Unternehmers danach noch auszurichten vermochte, war die Vereinbarung eines Preisabschlags – Don Mariano war zu diesem Zeitpunkt bereits schwächer als die emporstrebende Gegenfraktion, die die Erpressung betrieben hatte. Zur selben Zeit wurde auch eine andere Firma unter Druck gesetzt: sie sollte ein Mitglied der neuen Gruppe als Wachmann anstellen (eine traditionelle Art der verschleierten Erpressung, die schon Franchetti vor hundert Jahren festgehalten hat). Auf die erste Weigerung hin wurde eine Bombe gelegt, die aber nicht explodierte. Die Aufsteiger übten weiter Druck aus, bis am Ende der alte Wachmann entlassen und der neue angestellt wurde. Nach Ansicht seines Sohnes hatte Don Mariano die Leute zwar abgemahnt, doch auch hier richtete er kaum mehr etwas aus: Die Schutzverträge des Gebiets gingen in neue Hände über (VM, S. 20–23).

Wirtschaftswissenschaftler fragen sich an dieser Stelle, wieso die Neueinsteiger mehr und nicht weniger Geld verlangen – die übliche Strategie zum Eindringen in einen monopolistischen Markt besteht ja im Angebot niedrigerer Preise. Im Falle der Schutzgewährung bewirken billigere Dienstleistungen und freundliche Manieren jedoch nicht den erwünschten Effekt: Die Angst vor Vergeltung würde die Kunden bei ihrem gewohnten Schützer halten.

Wer also das Mafiamonopol herausfordert, darf zunächst einmal nicht die Vorteile eines Wechsels aufzeigen, er muß vielmehr die Nachteile des Verbleibens drastisch darlegen. Gelingt dem Aspiranten sein Manöver, zeigt er damit gleichzeitig, daß man ihn mehr fürchten muß als seinen Rivalen und daß er somit den besseren Schutz zu bieten habe.

Auch die Entführung von Kunden wurde zur Herausforderung unter rivalisierenden Mafiosi benutzt. 1972 entführte die sogenannte corleonesische Fraktion den Sohn Arturo Cassinas, eines der größten Bauunternehmer von Palermo. Dieser stand unter dem Schutz Stefano Bontades – der aber gerade im Gefängnis saß. Die Richter haben dazu festgestellt: »Die Entführung gerade des Sohnes von Arturo Cassina demonstrierte die Unfähigkeit Stefano Bontades zur Gewährleistung ausgewogener stabiler Beziehungen zwischen Mafia und Unternehmerklasse« (OSPA, V, S. 907; XII, S. 2359–2361). In einem ähnlichen Fall wurde 1975 Luigi Corleo entführt, der Schwiegersohn Nino Salvos; er blieb für immer verschwunden (OSPA, XII, S. 2365). Die Bedeutung dieser Tat heben Contorno (TC, 80) wie auch Calderone hervor (AC, I, 96): Das Verbrechen, so Calderone, sei unter offener Verletzung der von der Kommission nur wenige Monate vorher beschlossenen Anti-Entführungs-Regel durchgeführt worden.

Calderone berichtet auch, wie die Corleonesier 1973 einen seiner Schützlinge in Catania zu entführen trachteten. Er und seine Leute bekamen jedoch rechtzeitig Hinweise darauf, und an dem für die Entführung festgelegten Tag begegneten sich die beiden gegnerischen Gruppen »überraschend« vor dem Geschäft des designierten Opfers – wobei beide dann so taten, als träfen sie sich ganz zufällig (AC, I, S. 171). Dieselben Leute prallten dann jedoch überaus hart im zweiten Mafiakrieg aufeinander, an der Wende der 70er zu den 80er Jahren.

In Zeiten mangelnder Stabilität gefährden jedoch nicht nur mafiainterne Konflikte die jeweiligen Kunden – manch einer von ihnen bemerkt schlichtweg zu spät, daß seine Schützer auf der Verliererseite stehen. Salvatore Lo Presti, der unter dem Schutz Salvatore Inzerillos stand, hatte eine ganze Mafiageneration lang großen geschäftlichen Erfolg. Eine seiner Firmen, die Inco AG, war Teilhaber von Cassina beim Bau von Sozialwohnungen. Als Bontade und Inzerillo umgebracht wurden, reagierte Cassina sofort, löste die Teilhabe mit Lo Presti auf und ging eine neue mit der Sicis AG von Bagheria ein – deren Eigentümer »mutmaßlich Leonardo Greco nahestanden«, einem Vertreter der siegreichen Familie. Lo Presti war langsamer und verschob die Akquisition eines neuen Schutzgebers – und so verschwand er 1982 (OSPA, V, S. 925 und 928–929).

Am 18. Februar 1985 erwischte eine Schrotladung Antonino Saladino; dabei fühlte der sich noch glücklich, »nur« mit Verletzungen davongekommen zu sein: Auf jeden Fall verzichtete er danach auf einen Bauauftrag, den er als Subunternehmer gerade ausführen wollte. Der Auftrag wurde sofort einer anderen Firma übertragen, die in Santa Margherita Belice ansässig war; der dabei gewährte Preis war höher als bei Saladin, und zwar um 500 Lire pro Kubikmeter, doch das Hauptauftragsunternehmen akzeptierte diesen Aufschlag ohne Murren.

Anders als die Zeitungen in solchen Fällen unterstellen, hatte Saladinos Fehler jedoch nicht in einer Herausforderung der Mafia bestanden – er hatte schlichtweg den »Vertrag« mit seinen Schützern zur falschen Zeit unterschrieben, nämlich Mitte August 1983. Vierzehn Tage zuvor war Carmelo Colletti umgebracht worden und hatte seine Familie und seine Verbündeten in totaler Verwirrung zurückgelassen. Ende November war Leonardo Infranco an der Reihe, der bisherige Capomafia von Santa Margherita Belice. Am 10. Dezember 1983 trafen Gewehrkugeln Domenico Piazza, den Schwager Saladinos und wichtigsten Kontaktmann mit den Uomini d'onore. Am 31. Januar 1984 wurde der Statthalter Infrancos umgebracht, Calogero Sala. Aus der alten Allianz hätte nun nur noch Antonio Ferro unseren Saladino schützen können – doch dessen nahm sich die Polizei an: Ferro wurde am 4. Dezember 1984 verhaftet. So bekam Saladino nach knapp zwei Monaten seine Schrotladung verpaßt, als unerfreuliche, doch sicherlich wirksame Methode, ihm einen Rückzug aus dem Geschäft nahezulegen (OSAG, S. 177–178).

1983 befand sich auch ein anderer Bauunternehmer, Silvio Faldetta, in einer ähnlichen Situation. Er vermochte allerdings den Schaden zu begrenzen:

»Wenige Tage danach (nach dem Beginn der Arbeiten) bekam ich einen Anruf, in dem ein Unbekannter sich beklagte, daß ich den Bau ohne Erlaubnis begonnen hätte, er verlangte nun 50 Millionen Lire von mir (damals etwa 150000 DM). Ich wies das Ansinnen nicht direkt zurück, suchte Zeit zu gewinnen und erhielt danach mehrere weitere Anrufe. Früher hatte ich mich bei solchen Anlässen unter den Schutz Salvatore Scagliones begeben (in dem Sinne, daß er gewöhnlich mein Vermittler war, wenn ich Provisionen zahlte); doch der war inzwischen verstorben, und so gedachte ich meinen Fall Pippo Calò zu unterbreiten. Ich unterbrach also die Arbeiten und bat die Schwester Calòs, mich mit ihm in Kontakt zu bringen, wenn er nach Palermo kam. Calò meldete sich nach über einem Monat und suchte mich dann in meinen Büros in Palermo auf. Ich informierte ihn über die von mir durchgeführten Bauarbeiten in der Via Danisinni und über die Erpresseranrufe, die ich erhalten hatte. Calò sagte, er würde mit jemandem reden und mich dann informieren. Nach etwa einem Monat trafen wir uns erneut in meinen Büros in Palermo, und da sagte er mir, daß er weiter an der Sache arbeite: Ich werde aber mit Sicherheit eine bestimmte Summe herausrücken müssen; deren genaue Höhe werde später noch festgelegt. Von diesem Zeitpunkt an hörten die Anrufe auf, und ich konnte die Arbeiten ohne jegliche Störung weiterführen« (OSPA, V, S. 916–920).

Für andere Bauunternehmer der Provinz Palermo liefen die Dinge wesentlich schlechter; in dieser Zeit der Instabilität fanden viele von ihnen den Tod. Santino und La Fiura (1991, Kapitel IX) bieten in ihrem Buch eine detailreiche Analyse dieser Morde: Danach starben in den Jahren zwischen 1978 und 1988 nicht weniger als 48 Bauunternehmer von »mafioser Hand«. In 25 Fällen waren die Ermordeten auch reguläre Mafiamitglieder, zwölf standen lediglich unter dem Schutz von Mafiosi, beim Rest ist die genaue Position unbekannt. Einzigartig die zeitliche Abfolge der Morde in Relation zur Stellung der Opfer: Die ersten, die umgebracht wurden, waren die mafiosen Unternehmer im engeren Sinne (bis 1983 waren bereits 19 von den insgesamt 25 »echten« Mitgliedern tot), während die zwölf reinen Kunden erst später starben, zwischen 1982 und 1988. Die erste Gruppe bestand hauptsächlich aus kleinen Unternehmern der Baubranche, die zweite umfaßte mittlere und große Bauunternehmer, wie Mineo (1984 ermordet), Parisi (1985) und Semilia (1986). Der Sinn dieser zeitlichen Abfolge ist nur schwer feststellbar:

Wahrscheinlich hat die siegreiche Gruppe zuerst mit den »internen« Kunden der untergehenden Fraktion abgerechnet und erst dann die Stellung der Externen angegriffen.

Ich fragte einen Unternehmer aus Palermo, warum so viele Geschäftsleute aus dem Baubereich umgebracht wurden und ob die Opfer die Gefährdung ihres Lebens hätten vermeiden können; er meinte, daß die Morde möglicherweise auf die durch die mangelnde Stabilität bedingten Schwierigkeiten beim Einholen glaubwürdiger Informationen über die wirkliche Stärke der Schutzgeber zurückzuführen seien. Die Opfer hatten sich vielleicht an den »falschen« öffentlichen Ausschreibungen beteiligt (an jenen also, die andere an Land ziehen sollten), weil sie nicht schnell genug das Vertrauen in ihre mittlerweile »obsolet« gewordenen Schützer in Frage gestellt hatten – und von diesen möglicherweise ausdrücklich zur provozierenden Teilnahme an gerade jenen Ausschreibungen ermutigt worden waren, obwohl ihre Lage längst nicht mehr sicher war.

Kapitel VIII: Regulierte Märkte

Vereinbarungen und Kartelle zur Verhinderung von Konkurrenz finden sich natürlich auch außerhalb des Einzugsbereichs der Mafia. »Gibt es auf einem Marktsektor nur wenige (jedenfalls aber mehr als ein) Unternehmen auf der Anbieterseite und zahlreiche Käufer, von denen jeder einzelne jedoch auf die Nachfrage keinen relevanten Einfluß hat, so nennt man dies ein Oligopol; der grundlegende Unterschied zur freien Konkurrenz, aber auch zum Monopol besteht darin, daß die Anbieterunternehmen des Oligopols untereinander strategisch miteinander verbunden sind« (Friedman 1983, S. 1); sie sind in allen »industrialisierten Wirtschaftsstrukturen verbreitet; faktisch steht jedes Großunternehmen in Sektoren wie Stahl, Chemie, Automobilproduktion, Lebensmittelherstellung, Kaufhausketten oder Computerindustrie in einer strategischen Wechselbeziehung mit zahlreichen anderen Firmen desselben Bereichs« (Friedman 1983, S. 8). In einigen Branchen gibt es am Ende einer längeren Entwicklung überhaupt keine Konkurrenz mehr, bei anderen schon von Anfang an: so etwa auf Märkten, die von patentierten Erfindungen geschaffen werden (man denke zum Beispiel an Sicherheitsrasierer, wie sie zuerst C. Gillette um die Jahrhundertwende eingeführt hat). Doch »auch auf dem Markt der Zahnpasten, der Deodorants, der Shampoos, der Waschmittel, der Haferflocken, der Margarine, der Fertiggewürze, der Tiefkühlkost und des Dosentierfutters hat es schlichtweg niemals Bedingungen gegeben, die auch nur entfernt nach ausgeprägter Konkurrenz ausgesehen haben« (Jones 1986, S. 25).

Die zu einem Oligopol gehörenden Unternehmen konkurrieren zwar ab und zu untereinander, doch nicht selten treffen sie heimliche Absprachen. Sich selbst schützen die Kartelle durch Dumpingpreise, durch Werbeausgaben, durch die Kontrolle der Verteilerwege und die Durchsetzung von gesetzlichen, finanziellen und technologischen Standards. Für diese Zwecke vereinen die Unternehmen ihre Kräfte – um danach den Markt untereinander aufzuteilen und so ein Monopol über Kunden oder Ressourcen zu bekommen, die Preise hoch und die Qualität niedrig zu halten, sich den exklusiven Zugang zu Aufträgen der öffentlichen Hand zu verschaffen oder die Aktionen der Regierung zu lenken: Damit vermögen sie auch die Entscheidungen der Konsumenten zu manipulieren. Bestandteil der heimlichen Absprachen sind oft auch die Korruption von Staatsbeamten oder von Politikern oder von beiden.

Die Privatindustrie ist allerdings keineswegs alleine verantwortlich für diese Entwicklungen: Auch die demokratisch legitimierten Staaten tolerieren oder fördern sogar heimliche Absprachen zwischen Unternehmen. Beispiele dafür gibt es genug. Die europäischen Autohersteller etwa üben auf ihre Regierungen Druck zur Aufrechterhaltung von Zöllen aus, die ihre japanischen Konkurrenten behindern. Gianni Agnelli versäumt keine Gelegenheit zur Intervention gegen die Japaner im Interesse von Fiat; doch er und seine Branche stehen da keineswegs alleine: Ein jüngst zustandegekommener Vertrag zwischen Olivetti, Bull und Siemens wurde ausdrücklich abgeschlossen, »um die amerikanischen und japanischen Kolosse zurückzudrängen« (vergleiche ›la Repubblica‹, 12. Mai 1989, und ebda. 20. Juni 1992). Italiens staatliche Fluggesellschaft Alitalia hält – mit Unterstützung der Regierung – skandalös hohe Tarife aufrecht und behindert über die Kontrolle der Flughäfen und Flugrouten den Zutritt von möglichen Konkurrenten: Ein Flugticket innerhalb Italiens kostet bei gleicher Strecke das Doppelte dessen, was man auf dem »deregulierten« Markt der Vereinigten Staaten bezahlt. In Großbritannien ist der größte Teil der »Pubs« im Eigentum von gerade sechs Bierherstellern, die trotz der Versuche der Regierungen Thatcher und Major zur Spaltung des Kartells nur ihre eigenen Marken verkaufen. Die Regierung mußte ihre Reformpläne aufgrund des Widerstands vieler ihrer eigenen konservativen Parlamentarier zurücknehmen – die Abgeordneten fürchteten, daß die Bierhersteller ihre Unterstützung für die Partei zurückziehen würden.

Staat und kriminelle Organisationen machen einander häufig auf demselben Terrain Konkurrenz. In den 20er Jahren zum Beispiel bediente sich die Bekleidungsindustrie New Yorks der »Überredungskraft« Louis Buchalters (genannt »Lepke«) und Jacop Shapiros (genannt »Gurrah«), um sicherzustellen, daß alle die festgelegten Löhne einhielten. Doch »es ist wohl nicht ebenso bekannt (oder wird häufig vergessen), daß die erste Handlung des ›New Deal‹ (Präsident Roosevelts) die Festlegung von Vorschriften und

Preisen durch die National Industry of Recovery Administration war, um den Märkten Stabilität zu verleihen. Nun war es nämlich der Staat, der diese ›funktionale‹ Rolle ausübte, und die Tätigkeit der Gangster wurde zu einem Verbrechen, das ausgemerzt werden mußte: Lepke und Gurrah wurden von einigen ehrgeizigen Staatsanwälten angeklagt, wegen Mordes verurteilt und schließlich in Sing Sing hingerichtet.« (Persönlicher Hinweis von Daniel Bell; vergleiche auch Bell 1960.)

Nicht alle legalen Bereiche erfreuen sich bei der Einschränkung von Konkurrenz staatlichen Schutzes, zumindest nicht durchgehend. Ebenso vermögen sich auch Kartelle nicht alleine von sich aus und ohne Hilfe von außen aufrechtzuerhalten. In diesen Nischen findet die Mafia einen Markt für ihre Dienste. Deren Natur beschreibt Bonanno (1983) aus dem Mafiainneren heraus so:

»Die Leute suchten mich auf, weil sie wußten, daß sie in Gemeinschaft mit mir mehr Geschäfte tätigen konnten. Es ist überhaupt kein Geheimnis, wie ich dies erreichte: Ich entwickelte einfach Bekanntschaften. Ich brachte nun diese Bekannten miteinander in Kontakt, und so gelang es mir, unsere Geschäfte derart in Einklang miteinander zu bringen, daß alle Vorteile daraus bezogen. Der Unternehmer, der mich kannte, konnte auf Aufträge für seine Firma zählen; der Handwerker, der für ihn arbeitete, konnte auf zuverlässige Bestellungen setzen; der Fuhrunternehmer bekam Lieferungsaufträge vom Handwerker zum Unternehmer; die Gewerkschaft konnte mit der Anstellung ihrer Mitglieder rechnen, der Arbeiter hatte die Sicherheit, auch in Zeiten der Rezession einen Arbeitsplatz zu finden.«

Nur wenig ist allerdings über die Voraussetzungen bekannt, die die Präsenz der Mafia in bestimmten Bereichen fördern. In den Vereinigten Staaten »haben die Industrien, die von der organisierten Kriminalität beeinflußt werden, trotz kräftigen journalistischen Interesses kaum Aufmerksamkeit seitens der Wissenschaftler gefunden« (Reuter 1987, S. 3). Über Sizilien gibt die Forschung faktisch überhaupt nichts her. Ich möchte daher im folgenden drei unterschiedliche Fälle mafioser Präsenz in bestimmten Bereichen darstellen: Die Fischmärkte Palermos, die Gemüsemärkte ebenfalls in Palermo sowie das öffentliche Bauwesen in Sizilien. Vorher müssen wir jedoch noch klären, worin im Falle heimlicher Absprachen der mafiose Schutz besteht.

1. Heimliche Absprachen

Es gibt genug Beispiele, in denen der Schutz vor Konkurrenz ausschließlich auf Drohung basiert. Eine Lederwarenfabrik in Catania, an deren Spitze eine Frau stand – eine der wenigen, die jemals mafioser Bandenbildung angeklagt wurde – bekam ihre Zulieferungen dank des Schutzes durch die örtliche Mafiafamilie auf spezielle Art, indem die Mafiosi das Rohleder direkt bei den Züchtern erwarben – und zwar mit Hilfe von Einschüchterungen zu einem Preis, der nur ein Viertel des Marktpreises darstellte (›la Repubblica‹, 8. Februar 1990). Nach Polizeierkenntnissen stand ein Verteiler von Videospielen unter dem Schutz des »Clan des Kalifen«, eines Camorristen aus dem neapolitanischen Vorort Portici: Der zwang Geschäfte und Espressobars mit Drohungen, nur die von ihm empfohlenen Geräte in ihren Räumen aufzustellen. Trotzdem hat dieser Aspekt geringere Bedeutung, als man auf den ersten Blick annehmen möchte. Die Schutzgeber haben hier ein Interesse an einer Einschränkung der Zahl ihrer Schützlinge. Verschiedene Untersuchungen haben belegt, daß diese These zumindest für die Vereinigten Staaten gilt. Die Arbeit von Landesco aus dem Jahre 1929 – die als die »bis heute detaillierteste, konkreteste Beschreibung der organisierten Kriminalität und der Kontrolle legaler Geschäfte« gilt (Reuter 1987, S. 1 und 2) – hat zusammen mit denen von Blok (1982) und Reuter (1982, 1987) bewiesen, daß gerade Konkurrenten, die eine heimliche Absprache hinsichtlich des Marktes suchen, dem organisierten Verbrechen eine besondere Chance zur Übernahme einer zentralen Rolle auf ihrem Gebiet bieten. Das Verbrechen bekommt also nicht auf eigene Initiative hin Zugang, sondern weil es regelrecht »eingeladen« wird. Nur in einem einzigen Fall, dem der Hafenindustrie in New York, ist das organisierte Verbrechen als »reine Erpressung« ausgewiesen. Doch auch dort bedienen sich die Arbeitgeber der Gangster zur Kontrolle der Gewerkschaften (Reuter 1987, S. VII; Bell 1960).

Heimliche Absprachen alleine begründen die Präsenz von Schutzgebern jedoch noch nicht hinreichend. In den großen Industriebereichen wie dem Stahl-, dem Automobil-, dem Chemie- und dem Gummisektor sind heimliche Absprachen recht häufig, und doch entwickelt sich dort keinerlei mafiose Kontrolle (Bell

1960, S. 176; Reuter 1987, S. 7); Unternehmer dieses Kalibers haben ganz andere Mittel zur Verfügung (vergleiche dazu etwa Friedman 1988). Auch auf Gebieten der Hochtechnologie gibt es keinerlei mafiose Kontrolle. Zur Öffnung eines Marktes für mafiose »Penetration« sind zwei Bedingungen nötig: Heimliche Absprachen müssen »aufgrund einer harten Nachfrage, einer nur geringen Differenzierung der Produkte und so weiter« ein ansprechendes Ziel sein; gleichzeitig müssen heimliche Absprachen gewissen Schwierigkeiten unterliegen, etwa einer »großen Zahl von Unternehmen und einem leichten Zutritt zu dieser Branche« (Reuter 1987, S. 6). Einen typischen Fall, in dem beide Bedingungen vorliegen, stellt die Müllabfuhr dar; doch auch für andere Bereiche, etwa den Bausektor, den Lebensmittelgroßhandel, ja bis hin zum »Transportwesen, zur Kleiderbranche, zur Brotherstellung und zu Färbereien« (Bell 1960, S. 176) ist in den Vereinigten Staaten die Mitwirkung der Mafia nachgewiesen.

Doch auch wenn »günstige« Bedingungen herrschen, ist häufig noch ein spezieller Anlaß notwendig, der das Interesse der Verbrecher weckt. So können etwa Wirtschaftskrisen zur auslösenden Ursache werden: Während der Depression »förderte der außerordentlich tiefgreifende, schnelle Verfall der Nachfrage die Dienste heimlicher Absprachen« in den Vereinigten Staaten (Reuter 1987, S. 3). Der Bedarf an Krediten wurde in diesem Falle besonders dramatisch:

»Den Firmen, die mit uns arbeiteten«, erklärte Lucky Luciano, »gaben wir Geld, damit sie sich Waren und alles Nötige für die Produktion kaufen konnten. Konnte ein Industrieller das Geld danach nicht zurückgeben, hatte aber eine gut ausgestattete Fabrik, wurden wir seine Teilhaber. Seinerzeit halfen wir, eine große Anzahl von Bekleidungsunternehmen am Leben zu erhalten, und wir unterstützten auch die Gewerkschaften – die Ladies Garments workers und die Amalgamated – bei der Einrichtung von Arbeitsplätzen« (Gosch und Hammer, 1975, S. 77–78).

Die Intervention der organisierten Kriminalität kann auch als Folge unvermittelter Gier eines der Mitglieder aus einem Kartell eintreten. Die neapolitanischen Bestattungsunternehmen zum Beispiel hatten sich jahrelang die Krankenhäuser untereinander aufgeteilt. Die Zahl der Unternehmer konnte das Kartell dabei überraschend niedrig halten: In Turin gibt es fünfzig Firmen dieser Art bei einer Einwohnerzahl von einer Million, in Rom siebzig für knapp drei Millionen – Neapel aber wird, bei 1,2 Millionen Einwohnern, von insgesamt nur dreizehn Bestattungsunternehmen abgedeckt. Diesen eindrucksvollen Zustand hat das Kartell mit Hilfe »gefälliger« Politiker bewerkstelligt, die die Vergabe weiterer Lizenzen ablehnten. Doch die heimlichen Absprachen blieben wackelig: Ende der 70er Jahre versuchte eines der Unternehmen aus dem Kartell, seinen Anteil durch Einschaltung der Nuova Camorra Organizzata zu mehren. Die anderen Bestattungsunternehmer versuchten diese Aktion zunächst einmal friedlich abzublokken, danach baten sie die mit der Nuova Camorra rivalisierenden Verbrechergruppen um Intervention, und das führte dann zum sogenannten »Krieg um den teuren Verblichenen«. Das Unangenehme an solchen Fällen ist, daß die zu Hilfe Gerufenen häufig ihre Präsenz über das strikt Notwendige hinaus ausdehnen und zu einer andauernden Belastung werden. (Das eben angeführte Beispiel beruht auf einer von mir 1987 in Neapel durchgeführten Untersuchung, deren Ergebnisse noch nicht veröffentlicht sind. Reuter führt einen ähnlichen Fall aus dem Bereich der Müllabfuhr an, 1987, S. 24–28: In diesem Falle jedoch wurde das aggressive Unternehmen nicht von außen her von kriminellen Vereinigungen gedeckt, und damit konnten die anderen Firmen sich mit Hilfe einfacher »politischer« Mittel erfolgreich gegen den Expansionsversuch wehren.)

Es gibt diverse Formen heimlicher Absprachen. Einige beinhalten lediglich eine Minimalzusammenarbeit, um mögliche Neuzugänge abzublocken, während die Kartellfirmen untereinander in Konkurrenz zueinander bleiben. Der größte Teil heimlicher Absprachen zielt jedoch auf Abkommen, die die gesamte Konkurrenz aufheben.

Reuter beschreibt, wie die Mitglieder des Kartells auf dem Gebiet der Müllabfuhr, wo die Kunden ja akkurat aufgeteilt sind, keinerlei Interesse an der Festsetzung eines gemeinsamen Preises haben. Werden die Preise fixiert – und vorausgesetzt, die Qualität der Produkte ist gleich, die Konkurrenz erstreckt sich auch nicht auf verdeckte Fördermaßnahmen wie Werbung, Werbegeschenke, Sonderangebote, Sponsoring, Garantien und so weiter –, benötigen die Firmen weitergehende restriktive Maßnahmen. Die Festlegung der Preise nimmt den Kunden die Möglichkeit, den einen

Anbieter nur um des wirtschaftlichen Vorteils willen einem anderen vorzuziehen (wenn die Preise gleich sind, warum sollte X dann gegenüber Y Vorteile bringen?); und so bleiben die Marktanteile ohne eine Aufteilung unverändert.

Man kann die Märkte im wesentlichen auf drei verschiedene Weisen verteilen: durch eine Aufteilung des Territoriums, eine Aufteilung der Kunden oder eine turnusmäßige Aufteilung. Angewandt wird am Ende jene Art, die sich am einfachsten zur Überwachung möglicher Fälle von Illoyalität anbietet. Ich gehe im folgenden der Einfachheit halber davon aus, daß es die Verkäufer sind, die die Kunden untereinander aufteilen; dieselbe Überlegung gilt jedoch auch umgekehrt bei einer Aufteilung der Lieferanten durch die Käufer.

Territoriale Aufteilung

Ohne daß ich ihn danach gefragt hätte, versuchte ein palermitanischer Unternehmer die territoriale Aufteilung mit der Behauptung zu rechtfertigen, es handle sich um eine »bis hin« zu den Tieren verbreitete Erscheinung. Der eine nimmt sich das nördliche Gebiet, der andere das südliche; einer beschränkt sich auf das Terrain auf der einen, der andere auf das der gegenüberliegenden Straßenseite; der von territorialen Grenzen geschützte Handel ist überaus verbreitet – »bis hin« zu den Menschen. Solange es sich um nur wenige Unternehmen handelt, ist eine Absprache leicht zu bewerkstelligen: Nach Aussage eines Bauunternehmers teilen die drei größten Hersteller von Blei- und Asbestrohren das Territorium bei großen Aufträgen klar untereinander auf, während sie bei kleineren Geschäften aus dem einfachen Grund gegeneinander konkurrieren, daß eine Aufteilung auch dieses Marktes allzu aufwendig wäre. Zwischen einem Geschäftsablauf unter Konkurrenzbedingungen und dem unter dem Siegel heimlicher Absprachen können die Preisunterschiede durchaus dreißig Prozent zugunsten des letzteren erreichen (der erwähnte Unternehmer zum Beispiel zerstückelt nach eigener Aussage seine Aufträge, um wieder in den konkurrenzbestimmten Bereich zu gelangen).

Natürlich ist es im nachhinein schwierig festzustellen, ob eine bestimmte heimliche Absprache auch unabhängig von mafioser

Intervention zustandegekommen wäre. In jedem Falle aber macht die Bereitstellung mafioser Dienste heimliche Absprachen wahrscheinlicher; sie sind dann auch ausgefeilter und dauerhafter. In Sizilien wurden die unterschiedlichsten Geschäfte (etwa die Bauindustrie, das Transportwesen und sogar der ambulante Blumenverkauf) territorial aufgeteilt – unter der Oberaufsicht der Mafia. Wer Schutz bezahlt, nimmt automatisch an, daß sich unter den dafür gebotenen Dienstleistungen auch die der territorialen Aufsicht findet: Der Teilhaber eines Reifengeschäfts bei Palermo sagte mir, »das mindeste, was deine Schutzgeber anbieten sollten«, sei »die Abwehr der Konkurrenz, die in dein Gebiet eindringen könnte«.

An Roms Verkehrsampeln stehen seit einiger Zeit emigrierte Polen und putzen die Windschutzscheiben auf Grün wartender Autos, und hier zeigt sich, wie selbst die harmloseste Tätigkeit zu territorialen Gefechten führen kann. Das Geschäft ist zweifellos recht einträglich: 1989 verdienten die Scheibenwäscher zwischen 100000 und 300000 Lire pro Tag (damals 150 bis 450 DM), und das war nach Angaben der Carabinieri ein Motiv für derart gewalttätige Kämpfe um die Besetzung der einträglichsten Straßenkreuzungen, daß sich am Ende sogar die Behörden einschalteten (›la Repubblica‹, 2. August 1989). Die Scheibenwäscher waren offenkundig nicht imstande, untereinander eine Aufteilung zu finden, die allen paßte. Hätten nun wie in Neapel oder Palermo »Agenturen« zur Verfügung gestanden, die zur Durchsetzung einer gemeinsamen Regelung fähig sind, wären diese vermutlich zur Lösung der Konflikte gerufen worden.

Befinden sich alle in einen Pakt heimlicher Absprache eingebundenen Geschäftsleute unter der Entscheidungssphäre eines einzigen Mafioso, wird dieser sich auch um die territoriale Aufteilung kümmern. Da jedoch die Mafiafamilien ihrerseits ebenfalls nach geographischen Gesichtspunkten organisiert sind, kompliziert sich der Fall jedesmal, wenn das »geregelte« Territorium überschritten wird. Will ein Unternehmen auf einem Gebiet außerhalb des ihm zugesprochenen Terrains tätig werden, muß es jedesmal eine Erlaubnis einholen: »Damit es ein für allemal klar ist«, sagt Contorno, »will man einen Bau hochziehen oder irgendeine Tätigkeit von gewissem Umfang eröffnen, braucht man die Einwilligung der für das betreffende Gebiet zuständigen Familie« (TC, S. 19). Die Erlaubnis wird dabei nicht direkt eingeholt, sondern über den Mafioso, in dessen Gebiet das Unternehmen seinen Sitz hat; wie wichtig die Beachtung dieser Prozedur ist, haben mir zwei Bauauftragsnehmer von Palermo persönlich bestätigt. Die Familie von Catania überwies gewöhnlich ihren palermitanischen Kollegen Geld für den Schutz »ihrer« Unternehmer, damit diese in Palermo Arbeiten ausführen konnten (AC, I, S. 197). Auch der Umfang des Auftrags ist ein wichtiger Faktor: »Möchte ein Unternehmer aus der Provinz Arbeiten von beträchtlichem Umfang in einer anderen Provinz ausführen, ist dies der Entscheidung der interprovinziellen Kommission vorbehalten« (TB, III, S. 12–13). Dasselbe gilt auch für die Hierarchie unter den Familien: Ein Mafioso schützt gewöhnlich die örtlichen Unternehmer, doch wenn ein Außenstehender sich des Schutzes einer anderen besonders mächtigen Familie erfreut, ziehen die örtlichen Schutzgeber Leine und beugen jeglicher einheimischen Einmischung vor.

Calderone berichtet von einem ziemlich verwickelten Fall: Ein Händler, der unter dem Schutz eines örtlichen Uomo d'onore stand, hatte das Monopol für Maschinen zur Erdbewegung in Bagheria bei Palermo inne, bis sich ein Konkurrent, ebenfalls aus Bagheria, unter dem Schutz anderer Uomini d'onore einrichtete. Daraus ergab sich ein recht langer Konflikt, der sich auch über die Grenzen der Provinz hinaus erstreckte: Der eine erbat die zusätzliche Hilfe der Bande der Carcagnusi aus Catania, der andere reagierte darauf mit der Anwerbung der traditionellen Feinde dieser Gruppe, der Mafiafamilie ebenfalls aus Catania (AC, II, S. 355 bis 356).

Aufteilung nach Kunden

Nicht alle Märkte lassen sich jedoch territorial aufteilen: Das gilt etwa für die Großmärkte, wo sich die Händler ein und derselben Gemeinde treffen; oder auch dort, wo die Kunden ihre Geschäfte häufig an unterschiedlichen Orten tätigen. Auch aus anderen Gründen stellen geographische Aufteilungen nicht immer zufrieden: Unter Umständen verteilen sich zum Beispiel die Profite ungleichmäßig oder unvorhersehbar; das macht eine stabile, ausgewogene Aufteilung unmöglich. Als Alternative dazu bietet sich die Aufteilung nach Kunden an.

Im vorangegangenen Kapitel haben wir gesehen, wie Käufer aktiv geschützten Verkäufern zugeschanzt werden können. Costantino Garaffa vom Einzelhändlerverband Palermos führt dazu an: Die Mafiafamilien investieren in Großhandelsdepots und »zwingen dann die Kaufleute, in diesen Depots einzukaufen« (›BBC 2 Newsnight‹, 5. Januar 1988; vergleiche auch ›la Repubblica‹, 25. April 1991). Käufern kann man dieses Manöver als Schutz vor Betrug anpreisen: »Kauf von diesem Geschäft (oder verkaufe an dieses), da wirst du nicht hereingelegt; du mußt nur erwähnen, daß *ich* dir das gesagt habe.« Das Problem: Funktioniert dieses System wie vorgesehen, gibt es keine Notwendigkeit für die Kunden, just bei diesem (und nicht bei einem anderen) zu kaufen – in diesem Falle würde ja keiner der Kaufleute anderen deren Kunden zu »stehlen« versuchen. Sie würden sich vielmehr absprechen, »Geschäfte mit Kunden, die regulär von einem anderen Mitglied des Kartells versorgt werden, gar nicht erst anzunehmen oder anzuregen« (Reuter 1987, S. 28). Was im Fall der Vertragsverletzung geschieht, ist einfach vorzustellen: »Ein Bruder des X«, sagt Vincenzo Sinagra, »der sich erlaubt hatte, Baumaterialien an eine Person zu verkaufen, die als Kunde für andere Geschäfte vorgesehen war, bekam eine kräftige Tracht Prügel« (VS, I, S. 138). Die Kunden werden effektiv dem Eigentum des Verkäufers einverleibt: Sie werden *internalisiert* und können ihrerseits Gegenstand eines Handels werden – wie jede andere Form von Eigentum.

Diese Art von Aufteilung ist besonders effizient, wenn die Kunden »einen festen Sitz haben und ihnen die Waren oder die Dienstleistungen dorthin geliefert werden« (Reuter 1987, S. 7), weil das die Überwachung vereinfacht. Bei der Müllabfuhr von Long Island zum Beispiel »spielten die kriminellen Organisationen bei der Durchsetzung der Aufteilungspakte stets eine große Rolle, vor allem aufgrund des andauernden Bedürfnisses zur Schlichtung von Streitigkeiten; und das war sicher nichts Besonderes für eine Vereinigung, die über hunderttausend Kunden auf gut dreihundert Unternehmen zu verteilen vermochte« (Reuter 1987, S. 11).

Die Aufteilung der Kunden wird häufig auch noch mit Freundschaft verklittert; sie hat in Süditalien im Rahmen von Handelsbeziehungen sogar eine besondere Bedeutung. Mitunter wird sie während der Verkaufsverhandlungen nur deshalb theatralisch berufen, um den Kunden an sich zu binden und bei sich zu halten; es kann aber auch eine verschleierte Drohung darin versteckt sein: Freunde sind natürlich loyal; nennt man jemanden »Freund«, fungiert das schon mal als (leichtes) Abschreckungsmittel gegen »Verrat«. Wichtiger noch ist dabei, daß ein Freund keine anonyme Person ist, sondern daß man ihn präzise identifizieren kann: Das führt zu einer weiteren Bindung, spielt es doch auf die Möglichkeit zur Repressalie an. Derlei Identifikation ist auch deshalb wichtig, weil sie den Kartellmitgliedern die Möglichkeit gibt, Geschäfte mit Nicht-Freunden – den Freunden der Konkurrenten also – und damit die Verletzung der Verträge zu verhindern. Freilich weist die Freundschaft im mafiosen Sinne damit keine der Eigenschaften auf, die man mit ihr in modernen Gesellschaften normalerweise verbindet (Silver 1989): Sie breitet einen rhetorischen Schleier über ein prosaisches Geschäft und ähnelt, analytisch betrachtet, dem Konzept der territorialen Abgrenzung, einer Methode also, mit Hilfe derer man die Konkurrenz im Rahmen kontrollierbarer Grenzen einschränkt (Schneider und Schneider 1976, S. 104–109).

Turnusmäßige Aufteilung

Doch auch die Aufteilung von Kunden kann sich als schwierig erweisen. Mal sind schlichtweg zu viele Kunden vorhanden; oder sie sind allzu zufällig oder auch zu unbeständig: In jedem dieser Fälle ist sowohl ihre Identifizierung wie ihre Überwachung schwierig. Wie sollen sich zum Beispiel die Restaurants eines überfüllten Ortes Touristen untereinander aufteilen oder die Tankstellen ihre Benzinkunden? Weiterhin ist Kundenaufteilung natürlich dann unsinnig, wenn es sich sowieso nur um einen einzigen Kunden handelt – oder wenn es weniger Käufer als Verkäufer gibt. Manche dieser Situationen lassen sich in turnusmäßigen Schichten bewältigen. Wo immer sich Kunden vorwiegend an einem einzigen Ort konzentrieren, bildet man am besten eine Reihenfolge für die Verkäufer. Ein augenfälliges Beispiel dafür ist das der Taxifahrer, die sich am Bahnhof oder am Flughafen hintereinander anstellen. Gibt es aber nur einen einzigen Kunden, hat ein Turnus nur Sinn, wenn der Kunde wiederholt kauft (etwa bei einer Reihe öffentlicher Aufträge); in diesem Falle können die

Verkäufer im übertragenen Sinn eine Reihe bilden und den Markt auf dieser Basis untereinander aufteilen.

Daraus ergeben sich allerdings »eine weniger effiziente Produktion, höhere Preise und kleinere Unternehmen. Die geringe Effizienz in der Produktion rührt vom geringeren Ansporn zur Kostenreduzierung her: Sind die Kunden erst einmal klar aufgeteilt, kann kein Unternehmen mehr mit Hilfe einer Kostensenkung Marktanteile an sich ziehen... Die Vereinbarung gestattet überdies ineffizienten Unternehmen weiter auf dem Markt zu bleiben und verhindert gleichzeitig das Wachstum der effizienteren Firmen. Die höheren Preise wiederum sind eine direkte Folge der Einschränkung freien Handels... Auf jeder Ebene hat ein von der Kriminalität kontrolliertes Kartell höchstwahrscheinlich eine größere Wirkung als ein normales« (Reuter 1987, S. 7).

Die ersten Opfer heimlicher Absprachen sind die Konsumenten: Sie sind zum Kauf von Waren minderer Qualität zu erhöhten Preisen gezwungen. Danach sind die potentiellen Konkurrenten dran: Ein solides Kartell ist ein vorzügliches Hindernis gegen Außenstehende, die in diesen bestimmten Sektor eindringen wollen; es blockiert ohne Drohungen. Darüber hinaus »vermehren die kriminellen Vereinigungen auch das Zutrauen der beteiligten Unternehmer in die Solidität des Kartells, und der Anreiz für effizientere Produktionsverfahren erweist sich als noch geringer als in einem gewöhnlichen Kartell, in dem es nur eingeschränkte Zukunftssicherungen gibt und immer die Möglichkeit besteht, daß plötzlich doch wieder Konkurrenz auftaucht« (ebda. S. 7–8).

Und schließlich gilt auch noch der Umkehrschluß: Wo immer mafioser Schutz leicht zugänglich ist, besteht auch ein stärkerer Anreiz zu Marktlösungen über geheime Abkommen.

2. Der Fischmarkt von Palermo

Ende der 60er Jahre verhörte die Antimafiakommission den Professor Macaluso, der seinerzeit Ernährungsdezernent der Stadt Palermo war. Die Kommissare wollten wissen, wieso auf dem Fischmarkt so wenig Konkurrenz herrschte und es viel weniger

Händler gab, als eigentlich zu erwarten wäre. Darauf antwortete Macaluso: In der sizilianischen Hauptstadt sei halt niemand wirklich imstande, den Beruf eines Fischgroßhändlers auszuüben. Auf Nachfragen fügte er hinzu, die Bewohner Palermos hätten eben eine spezielle Berufung, als fahrende Händler mit dem »Carrettino«, dem Karren, zum Verkauf herumzuziehen (COM-RMI, S. 98). Es war wieder mal ein Beleg für die sizilianische Fähigkeit, bei Schwierigkeiten mit der Justiz unerschütterlich die ausgefallensten Erklärungen vorzulegen. Die Einlassung des Professors beeindruckte freilich die Mitglieder der Antimafiakommission nicht besonders, sie beurteilte sie als »befremdlich banal«. Der Bericht der Kommission erklärt die Lage auch anders: Sie bringe lediglich Vorteile für einige Vermittler, sei jedoch von Nachteil sowohl für die Fischer wie für die Konsumenten (ebda. S. 98).

Der Fischmarkt von Palermo ist bei weitem der lebendigste in ganz Italien: »1965 wurden in Palermo 66 549 Doppelzentner Fisch verhandelt; zum Vergleich: Genua 27 628, Neapel: 30 897; San Benedetto del Tronto: 28 748; Venedig: 38 047« (ebda. S. 95). Die sogenannten »Mandatari«, eine Art Bevollmächtigte der Fischer, sind bis heute die wirklichen Stars des Marktes: Sie verkaufen gegen eine anteilige Provision die Fische, ohne sie vorher selbst wie die Großhändler zu kaufen. Die Markthallen bedecken die Hälfte des vorhandenen Raumes und sind für elf »Mandatari« ausgelegt; tatsächlich gab es bis 1968 jedoch nur vier.

Eine derartig niedrige Anzahl von Maklern erscheint geradezu lächerlich, um so mehr, als es sich um den größten Fischmarkt Italiens handelt. Die Antimafiakommission betont »das Fehlen jedwelcher Initiative nicht nur seitens der Fischer oder der Großhändler, sondern auch der Produktions- oder Großhandelsgenossenschaften« und betrachtet diesen Umstand als »eine überaus schwerwiegende Anomalie« (ebda. S. 96). Die vier Vermittler bildeten ein Oligopol, beziehungsweise, wenn man die Verteilung der Geschäfte für das Jahr 1964 betrachtet, gar nur ein »Bipol«: 55 Prozent des Umsatzgesamtvolumens (2674 Millionen Lire) standen unter der Kontrolle nur eines einzigen der »Mandatari« (wir nennen ihn hier A). Auf dem 2. Platz rangierte B mit 32 Prozent; die beiden anderen, C und D, hielten 8,5 beziehungsweise 4,5 Prozent (ebda. S. 95–96). Die Antimafiakommission entdeckte überdies, daß es für die Tätigkeit der »Mandatari« bis 1964 keinerlei von den örtlichen Behörden ausgestellte Lizenz gegeben hat: sie waren als private Eigeninitiative eingerichtet worden (ebda. S. 95). Zwei der »Mandatari« waren vorbestraft (ebda. S. 94), bei allen vieren waren Steuerhinterziehungen festgestellt worden: Einer von ihnen hatte für die gesamte Periode von 1958 bis 1964 sieben Millionen Lire als Einkünfte deklariert (damals umgerechnet etwa 48 000 DM), tatsächlich aber hatte er zwanzigmal mehr verdient (ebda. S. 106).

Der Bericht der Antimafiakommission schließt mit der Erkenntnis, daß der Markt strikt aufgeteilt und daß Konkurrenz auf jede nur mögliche Weise ausgeschlossen war. Die dabei grundsätzlich angewandte Strategie bestand hier in der Aufteilung der Lieferanten: Die Fischer waren gehalten, nur an die vorgeschriebenen »Mandatari« zu verkaufen, und wurden geradewegs wie ein Eigentum dieser Vermittler behandelt (ebda. S. 97–98). Weiterhin enthüllt der Bericht auch andere heimlich abgesprochene Verbindungen zwischen Vermittlern und Käufern großer Fischmengen. Die »Familie« des typischen »Mandatario« wird dabei als Organisation dargestellt, die auch Großhändler, Fischverkäufer und Versteigerungsleiter einschließt (wobei letztere laut Gesetz städtische Beamte hätten sein müssen, ebda. S. 96–97). Einer der »Mandatari« hatte seinen Machtbereich auch über den reinen Verteilungssektor hinaus ausgedehnt – er besaß noch eine Pökelfabrik und einige Fischkutter.

Diese Situation bestand zumindest von Mitte der 50er Jahre an. Dabei hatte es schon vor der Intervention der Antimafiakommission zwei behördliche Untersuchungen gegeben: Die erste wurde 1956 vom Rechtsanwalt Berna im Auftrag des Abgeordneten Bino Napoli durchgeführt, der seinerseits dafür ein Mandat von der Regionalregierung erhalten hatte. Die zweite wurde zehn Jahre später vom Präfekten Scaramucci geleitet. Beide fanden in etwa dieselbe Situation vor und auch dieselben vier »Mandatari« (ebda. S. 99). Im Bericht Berna-Napoli heißt es, die »Gründe, warum niemand ›Mandatario‹ werden möchte, sind nicht wirtschaftlicher Natur, sondern wurzeln im speziellen Ambiente unserer Provinz, in der jede Konkurrenz erstickt wird und mitunter auch noch dazu jede andere freie Tätigkeit« (ebda.). Ungeschminkt erklärte Napoli dann später vor der Antimafiakommission, der »Fischmarkt in Palermo befinde sich eindeutig in den Händen der Mafia« (ebda.).

Die Empfehlungen Berna-Napolis wurden freilich ebensowenig realisiert wie die Scaramuccis; beide beklagten sich darüber vor der Antimafiakommission. Diese tadelte ihrerseits die Untätigkeit der palermitanischen Behörden und schlug vier Maßnahmen zur Verbesserung der Lage vor (die natürlich ebenso unbeachtet blieben): die Förderung des Zutritts neuer Vermittler mit Hilfe umfangreicher Anwerbung in ganz Italien; die Öffnung des Marktes für Fischereikooperativen (die es jedoch nicht gab), eine verstärkte Überwachung des Marktes zur Verhinderung heimlicher Absprachen unter Vermittlern, Versteigerern und Großhändlern und schließlich die Modernisierung der Marktstrukturen (1969 wurden zum Beispiel Kühlschränke eingerichtet, waren aber bei Abschluß des Kommissionsberichts in diesem Jahre noch nicht in Funktion). 1969, die Untersuchung der Kommission war noch nicht abgeschlossen, da trat tatsächlich ein neuer Fischgroßhändler in Palermo auf; die Kommission hielt dies aber nicht für eine wirkliche Veränderung, gehörte der Mann nach den Erkenntnissen der Behörden doch »zu einem der beiden Clans, die den Markt beherrschten« (ebda. S. 102).

Zwanzig Jahre später, 1987, war die Lage im Grunde genommen noch immer unverändert. Eine Artikelserie von Sandro Rizzo in ›L'Ora‹ zeigt sogar noch 1989 kaum veränderte Perspektiven: Die Vermittler B, C und D hielten substantiell zusammen noch immer denselben prozentualen Anteil am Markt wie 1964 (44 bis 45 Prozent); allerdings hatte inzwischen D, der vordem kleinste Vermittler, seinen Anteil auf Kosten von B verdoppelt (dieser wurde im Maxiprozeß als Exklusiv-Fischlieferant Tommaso Spadaros erwähnt, der seine Fischkutter zum Drogen- und Tabakschmuggel benutzte und 1975 Uomo d'onore wurde). Auf der anderen Seite war A verschwunden, sein Anteil war unter drei neuen Vermittlern aufgeteilt worden: E, F und G. Wie »neu« diese waren, ist allerdings fraglich: zwei davon waren ehemalige Angestellte von A, der dritte ein Verwandter A's. Wie zwei weitere »Mandatari«, H und I, Zutritt zu diesem exklusiven Markt erhalten haben, ist bis heute unklar.

Die Akteure am Markt geben selbst allerlei Gründe an, überzeugender als die des Professors Macaluso gut zwei Jahrzehnte zuvor sind diese allerdings auch nicht: »Das ist alles nur eine Frage beruflicher Fähigkeiten, die aber nur wenige zu erreichen vermögen«, erklärt eine anonyme Stimme. »Unternehmerische Kapazitäten fehlen einfach«, klagt der Direktor des Marktes (eine Zeitung hat ihn mit dunkler Brille abgebildet). »Die Rolle des ›Mandatario‹ wird vom Vater auf den Sohn übertragen«, sagt der Sozialist Francesco De Martino, der Vorsitzende der Handelskammer (ein Namensvetter, aber kein Verwandter des früheren Vorsitzenden der Sozialistischen Partei), »man kann doch nicht dem erstbesten ambulanten Händler einen Standplatz (im Fischgroßmarkt) überlassen. Wir akzeptieren nur Leute, die alle erforderlichen Eigenschaften mitbringen und die einen ansehnlichen Geschäftsumfang vorweisen.« Wie man die vorgeschriebene Umsatzhöhe – eine halbe Milliarde Lire pro Jahr, damals umgerechnet etwa 700 000 DM – erreicht, bevor man überhaupt mit dem Geschäft begonnen hat, erklärte De Martino freilich nicht. Mit einer gewissen – sicher unbeabsichtigten – Offenheit äußert sich dagegen einer der »Mandatari« (der Verwandte von D): »Für diese Tätigkeit braucht man ein gefestigtes Netz von Beziehungen mit den Herstellern, den Leuten also, die dir den Fisch verkaufen. Das ist nicht leicht. Und darum will keiner als Verkäufer tätig werden.« Warum das so schwierig sein soll, läßt freilich Raum für jede nur mögliche Mutmaßung.

Jedenfalls stellte erwiesenermaßen niemand den Antrag auf eine Lizenz. Die heimlichen Abkommen auf dem Markt sowie zwischen den Händlern und den Behörden sind derart dicht, daß man gar keine Schranken gegen Neuzutritte aufbauen muß. Alle Kaufleute der Stadt wissen, daß jedem ein böses Ende bevorstünde, der den Zutritt zum Fischmarkt versuchen würde. Dieses Gerücht alleine reichte jahrzehntelang als Abschreckungsmittel – gewalttätige Konflikte brauchte man da auf dem Fischmarkt gar nicht, es gibt jedenfalls keinerlei Anzeichen dafür. Die Antimafiakommission nannte diesen Stand der Dinge »Pax mafiosa« (ebda. S. 94); es gibt bis heute keinen Grund zu einer Revision dieser Definition.

Der Bericht der Antimafiakommission läßt freilich seinerseits viele Fragen offen. So heißt es zum Beispiel, daß die heimlichen Absprachen von der Mafia aufgezwungen werden; unklar bleibt jedoch, ob die Kaufleute selbst diese Absprachen durchsetzen oder ob diese von außen her geschützt werden. Weiterhin ist auch nichts bekannt darüber, wie die Interessen der Kaufleute untereinander austariert werden. Wieso zum Beispiel geben sich die kleineren »Mandatari« mit so niedrigen Anteilen zufrieden? Und warum tolerieren sich die größeren untereinander?

Die Informationen, die ich selbst darüber eingeholt habe, reichten immerhin aus, mich von einer genaueren Untersuchung abzuhalten.

3. Der Obst- und Gemüsemarkt von Palermo

Die wirtschaftliche Entwicklung des Obst- und Gemüsemarktes von Palermo unterscheidet sich grundlegend von der des Fischmarktes. Im Laufe der 50er und 60er Jahre war der grüne Markt Schauplatz zahlreicher gewalttätiger Zwischenfälle, das zog die Aufmerksamkeit der Behörden auf sich. 1955 und 1956 wurden mindestens zehn Personen umgebracht, 1962 und 1963 weitere acht, die alle auf irgendeine Weise mit dem grünen Markt zu tun hatten (CPM-RMI, S. 3–5). Unregelmäßigkeiten aller Art waren an der Tagesordnung; recht ansehnlich war das Vorstrafenregister eines Großteils der Kommissionäre – (»Commissionari«, Beauftragte nach Art der »Mandatari« beim Fisch, in Palermo auch als »Scaristi« bekannt). In einem Polizeiprotokoll aus dem Jahre 1970 steht zu lesen, neun Kommissionäre seien Mafiosi, und dazu müsse man »auch noch die Namen anderer Mafiosi gesellen, die sich auf dem grünen Markt als nichtoffizielle Teilhaber ›sauberer‹ Lizenzinhaber tummeln« (CPM XII, S. 526–528).

Nach Angaben eines Kommissionärs, den ich 1987 interviewt habe, besaß ein »Scarista« früher hohes Prestige: Er pflegte umfängliche Beziehungen in Stadt und Land, war allseits hochgeachtet und wurde zur Schlichtung von Streitigkeiten gerufen. Das erklärt nach Ansicht des Kommissionärs die Anziehungskraft der Märkte auf Mafiosi – und ebenso, warum »Scaristi« zu Mafiosi wurden. Eine Reihe von Uomini d'onore, die im Mafiakrieg zu Beginn der 60er Jahre umkamen, wie Cavataio und La Barbera, waren auf dem Gemüsemarkt geschäftlich als Freunde von »Scaristi« tätig. Der Markt war auch eine Art Ausbildungsort, auf dem man Reputation erwarb – Entschlossenheit war auf diesem Terrain

Trumpf: »Ein ›Scarista‹ mochte sich noch so abgebrüht geben – die anderen hielten ohne weiteres mit.« Dennoch waren es nach Ansicht meines Kommissionärs nicht die internen Beziehungen auf dem Markt, die die dortigen Gewalttätigkeiten auslösten – es war pure Bequemlichkeit, wenn es gerade auf dem Markt Schießereien gab: Er war immer voller Leute, und selbst ein bewaffneter Mensch konnte sich unbeobachtet darin bewegen.

Die von der Antimafiakommission gesammelte Dokumentation (CPM 4-XII; CPR-RMI) zeigt jedoch auch, daß nicht alle mit dem Markt verbundenen Verbrechen nur aus Zufall gerade dort geschahen. 1955 wurden die palermitanischen Markthallen ins Viertel Acquasanta verlegt, jenseits der Eisenbahnbrücke und nicht weit vom Gefängnis Ucciardone entfernt. Der Umzug brachte die alten Verhältnisse durcheinander, auf denen vorher die Stabilität aufgebaut war; das löste einen Kampf der »Scaristi« bei der Besetzung der besten Stände aus und schuf Spannungen bei der Zuteilung neuer Plätze. So entstand Streit zwischen der Mafiafamilie, die den alten Marktplatz kontrolliert hatte, und der des neuen Standortes. Die Behörden enthielten sich jeglicher Einflußnahme, der Regulierungsprozeß wurde den »Händen des Stärkeren überlassen« (CPM-RMI, S. 68). Don Tanu Alatu, der Capo der Familie von Acquasanta, wurde als erster umgebracht, dann folgte sein Bruder, danach der Vizecapo der Familie – den verfolgten seine Mörder bis nach Como. Unter den Opfern waren auch ein Kommissionär und vier Großhändler. Nach und nach spitzte sich der Konflikt noch weiter zu und verwickelte weitere Mitglieder der Familie, die keine unmittelbaren Beziehungen zum Markt hatten. Diese unheilvolle Übergangsperiode zeigte dann jedoch unerwartete Ergebnisse: Die Vergrößerung des Marktraumes ermöglichte eine größere Zahl von Kommissionären, gleichzeitig gab es strukturelle Veränderungen im Obst- und Gemüsehandel, und das bewirkte eine Stärkung der Konkurrenz und als Folge davon die Abschwächung der Nachfrage für mafiose Dienstleistungen. Die letzte Gewalttat geschah 1977, da wurden zwei Brüder umgebracht, die einen Marktstand führten. Der Vorfall hatte jedoch keinen Bezug zum Markt: Es handelte sich offenbar um eine Vergeltungsmaßnahme wegen der Entführung eines Verwandten des Capofamiglia von Monreale (Santino und La Fiura 1991, S. 402).

Bei meinem Besuch auf den Märkten 1987 schienen viele Dinge

noch so wie früher. Viele Obst- und Gemüsehändler benutzten noch immer den traditionellen sizilianischen Eselskarren. Die Steuerhinterziehung war noch immer sehr hoch; noch immer war die Sprache der »Hochachtung« zu vernehmen, und die Händler waren in ihrer typischen Weise aggressiv. Die Kommissionäre benahmen sich wie eine Marktpolizei, schützten vor Schäden und Diebstählen und paßten auf, daß die Bauern nicht Opfer von Taschendieben wurden. Die »höher geachteten« Kommissionäre griffen ein, wenn es galt, eine der zahlreichen Streitigkeiten unter den bunten Gestalten des Marktes zu schlichten. Derlei Aufgaben wurden nicht gegen Geld erledigt, sondern um des Prestiges willen: »Das hebt mein Ansehen in den Augen der anderen Kommissionäre«, und »die Bauern fühlen sich sicher, wenn sie zu mir kommen«, erzählte ein Scarista. Die Kommissionäre und ihre Helfer arbeiten wie eine Mannschaft: Die Subalternen schützen ihren Boß vor den Angriffsgelüsten unzufriedener Kunden, schirmen ihn mitunter regelrecht ab und sorgen dafür, daß er sich die Hände nicht schmutzig machen muß: »Ein Angestellter von mir hat einem Flegel acht Ohrfeigen gegeben, nachdem dieser einem Händler zwei Kisten mit Orangen weggenommen hatte, in der Hoffnung, daß der Mann sich wehre und er ihm dann eine böse Lektion erteilen könne – doch der andere hat sich nicht gewehrt.« Alles in allem handelt es sich dabei jedoch nur um »Theaterdonner«, eher um Relikte mafiosen Stils als um eine wirkliche Präsenz der Mafia. Im Gegensatz zum Fischmarkt hat der grüne Markt einen echten Modernisierungs- und Befriedungsprozeß durchgemacht, der zwar noch längst nicht abgeschlossen ist, jedoch eine Annäherung an andere, normale Märkte bewirkt hat.

Das Entladen der Waren beginnt lange vor dem Morgengrauen. Von drei Uhr morgens an laufen die mehr als hundert Kärrner geschäftig mit ihren scharfkantigen Eisenwagen zwischen den Ständen hin und her, stoßen sich herum, streiten miteinander und mit den Händlern, die gerade mit Verhandlungen beschäftigt sind. Die meisten Kleinhändler benutzen Wägen, die von der Marktverwaltung zur Verfügung gestellt werden. Doch da diese nicht ausreichen, ist die einzige Möglichkeit, einen Wagen zu erwischen, eben die, vor den Konkurrenten da zu sein.

Zur Zeit meines Besuches gab es 77 Kommissionäre; sie kommen gegen vier Uhr an, kurz danach erscheinen auch die Groß-

und die Einzelhändler. Die Vorschriften verbieten Geschäfte vor sechs Uhr, doch man bekommt den Eindruck, daß diese Norm nicht sonderlich respektiert wird. Später, gegen halb neun Uhr, tauchen dann die weniger anspruchsvollen Kunden auf: Feldwebel des Heeres, denen Preis und Qualität recht gleichgültig ist, Gaststättenbetreiber, die nur kleinere Mengen Lebensmittel erwerben. Zu dieser Zeit beginnen die Versteigerungen, die unter der Leitung von Berufsauktionären stehen. Diese schreien Preise und Mengen hinaus und streuen immer wieder ein reichhaltiges Gemenge ritueller Sprüche ein, mit der Zielrichtung auf jene, die da ungerührt von ihren famosen Angeboten vorbeigehen.

Die ambulanten Händler stellen Bleistifte und Kugelschreiber aus, gebrauchte Brillen und Musikkassetten, die sie in voller Lautstärke laufen lassen. Einer von ihnen schwenkt Gürtel, Geldbörsen und Messer vor der Nase widerwilliger Kunden; seine Waren bewahrt er in zwei Körben auf, die er mit schwarzen Abfallsäcken aus Plastik ausgeschlagen hat; all das hat er an ein altes Fahrrad gehängt. Schon ab sieben Uhr früh kann man die typische, schwerverdauliche sizilianische Brotzeit kosten: mastige Brötchen mit der traditionellen »Meuza«, dazu die »Frittola«, Speck und in Öl gebratene Knorpel. Die Frittola ist in Scheiben geschnitten und liegt zugedeckt von einem weißen Tuch in Weidenrutenkörben; früher wurden diese von Eseln getragen, heute stehen sie auf den bequemeren Dreiradkleinlastern »Ape«. Zu dieser Stunde taucht ein Mann auf, der wie eine Art müllbeseitigendes Insekt arbeitet: Er untersucht – würdevoll, aber verstohlen – die kleinen Räume zwischen den Ständen, wählt sorgfältig Früchte aus, die die Händler aus den Körben herausgeworfen haben oder die zu Boden gefallen sind, die man aber noch essen kann; was er für gut befindet, schiebt er in eine durchsichtige Einkaufstasche. Es gibt viele Leute dieser Art; es handelt sich – im Kontrast zu dem etwas schiefen, schillernden Bild der Opulenz des heutigen Italien – in einem fast mittelalterlichen Sinne um »pauperes«: Arme (Serenis 1972, S. 174).

Zur Stoßzeit füllen mehr als zweitausend Menschen den Markt; eine stickige Luft, die an die Börse erinnert. Käufer laufen nach links und nach rechts, erfragen die Preise und vergleichen die Lebensmittel, wobei sich die Inspektion niemals nur auf die oberste Schicht in den Kästen beschränkt. Die Käufer verhandeln und provozieren lautstark den Verkäufer. Der erscheint mal bei seiner Ware, verschwindet dann wieder, stets die Hand in der Lederbörse mit dem Geld und dem Rechnungsbuch vergraben. Sein Obst und Gemüse stets im Blickfeld, diskutiert er grimmig mit den Leuten und schreit im selben Atemzug seinen Angestellten Befehle zu. Jede Gruppe hat einen Geheimcode für die Übermittlung der Preise: Ein Finger in den Mund bedeutet da zum Beispiel zwanzig Lire Skonto, das Zeichen der Schere bedeutet zweihundert Lire, die Formel »Via Cavour« sechshundert. Sind Kunden mit Preis und Qualität nicht zufrieden, zeigen sie das mehr durch ihren Gesichtsausdruck als durch Worte an. Ich habe niemals gesehen, daß ein Kunde etwa zum Kauf einer Ware gezwungen worden wäre. Jeder hat lediglich das Interesse, den besten Preis auszuhandeln.

Die Konkurrenz speziell bei leichtverderblichen Waren ist recht stark, die Händler bestimmen ihre Preise frei, allerdings innerhalb der Grenzen, die ihre Lieferanten setzen. Der Scarista, der Kommissionär, behält die Nachfrage stets im Auge: Sieht er neue Kunden herumlaufen, zieht er den Schluß, daß die Güter knapp werden, und hebt die Preise an. Bei haltbareren Produkten wie Äpfeln und Kartoffeln ergibt sich oft ein stillschweigendes Einverständnis, wonach der Preis nicht unter eine bestimmte Schwelle sinkt: Die unverkaufte Ware wird einfach in die Kühlhäuser zurückgelegt und kann dort auf bessere Tage warten.

Wichtig für die Entwicklung haltbarer Beziehungen zwischen Kunden und Kommissionären ist auch der Kredit. Der Chef der Marktaufsicht von Palermo zum Beispiel ist der Ansicht, daß erst Kreditangebote an Kunden das Wachstum der Unternehmen gestatten; dazu fördern sie die Konkurrenz unter den Kommissionären und wirken als Anreiz für die Kunden. Der Kredit wird dabei auf wöchentlicher oder monatlicher Basis gewährt. Schriftliche Belege dafür werden nicht ausgestellt – damit wird die Bankbürokratie umgangen, und das erleichtert vor allem Kleinhändlern das Leben. Die Kommissionäre behaupten, Kredit nur an Kunden ihres Vertrauens zu geben, doch mehr als eineinhalb Millionen Lire (heute 1500 DM) pro Tag verleiht sowieso niemand. Häufig ist die Zahlungsstundung des Kommissionärs auch schlichtweg nur eine Weitergabe des Kredits, den er selbst seitens der Produzenten eingeräumt bekommen hat.

Enttäuscht wurde der Interviewer dann allerdings bei der Frage, was im Falle der (nicht seltenen) Insolvenz eines Schuldners geschieht – die Antwort lautete keineswegs: »Dann hacken wir ihn mafios in Stücke.« Die Beträge, um die es hier geht, sind so klein, daß sie keinen Rückgriff auf Gewalt rechtfertigen. Der Schuldner wird jedoch verbannt. Jeder Kommissionär erfährt innerhalb weniger Tage von der Situation, und der Betreffende erfährt nun eine schroffe Behandlung; er muß künftig in bar bezahlen. Allerdings ist die Haltung zur Insolvenz keineswegs immer so gnädig: In der Nacht zum 18. Oktober 1984 wurden im Hof der Metzgerei an der Piazza Scaffa von Palermo acht Männer umgebracht, die im Pferdehandel tätig waren; der Grund dafür war möglicherweise eine unbeglichene Schuld. Eine andere Deutung des Massakers gibt Petra Lo Verso: Ihr Mann, der sich unter den Ermordeten befand, hatte den Kauf über einen catanesischen Vermittler eingestellt und sich direkt an die Lieferanten aus Apulien gewandt. (Vergleiche dazu ›L'Ora‹ und ›Il giornale di Sicilia‹ vom 22. Oktober 1986; auch Puglisi 1990, S. 89ff.). Nach dem, was man so hört, »bestand im Falle der Piazza Scaffa eine Schuld von vielen Millionen Lire, und ein Debet in dieser Höhe verursacht ein derart großes Loch in der Bilanz, daß es durchaus verständlich ist, wenn sie da geschossen haben. Außerdem gefällt es niemandem, wenn man ihm respektlos begegnet.«

Die Kommissionäre bekommen die Ware über Vermittler oder auch direkt von den Produzenten und beziehen daraus Provisionen von acht beziehungsweise zehn Prozent. Heutzutage gibt es nur wenige Vermittler, die Lebensmittel von Landwirten (oft auch schon vor der Ernte) erwerben und in die Stadt transportieren. Einige Kommissionäre arbeiten selbständig auch als Vermittler. Inzwischen hat sich auch das Verhalten der Produzenten verändert: Früher hatten die Bauern Angst, ihre Waren in die Stadt zu bringen und dort mit den »Schlitzohren« zu verhandeln; so vertrauten sie lieber auf den Vermittler, der ihnen als »Freund« galt. Sie zogen einen niedrigeren Gewinn vor, wenn sie dadurch geringere Sorgen hatten. Das ist heute anders geworden: Die jungen Bauern liefern direkt auf den Markt.

Die Beziehung zwischen dem Kommissionär und dem Produzenten beruht nun nicht mehr auf Zwang: Zur Risikominderung vertraut heute ein Produzent einem Kommissionär beispielsweise nur noch hundert Kisten Obst an, um einem anderen ebensoviel zu überlassen und so weiter. Beim nächstenmal bekommt dann derjenige mehr Kisten, der höhere Preise erzielt hat – eine Strafe für die anderen. Der Kommissionär wiederum tut sein Bestes, um Höchstpreise zu erzielen, zumal seine Einkünfte dazu proportional steigen. Die Produzenten ihrerseits werden normalerweise erst nach erfolgtem Verkauf bezahlt, was jedoch ein großes Vertrauen zum Kommissionär erfordert – ein asymmetrisches Verhältnis, weil sich ja nur die Lieferanten dem Kommissionär anvertrauen müssen, nicht umgekehrt. Bemerken die Hersteller, daß sie hereingelegt wurden, »schlagen sie dir den Schädel ein und kommen nicht wieder«. Ein weiterer, allerdings nicht so starker Grund zum Wechsel des Kommissionärs ist Zahlungsverzug – dieser gilt als Zeichen, daß die Geschäfte des Mannes nicht gut laufen.

Lediglich die Bauern der Provinzen Palermo und Trapani verlangen sofortige Bezahlung: Sie halten die Städter in Palermo sämtlich für unredlich und ihre Frauen allesamt für »Nutten«. Die Palermitaner antworten darauf mit einer geschraubten Überlegung: Wenn in den ländlichen Gegenden die Leute redlich sind, rührt das daher, daß die Unredlichen und die »Nutten« allesamt nach Palermo umgezogen sind. Alles in allem verhindern jedoch derlei Stereotypen nicht die Aufrechterhaltung geschäftlicher Beziehungen, wenngleich ein tiefverwurzeltes Mißtrauen gegenüber Stadtbewohnern noch immer erhöhte Wachsamkeit nährt.

Das Auftreten der Konkurrenz

Nicht immer war der Stand der Dinge auf dem Obst- und Gemüsemarkt so rosig wie heute. Bis 1955 waren lediglich zwölf Kommissionäre tätig; offiziell waren freilich wesentlich mehr Lizenzen ausgegeben worden. Die in einem Polizeiprotokoll festgestellte und von der Antimafiakommission veröffentlichte Zahl von 139 für die frühen 60er Jahre ist insofern verfälscht, als darin auch alle Angestellten der Kommissionäre mit eingeschlossen sind (Santino und La Fiura haben diese Zahlen in ihrer Arbeit unkritisch aufgenommen und damit eine gewisse Konfusion angerichtet, 1991, S. 402). Die Freiheit der Konsumenten wie der Produzenten war eingeschränkt. Als es noch wenige »Scaristi« gab, waren leicht heimliche Absprachen zu treffen, weil man sie ohne Schwierigkeiten überwachen konnte. So wurde Palermo zu einer der teuersten Städte Italiens (CPM-RMI, S. 8). Ein »Uomo di rispetto«, der selbst Kommissionär war, fungierte als Garant für die Absprachen des Kartells; als Entgelt dafür bekam er den größten Anteil an den Geschäften. Heutzutage gilt es nicht mehr als vorteilhaft, jemanden zu bezahlen, damit dieser – wie der »Don Peppe« verflossener Zeiten – heimlich abgesprochene Quoten durchsetzt: Die Zahl der Kommissionäre ist für eine Überwachung schlichtweg zu groß; früher oder später würde doch einer von ihnen die Verträge brechen und die Preise heruntersetzen.

Der Übergangsprozeß war freilich nicht einfach. Noch heute verursacht die Vergabe von Gewerbescheinen Spannungen. Ältere Leute trauern regelrecht den vergangenen Zeiten nach, als da – nach den Worten des stellvertretenden Marktaufsehers – »noch wenig Leute waren und man Freundschaft hielt; da herrschte Achtung, die Interessen der Freunde waren gebührend geschützt«; und das bei »Gewinnspannen sogar um die zwanzig Prozent«.

Keinerlei Verdienst gebührt freilich den städtischen Behörden: »Die Kontakte, die wir mit dem derzeitigen Bürgermeister und den Lebensmitteldezernenten hatten«, schloß die Antimafiakommission 1969, »haben uns zunehmend den Eindruck von Desinteresse und Desinformation vermittelt, und nicht selten war da auch ein ostentativer Verdruß zu verspüren, wenn jemand diesen keineswegs ganz unerwünschten Status quo zu stören versuchte« (CPM-RMI, S. 82–83; vergleiche auch S. 78).

Jahrelang hatten die städtischen Behörden vor Unkorrektheiten die Augen geschlossen; so war beispielsweise Raum für Produzenten geschaffen worden, die ohne Vermittler verkaufen wollten – doch der Platz war von den mächtigsten Kommissionären besetzt worden, und diese erzwangen schamlos eine zehnprozentige Provision von den Bauern, die den Raum nutzen wollten (ebda. S. 75 bis 77). 1969 fragte die Kommission den Bürgermeister, warum ein Grundstück, das an den Markt angrenzt und das zur Vergrößerung der Marktfläche dienen konnte, ungenutzt blieb. Nach Auskunft des Stadtoberhauptes stand da eine Kirche, die ihres künstlerischen Wertes wegen nicht abgebrochen werden dürfe. Eine Bitte um Klärung bei der Superintendenz der Schönen Künste von Palermo blieb ohne Antwort. Daraufhin begaben sich die Mitglieder der Antimafiakommission persönlich zu einem Lokaltermin: Sie fanden ein Kapellchen ohne jeden ästhetischen Wert, das als Müllhalde diente (ebda. S. 82–83). Just in dieser Zeit wurde in Palermo eine Reihe wunderschöner Bauten weggerissen (wie etwa die Villa di Basile aus dem späten 19. Jahrhundert), um Raum für Spekulationsbauten zu schaffen (Chubb 1982, Kapitel VI).

Es war den römischen Behörden, den Präfekten und der Antimafiakommission zu danken, wenn sich der Expansionsprozeß beschleunigte, der bis zu einem bestimmten Grad bereits auf »natürliche Weise« begonnen hatte. Der derzeitige Marktleiter meint, daß die von der palermitanischen Präfektur eingeschlagene Politik der Lizenzvermehrung grundlegend war für die Lösung der Probleme auf dem grünen Markt. Die Konzessionen für Kommissionäre stiegen vor allem in den 70er Jahren an, die letzte Steigerung geschah 1981 und führte zu einer Gesamtzahl von 77. Die Frage ist: Wenn der behördliche Eingriff tatsächlich der entscheidende Faktor bei der Entstehung von Konkurrenz war, warum ist solches nicht auch auf dem Fischmarkt geschehen? Die Antwort liegt in der unterschiedlichen Natur der Waren.

Die Versorgung mit frischem Fisch ist an begrenzte natürliche Ressourcen ebenso gebunden wie an die eingeschränkte Zahl der Häfen. Weiterhin gibt es weniger Fischereiunternehmen als bäuerliche Betriebe, und sie sind auch leichter kontrollierbar. Auf dem Obst- und Gemüsemarkt sind die Versorgungsquellen zahlreich und weiträumig verteilt und entziehen sich daher oft jeder Überwachung. Das nach dem Krieg begonnene schnelle Wachstum der landwirtschaftlichen Produktivität und der Lebensmittelfrischhaltung hat in Verbindung mit den Fortschritten im Transportwesen die Aufrechterhaltung eines Produktionsmonopols unmöglich gemacht. Die Antimafiakommission erwähnt ein einziges Beispiel heimlicher Absprachen unter Kommissionären und ihren Sendboten, und das war ein Fall, in dem die Verteilung zwangsweise eine bestimmte Stelle passiert: Eine Gruppe mit Namen »Associazione«, die die Schiffsverbindungen von Sizilien nach Pantelleria kontrollierte, hatte sich die Exklusivität für die von einer örtlichen Genossenschaft produzierten Rosinen gesichert (CPM-RMI, S. 59–60). Doch in den 60er Jahren befanden sich die Monopole bereits in einer starken Erosionsphase, weil »reiche Einzelhändler und auch manche Grossisten gutes Obst in immer größeren Mengen direkt vom italienischen Festland bezogen und auf den Markt brachten« (ebda. S. 16).

Noch eine weitere vormalige Einschränkung fiel weg. Ehe die Landwirtschaftssparkassen einigermaßen adäquat zu arbeiten begannen, hatte das Kreditwesen in den Händen des »Uomo di rispetto« gelegen. Produzenten, die Anleihen benötigten, waren gezwungen, diesen Männern ihre Ware zu verkaufen. Mit der Vermehrung der Lieferquellen hatte der Kredit nicht mehr den gleichen Einfluß wie früher. Heutzutage beschränken sich die Kommissionäre auf eher geringfügige Kredite, und diese vergeben sie vorwiegend an kleine Kunden und weniger an die Hersteller. Der Kredit regt damit Konkurrenz an und nicht mehr heimliche Absprachen. Auch neigen die Gläubiger heute gegenüber Zahlungsunfähigen weniger zur Gewalt als früher – sie haben Angst, daß sich die Kunden an entgegenkommendere Konkurrenten wenden.

Die Geschäftsleute sind offenbar mehr an Qualität interessiert als am Abschluß – oder Bruch – geheimer Abkommen. Das könnte nun leicht zur Meinung verführen, alles sei in Ordnung, und wenn es je die Mafia gegeben hat, sei sie heute nur noch eine längst vergangene Erinnerung. Leider gibt es jedoch Anzeichen für eine gegenteilige Annahme.

Zwei in den Maxiprozeß verwickelte Kommissionäre sind von Mafiaaussteigern als Uomini d'onore identifiziert worden, zahlreiche Handelslizenzen laufen noch immer auf Verwandte der Mafiosi, die den Markt in den 50er und 60er Jahren beherrscht haben (Santino und La Fiura 1991, S. 401–402). Das bedeutet nicht automatisch, daß diese ihre mafiosen Kapazitäten auf den Markt anwenden: Sind die konkurrenzfördernden Kräfte solide, müssen sich die Kaufleute ihnen anpassen, ob sie wollen oder nicht.

Das Problem liegt nun darin, daß trotz allem heimliche Absprachen überlebt haben, wenn auch in reduzierter Form. Tatsächlich teilt sich eine Gruppe von sechs oder sieben Kommissionären die von den Behörden ausgeschriebenen Obst- und Gemüselieferungen, etwa an die Schulen, die Krankenhäuser, die Kasernen oder die Hospize. Jeder dieser Kommissionäre versorgt jeweils einen abgesteckten Teil der Einrichtungen, ohne dabei in Konkurrenz zu den Kollegen zu treten. Probleme sind von vornherein ausgeschaltet – an der Ausschreibung nimmt immer nur ein Kommissionär teil. Verglichen mit Privatkunden sind die öffentlichen Einrichtungen zahlenmäßig gering, gestatten langfristige Aufträge, kaufen feste Warenmengen, haben im allgemeinen keine Ahnung von der Qualität der Waren, schauen nicht auf die Preise und sind korrumpierbar; kurz gesagt: Sie sind leicht zu monopolisieren und aufzuteilen.

Dieses Kartell hat viele Jahre gehalten und keinerlei gewalttätigen Konflikte ausgelöst: »Auf dem Markt herrscht der *Respekt*, nicht die Mafia«, sagt man in Palermo. Dennoch befindet sich das Oligopol stets in einem recht wackeligen Gleichgewicht: Versucht ein Mitglied des Kartells unversehens einen höheren Anteil zu erhaschen – wie in dem genannten Fall der neapolitanischen Bestattungsunternehmen – oder bilden die vom Kartell Ausgeschlossenen eine Gegenkoalition, bricht das Gleichgewicht zusammen, der »Respekt« verschwindet. Warum dies auf dem grünen Markt von Palermo nicht geschehen ist, läßt sich schwer sagen. Einzelne der ausgeschlossenen Kommissionäre fordern ab und zu schon mal die Mitglieder des Kartells heraus und fragen, ob nicht »zufällig« auch sie mal Zugang zu den öffentlichen Aufträgen erhalten könnten. Die Antwort ist stets unverändert negativ. Zu einer *kollektiven* Aktion ist es jedoch nie gekommen. Vielleicht bereitet die große Zahl der Ausgeschlossenen Schwierigkeiten bei der Absprache einer Strategie, oder vielleicht möchte aber auch der eine oder andere *individuell* dem Kartell beitreten, ohne Konkurrenz als solche zu fördern, weil in diesem Falle keiner der einzelnen Kaufleute sicher sein könnte, eine bestimmte Ausschreibung zu gewinnen.

Reicht das tatsächlich zur Erklärung aus? Ein Kommissionär aus dem Kartell behauptet, jede externe Herausforderung würde mit gewaltlosen, marktimmanenten Sanktionen beantwortet, entweder mit der Weigerung, Diebstähle oder Schäden vom Störenfried abzuwenden, oder mit den üblichen Formen der Verpönung, die bei der Arbeit in einem gemeinsamen Bereich eben möglich sind. Die Kommissionäre aus dem Kartell kontrollieren ihre Bereiche selbständig, ohne Eingriffe von außen. Dennoch beseitigen derlei Erklärungen keineswegs alle Zweifel: Selbst wenn es heute weniger Mafiosi unter den Kommissionären geben sollte als früher und ihre Tätigkeit unbedeutender ist, könnte ihre Präsenz eventuelle Konkurrenten noch immer wirkungsvoll ausschalten und die Stabilität heimlicher Abkommen aufrechterhalten.

Doch selbst wenn alle Beteiligten normale Geschäftsleute wären, könnte die räumliche Nähe zu den Mafiafamilien eine bedeutende Rolle spielen. In Triest zum Beispiel wäre der Rückgriff auf Schutzeinrichtungen für die örtlichen Kommissionäre in keiner Weise zweckmäßig. In Palermo dagegen stellt die potentielle Bereitschaft der Mafia möglicherweise einen Faktor zur Erhaltung des vom »Respekt« getragenen Gleichgewichts auf dem Markt dar. Das Mißliche am »Respekt« besteht darin, daß er nichts anderes ist als die saubere Seite der Medaille »Mafia« – und daß sich diese Medaille leicht wenden kann.

4. Öffentliche Aufträge und Korruption

Das Bauwesen und sein Umfeld sind weitgehend von fingierten Angeboten und heimlichen Absprachen durchdrungen. Auf diesen Sachverhalt stößt man natürlich auch in vielen anderen Regionen (Cazzola 1988, Vannucci 1989), doch in Sizilien wird dieses System genährt und verstärkt von der Gegenwart der Mafia, die sowohl die Korruption wie auch heimliche Absprachen begünstigt und schützt. Auf der Insel wurde jede nur denkbare Methode der Marktaufteilung angewandt, bis hin zum Losentscheid. In den 70er Jahren hatten die drei größten Bauunternehmer Catanias ein Konsortium eingerichtet, das Verträge im Wert von »Dutzenden von Milliarden Lire, vor allem beim Bau von Staudämmen und Flughäfen« an Land gezogen hat. Kurz danach gerieten die drei jedoch in Streit und gefährdeten das gesamte Geschäft: Nach dem Bericht von Calderone »schloß man ein Übereinkommen dank der Intervention angesehener Anwälte und eines bekannten Politikers, dessen Name mir jedoch entfallen ist«. Das Abkommen sah vor, daß man die Aufträgeausloste: »Graci bekam den Staudamm von Enna und einen Finanzausgleich. Rendo bekam einen anderen Staudamm, der, wenn ich mich recht erinnere, in der Provinz Agrigent gebaut werden sollte, Costanzo wurden die Flughäfen der kleineren Inseln vor Sizilien zugesprochen« (Arlacchi 1992, S. 198; vergleiche auch AC, I, S. 280–281).

Auf die Frage, warum die Konkurrenz auf dem Bausektor geradezu erstickend ist, sagte mir ein palermitanischer Bauunternehmer, der Grund dafür liege in den Dimensionen: Die Kunden sind meist öffentliche Einrichtungen oder große Unternehmen (vergleiche dazu auch Vannucci 1989, S. 169). Handelt es sich aber um so große Kunden, können die Auftragnehmer sie leicht untereinander aufteilen: die eine Arbeit für ein Elektrounternehmen, die andere für den Wasserinstallateur und so weiter. Doch auch wenn es um kleinere Kunden geht, ermöglicht die Beschaffenheit dieser Ware – die unvermeidlich an bestimmte Orte gebunden ist – durch die Gegenwart der Mafia die Aufteilung des Territoriums. Als ein Bankangestellter des Zen-Viertels in Palermo sich ein kleines Häuschen baute, zwang ihm der Capomafia des Gebietes (obwohl er derzeit im Gefängnis saß) *seine* Baufirmen und Maler auf: Die Rechnung war danach ungefähr doppelt so hoch, wie sie auf dem freien Markt gewesen wäre.

Und so sieht eine allgemein verbreitete Methode heimlicher Absprachen konkret aus: Die Firmen F1, F2, F3 kommen überein, daß, beispielsweise, die Firma F2 einen Auftrag übernimmt; die anderen bieten zu einem so hohen Preis bei der Ausschreibung mit, daß das Angebot von F2 jedenfalls niedriger ist. Dieser Trick funktioniert jedoch nur unter bestimmten Bedingungen. Vor allem dürfen sich nur Firmen aus dem Kartell an der Ausschreibung beteiligen, alle anderen müssen ausgeschlossen bleiben. Zweitens brauchen F1 und F3 Garantien, daß F2 den Gefallen bei einer künftigen Gelegenheit ausgleicht; weshalb sie denn auch peinlichst genau verzeichnen, mit wem der diesmal begünstigte Auftragnehmer Verträge schließt. F2 ihrerseits muß sich darauf verlassen, daß die anderen Firmen keine Angebote einreichen, die mit dem ihren im letzten Augenblick noch in Wettbewerb treten. Die ideale Strategie wäre dabei eine heimliche Absprache der Firmen ohne Beteiligung der Mafia und ohne die Bezahlung für Schutz; doch das funktioniert nur, wenn sich alle an die Vereinbarungen halten. In den 70er Jahren brachen zwei Unternehmer plötzlich die Absprachen und versuchten einen »verbotenen« Auftrag an sich zu ziehen; da »wurde der Eingriff des Uomo di rispetto erbeten, und der brachte sie davon ab« (Interview mit mir).

Je größer die Zahl der Firmen, um so schwieriger wird die Garantie für die Einhaltung des gegebenen Worts. Ein Bauunternehmer, der mit öffentlichen Aufträgen arbeitete, erzählte mir von einer 160 Firmen langen »Schlange«, die er organisiert hatte. Es gehörte viel Geduld und Manövrierfähigkeit dazu, bis man »einen Auftrag zu kaufen vermochte« (so sein Ausdruck). »Selbstverständlich muß man für den Fall nichteingehaltener Absprachen mit Gewalt drohen, will man Vereinbarungen dieser Größenordnung und mit einer derart großen Anzahl von Unternehmen wahren.« Diese Gewaltandrohung tätigte jedoch nicht ein »echter« Bauunternehmer aus dem Kartell, sondern ein Mafioso, der »allerhöchstens ein paar Planierraupen besaß«. Ohne eine derartige Drohung jedoch könnten – wie auch die Organized Crime Task Force (OCTF) in New York herausgefunden hat – »die heimlichen Absprachen platzen, weil die Beteiligten selbst nicht zu einer effizienten Überwachung des Kartells imstande sind« (OCTF 1988, S. 38).

Der Bürgermeister von Baucina bei Palermo hat 1990 während eines Verhörs über die Rolle der Mafia erklärt, daß der örtliche Uomo d'onore »die gleichmäßige Streuung der Aufträge über alle an der Ausschreibung beteiligten Unternehmen besorgt hat« (›la Repubblica‹, 14. April 1990). Im Laufe des Ermittlungsverfahrens, das zur Verhaftung des Bürgermeisters geführt hatte, hat die Polizei ein Gespräch aufgezeichnet, in dem ein Firmenleiter (A) seinen Gesprächspartner (B) zum Rückzug überreden wollte:

»A: (Der Firmeneigner) muß dringend erfahren, daß es gut wäre, wenn er die Sache Petralia Soprana nicht weiter verfolgen würde.

B: Wirklich?

A: Ehja ... Sonst kriegen wir große Schwierigkeiten miteinander; machen wir's aber so, ist das von großem Vorteil für uns.

B: In dem Sinne, daß uns dann etwas zusteht?

A: Ja ... künftig.

B: Diese Garantie will (unser Firmeneigner) aber von einem wichtigen Mann ...

A: Der wichtige Mann gibt sie.«

(›Panorama‹, 28. Juli 1991, S. 40.)

Wieder einmal gibt es eine Parallele zu New York: Der Staatsanwalt bewies 1985 im Prozeß Salerno, daß »die Familie der Cosa Nostra eine Vereinigung von Auftragnehmern in der Zementbranche gebildet hat, in der für jedes Projekt entschieden wird, welcher der Unternehmer das niedrigste Angebot abgeben darf. Das ›niedrigste Angebot‹ lag jedoch noch immer weit über dem Preis, der bei einer ehrlichen Konkurrenz zustandegekommen wäre« (OCTF 1988, S. 11).

Nach Ansicht eines sizilianischen Auftragnehmers, mit dem ich gesprochen habe, ist die Einschaltung eines Mafioso bei der Herstellung eines Kartells jedoch nicht unbedingt notwendig; er selbst habe Seilschaften koordiniert, ohne deshalb schon ein Mafioso zu sein. Unterwirft man sich allzu schnell der Mafia, meint der Mann, verliert man den »Respekt«, der ansonsten zur Kontrolle heimlicher Absprachen ausreicht: »Viele Unternehmer landen in den Händen der Mafia nur deshalb, weil sie glauben, das sei unvermeidbar.« Die Organized Crime Task Force enthüllt, daß auch in den Vereinigten Staaten »mitunter die Auftragnehmer behaupten, gar nicht genau zu wissen, warum sie bezahlen; die Erfahrung lehrt sie, daß Provisionen notwendig sind, damit ›die Dinge harmonisch ablaufen‹« (ebda. 1988, S. 17). Behörden, die sich einen Bauunternehmer suchen müssen, können mitunter in Verlegenheit geraten, wenn sie keinen Außenstehenden haben, der für sie auswählt, weil niemand die Verantwortung für den Zuschlag übernehmen will. Es gab auch schon den Fall, daß eine Behörde, nachdem sich niemand von selbst angeboten hatte, aktiv selbst einen externen Garanten suchte, der dann vorgab, wer den Zuschlag erhalten sollte.

Eine Variante besteht darin, daß das erfolgreiche Unternehmen sich von vornherein auf die Bildung eines Konsortiums mit den unterlegenen »Mitbewerbern« verständigt. Die Verbreiterung der Umgehungsstraße von Palermo zum Beispiel wurde nach dem Bericht Luciano Cassinas vor dem Gericht von Agrigent in drei Tranchen aufgeteilt. Die erste wurde einer Firmen mit Namen Farsura zugesprochen; die bildete sodann mit drei anderen Unternehmen – Cassina, Saiseb sowie Provera & Carassi – Sozietäten. Die zweite Tranche ging an Provera & Carassi, die ihrerseits wiederum ein Konsortium mit der bereits bestehenden Sozietät Cassina-Farsura einging. Die dritte Tranche schließlich umfaßte alle vier Unternehmen (Saiseb, Cassina-Farsura, Provera & Carassi); wobei Cassina jedoch bereits vorher wußte, daß Saiseb und Provera & Carassi aus diesem Auftrag aussteigen würden. Ähnlich feingesponnene Verhandlungen wurden auch für den Bau des Hafens von Licata geführt (OSAG Arnone, S. 145–146 und 155–156). In diesen Fällen kann sich Schutz als nützlich erweisen, sollte die erfolgreiche Firma das Versprechen zur Aufteilung »vergessen«.

Die Methoden territorialer und turnusmäßiger Aufteilung kann man auch miteinander verbinden. Eine Gruppe von Unternehmen monopolisiert zunächst ein Gebiet und bildet dann eine »Schlange«: Jeder neue Kunde wird der jeweils gerade am Schlangenanfang stehenden Firma zugeteilt. In dieses System ist wohl jeder hineingeraten, der 1986 auf dem Friedhof von Palermo ein Grab brauchte; so wurde dem Kunden die Mühe einer Auswahl des Bestattungsunternehmens erspart – der örtliche Capomafia nahm sich der Sache an. Erstrecken sich die Geschäfte über mehrere abgesteckte Territorien, wird die Geschäftslage allerdings komplizierter. Costanzo baute den Torre Sperlinga in Palermo als Subunternehmer einer norditalienischen Firma; dazu versammelten sich die örtlichen Mafiosi mehrere Male zur Entscheidung über die Zuteilung weiterer Unteraufträge. Calderone berichtet von einem Treffen zwischen Bernardo Provenzano, Nené Geraci und Giuseppe Cavallaro zur Festlegung des Preises für die Schotterauflage, den Costanzo im Rahmen des Bauauftrages verlangen durfte. Der Schotter kam aus einem Steinbruch zwischen Palermo und Cinisi, weshalb Provenzano und andere Männer aus der Familie von Cinisi betroffen waren. Nené Geraci war dabei, weil er die Mafiajurisdiktion auf dem Gebiet innehatte, auf dem die Arbeiten ausgeführt werden sollten (AC, I, S. 280–281; weitere Aussagen zu den komplexen Auseinandersetzungen über Zuteilungen im Bausektor finden sich in OSAG, S. 26, 37–38, 100–109, 202–203, 351–352, 448, 451; OSAG Arnone, S. 111 und 113).

Nicht einfacher wird die Sache durch die Korruption, die häufig als Begleiterscheinung bei der Zuteilung öffentlicher Verträge auftritt. Etwa dann, wenn ein Entscheidungsträger (E) – ein Politiker oder ein Staatsbeamter – Bau- oder Instandhaltungsarbeiten ausschreibt und illegal eine der an der Ausschreibung beteiligten Firmen (F) gegen die Zahlung von Schmiergeld begünstigt. Die Korruption ist in diesem Falle nahezu nie mit Erpressung gekoppelt, sondern stellt ein Geschäft auf gegenseitigem Vorteil dar. Heimliche Absprachen und Korruption überlagern sich auf verschiedene Art und Weise, sind aber ihrerseits wiederum durch die Prozeduren beeinflußt, nach denen die Aufträge vergeben werden. Da die Korruption die Abkommen weiter kompliziert und damit die Reichweite möglicher Betrügereien erhöht, zieht auch sie die Beteiligung der Mafia nach sich. (Ich möchte anmerken, daß diese

Betrachtungsweise der Korruption im gegebenen Kontext ungewöhnlich ist: Nach italienischem Gemeinsinn ist es verwerflicher, Schmiergelder anzunehmen, als sie zu zahlen – wer korrumpiert, gilt als Opfer, seine Tat als entschuldbar, müssen die Unternehmen doch ihre Interessen verfolgen, und die legitime Funktion eines Geschäftsmannes ist das Geldverdienen.)

Ob die Korruption für den Erfolg heimlicher Abkommen nötig ist, hängt vom System der Auftragszuteilungen ab. Handelt es sich um eine Ausschreibung unter Privatunternehmen, darf niemand daran teilnehmen, der nicht dazu aufgefordert wird; E ist verpflichtet, nicht weniger als 30 verschiedene Firmen zur Teilnahme aufzufordern. (In Italien führt der Staat ebenso wie jede Regional-, Provinz- und Stadtverwaltung ein Verzeichnis für öffentliche Aufträge zugelassener Firmen, und nur wer darin aufgeführt ist, darf zu solchen Ausschreibungen zugelassen werden; das heißt aber noch nicht, daß alle Aufgeführten auch jedesmal eingeladen werden: die Auswahl liegt bei der ausschreibenden Behörde, die dazu bestimmte Kriterien wie etwa Auftragsvolumen, Ansässigkeit, den ihr bekannten Auslastungsgrad der Firma und – seit Einführung der Antimafiagesetze – auch die Honorigkeit des Unternehmens berücksichtigen muß.) Das eröffnet den Markt für die Korruption, da E zum Beispiel das Verzeichnis der Aufgeforderten an ein Unternehmen verkaufen kann, das die Bildung eines Kartells anbietet. Oder aber ein schon bestehendes Kartell kann E die Namen der Unternehmen einflüstern, die man »tunlichst« zur Beteiligung einladen sollte. Unnötig hinzuzufügen, daß sich die Mafia in solchen Fällen als nützlich und zeitbeständig erweist: Schon 1969 hat die Polizei bei der Leiche des Francesco Tuminello – eines der Mafiosi, die im sogenannten »Massaker in der Viale Lazio« ermordet wurden – mehrere Kopien eines Verzeichnisses von dreißig Namen gefunden, die in vier Gruppen aufgeteilt waren; jede davon enthielt neben den Namen von Auftragnehmern den Namen des Mafioso, der sie betreute (CPM, 4-XIV, S. 1542).

Auch wenn die Zuteilung über eine Versteigerung des Auftrags geschieht und einen vorgegebenen Preisabschlag vorsieht, ist das System offen für Korruption. Bei dieser Form der Vergabe legt E den Eingangspreis der Versteigerung fest und gleichzeitig einen maximalen Preisabschlag, der jedoch geheim bleibt. Den Auftrag bekommt das Unternehmen, das diesem Preisabschlag am nächsten kommt: Zu hohe, aber auch zu niedrige Angebote scheiden damit aus. Diese Art der Zuteilung verschafft E eine besondere Ware zum Verkauf: den optimalen Preisabschlag. Ist zum Beispiel der Eingangspreis bei der Versteigerung auf eine Milliarde Lire (heute 1 Million DM) festgesetzt und der geheimgehaltene Preisabschlag fünfzehn Prozent, wird die Firma, die davon weiß, 850 Millionen Lire bieten und damit den Auftrag an sich ziehen. Bei dieser Art der Auftragsvergabe können die Firmen ohne die Mitwirkung von E keine heimlichen Absprachen treffen. Ist dieser schlau, verhindert er ein zufälliges Erraten des geheimgehaltenen Preisabschlags, indem er diesen mit Hilfe einer umfänglichen Bewertungsskala zusammensetzt und ihn bis in Dezimalstellen von Prozenten festlegt – so sieht er sich jedenfalls nicht plötzlich verlegen vor mehreren Unternehmen, die den Prozentsatz erraten haben. Theoretisch kann dies zur Schaffung von Monopolen führen, in denen E und eine bestimmte Firma eine langwährende Allianz zum Nachteil aller anderen Unternehmen bilden. In der Praxis geschieht das jedoch nicht, weil die ausgeschlossenen Unternehmen andere Schutzgeber anwerben oder sich an die Polizei wenden würden.

Diese Form der Auftragsvergabe wurde auch außerhalb des Bausektors angewandt. In einem von der Polizei abgehörten Gespräch möchte der »Agent« eines potentiellen Teilnehmers an einer Ausschreibung den Sohn Collettis überreden, aus dem Ratsvorsitzenden des Krankenhauses von Ribera den geheimen Preisabschlagssatz bei einem Auftrag für medizinische Ausstattung herauszupressen:

»Meine Auftraggeber wollen wissen, welches Angebot wir machen müssen. Sie wollen natürlich die Abschlagsgrenze erfahren. Denn wenn wir im Dunkeln tappen, ist das ganz was anderes, als wenn wir das bei Licht sehen, und wir sind bereit, dieses Licht zu bezahlen. Wir müssen das erzwingen, im Klartext, da muß man Öl dazugeben (will heißen: muß geschmiert werden), verstanden? Wenn man aber Öl dazugibt, muß das Omelett auch gut werden« (OSAG, S. 173–176, OSAG Arnone, S. 188).

Die Auftragserteilung per vorgegebenem Preisabschlag – er wurde kürzlich von der EG verboten (Vannucci 1989, S. 174) – war einst damit gerechtfertigt worden, daß man damit allzu niedrige Angebote der Unternehmen verhindern könne – die gewannen zwar die Ausschreibung, lieferten danach aber aufgrund der niedrigen Kalkulation schlechte Arbeit. Diese Einrichtung wurde von einigen Seiten als kluge Reaktion der Politiker auf heimliche Absprachen dargestellt, dennoch fanden die Unternehmer auch dafür bald wieder ein Gegenmittel. Die Methode ist einfach: F1 zahlt an E das Schmiergeld für die Preisgabe der Schlüsselinformation über den Abschlagssatz erst *nach* Erhalt des Zuschlags. Dann übergibt F1 die Information an F2, erhält im Gegenzug einen prozentualen Anteil am Gewinn und zieht ihr Angebot zurück. F2 bekommt auf diese Weise ihren Auftrag, ohne bei E in Schuld zu stehen. Daher verlangt E natürlich die Bezahlung im voraus und sucht, wo immer möglich, den Schutz der Mafiosi, um »Scherze« dieser Art künftig zu vermeiden.

Mitunter sind die Schwindler jedoch allzu schlau, und so mancher städtische Entscheidungsträger hat solcher Betrügereien wegen schon sein Leben verloren. So kann E ja die Information an mehr als ein Unternehmen verkaufen – dann liefern F1 und F2 beide die »richtige« Offerte ab und stecken in einer heiklen Klemme. Diese Situation kann durch Unredlichkeit eines E eintreten, sie ist jedoch auch denkbar, wenn zwei Beamte dieselbe Information ohne Wissen voneinander verkaufen. Die Rolle der Mafiosi besteht nun genau darin, derlei Unannehmlichkeiten vorzubeugen und (wie das OCTF von New York ebenfalls bestätigt) für »die konkurrierenden Firmen« sicherzustellen, daß »sie nur einmal Geld ausgeben müssen, daß der verlangte Preis vernünftig ist und daß die bezahlten Dienste auch ankommen« (›Fortune‹, 6. Juni 1988).

Riccardo Misasi, der 1990 Minister für die Entwicklung des italienischen Südens war und zu den hervorragendsten Vertretern der Democrazia cristiana in Kalabrien zählte, hat die folgende Lösung für das verbreitete Problem verfälschter Ausschreibungen vorgesehen:

»Ich habe einigen Regionen, Kalabrien im besonderen, einen automatischen Mechanismus vorgeschlagen, der jegliche Entscheidungsvorgänge ausschaltet und eine automatische Rotation unter den Unternehmen und Konsortien vorsieht, die ihrerseits aufgrund einer strengen Analyse der Korrektheit ihres Verhaltens ausgewählt sind. Die Norm ist, sofern sie als Regel eingeführt wird, zweifellos verfassungswidrig. Doch ist nicht auch das Rognoni-La Torre-Gesetz (Bezeichnung für das 1982 erlassene Antimafiagesetz) oder die zeitliche Ausdehnung der Untersuchungshaft im Notstandsgesetz? Warum sollte man nicht beim Kampf gegen die organisierte Kriminalität und gegen verbrecherische Geschäfte ebenfalls eine Ausnahme machen? Auf Notstand muß man mit Notstandsmaßnahmen reagieren – mit einer Regel, die automatisch jegliche Entscheidungsbefugnisse und jegliche Möglichkeit der Korruption ausschaltet und jegliche anormale Beziehung zwischen Unternehmertum und politischer Macht beseitigt« (›la Repubblica‹, 19. Mai 1990).

Die Botschaft lautete, etwas verkürzt: Wenn die Methoden der Mafia bösartig sind, bleibt nichts anderes übrig, als ähnliches dagegenzusetzen.

Wirksamer wäre wohl eine andere Methode: Man führt die Auftragsversteigerungen weiter, jedoch ohne Einschränkungen, weder für die Preisangebote noch für die Teilnehmer. Als der Stadtrat Palermos unter Bürgermeister Leoluca Orlando nach einer mächtigen politischen Auseinandersetzung diese Art von Auftragsvergabe im September einführte, kam ein erstaunliches Ergebnis zustande: Die im Schnitt erzielte Einsparung gegenüber der ursprünglichen Preisvorstellung betrug statt 16,4 Prozent – wie sie die 22 öffentlichen Ausschreibungen 1985 vorher erbracht hatten – nunmehr 26,4 (diese Zahl bezieht sich auf die restlichen elf Aufträge desselben Jahres nach Einführung der neuen Methode). Im Jahr 1986 war die Ersparnis 31,6 Prozent (bei insgesamt 33 Ausschreibungen); in den ersten beiden Monaten 1987 erreichte sie bei den bis dahin vergebenen zehn Aufträgen 36,7 Prozent (alle Angaben aus dem einzigartigen Verzeichnis ›Elenco gare espletate dal 3/5/1985 al 18/2/1987‹ der Stadt Palermo).

5. Funktaxis

Dieser Abschnitt bezieht sich auf einen Fall mangelnder Zusammenarbeit: Die fehlgeschlagene Einrichtung von Funktaxis in Palermo. Die folgenden Angaben beruhen auf einer Reihe unsystematischer Interviews und Gespräche mit Taxifahrern Palermos. Es handelt sich also um eine eher anekdotische Dokumentation. Es sei auch gesagt, daß es keine konkreten Beweise einer Verbindung dieser Branche mit der Mafia gibt; dennoch löst der Fall verschiedene damit verbundene Fragen aus.

Palermo ist die einzige große Stadt Italiens, wo es kein System von Funktaxis gibt. Dieser Dienstleistungssektor ist in den letzten zwanzig Jahren im übrigen Italien entstanden und hat als Kernstück eine Telefonzentrale, die üblicherweise von einem Konsortium oder einer Genossenschaft von Taxifahrern eingerichtet wird und die Kundenanrufe sammelt, um sie danach über Funk an die Taxis zu verteilen. Von daher kann man einen Fahrer, der seinen Anteil nicht bezahlt, ohne weiteres zur Respektierung der Zusammenarbeit anhalten; das Vertrauen stellt kein Problem dar.

Die Telefonzentrale erhält den Anruf eines Kunden, gibt über Funk die Adresse bekannt und wartet auf die Antwort der Fahrer. Jeder von ihnen gibt die geschätzte Zeit für die Anfahrt zur genannten Adresse des Kunden durch. Der Auftrag sollte nun dem Fahrer zugeteilt werden, der sich gerade am nächsten bei dieser Adresse befindet. Daraus ergibt sich nun ein interessantes Problem für die Zusammenarbeit, denn hier kann man mogeln: Ein Taxifahrer (B) kann davon ausgehen, daß ein Kollege (A) auf den Ruf der Zentrale antwortet, und so gibt er eine Zeit an, die unter der von A liegt, worauf er die Fahrt bekommt. Theoretisch könnte sich daraus auch eine längere Kette ergeben, mit den Fahrern C, D, E und so weiter, die Taxifahrer B, C, D überbieten wollen und so weiter. Jeder Taxifahrer muß zwei Entscheidungen treffen: Den Moment auswählen, in dem er antwortet, und die Frage, ob er redlich sein will. Zieht man die Chancen zum Betrug in Betracht, die dieses System bietet, scheint eine Zusammenarbeit ein unerreichbares Ideal. Nun funktioniert diese Einrichtung aber im Rest Italiens, und so muß es offenbar Lösungen zu ihrer Gewährleistung geben.

In Rom haben die Taxifahrer mit einer einfachen Regeländerung dem Problem die Schärfe genommen: Der Auftrag steht dem zu, der als erster auf den Ruf der Zentrale reagiert, nach dem Motto »Wer zuerst kommt, mahlt zuerst«. Diese Lösung befriedigt jedoch nicht voll: Langsam reagierende Taxifahrer werden benachteiligt, und da die Taxiuhr vom Moment des Auftragszuschlags läuft, sind die Kunden nicht sicher, ob sie wirklich nur für die kürzeste Distanz bezahlen (in Zeit und Geld). Die Taxifahrer träumen von einem System, mit dem die Zentrale durchgehend den jeweiligen Standort jedes Taxis feststellen kann; auf diese Weise würden Betrügereien ausgeschaltet, zudem würde dies auch noch die beste Zuteilung der Anrufe erlauben.

In Neapel und in Mailand ist die angewandte Lösung zufriedenstellender: der Anruf wird wie gehabt dem Taxifahrer zugeteilt, der sich als nächstplaziert bezeichnet; das Betrugrisiko wird dabei jedoch durch die Androhung von Sanktionen gemindert. Die Taxifahrer haben das *Recht*, einander zu überwachen; argwöhnen sie, daß ihnen ein Anruf »geklaut« wurde, dürfen auch sie zu dieser Adresse fahren und den Kunden für sich reklamieren, sofern sie zuerst ankommen. Sie können den Betrug auch anzeigen; als Sanktion wird das Funkgerät des unredlichen Kollegen aus dem Funkverkehr ausgeblendet, und zwar um so länger, je mehr Regelverletzungen dem Betreffenden nachgewiesen sind. Weiterhin werden die anderen Taxifahrer vor dem schuldigen Kollegen gewarnt und aufgefordert, dessen Fahrten aufmerksam zu überwachen. Unvorhergesehene Verkehrslagen gelten nicht als ausreichender Entschuldigungsgrund für den Betrüger (ausgenommen bei Unfall), weil die Zentrale davon ausgeht, daß der Fahrer bei der Berechnung der Fahrzeiten auch unterschiedliche Verkehrsvarianten mitkalkuliert: Jede falsche Schätzung wird drakonisch als Betrug gewertet. In Mailand haben einige Genossenschaften Gruppen aus etwa fünfzehn Autos organisiert, an denen jeder Fahrer turnusmäßig mitwirkt, und mit diesen wird das Verhalten der Kollegen überwacht. Auch in Neapel, wo das gegenseitige Vertrauen sicherlich nicht höher ist als in Sizilien, haben die Taxifahrer eine solche Selbstverwaltung eingeführt.

Anfang der 80er Jahre wurde in Palermo ein Funktaxidienst eingeführt, doch bald schon traten die einzelnen Taxifahrer wieder aus, in der Annahme, daß die anderen mogeln: »Kaum kriege ich einen Anruf, antwortet auch schon jemand anders und behauptet, er sei näher dran.« Als Ergebnis war 1987 in einer Stadt mit mehr als einer Dreiviertelmillion Einwohnern die Zahl der Funktaxis auf ein paar Dutzend abgesunken, der Dienst löste sich auf. Die Taxifahrer Palermos behaupteten, es sei unmöglich, Kontrollen einzuführen, mit denen man Betrüger in flagranti erwischen konnte. Doch gleichzeitig erklärten sie auch, daß die betrügerische Praxis weiter anhielt. Gegen den Einwand, daß sie doch, wenn es keine Kontrollen gab, gar nicht wissen konnten, ob es Betrügereien gab, antworteten sie eher nebulös und argumentierten mit Vorurteilen, – »Wir sind halt so: eine Herde unredlicher Leute« – und nicht mit begründeten Erfahrungswerten. Die Annahme, daß die anderen betrügen, mochte wohl von der Feststellung herrühren, daß einige Taxifahrer im Durchschnitt mehr Fahraufträge eingestrichen hatten als andere; doch es könnte auch schlichtweg ein Spiegel der eigenen Versuchung zum Betrug sein. Jedenfalls reichte dies für den Austritt.

Womit jedoch das Hauptproblem bleibt: Wieso gelingt es den Taxifahrern in Palermo nicht, zusammenzuarbeiten? Die in Rom, Mailand und Neapel waren doch genauso enttäuscht von den betrügerischen Tendenzen ihrer Kollegen, doch sie haben pragmatisch reagiert, indem sie die Regeln der Zuteilung änderten oder die gegenseitige Überwachung einführten. Im übrigen soll man nicht glauben, daß solcher Betrug ein rein italienisches Problem sei: In der Altstadt von Canterbury behaupten die Taxifahrer ebenfalls, daß es gewohnheitsmäßige Betrüger gebe, die ihnen allen bekannt seien. Zuweilen versammeln die Fahrer sich und verprügeln einen der Schummler kräftig, dennoch wird keiner aus der Kooperative ausgeschlossen.

Es ist wohl auf der ganzen Welt so: Ohne Vertrauen läßt sich Zusammenarbeit nicht einpendeln.

Die Einführung pragmatischer Bindungen im Verhalten der Taxifahrer offenbart auch, daß dem Betrug eine Reihe von Einschränkungen begegnen, die einen unredlichen Taxifahrer zu korrektem Verhalten zwingen können. Die wichtigsten dieser Einschränkungen sind:

Erstens die Geduld der Kunden: Ist die angegebene Anfahrtszeit absolut unrealistisch, wird der Kunde nach einiger Zeit nicht mehr auf den Betrüger warten und auch kein Funktaxi mehr rufen, oder er wird sich bei der Zentrale beschweren; auf jeden Fall aber wird dies auf den Betrüger weitgehend zurückfallen.

Zweitens das Verhältnis der Zahl der Taxirufe zur Zahl der Taxis: Der Verlust eines Fahrauftrages wird stärker empfunden, wenn er nicht durch einen anderen Ruf ersetzt wird; der vom Betrug verursachte Schaden ist dann ebenfalls größer. Schwache

Nachfrage mindert den Ansporn zur Suche nach pragmatischeren Lösungen.

Drittens die langfristige Zusammenarbeit: Sie schafft für die Taxifahrer (auch die tendenziell unredlichen) einen Anreiz zum korrekten Verhalten, so daß sie nicht den Zusammenbruch ihres Dienstes und damit eine Schädigung ihrer künftigen Gewinne riskieren.

So ist es also nicht alleine das Vertrauen, auf dem die gesamte Zusammenarbeit ruht (sonst käme sie wohl auch in Oslo nicht zustande, geschweige denn in Neapel). Doch auch die Überwachung alleine reicht nicht aus. Sie erfordert auf jeden Fall ihrerseits ein Vertrauensniveau, daß die Taxifahrer nicht unbedingt jede verlorengegangene Fahrt überprüfen müssen. Weiterhin vorausgesetzt ist auch eine hinreichend große Nachfrage, um die Zusammenarbeit aufrechtzuerhalten, was die Versuchung einer Abwerbung von Kunden der Kollegen mindert: Die Zusammenarbeit würde in dem Augenblick zerfallen, in dem jeder jeden zu überwachen sucht. Trotzdem bleibt das System der Überwachung grundlegend. Welches auch immer die Einschränkungen sind – es ist und bleibt wahrscheinlich, daß unredliche Taxifahrer ab und zu ihre Kollegen zu betrügen versuchen; die Überwachung dient dazu, den Betrug auf ein Minimum zu reduzieren und das Vertrauen der anderen Taxifahrer in den Wert der Zusammenarbeit aufrechtzuerhalten.

Warum also gelingt den Taxifahrern von Palermo die Zusammenarbeit trotz alledem nicht? Könnte es daher rühren, daß die örtlichen Kräfte, die in anderen Bereichen zur Durchsetzung von Verträgen imstande sind – die Mafia also –, hier nicht zugunsten der Zusammenarbeit eingreifen? In einer Stadt, in der die Großmärkte, die Bestattungsunternehmen, die Straßenräuber, die Parkwächter, die Bauunternehmer, die Blumenhändler, kurz gesagt, das gesamte Arcanum der Geschäfte sich mafiosen Schutzes bedient – wieso tun gerade die Taxifahrer das nicht? Warum werden sie nicht kollektiv vor ihren eigenen Neigungen zum gegenseitigen Betrug geschützt?

Eine mögliche Erklärung wäre, daß man aus dem Funktaxidienst allenfalls einen mäßigen Gewinn schöpfen kann. Warum aber werden dann beispielsweise illegale Parkwächter geschützt, zur Sicherheit, daß niemand in ihr »Parkareal« eindringt? Tatsächlich sind die Einnahmen aus den Trinkgeldern für Parkwächter nicht zu verachten: Im Jahr 1986 nahm jeder von ihnen im Schnitt schätzungsweise 30 Millionen Lire ein (damals etwa 45 000 DM). Daß sich das Taxigeschäft weniger rentiert, ist jedoch unwahrscheinlich (die Zahlen nach Antonio Lamberti in ›il Mattino‹, 27. August und 4. September 1986).

Überzeugender ist die These, wonach die Überwachung einer ständig herumfahrenden, noch dazu auf unvorhersehbaren Routen befindlichen Population zu aufwendig wäre für jeden (zentralen) Schutzgeber, der als Garant auftreten wollte. Umgekehrt würde das auch die Taxifahrer abhalten, Außenstehende für Eingriffe in diesem Bereich zu bezahlen – die Überwachung kann hier nur durch die anderen Fahrer durchgeführt werden, die ihrerseits durch die Stadt fahren und so eine ständige Drohung für unredliche Kollegen darstellen. Eine Spezialisierung auf Überwachung von außen würde jedoch den Einsatz einer großen Anzahl von Autos und Personen alleine zu dieser Aufgabe bedeuten – eine viel kostenträchtigere, kompliziertere Angelegenheit als die Kontrolle von Parkplätzen, die ja feste, genau abgesteckte Grenzen aufweisen.

Doch auch gesetzt den Fall, ein Taxifahrer würde bei einer Verspätung ertappt, wäre der Beweis eines Betrugs zum Nachteil anderer nicht leicht – möglicherweise lügen ja auch die Kollegen, die behaupten, näher gewesen zu sein. Das würde Sanktionen äußerst schwierig machen, denn nur »das Auge Gottes« oder ein ähnlich mächtiger Kontrollmechanismus könnte alle Taxifahrer gleichzeitig kontrollieren. Ein Mafioso aber wird seine Reputation nicht durch umstrittene Urteile aufs Spiel setzen.

Es gibt also durchaus Gründe für die Nichteinmischung der Mafia. Wir kehren damit zu unserem Ausgangspunkt zurück: Warum lösen die Taxifahrer das Problem nicht unter sich und überwachen einander so, wie es in anderen Städten geschieht? Könnte das einfach daher rühren, daß es unter ihnen weniger Vertrauen gibt als anderswo in Italien? Daß die sizilianische Mentalität dazu neigt, Komplotte auch in zufällige Ereignisse hineinzuprojizieren, ist wohl mehr als nur ein Gemeinplatz: Verschafft sich ein Taxifahrer zwei Aufträge mehr pro Tag, schließen die anderen automatisch, daß er sie hintergeht. In Sizilien gilt Glück als besonderer Anlaß zum Mißtrauen.

Doch Mißtrauen bietet auch noch keine zufriedenstellende Erklärung: Deshalb rückt eine andere These in den Vordergrund – die Taxifahrer könnten nämlich auch *allzusehr* geschützt sein; allerdings nicht kollektiv, sondern individuell. Alle Leute, die auf der Straße arbeiten – Portiers, Parkwächter, ambulante Händler – sind geradezu ideale Informanten; und das ist, wie wir wissen, für Mafiosi recht wertvoll (vergleiche Kapitel II.1). Durchaus möglich also, daß die Mafiosi die Freundschaft von Taxifahrern suchen und ihnen für das Herumspionieren Schutz bieten. Einer meiner Taxifahrer zum Beispiel machte gar kein Hehl daraus, daß er von einem vor kurzem ermordeten Mafioso geschützt worden war. Anzeichen davon gibt es nicht nur in Palermo, sondern auch in New York: Bonanno schreibt, daß sich während des »Krieges von Castellammare« »Maranzano (Chef einer der beiden kriegführenden Gruppen) die Bewegungen des Feindes mit Hilfe der Taxifahrer verfolgte, von denen viele seine Freunde waren. Diese Leute fahren ja Tag und Nacht in der Stadt herum und können bestens als Späher dienen« (1983, S. 82).

Haben einige – vielleicht auch nur wenige – Taxifahrer Sonderbeziehungen zu örtlichen Schutzgebern, könnte dies die Weigerung zur gegenseitigen Überwachung erklären: Dann herrscht nämlich stets das Risiko, die »falsche« Person beim Foul zu erwischen und eine Strafaktion gegen jemanden durchführen zu müssen, der geschützt ist – während man selbst eben nicht geschützt ist oder jedenfalls weniger gut. Die Bestrafung eines Betrügers könnte einen Schutzgeber ärgern, der sich angegriffen fühlt, wenn einer der von ihm Geschützten eine Sanktion auferlegt bekommt. Im Zweifel hält man sich da lieber zurück.

Postskriptum 1991: Nach einem erfolglosen Jahrzehnt sind nun die Funktaxis in Palermo wieder aufgetaucht. 1987 waren es nicht mehr als 40, heute hat die größte Genossenschaft 160 Autos in Funkverbindung. Wie hat man das geschilderte Problem umgangen? 1989 wurde ein neues Zuteilungssystem für die Anrufe eingeführt, das es meines Wissens nirgends sonst in Italien gibt: Die Taxifahrer erklären sich anrufbereit und stellen sich in eine Reihe auf einen reservierten Taxistandplatz, der Zentrale geben sie dabei ihre Position durch. Die Zentrale teilt den Anruf dem ersten in der Schlange zu, die dem Kunden am nächsten steht. Auch wenn ein Taxi in diesem Augenblick in eine dem Kunden nähere Zone einfährt, wird der Anruf dem Taxi auf dem Standplatz zugeteilt. Die Position des Taxis ist der Zentrale damit vorher bekannt, die anderen Taxifahrer können diese auf ihren Parkplätzen selbst verifizieren. Lediglich wenn der kundennächste Standplatz leer ist, wird der Anruf frei für den Fahrer, der erklärt, am nächsten dran zu sein. Zur Minderung von Betrügereien sucht die Zentrale den Ablauf des Auftrags zu verfolgen, dasselbe tun andere Fahrer. Sind die Standplätze leer, bedeutet dies jedoch in jedem Falle, daß Arbeit für alle vorhanden ist; der Antrieb, Betrügereien zu begehen, ist damit ebenso geringer wie der für Verdächtigungen. Diese »organisatorische Lösung« beugt Betrügereien vor und vermeidet die gegenseitige Überwachung. Festzuhalten bleibt, daß dies *keine Lösung für das Problem der Funktaxis an sich ist*, so wie wir es beschrieben haben; doch es ist ein völlig anderes System und ähnelt dem vor der Einführung des Funks üblichen, bei dem der Kunde selbst den Taxistandplatz anrief. Es ist vom Kunden her gesehen nicht effizient, weil er im Schnitt länger wartet und mehr bezahlt (das Taxameter läuft von dem Augenblick an, in dem der Auftrag angenommen wird). Vor allem sind Kunden in Außenbezirken benachteiligt, weil die Taxistandplätze im Stadtkern konzentriert sind. Besser als nichts ist das System aber immerhin.

Kapitel IX: Unruhige Märkte

Der Begriff »Illegalität« bezeichnet ein unscharfes Gebiet, dessen Grenzen der Staat bestimmt. Die Festlegung, ob etwas eine reguläre Handelsware ist oder ein illegales Geschäft, unterliegt den Wandlungen der Gesetzgebung und ändert sich von Land zu Land. Es gibt jedoch eine Eigenschaft, die allen illegalen Märkten gemeinsam ist: Sie stehen nicht unter gesetzlichem Schutz und werden vom Staat verfolgt.

Daraus ergeben sich vielfältige wirtschaftliche Konsequenzen: Illegaler Besitz ist verwundbar, durch gesetzliche Beschlagnahme ebenso wie durch Diebstahl; Eigentumsrechte können sich nicht auf schriftliche Dokumente gründen und sind im allgemeinen auch nicht klar definiert; die Haftung ist eingeschränkt. Die individuelle Mobilität ist erhöht, die Beteiligten sind gewalttätiger, eher bereit zu riskanten oder heimlichen Aktivitäten als ihre »legalen Kollegen«. Wie stark diese Aspekte auf den einzelnen Märkten jeweils ins Gewicht fallen, hängt von der repressiven Wirkung des Gesetzes ebenso ab wie von strukturellen Variablen: von der Natur des Produktes, von den Konsumenten, der Technologie, dem Finanzbedarf. Diebstahl, Betrug, Bankrott, Zahlungsunfähigkeit, Mißtrauen und Streitigkeiten (gemeinsam mit daran geknüpften Sorgen) sind auf illegalen Märkten wesentlich häufiger an der Tagesordnung als auf legalen. Folglich gibt es auf den illegalen Märkten nicht nur eine erhöhte Nachfrage nach Schutz – dieser ist auch besonders schwer bereitzustellen. Man braucht wohl nicht zu betonen, daß eine starke Anziehungskraft die Mafia gerade zu diesen Märkten hintreibt.

Konsequent analytisch argumentiert, besteht trotzdem kein grundsätzlicher, sondern lediglich ein gradueller Unterschied zwischen legalem und illegalem Sektor. Auch bei legalen Geschäften kann Mißtrauen herrschen; umgekehrt macht der Mangel an legalem Schutz die illegalen Geschäfte nicht schlechthin unmöglich. Arlacchi und Lewis (1990) beschreiben zum Beispiel, wie die Blüte des Heroinhandels in Verona just aufgrund desselben unternehmerischen Geistes und derselben geschäftlichen Redlichkeit zustandekam, die auch die großen Fortschritte im legalen Sektor gefördert hatten.

Definiert man auch den Begriff »organisiertes Verbrechen« genauer, treten weitere Analogien zwischen legalen und illegalen Märkten zutage. Widmet sich eine Bande von Einbrechern »einzig und allein dem Diebstahl, ohne die anderen Diebe zu bekämpfen und auszuschalten«, haben wir nach Thomas Schelling lediglich »organisierte Einbrecher« vor uns. »Beginnt jedoch eine Bande das eigene Territorium zu überwachen, um das Eindringen anderer Banden zu verhindern, und zwingt sie die Diebe, die sich einschmuggeln, sich mit ihnen zusammenzutun und die Beute zu teilen oder aber eben aus der Stadt abzuziehen, sollten wir diese Knackerbande schon als ›organisiertes Verbrechen‹ bezeichnen« (1984, S. 182–183). Eine Gruppe von Verbrechern, die ihre Kräfte vereinen, um ein spezielles Verbrechen zu begehen, ähnelt einem Unternehmen, in dem jeder arbeitsteilig seinen Beitrag leistet. Das »organisierte Verbrechen« dagegen entspricht einem Unternehmen oder einer Gruppe von Unternehmen, die sich organisieren, um den Markt monopolistisch zu regulieren – nur, daß die verhandelten Waren eben illegaler Natur sind.

Die Verwechslung der beiden Formen von Organisation kommt relativ häufig vor. Wir müssen jedoch auch noch eine weitere Unterscheidung einführen, nämlich die zwischen organisiertem Verbrechen und Mafia. Die Identifikation von Mafia mit organisiertem Verbrechen ist ebenso verfehlt, wie wenn man sie mit Kaufleuten vergleichen würde, die auf einem legalen Markt heimliche Absprachen treffen. Die Mafia stellt vor allem die organisatorische Kraft zur Verfügung – man darf die Mafiosi nicht mit Händlern verwechseln, seien diese legaler oder illegaler Provenienz. Händler sind gewöhnlich »unabhängige Unternehmer, die von den Mafiosi bevollmächtigt und geschützt« werden (Abadinsky 1983, S. 144; auch Reuter 1983). Diese Unterscheidung wird in den nachfolgend dargestellten Fällen noch deutlicher werden.

1. Straßenräuber und Schmuggler

In manchen Verbrechensbereichen gibt es wenig Raum für heimliche Absprachen: »Taschendiebe, Einbrecher und Automarder, Unterschlager und Steuerhinterzieher, Ladendiebe und Bankräuber bringen einander gewöhnlich nicht um: Es gibt keinen Grund dafür. Zwei Bankräuber, die denselben Tag für ihren Überfall auf dieselbe Bank auswählen, mögen um die Priorität kämpfen, wenn sie im selben Augenblick ankommen; und zwei Straßenräuber, die gleichzeitig dieselbe Handtasche packen, können miteinander darum ringen; doch das sind überaus seltene Fälle« (Schelling 1984, S. 183–184).

In derartigen Fällen hätte ein Kartell keinen Sinn. Illegales Glücksspiel, Wucher, Alkohol- und Zigarettenschmuggel sowie Drogenhandel dagegen sind bekanntlich konfliktträchtigere Geschäfte, und daher ist es wahrscheinlicher, daß sie unter Schutz stehen. Der entscheidende Unterschied ist nicht so sehr, daß die erstgenannte Gruppe auf Beute ausgeht, während die zweite eine Kundschaft bedient, die sehnsüchtig auf die Ware wartet. Bettler zum Beispiel sind oft in die Schutzgeldrackets eingebunden, obwohl sie überhaupt nichts zu verkaufen haben. Tatsächlich ist, wie Schelling anmerkt, auf bestimmten Märkten die Überwachung und die Monopolisierung entweder irrelevant oder besonders schwierig, während in anderen Bereichen Schutz gleichzeitig möglich und notwendig ist, etwa dort, wo Kunden durch besondere Exponierung der Ware angezogen werden sollen.

Der Markt der Raubüberfälle scheint zunächst zur ersten Kategorie zu gehören: Die Wahrscheinlichkeit, daß zwei Räuber über ein und dieselbe Tasche in Streit geraten, ist so gering, daß sich eine Organisierung des Marktes von selbst ausschließt. Gleichwohl gibt es Ausnahmen: In Palermo sind sogar die Straßenräuber geschützt, sie teilen sich die Territorien auf und kämpfen um deren Erhaltung. Diese Situation, die in der Stadt wohlbekannt ist, wurde 1988 detailliert von Werner Raith in einem Interview mit einem dieser jungen, aufgeweckten Burschen dargestellt (alle folgenden Zitate sind diesem Interview vom 28. Februar 1988 in ›il manifesto‹ entnommen). Laut Aussage dieses Straßenräubers werden die »Genehmigungen« zum Raub für einen bestimmten abgegrenzten

Bereich vom »Gebietscapo« erteilt (wobei es sich um einen Mafioso handelt oder um einen Mann, der seinerseits wiederum von Mafiosi zur Regulierung des Raubmarktes bevollmächtigt ist):

»Ein Schritt in das Gebiet eines Kollegen, und du kannst innerhalb weniger Stunden auf die Strafe warten, auch wenn du nur als Taschendieb arbeitest. Die Strafe hängt von der Schwere der Tat ab. Sie stechen dir vielleicht nachts die Reifen deines Autos auf, und in diesem Fall ist es besser, sich ein paar Tage nicht in deinem Gebiet sehen zu lassen. Aber sie können dir die Reifen auch am hellichten Tag aufstechen, in Gegenwart aller, und das bedeutet, daß du einige Wochen verschwinden solltest. Oder sie verprügeln dich. Und wenn auch das nicht reicht...«

Alle Straßenräuber bezahlen Schutzgeld an den Capozona und leben in der Angst, daß dieser in einem Mafiakrieg umkommen könnte: »Du bist Journalist, und wenn dir einer Geld schuldet, wendest du dich an die Behörden und schickst die Polizei. Was aber tun wir?« Darüber hinaus gibt es auch immer wieder neue Kandidaten, die laut nach »Arbeit« auf dem Territorium verlangen und die man ständig einschüchtern muß. Werden die Straßenräuber von den Geschäftsinhabern des Gebietes aus Angst vor Verlust ihrer Kunden ausgeschimpft, folgen die Straßenräuber der Aufforderung zum Abhauen überwiegend und meiden die Gegend einige Zeit, »weil es besser ist, ab und zu einen Gefallen zu erweisen. Man weiß ja nie, vielleicht hat der Geschäftsmann da irgendwelche Beziehungen zum Capozona.« Der Mangel an Informationen kann sich tatsächlich als fatal erweisen: »Im Winter ist es scheußlich hier in Palermo, da mußt du deine Mitbürger berauben. Und du weißt nie, ob du dich nicht mit einem Boß aus Neapel anlegst, der gerade zu Besuch ist.«

Wie kommt es, daß ein auf den ersten Blick kaum organisierbarer Bereich am Ende doch organisiert und geschützt wird? Einerseits ist der Schutz in Palermo recht wirksam, andererseits gibt es sehr viele Straßenräuber (dies wiederum nicht zuletzt, weil so viele Schutzgeber vorhanden sind) – und so ist es tatsächlich nicht unwahrscheinlich, daß zwei davon in Streit um ein und dieselbe Handtasche geraten. In jedem Viertel der Innenstadt sind wenigstens zwei Straßenräuber »am Werk«. Weiterhin bindet das Bedürfnis nach sicheren Hehlern und nach Verstecken bei der Flucht vor der Polizei und vor anderen Kriminellen die Verbrecher an ein bestimmtes Gebiet und macht sie folglich kontrollierbar. Dennoch ist der Straßenraub im Zusammenhang mit dem mafiosen Schutz illegaler Märkte ziemlich unerheblich.

Die Amerikaner haben sich nach dem Krieg in Italien einen geradezu mythischen Ruf erworben – in positiver wie negativer Hinsicht. Vor allem wurde ihnen vorgehalten, die Mafia wiederbelebt zu haben, nachdem diese durch die faschistische Repression faktisch aufgelöst war. Tatsächlich haben sich die USA im Laufe der Besetzung Siziliens 1943–1945 für militärische wie zivile Zwecke an Uomini d'onore gewandt und sogar einige von ihnen für alle Eventualitäten aus den Vereinigten Staaten importiert (D'Este 1989, S. 622–623). Diese Leute wurden später als Pioniere der Drogenhandelswege zwischen Sizilien und den Vereinigten Staaten identifiziert – wobei die Wege dann, um beim Bild zu bleiben, zu Autobahnen wurden (CPM, 4-XIV, S. 1482–1483; die folgenden Seitenzahlen beziehen sich alle auf die Dokumentation im Kapitel CPM, 4-XIV der Antimafiakommission). Weiterhin gebührt bekanntlich den amerikanischen Mafiosi auch das Verdienst, den sizilianischen »Vettern« beigebracht zu haben, wie man eine »Kommission« schafft, mit Hilfe derer dann die Beziehungen zwischen den Familien besser funktionieren (vergleiche Kapitel V.3). Weniger bekannt ist dagegen, wie sich eine Gruppe »amerikanischer Abenteurer« 1946 in Tanger selbständig machte und im Mittelmeer mit einem umfänglichen Zigarettenschmuggel begann.

Dieser Handel sollte in den darauffolgenden dreißig Jahren zum größten und gewinnträchtigsten illegalen Geschäft Italiens werden; die Sizilianer (und anfangs auch Leute aus Ligurien) waren daran bereits Ende der 40er Jahre beteiligt und arbeiteten später auch mit neapolitanischen Schmugglern zusammen; Kontakte, die in den 50er Jahren hindurch intakt blieben, speziell weil viele Mafiosi zur Verbannung in die Nähe Neapels geschickt wurden (CPM, S. 970 und 1645–1646). Anfangs kam die Ware – großenteils amerikanischer Herkunft – aus der Schweiz, der traditionellen Quelle des steuerfreien Tabaks. Danach wurde eine Reihe logistischer Basen eingerichtet: Tanger, Gibraltar, Jugoslawien und Albanien. Der Transport per Schiff wurde dominierend, und so bekamen die Seefahrertradition und die Küstenlage Italiens, speziell im Süden, eine unerwartete Bedeutung (CPM, S. 184–185).

Seit den frühen 50er Jahren wurde der Handel von kleinen

Schmugglerunternehmen durchgeführt; sie waren oft von Fischern eingerichtet worden: »Außer dem zitierten Vincenzo Buccafusca und Padre Girolamo treten die Brüder, die Ehefrau, die Mutter, die Schwiegermutter und die Schwäger der palermitanischen Schmuggler in Erscheinung. Verwandte werden Außenstehenden vorgezogen, weil sie stärker an Vertrauen und Verschwiegenheit gebunden sind« (CPM, S. 481–482). Trotz der familiären Geschäftsführung haben bestimmte, bereits zu Anfang des Handels eingerichtete »Handelsnamen«, wie Buccafusca, La Mattina, Savoca, Spadaro, bis in die 80er Jahre überlebt (ebda. S. 208, 1467 und 1497). »Substantiell ist die Haupteigenschaft des Schmuggels die Kontinuität«, erklärt die Guardia di finanza, denn »die Bedeutung, die eine Schmugglerorganisation innehat, bezieht sich auch auf menschliche Faktoren, etwa die Erfahrung, die Entscheidungskraft der Bosse und der Mitläufer, auf die Glaubwürdigkeit und das Vertrauen, das sie bei ihren Ansprechpartnern im Ausland genießen, auf Beziehungen und Verbindungen zu den maßgeblichen Persönlichkeiten an den Küstenorten« (ebda. S. 1486–1487). Diese Eigenschaften bleiben und verstärken sich, einmal erworben, im Verlaufe einer langen Reihe von Geschäften. So bleibt das Zentrum des Handels trotz der erhöhten Mobilität und Flexibilität in diesem Tätigkeitsbereich häufig recht stabil. Wie auch bei vielen legalen Unternehmen, wird der Name beispielsweise Gaspare Ponentes, eines alten Schmugglers aus Palermo, »weiterhin benutzt«, auch nach seinem Tode (ebda. S. 278 und 988). Das hindert nicht den Aufstieg neuer Firmen, die oft von ehemaligen Mitgliedern der Hauptunternehmen geführt werden, und schließt auch nicht wilde Kämpfe um Marktanteile aus: Die Guardia di finanza räumt ein, daß der größte Teil an Beschlagnahmen von Schmuggelgut Hinweisen rivalisierender Banden zu verdanken ist (ebda. S. 988).

Eine tiefergreifende Analyse der Guardia di finanza mahnt auch zur Vorsicht bei der allzu schnellen Gleichsetzung von Schmuggel und Mafia; die Carabinieri sind ebenfalls der Ansicht, daß die Mafiafamilien bis 1973 hauptsächlich »externe Unterstützung« gewährt haben (CPM, S. 1065, 1464 und 1492–1493). An den sizilianischen Anlegestellen, an denen es eine Mafiafamilie gab, konnten die Schmuggler gegen eine Provision ihre Operationen in aller Ruhe durchführen: Be- und Entladen, Auffüllen der Depots, Aufteilung der Ladung für die folgende Spedition über Land (ebda.

S. 1065–1066 und 1486). Von 1950 an wurden die Schmuggelzigaretten tatsächlich vor allem in Westsizilien beschlagnahmt (ebda. S. 994). Contorno zum Beispiel behauptet, daß gerade aus diesem Grund die Familie von Balestrate am Golf von Castellammare eine besondere Macht gewann (TC, S. 182). Vor allem aber stellte die Mafia nach Erkenntnissen der Carabinieri »Kapital, Prestige und Schutz« zu Verfügung.

Das Problem ausreichenden Kapitals erweist sich beim illegalen Handel tatsächlich als ein ernstes Hindernis, und es trifft besonders auf den Schmuggel zu, wo große Summen zum Ankauf der Ware, zur Pacht von Schiffen, Motorbooten und zur Bezahlung der Besatzungen nötig sind (CPM, S. 1465). Dabei kann ein Schiff ein paar hundert Kisten Zigaretten transportieren oder auch ein paar tausend, die Kosten bleiben praktisch dieselben. Das regt dazu an, jedes Schiff immer ganz voll zu packen – was dann aber sehr viel Kapital fordert, und die Investoren weigern sich, so viel Geld in derart riskante Geschäfte zu stecken. Da das Vertrauen unter Verbrechern gering ist, reicht ein einfaches Versprechen auf immense Zinsen nicht immer aus. Selbstfinanzierung ist aber undenkbar: Ein Schmuggelunternehmen, »und mag es noch so mächtig sein, verfügt nicht über die finanzielle Kapazität zum Erwerb einer ganzen Schiffsladung, die zwischen tausend und dreitausend Kisten Zigaretten liegt«, was einem Wert von 80 bis 240 Millionen Lire entspricht (damals zwischen einer halben und eineinhalb Millionen DM, Preise von 1971; ebda. S. 989).

Die Mafiosi beteiligten sich nun genau zur Bewältigung dieses Kapitalbedarfs. Sie nutzten dabei ihre Kapazität als Garanten, verschafften sich die notwendigen Beträge über ihre Familien, über andere Mafiosi, über Kunden und auch über Mitbürger, die keine Ahnung hatten und nur wußten, daß es sich um Uomini d'onore handelte, »deren Wort soviel ist wie ein notarieller Akt«. Als sich Mariano Marsala beklagte, daß er und seine Familie in Vicari nicht genug Geld verdienten, und finanzielle Unterstützung von potenteren Mafiosi erbat, wurde er zur Investition im Tabakschmuggel eingeladen – mit einer Verzinsung von 40 Prozent alle drei Monate. Dabei sollte er Teilhaber der Familien werden, die den Handel in Palermo kontrollierten. Marsala investierte fünf Millionen (VM, S. 28–29). Die Einladung zu diesem Geschäft kam von Gigino Pizzuto, dem Capomandamento und Repräsentanten der Familie von San Giuseppe Gemini und Cammarata. Andere Quellen weisen darauf hin, daß sich zu dieser Zeit in ebendiesen Gebieten geradezu astronomisch hohe Verdienste auch für gewöhnliche Kunden boten – ein Fall berichtet von zwei alten Jungfern –, wenn diese in einem nicht näher bezeichneten informellen Netz investieren wollten. Stefano Calzetta, der damals gerade seinen »Einstand« in die Verbrecherwelt »feierte«, bekam die Chance zur Investition von zehn Millionen Lire in den Schmuggel, dafür wurde die Ladung eines Motorbootes auf ihn ausgestellt (SC, I, S. 15). In Catania investierte Calderone Geld auf Rechnung anderer Mafiosi, die im Gefängnis saßen (AC, I, S. 291–292).

Das finanzielle Engagement der Mafiosi hat äußerst wichtige Konsequenzen, weil dabei nicht nur Geld mit im Spiel ist, sondern vor allem Glaubwürdigkeit als Garant: Die verschafft eine vorzügliche Sicherheit, daß das Geschäft in allen Phasen unbehindert abläuft. Solange die Arbeitsteilung klappte, blieben Mafiosi und Schmuggler getrennt. Als jedoch Probleme auftraten, beschlossen die Mafiosi die rituelle Internalisierung der größten Schmuggler. Anfang der 70er Jahre verstärkte sich, während eines Booms auf dem Zigarettenmarkt, die staatliche Repression: Die Schiffsladungen hatten sich laut Buscetta verzehnfacht, und damit auch das damit verbundene Risiko: »Daraus entstand für die Cosa Nostra die Notwendigkeit, die größten Schmuggler zu Uomini d'onore zu machen, das heißt also Spadaro, La Mattina und Michele Zaza, um sie dem eigenen Willen gefügsamer zu machen« (TB, III, S. 80). Michele Zaza war der größte neapolitanische Schmuggler; anfangs bezahlte er Schutz an die Camorristen (zum Beispiel eine Provision an den Chef der »Nuova Camorra Organizzata«, Raffaele Cutolo; RPMNA, 23. April 1986, S. 7); er wurde später als die anderen aufgenommen, erst nach 1975. »Die drei Schmuggler arbeiteten getrennt voneinander, und ihre Streitigkeiten waren der Vorwand für die Mafia, sich zwecks angeblicher Herstellung der Ordnung dieses (wenigstens damals) überaus einträglichen Geschäfts zu bemächtigen: Das Aufzwingen ihrer Ordnung aber verschaffte ihr in Wirklichkeit immense Gewinne« (TB, I, S. 91–92). Heraus bildeten sich drei Sozietäten aus Mafiosi und Schmuggelunternehmen: Die Bontade unterstützten La Mattina, Calò vereinte sich mit Spadaro, Bono wurde Teilhaber Zazas (FMM, S. 352–353; TB, I, S. 91–92, OSPA, V, S. 959–965). Ein paar Anteile bekamen auch andere neapolitanische Camorristen, um ihre Mitarbeit zu sichern. Auf diese Weise hofften die Mafiosi die Schmuggler fester an sich zu binden und ihren Absprung oder Betrügereien zu verhindern. In jenen Jahren wurden weitere Schmuggler aufgenommen, darunter auch Contorno selbst. An die Zeit vor seiner Initiation (1975) hatte er vor Gericht die Erinnerung, daß er damals »mit Zigaretten handelte und noch ein Niemand war« (TC-GDS, 12. April 1986). Ein weiteres Indiz für die Einbeziehung des Schmuggels in die höheren Ebenen der Mafia ergibt sich daraus, daß die Carabinieri erstmals 1973 Ermittlungen über Gruppen anstellten, die ausschließlich aus Mafiosi bestanden: Sie waren, so die Carabinieri in ihrem Bericht, sicherer vor Infiltrationen als normale Schmugglerbanden (CPM, S. 1493–1495).

Die stärkere Beteiligung der Mafiosi gestattete nun die Entwicklung einer neuen Marktstrategie: 1974 wurde ein Turnussystem eingeführt, wonach reihum jeweils nur eine der drei Gruppen die Erlaubnis zur Entladung eines Schiffes im Raum Neapel hatte (eine Regelung, die ausnahmslos alle Mafiaaussteiger beschreiben, mit nur nebensächlichen Unterschieden: TB, III, S. 32–34; AC, II, S. 428–429; OSPA, V, S. 959–965; FMM, S. 272–273). Auf diesem Gebiet arbeitete auch noch eine vierte Firma, die wurde von Savoca geführt – der war aber bereits vorher Mitglied der Mafia. Die Turnusregelung zielte laut Buscetta darauf ab, eine Überfüllung der Kais durch Schmuggler und damit die Aufmerksamkeit der Polizei zu vermeiden. Doch der Hauptzweck war die Regulierung der ankommenden Zigarettenmengen, um eine Überschwemmung des Marktes zu verhindern: Jede Gruppe verpflichtete sich, höchstens 40 000 Kisten pro Entladungsturnus anzunehmen.

Der vierte Turnus ging jeweils an Savoca, der zur Familie von Brancaccio gehörte; doch von dessen Ladung gingen jedesmal 20 000 Kisten an die Kommission, als Ausgleich für die Überwachung. Die Kommission ihrerseits teilte die Kisten »unter den verschiedenen sizilianischen Familien auf« (FMM, S. 161, 353; vergleiche auch TB, III, S. 32).

Carabinieri wie auch Guardia di finanza behaupten, daß die Mafia kein Monopol für den Zigarettenschmuggel in Italien besaß (CPM, S. 1492). Wäre die Konkurrenz unabhängiger Schmuggler jedoch einigermaßen umfangreich gewesen, hätte das Kartell sein Ziel verfehlt:

»Die Monopolisierung des Tabakschmuggels in Neapel durch die Cosa Nostra verursachte ziemlich viel Ärger in örtlichen Verbrecherkreisen: Aus dem Handel ausgeschlossen wurden damit die kleinen Schmuggler, die nach Albanien fuhren und geringe Mengen von Zigaretten abholten, so etwa in der Größenordnung von zwei- bis dreitausend Kisten pro Ladung. Ihnen wurde die Fortführung des Schmuggels regelrecht verboten, weil die Zigaretten ausschließlich über die Mafiakanäle angeliefert werden durften« (FMM, S. 353). In manchen Fällen widersetzten sich die ausgeschlossenen Schmuggler. La Mattina und seinen Teilhabern wurde das gerade für eine Ladung Zigaretten empfangene Geld geraubt. Zwei hartnäckige Männer aus Süditalien, die auf eigene Rechnung im Norden arbeiteten, ohrfeigten auch schon mal während einer Diskussion einen Mafioso: »Die beiden führten sich wie Straßenräuber auf, in dem Sinne, daß sie sich der von der Cosa Nostra auferlegten Reglementierung des Schmuggels nicht unterwerfen wollten und in Neapel direkt ihre eigene Schmuggelware anlanden wollten« (FMM, S. 354). Sie wurden freundlich zu einem »klärenden Treffen« geladen, von dem sie nie zurückkehrten. Mannoia gibt eine makabre Darstellung, wie sie stranguliert, ihrer Wertsachen beraubt und dann verbrannt wurden (FMM, S. 353–356).

Das Kartell zerbrach dennoch einige Jahre später, 1979. Der Kollaps war nicht von der Konkurrenz verursacht, sondern schlichtweg durch interne Betrügereien. »Vor allem die Neapolitaner versuchten bei jedem Turnus, wesentlich mehr Zigarettenkisten abzuladen, als vereinbart war« (AC, II, S. 428–429). Mannoia verteilt die Schuld gleichmäßiger: »Zaza verhielt sich unkorrekt, indem er wesentlich mehr als die erlaubten 40 000 Kisten ablud; doch auch die anderen Teilnehmer am Turnussystem taten das.« (FMM, S. 353.) Laut Contorno »wollten Spadaro und Zaza den Löwenanteil haben«. Tommaso Spadaro – er bezeichnete sich selbst als den »Agnelli des Zigarettenschmuggels« und rühmte sich, ein Heer von fünftausend Männern aufbieten zu können (OSPA, V, S. 953; VIII, S. 1589) – wurde auch noch eine andere Art von Betrug nachgesagt: Contorno und Buscetta behaupten, er habe sich Geld angeeignet, das den ärmeren Uomini d'onore zustand, etwa Mariano Marsala, und den Leuten, die bei den Schmuggeloperationen die Schwerarbeit geleistet und ihre Ersparnisse investiert hatten. Im Laufe einer stürmischen Sitzung in Neapel wurde das Kartell dann aufgelöst (TC, S. 97–100).

Die rituelle Aufnahme der Schmuggler veränderte ihren Status jedoch nicht entscheidend. Die nur marginale Stellung Spadaros innerhalb der Mafia wird durch zahlreiche Indizien belegt und steht ganz im Gegensatz zu seiner Bedeutung als illegaler Unternehmer. Pippo Calò, sein Schutzgeber, degradierte ihn seiner Vergehen im Schmuggelwesen wegen zum einfachen »Soldaten« der Familie; und obwohl ein derartiges Vorkommnis eigentlich »eine Konfliktsituation heraufbeschwören müßte, hat Spadaro dem keine Bedeutung beigemessen und weitergemacht, als wäre nichts geschehen, und das zumindest bis heute« (TB, III, S. 39, 110; vergleiche auch TC, S. 190, 220, OSPA, XIII, S. 1602). Wäre er um seinen Status als Mafioso besorgt gewesen, hätte er wohl anders reagiert (allerdings weist Contorno auch darauf hin, daß Spadaro von Bontade geschützt wurde, dessen Gevatter – Pate eines seiner Kinder – er war, und das erklärt wohl die überraschende Nachsicht bei einem Verhalten, das in zahlreichen anderen Fällen zu drakonischen Strafen geführt hat). Als Spadaro in zwei Fällen Mitglieder der Familie abstrafen wollte, mußte er andere Mitglieder bitten, die Sache für ihn zu organisieren (OSPA, V, S. 726, VS, I, S. 199). Schließlich berichtet Buscetta auch noch, daß »mir weder hinsichtlich Spadaros noch La Mattinas etwas über eine mögliche entscheidende Rolle im Mafiakrieg berichtet wurde. Beide waren Schmuggelexperten, besaßen jedoch bestimmt nicht die Statur für eine Rolle im fraglichen Krieg« (TB, III, S. 35).

Dennoch: Löscht die Mitgliedschaft auch nicht die wesentlichen Unterschiede zwischen den *echten* Mafiosi und den von ihnen geschützten, so kann die Aufnahme doch Komplikationen auslösen durch Rechte, die eine reguläre Mitgliedschaft mit sich bringt. Diesen Eindruck bekommt man jedenfalls auch beim Beitritt Alfio Ferlitos, der aus ähnlichen Gründen zugelassen worden war:

»Santapaola schmeckte diese Aufnahme nicht, weil Ferlito einen großen Anteil am Tabakschmuggel leitete und daher ein unbequemer Konkurrent der Mannschaft war, die Nitto und Mangion führten. All das führte wegen der Einfuhr großer Mengen von Zigaretten zum Zusammenbruch des Marktes, und Santapaola war wirklich verärgert. Andererseits war ja Ferlito nun Uomo d'onore geworden und betrachtete sich zu Recht mit den anderen als gleichstehend« (AC, III, S. 642). Die Wahl zwischen diesen Alternativen – illegale Geschäftsleute als externe Kunden zu halten oder sie aufzunehmen – wird beim Drogenhandel noch dramatischer: Dort haben der Mangel an Vertrauen und die Allgegenwart von Betrug einzigartige Spitzenwerte erreicht.

2. Der Rauschgiftwirrwarr

Zwei hartnäckige Stereotype über die Mafia sind schlichtweg falsch: Daß sich Mafiosi, wie Don Corleone in ›Der Pate‹, dem Drogenhandel verweigern und daß sie sich in Sizilien bis Ende der 60er Jahre ausschließlich ländlichen Angelegenheiten gewidmet haben. Die Sizilianer waren schon lange Zeit in den Drogenhandel einbezogen: Serafino Mancuso wurde gar schon vor dem Zweiten Weltkrieg, 1935, von einem Gericht in den USA wegen Rauschgifthandels zu 40 Jahren Gefängnis verurteilt. 1947 wurde er ausgewiesen und kehrte nach Alcamo zurück, wo er zusammen mit seinem Bruder sein »Geschäft« wieder aufnahm, das sich dann langfristig als nicht sehr erfolgreich erwies. Die Mancuso waren nicht nur Schieber, sondern auch in der Behandlung von Morphin erfahren (Serafino zum Beispiel veredelte zehn Kilo minderwertigen Heroins in fünf Kilo hochwertiges). 1947 und 1948 wurden auch Lucky Luciano, Frank Coppola und Angelo Di Carlo aus den Vereinigten Staaten ausgewiesen und brachten ihr dort erworbenes Wissen in ihre Heimat mit. Diese Repatriierungen verschafften dem Drogenhandel neue Impulse (CPM, S. 74, 78, 622 und 999).

Die ersten Operationen gegen den Rauschgifthandel in der Nachkriegszeit wurden 1949 von der Guardia di finanza durchgeführt; dabei wurden in Palermo bei einem in Mailand ansässigen sizilianischen Kurier zwei Kilo Kokain beschlagnahmt (CPM, S. 998). 1951 wurde Frank Callace am Flughafen Rom im Besitz von drei Kilo Heroin verhaftet. Ebenfalls 1951 wurde Rosario Mancino in den USA als Teilhaber seiner Brüder und Gaetano Badalamentis – der damals als illegaler Immigrant in Detroit lebte – beim Export von 50 Kilogramm Heroin identifiziert (Li Causi

1971, S. 320). 1952 stand Mancino erneut unter dem Verdacht, eine Fischverpackungsfabrik in Beirut zur Heroinveredelung zu benutzen. Er besaß auch eine Firma, die in den USA den Transport von Schachteln besorgte, die vielleicht nicht nur Fisch enthielten (Li Causi 1971, S. 316, über Corleone vergleiche auch Dalla Chiesa 1990, S. 82–83). 1960 wurden Salvatore Mancino (der Bruder Rosarios), Angelo La Barbera und Pietro Daví in Mexiko-Stadt erkannt und danach wegen Rauschgifthandels aus den USA und aus Kanada ausgewiesen. Im selben Jahr wurden in New York zehn Kilo Heroin beschlagnahmt, deren Spur nach Salemi in Westsizilien führte. Ging bei derlei Sendungen etwas schief, war Salvatore Greco, genannt »der Lange«, zu verständigen (Li Causi 1971, S. 228). Das Verzeichnis der Beschlagnahmungen und der Verhaftungen tröpfelte kontinuierlich weiter bis in die 70er Jahre, dann wurde ein reißender Fluß daraus.

Für die Zeit vor den 70er Jahren besitzen wir nur bruchstückhafte Informationen über Handel und Beteiligung von Mafiosi. Die Carabinieri räumen ein, daß lediglich ein kleiner Teil dessen bekannt ist, was da abgelaufen ist (CPM, S. 1538). Gesichert sind jedoch einige Fakten hinsichtlich der Herkunft, der Konsummärkte und der Veränderungen in diesen Bereichen. 1952 wurde eine Firma in Turin gezwungen, legal für medizinische Zwecke erworbenes Morphin illegal zu verkaufen; doch ansonsten wurde Rauschgift direkt in den Herstellerländern eingekauft, vorwiegend im Vorderen Orient: in der Türkei, in Syrien, im Libanon, in Afghanistan und so weiter. Bis zum Ende der 60er Jahre gab es in Italien kaum Rauschgiftgenuß, allenfalls beschränkte Mengen von Kokain, das vor allem in Mailand konsumiert wurde; es wurde von Südamerikanern eingeführt und von Mailändern, Neapolitanern und Sizilianern vertrieben. Niemand besaß das Monopol, Mafiosi spielten keine herausragende Rolle (CPM, S. 1022, 1520 und 1607). Italien war hauptsächlich ein Durchgangsland für Heroin, den größten Teil dessen nahm der Markt der Vereinigten Staaten auf.

Das Rauschgift kam vom Ursprungsland als Rohopium oder als Morphin; doch die Opiumsendungen wurden immer seltener und hörten 1963 ganz auf (CPM, S. 1535). Der Vorteil des Morphins bestand in der erheblichen Gewichtseinsparung: Zwei Kuriere, von denen jeder beispielsweise zehn Kilo mit sich führt, können ein Äquivalent von zweihundert Kilo Opium transportieren. Das

Opium wurde vorwiegend auf dem Seeweg transportiert, das Morphin konnte ohne weiteres im Lastwagen oder im Flugzeug geschickt werden. Laut Contorno befreite das Morphin die sizilianischen Händler auch aus der Abhängigkeit von den Schiffen neapolitanischer Schmuggler: Von nun an konnte jedes kleine Boot den gleichen Zweck erfüllen (TC, S. 159). Zur Verlustminderung im Falle einer Entdeckung wurden große Lieferungen oft zuvor schon in Malta in kleinere Einheiten zerlegt (CPM, S. 1544).

Der größte Teil der Veredelung fand in Südfrankreich statt (wobei es übrigens Beweise gibt, wonach der französische Geheimdienst SDECE 1951 bis 1954 ein Netz von Opiumverteilern unterhielt und damit die Anwerbung von Fremdenlegionären für den Indochinakrieg finanzierte; Posner 1989). Waren es Mafiosi, die den Rohstoff lieferten, ging das Rauschgift von Sizilien nach Marseille, kam von dort veredelt nach Sizilien zurück und lief erst dann in die Vereinigten Staaten. In vielen Fällen waren die Mafiosi nicht am Einkauf im Ursprungsland beteiligt, doch mit Ausnahme einer kurzen Zeitspanne von 1963 bis 1968 im Zusammenhang mit dem internen Mafiakrieg und seinen Folgen waren sie stets für den Transport des fertigen Produkts an die amerikanischen Käufer verantwortlich. Als *Vermittler* hochgeschätzt waren Mafiosi aufgrund ihrer engen Beziehungen zu den Siculoamerikanern, die in den Vereinigten Staaten den Markt leiteten. Diese Beziehungen gestatteten größere Flexibilität und boten Sicherheit: »Ist zwischen sizilianischen Mafiosi und italoamerikanischen Abnehmerbanden im Laufe der Zeit ein bewährtes Vertrauen entstanden, kann es geschehen, daß ein Kurier aus Amerika mit dem Geld in bar zur Bezahlung anreist, während der Stoff einem anderen Boten anvertraut wird« (CPM, S. 1023–1024), ohne daß der Tausch gleichzeitig stattfindet. Da es aber keine privilegierte Bindung dieser Art zwischen Sizilianern und nahöstlichen Lieferanten gab, erwies sich auf der anderen Seite gerade die Einfuhr als die schwierigste aller Operationen. Ein sizilianischer Emissär mußte hinfahren, das Rauschgift überprüfen und, was am schlimmsten war, einen ansehnlichen Betrag vorausbezahlen (CPM, S. 1023–1024, 1694).

Die Garantie von Geschäften auf dem Heroinmarkt (Moore 1977) ist wesentlich schwieriger als auf dem Tabaksektor. Einerseits ist das Rauschgift wesentlich weniger sperrig, ist leichter zu transportieren und zu verstecken. Andererseits hat es jedoch auch beträchtliche Nachteile: Die Ursprungsländer, in denen man sich versorgen muß, liegen weit weg; der Kontakt dorthin ist schwierig, ebenso die Kontrolle. Das finanzielle Engagement ist sehr hoch, eine lange Kette von Vermittlern muß dazwischengeschaltet werden (Arlacchi 1983, S. 219). Die Qualität des Opiums ist unterschiedlich, und es gibt keine legalen Unternehmen wie beim Tabak, die auswählen und standardisieren. Eine schlechte Bearbeitung des Rohmorphiums kann die Lieferung ruinieren. Und was noch schlimmer ist: Jeder, vom Großhändler bis zum letzten Dealer, kann den Stoff stehlen oder verfälschen. Unter solchen Umständen ist Schutz kein Kinderspiel.

Die sizilianischen Mafiosi wurden »ständig über den Verlauf der Transporte auf dem laufenden gehalten, stets bereit, Befehle oder Anweisungen zu erteilen, um Schwierigkeiten, Verspätungen und mitunter auch Streit oder Meinungsverschiedenheiten auszuräumen. Dabei reisen sie auch schon mal von einem Kontinent zum anderen« (CPM, S. 1025). Trotz allerlei Vorkehrmaßnahmen gab es häufig Streit. 1965 entdeckten Carmine Lo Cascio und Joseph Mogavero, daß das von den Gebrüdern Caneba aus Italien gelieferte Herion qualitativ schlecht war und sich bereits bei zu niedriger Temperatur auflöste (unter 220 Grad Celsius). Sie revanchierten sich, indem sie einen Boten mit weniger Geld als abgesprochen nach Italien schickten. Die gemeinsam von dem Boten und den Gebrüdern Caneba durchgeführten Tests zeigten, daß einer der beiden Lieferanten tatsächlich schlechte Ware gesandt hatte. Trotzdem verlangten die Gebrüder die gesamte vereinbarte Summe und für jedes weitere Geschäft Zahlung im voraus. Am Ende bekamen sie jedoch gar nichts, weil Lo Cascio und Mogavero keinen Cent herausrückten und alle künftigen Geschäfte mit ihnen sein ließen (CPM, S. 8).

Die Rolle der Mafiosi als Garanten bei der Schlichtung von Streitigkeiten zeigt sich in zahlreichen Fällen. So belegen einige von der Polizei abgefangene Briefe, daß Frank Coppola in den späten 50er Jahren in Mailand eine Auseinandersetzung über das Opiumbearbeitungsmonopol zwischen den Mancuso aus Alcamo auf der einen und Salvatore Greco, »dem Langen«, Francesco Callace und Salvatore Vitale auf der anderen Seite schlichtete (Li Causi 1971, S. 228). In einem anderen Fall versuchte 1960 ein gewisser Di Cosimo zehn Kilo Heroin in Palermo im Auftrag eines französischen Drogenschiebers zu verkaufen. Er übergab zweieinhalb Kilo an einen Mann namens Farina, der die Bezahlung innerhalb von zwei Stunden versprach, dann jedoch mit dem Stoff verschwand. Di Cosimo erbat den Schutz Salvatore Grecos und schrieb ihm dazu in einem Brief, den die Polizei in dessen Wohnung fand: »Wir sitzen wirklich in der Tinte, und ich denke, ich wende mich in Dir an einen echten Freund« (CPM, S. 75, 451 und 419–421). Greco konnte der Bitte nicht entsprechen: Er wußte, daß er von der Polizei überwacht wurde. So mußte sich der französische Verkäufer, Cordeliani, selbst nach Palermo begeben und einen Vermittler suchen. Schließlich griff Giuseppe Provenzano ein: Zunächst beschaffte er das gestohlene Rauschgift wieder – gegen 500 000 Lire »für die Picciotti« – und betätigte sich dann als Garant für den Verkauf der gesamten Partie an Mancuso (CPM, S. 75, 451 und 419–421).

1962 gab es einen schwerwiegenderen Streit. Zwei Schmuggler, Calcedonio Di Pisa und Rosario Anselmo, übernahmen vor der Küste von Agrigent eine große Lieferung Heroin aus Ägypten. Die beiden standen unter dem Schutz von Cesare Manzella, einem Prototyp des traditionellen Mafioso. Er war nach einem kurzen Aufenthalt in den USA, wohin er viele Kontakte hatte, nach Cinisi zurückgekehrt; dort besaß er große Zitrusplantagen und hatte sich durch Almosenvergabe einen Ruf als Wohltäter erworben: »Ein gewalttätiger, herrschsüchtiger Mensch«, schreiben die Carabinieri über ihn, »verschlagen, mit hervorragendem Organisationstalent, weshalb er unumstrittenen Einfluß auf die Vorbestraften und die Mafiosi im Ort besitzt. Seine Funktion besteht nur und ausschließlich in der Organisation der Kriminalität« (Li Causi 1971, S. 273). Die beiden Schmuggler fühlten sich unter den Fittichen Manzellas sicher und vertrauten das Rauschgift einem Kellner auf dem Kreuzfahrtdampfer Saturnia nach New York an; der Mann seinerseits übergab es Totò Savona und Emanuele Profaci in Brooklyn. Unglücklicherweise war das vom Kellner bei seiner Rückkehr mitgebrachte Geld weniger als vereinbart. Die Amerikaner behaupteten, den korrekten Preis für die ausgelieferte Menge bezahlt zu haben. Wo war der Rest also abgeblieben? Der Kellner wurde ordentlich »bearbeitet«, erwies sich aber als unschuldig. Blieben die beiden Schmuggler, Di Pisa und Anselmo. Ende 1962 gab es eine Kommissionssitzung. Manzella und andere versuchten die

Schuld von den Schmugglern abzuwälzen, doch offensichtlich waren Greco, Mancino und La Barbera damit nicht einverstanden. Wahrscheinlich war das die Spaltung, aus der heraus der erste Mafiakrieg begann. Di Pisa durfte gerade noch Weihnachten feiern; am 26. Dezember 1962 wurde er ermordet. Am 8. Januar 1963 bekam einer seiner Leute Kugeln verpaßt; zwei Tage danach explodierten zwei Bomben beim Mineralwasserdepot des Onkels von Di Pisa, Picone. Am 7. März fuhren vier bewaffnete Männer zur Metzgerei im palermitanischen Vorort Isola delle Femmine und suchten Manzella; sie fanden ihn aber nicht. Am 26. April jedoch tötete eine Bombe Manzella und einen seiner Laufburschen. Rauschgift schadet also nicht nur der Gesundheit der Konsumenten, sondern zuweilen auch jener der Händler (Li Causi 1971, S. 272–274, 278 und 282–283).

Der Mafiakrieg erzwang die Unterbrechung des Drogenhandels bis 1968. Anfang der 70er Jahre verzeichnete die Guardia di finanza ein deutliches Wachstum mit dem Heroin verbundener Tätigkeiten. Arlacchi erklärt dies damit, daß die Mafiosi vorher aufgrund finanzieller Grenzen nicht zum Wettbewerb mit mächtigeren Drogenhandelsgruppen imstande gewesen seien; Beweise für diese These bietet er jedoch nicht. Er meint, daß die Mafiosi aufgrund der »Kultur der Ehre« Ressourcen vergeudeten und daß sie, weil nur parasitär und nicht unternehmerisch orientiert, früher nicht zur Akkumulation großer Bargeldsummen imstande gewesen seien (1983, S. 228–229); das erscheint aber nicht sonderlich überzeugend und eher vordergründig gedacht. Tatsächlich gab es niemals Geldmangel: Laut Contorno kam jedenfalls der Großteil des Kapitals aus den Vereinigten Staaten und von organisationsfremden Investoren (TC, S. 159, vergleiche auch TC-GDS, 21.–23. April 1986). Eine andere Erklärung für den Höhenflug des Drogenhandels ist schlicht der unerhörte Anstieg der Nachfrage nach Heroin auf den europäischen und amerikanischen Märkten, so daß sich eben mehr Mafiosi zu mehr Investitionen angeregt fühlten. Ein Hinweis auf diesen Anstieg könnte die Erklärung Richard Nixons geben, der 1971 das Heroin »zum öffentlichen Feind Nummer eins« erklärte, weil die US-Soldaten des Vietnamkriegs die Sucht mit nach Hause schleppten.

Die Investition war eine streng private Angelegenheit. Buscetta antwortete auf die Frage des Gerichts, ob Gelder aus der Organisation selbst in den Rauschgifthandel flossen: »Nein, nur persönliche. Man hat, soweit ich sehe, viel über Giuseppe Calò als Geschäftemacher oder als Schatzhüter der Mafia gesprochen. Wenn Pippo Calò Schätze besitzt, sind es die seinen, nicht die der Mafia. Er managt nicht die Schätze der Mafia. Jeder hat seine eigenen« (TB-GDS, 5. April 1986). Darin stimmen auch alle anderen Zeugen – Contorno, Calderone, Mannoia – überein: Die Mafia als solche hat nie mit Rauschgift gehandelt, das haben nur die einzelnen Mafiosi getan. Sie investieren ihr persönliches Geld oder Geld im Auftrag anderer, doch niemand sicherte dieses Geld *für sie* ab. Jeder Uomo d'onore mußte sein Kapital und das ihm garantierte selbst überwachen:

»Wenn ich da Geld ausgab und den Stoff kaufte und der erschien mir nicht gut, war nur ich es, der Geld verlor. War die Ware gut, habe auch nur ich mit ihr verdient. Das Rauschgift bekamen viele von uns, weil es mehrere Labors gab, und wenn ein Schiff mir zustand, kümmerte ich mich um die Bearbeitung, gab ich den Auftrag, Heroin daraus zu machen« (TC, S. 159, TC-GDS, 21.–23. April 1986).

Laut Buscetta und Contorno waren auf diesem Sektor die Abgrenzungen zwischen den Familien irrelevant: Jedem war es freigestellt, sich finanziell oder wie auch immer zusammenzutun, mit wem er wollte, gleichgültig ob der Partner ein Mafioso war oder nicht. War eine Genehmigung der Familie nötig, betraf sie lediglich den Handel im allgemeinen, nicht aber das »Wie« und das »Mit wem«. Laut Buscetta »beteiligten sich die Ältesten und die am wenigsten Unternehmungslustigen mit geradezu lächerlichen Beträgen oder wurden sogar von den Segnungen des Rauschgifthandels ganz ausgeschlossen« (TB, II, S. 115; vergleiche auch S. 34, 108–111, 113, sowie TB-GDS, 9. April 1986). Contorno erklärte auf die Frage, ob ein Capomafia seiner Familie im Prinzip bestimmte Geschäfte verbieten konnte, daß er das prinzipiell konnte – praktisch aber war zum Beispiel selbst Bontade nicht imstande, im Rauschgiftsektor Verbote durchzusetzen: Die Gewinne waren derart hoch, daß jeder beim Drogenhandel mitmachen wollte und der Boß gegen so viele Personen einfach machtlos war: »Der größte Teil handelte mit Rauschgift, weil da sehr viel Geld zu gewinnen war, mehr als bei jeder Bautätigkeit und bei jedem anderen Geschäft. Wenn man hundert Millionen investierte, wurden sofort dreihundert Millionen daraus, darum stürzte sich jedermann in den Drogenhandel. Man verdreifachte sein investiertes Geld, das war nicht wie beim Zigarettenhandel; darum stürzten sich so viele in den Drogenhandel, so wahnsinnig viele...« (TC-GDS, 21.–23. April 1986).

Dabei war die Unsicherheit im Drogenhandel so groß, daß niemand für den gesamten Ablauf eines Geschäfts – vom Herstellergebiet bis zum Einzelhandel – Garantien übernahm, aus Angst, dasselbe Schicksal wie Manzella zu erleiden. Der Schutz wurde für einzelne Geschäftsabschnitte übernommen. In den 70er Jahren zum Beispiel wurde Calderone gebeten, als Garant zwischen Giuseppe Bonsignore, dem Capodecina von Riesi mit Sitz in Turin, und Antonino Grado aus Mailand zu fungieren (AC, I, S. 291). Der Schutz war zerstückelt wie der Markt selbst. Tatsächlich war das Gesamtgeschäft derart komplex, daß jede Einzeloperation – Einfuhr, Veredelung, Ausfuhr in die Konsumländer – von selbständigen Gruppen durchgeführt wurde. Jede dieser Gruppen wies viele Mafiosi, aber ebenso viele mafiafremde Personen auf: »Es waren nicht nur Uomini d'onore, die mit Drogen handelten. Da gab es Leute, die den Stoff brachten, und andere, die in den Raffinerien arbeiteten, das war ein Durcheinander von Leuten, weil es da viel Geld gab: ob Mafioso oder nicht, war gleichgültig, jeder hatte Zutritt« (TC, S. 159; TC-GDS, 21.–23. April 1986). Das bedeutet freilich nicht, daß Externe unterschiedslos zugelassen waren. Sinagra und sein Vetter wurden höflich gebeten, dem Drogenhandel fernzubleiben, weil da ein Krieg im Gange war und »wir uns auf eine Überwachung der Gebiete beschränken sollten, und das hieß, daß wir auf unser Leben zu achten hatten« (VS-GDS, 21. Juni 1986; vergleiche auch VS, S. 199).

Der größte Teil des Imports wurde von den wenigen Unternehmen »internalisierter« Schmuggler durchgeführt, die die entsprechenden Kontakte zu den Lieferanten aus dem Nahen Osten besaßen. Buscetta beschreibt diesen Aspekt so:

»Bei meiner Rückkehr nach Palermo im Juni 1980 bemerkte ich, daß bei allen Mitgliedern der Cosa Nostra großer Wohlstand ausgebrochen war; Stefano Bontade erklärte mir, daß das die Folge des Rauschgifthandels war. Er sagte, daß eine Initiative Nunzio La Mattinas den Anfang dazu gemacht hatte. Der Tabakschmuggel wurde von der Cosa Nostra allmählich aufgegeben, so um 1978 herum, sowohl wegen der vergrößerten Risiken infolge stärkeren Drucks durch die Finanzpolizei wie auch aufgrund des internen Zanks, um dessentwillen häufig wichtige Geschäfte platzten. La Mattina, der sich als Schmuggler an die Produzenten und die Versorgungsquellen des Heroinrohstoffs wenden konnte, versuchte sein Glück, und es gelang ihm, die angesehensten Vertreter der Cosa Nostra zu überzeugen. Irgendwann stellte sich dann heraus, daß die Versorgung mit Rohstoff Tommaso Spadaro, Nunzio La Mattina und Pino Savoca vorbehalten war, die jedoch alle drei auf eigene Rechnung arbeiteten und ihre Kanäle eifersüchtig geheimhielten. Die anderen beteiligten sich lediglich finanziell an dieser überaus gewinnträchtigen Tätigkeit in dem Sinne, daß sie sich verpflichteten, den Ankauf und die Veredlung des Heroins zu finanzieren.« (TB, III, S. 108–111; vergleiche auch TB-GDS, 9. April 1986.)

Nach Erkenntnissen der Guardia di finanza (CPM, S. 1545) gab es 1970 noch keinerlei Veredlungstätigkeit auf der Insel; danach jedoch wurde sie in so großem Umfang von Spezialunternehmen aufgenommen, daß »es keinerlei Notwendigkeit für sie (die Händler) zur eigenen Heroinherstellung gab, denn das wurde schon von den anderen Familien produziert« (TC, S. 212). Mannoia war einer der Pioniere dieser Innovation chemischer Geschäfte; er gibt auch eine detailliertere Beschreibung über den Ablauf der Dinge. Als erster machte Nino Vernengo 1977 (damals noch kein Mitglied) eine Raffinerie auf (FMM, S. 158–159 und 179); er war von einem Diplomchemiker unterrichtet worden, der die Tätigkeit früher selbständig ausgeübt hatte: »Ich, Nino Vernengo, Pietro Vernengo und Francesco Mafara bildeten eine Firma und bedienten uns auch der Mitarbeit von Cosimo und Giuseppe Vernengo; dann begannen wir mit der Bearbeitung des Morphins von Giovanni Bontade; es wurde uns zunächst kiloweise übergeben; später, als die Dinge gut liefen, bekamen wir jeweils die gesamte Lieferung« (FMM, S. 159). Bontade überließ ihnen das Morphin dabei aber nicht einfach so aufs Geratewohl; aus Angst, die Base könnte versehentlich kaputtgehen oder die Veredler etwas davon für sich beiseiteschaffen, verkaufte er es ihnen und kaufte es ihnen nach der Veredlung wieder ab. Derlei Gefahren waren übrigens durchaus realistisch. Mannoia berichtet von zwei Fällen, in denen das von ihm bearbeitete Heroin zurückgewiesen wurde, weil es nicht hinreichend rein war (FMM, 174–175); und wie wir weiter unten noch sehen werden, waren Betrügereien auf diesem Gebiet an der Tagesordnung.

Auch die Veredler zahlten – selbst wenn einige von ihnen, wie Mannoia, Mitglieder waren – für den Schutz. Der Capofamiglia wurde zum Teil für die Tätigkeit als Garant bezahlt, zum Teil einfach deshalb, weil er der Boß war: Stefano Bontade gab Mannoia und Kompagnons fünfzig Kilo zur Veredlung und bezahlte lediglich drei Millionen Lire (statt fünf) pro Kilo und »sagte uns zur Begründung, daß er etwas zur Verteilung innerhalb der Familie einbehalte« (FMM, S. 163). Auch den Capodecina des palermitanischen Vororts Chiavelli mußten sie bezahlen (eine Million Lire für jedes veredelte Kilo) – für das Recht, auf »seinem« Gebiet zu arbeiten (FMM, S. 168). Auch die Grado mußten Provision an einen großen Mafioso abführen, obwohl sie ihre Tätigkeit als Heroingroßhändler in Mailand ausübten, und sie jammerten darüber nicht anders als legale Kaufleute (OSPA, VI, S. 1125).

Trotz des Wunsches nach Geschäftserweiterung veredelten Mannoia und seine Teilhaber das Morphin vorwiegend im Auftrag Dritter. Die Kunden kamen von selbst, bestanden ab und zu darauf, daß das Geschäft dem oder jenem verborgen bleiben sollte (FMM, S. 178), und behaupteten mitunter auch, unter dem Schutz eines bedeutenderen Mafioso zu stehen (ebda. S. 198). Manchmal kamen auch ganze Gruppen daher, verlangten aber für das Endprodukt separate Verpackung (ebda. S. 168–169). Nino Vernengo und Mannoia waren unzufrieden über ihren vergleichsweise geringen Verdienst aus der Veredlung, beklagten sich bei den Grado-Brüdern und verlangten die Erlaubnis zum Einstieg in den Handel selbst. Es gelang ihnen aber nicht (ebda., S. 182). Nur für kurze Zeit erhielt Nino Vernengo kleine Mengen über einen Schmuggler aus Catania, der diese seinerseits von einem Türken bekam (es blieb jedoch bei weniger als zehn Kilo pro Lieferung, ebda. S. 171).

Internalisiert wurden lediglich einige Händler aus Firmen, die bei jeder Ladung mitwirkten. Nur zwei der zahlreichen Grado-Brüder waren in die Familie von Santa Maria del Gesù aufgenommen (OSPA, VI, S. 1209). Stefano Bontade war damit einverstanden, daß Salvatore zum Mitglied wurde, doch Gaetano verweigerte er die Zustimmung, weil er diesen aufgrund seiner Liebschaften für unzuverlässig hielt. Auch im Falle der Familie Vernengo wird nur selektive Aufnahme berichtet. Pietro war schon einige Zeit

Mitglied, Nino wurde 1979 aufgenommen, da hatte er schon zwei Jahre Heroinveredlung hinter sich; Cosimo jedoch wurde trotz der Unterstützung Mannoias abgewiesen. »Es reicht, wenn Nino aufgenommen wird«, sagte Bontade (FMM, S. 180). Verstand man die Mitgliedschaft grundsätzlich als Mittel, das zur Gewährleistung korrekten Verhaltens führen sollte, genügte die Aufnahme nur eines Teils der Brüder oder der Verwandtschaft durchaus. Das erhellt zum Beispiel der Fall des unternehmungslustigen Spadaro, der eine Expansion vom Import zum Export schaffte, wobei er Florenz als Basis benutzte. Hier wurden 1983 ganze 80 Kilo Heroin beschlagnahmt, Spadaro wurde zu 30 Jahren Gefängnis verurteilt (22 Jahre bekam er dann noch im Maxiprozeß dazu). Das Gericht beschreibt seine Exportfirma als »eine gelenkige, komplexe Organisation, die in Italien und im Ausland tätig war, und dies weder mit Hilfe direkter noch indirekter Verbindungen zur Cosa Nostra, sondern über Spadaro selbst und über seine zuverlässigsten Komplizen« (OSPA, VIII, S. 1389, 1391 und 1585–1586, 1590). Innerhalb seiner Gruppe war Spadaro das einzige Mafiamitglied. Contorno bestätigt ebenfalls, daß Spadaro mit Nichtmafiosi arbeitete (TC, S. 214–217).

Laut Buscetta hatte die Präsenz Externer negative Auswirkungen: »Aus geschäftlichen Gründen war es notwendig, auch Nichtmafiosi einzuschalten, und das war eine nicht geringe Ursache für das danach entstandene Durcheinander« (TB, S. 108–111). Doch wenn es einerseits nicht ohne Außenstehende ging, war es andererseits auch wieder nicht praktikabel, diese alle zu Mitgliedern zu machen. Ein sinnvoller Kompromiß war da nicht leicht: Die Familie der Bontade bezahlte zum Beispiel ihre extreme Aufnahmeliberalität – die große Anzahl von Mitgliedern (sie wuchs in den 70er Jahren von 50 auf 160 an) unterminierte die Autorität Bontades selbst; und das war ziemlich sicher einer der Gründe für den Mafiakrieg, der Anfang der 80er Jahre ausbrach.

War man schließlich an der Phase der Endverteilung angelangt, hatte der Mafioso, der im Besitz des Heroins war oder der dafür im Auftrag anderer Investoren verantwortlich war, zwei Alternativen: Er konnte den Verkauf selbst am Ort oder zumindest innerhalb der italienischen Grenzen vornehmen, oder er konnte ihn anderen Unternehmen anvertrauen, die auf den Export in die Vereinigten Staaten spezialisiert waren. Ersteres war der sicherere

Weg, der zweite der gewinnträchtigere (angeblich dreimal so ergiebig) – doch er war auch risikoreicher (TB, S. 116). Um den Transport großer Partien kümmerten sich wieder andere Unternehmen: Nach Contorno und Mannoia war der für den Transport der Drogen in die Vereinigten Staaten verantwortliche Mafioso bis zu seinem Tod 1981 Salvatore Inzerillo (TC, S. 155; FMM, S. 58). 1983 erfuhr Mannoia von Pino Greco, daß dieser inzwischen den Handel übernommen hatte (FMM, S. 192).

Die Exklusivität blieb jedoch eher eine Anmaßung. Verrat war ebenso normal wie der überall stattfindende Betrug. Am problematischsten war das bei den Lieferanten – sie konnte man immer nur schwer aufspüren. Der Betrug geschah dabei entweder bei der Bezahlung oder hinsichtlich der Qualität. Der Türke Mussullulu, der zuvor große Mengen Morphins an La Mattina (der ihm einige Zeit zehn Millionen Dollar schuldete) geliefert hatte, verschwand 1983 völlig von der Bildfläche, »nachdem er listig eine enorme Verwirrung in der Rechnungsführung über Käufer und Heroinlieferanten angerichtet hatte; er flüchtete nach Bulgarien und blieb den Sizilianern zwei Millionen Dollar schuldig« (OSPA, IX, S. 1867). In einem anderen Fall verloren die Sizilianer nach der Beschlagnahme von zweihundert Kilo in Suez nicht nur die große Vorauszahlung, sondern schuldeten dem thailändischen Lieferanten Tan Song auch noch ein Viertel des Gesamtbetrages – schließlich waren sie für den Transport verantwortlich gewesen. Tan Song erhielt das Geld allerdings am Ende doch nicht, weil sein einziger Verbindungsmann zu den Sizilianern mit der Lieferung verhaftet worden war und die Sizilianer verständlicherweise keine besondere Eile bei der Wiederaufnahme der Kontakte hatten (OSPA, IX, S. 1712–1724).

Trotzdem galten die Sizilianer im Bereich dieses äußerst unsicheren Handels als relativ zuverlässige Partner. Die erste Lieferung per Schiff aus Thailand ging, soweit bekannt, an Gianfranco Urbani, einen unabhängigen Händler aus Rom mit dem Spitznamen »der Panther«. Die Kuriere wurden jedoch gestellt, einer davon kam bei einem Feuergefecht mit der Polizei ums Leben. Urbani bekam es mit der Angst zu tun und verschwand; den Vermittler Ko Bak Kin ließ er mit noch nicht verkauften vier Kilo zurück. Da traten die Sizilianer auf und kauften den Stoff zu einem Preis, der beträchtlich unter dem lag, der mit Urbani vereinbart war. Nach dem Bericht eines Zuträgers der Drogenabteilung im Polizeipräsidium Rom hegte Kin seither Groll gegen Urbani und wollte, auch nachdem dieser wieder aufgetaucht war, nichts mehr mit ihm zu tun haben. Dennoch hatte er, trotz des aufgezwungenen Preisnachlasses, Grund zur Freude; schließlich hatte er auf diese Weise Beziehungen zu den Sizilianern bekommen, die seiner Ansicht nach größeres Vertrauen verdienten (OSPA, IX, S. 1714–1732).

Derlei Fälle belegen, daß bei diesem Handel das Spiel von Vertrauen und Mißtrauen zu unerreichten Höhen gelangt. Die Aussagen lassen Argwohn, Paranoia und Ressentiments erkennen, beim Rauschgifthandel mehr noch als in allen anderen illegalen Märkten. Die Mafiosi beklagen Betrügereien der anderen – und rühmen sich der eigenen. Wie tödlich dieser Drogencocktail jedoch auch für sie war, zeigen nicht nur die Berichte der Aussteiger, die ihre Haut zu retten versucht haben, und die vielen Festnahmen danach, sondern auch die Zahl der Ermordeten im Krieg der 80er Jahre – sie beläuft sich nach vorsichtigen Schätzungen auf mindestens fünfhundert.

Schlußfolgerungen

Die dauerhafte, tiefverwurzelte Natur der Mafia drückt sich nicht in einer zentralisierten Organisation aus. Was die Mafiafamilien – 1987 waren es mehr als hundert – verbindet, ist vor allem ein Vermögen an Reputation einer Qualitätsarbeit für Schutz und wirksame Einschüchterung. Drohungen oder Entscheidungen, wie sie die Uomini d'onore aussprechen, sind wesentlich weniger wirksam und in ihrer Durchsetzung viel teurer, wenn die Schutzgruppe nicht überzeugend die anerkannte Mitgliedschaft bei der Mafia für sich reklamieren kann. Diese Reputation – »Mafia« – ist etwas anderes als der Ruf der einzelnen Familien oder ihrer Mitglieder, doch alle profitieren von ihr und haben ein gemeinsames Interesse zur Aufrechterhaltung ihrer Sondereigenschaften.

Diese Vorstellung von der Mafia erklärt gleichzeitig die augenscheinliche Zwiespältigkeit in den Beziehungen der Mafiafamilien untereinander, wo Streit und Zusammenarbeit nebeneinanderstehen, interne Kämpfe herrschen und doch eine von allen anerkannte Identität aufrechterhalten bleibt. Weiterhin wird verständlich, inwiefern und warum das Markenzeichen »Mafia« und die mit ihr verbundenen Symbole zum Teil von außen her aufgebaut wurden, ohne daß man daraus schon schließen müßte, es handle sich um pure Phantasie. Der Fall des Cacao Meravigliao, den wir in Kapitel VI.3 kennengelernt haben, zeigt, wie eine erfundene Marke reale Produzenten echter Waren so faszinieren kann, daß sie untereinander in einen Wettbewerb um die Aneigung dieser erfundenen Marke treten.

Es stimmt, daß die Mafiafamilien einiger sizilianischer Provinzen Ende der 50er Jahre systematisch Beziehungen untereinander herzustellen und Regelwerk zur deren Gestaltung einzuführen versucht haben. Das bedeutet jedoch weder, daß die Mafiafamilien jemals ihre Unabhängigkeit verloren und sich einer zentralisierten Struktur unterworfen haben, noch daß die Wirrnisse in diesem Bereich verschwunden sind. Die Mitgliedschaft wurde weiterhin von jeder einzelnen Familie kontrolliert, und die Kommission – die vorwiegend von den Familien aus Palermo gebildet wurde – hat nie Regierungsfunktionen ausgeübt oder Entscheidungen getroffen, die im Kontrast zum Willen der wichtigsten Familien standen. Es handelte sich eher um einen Ort für Diskussionen, in dem die Marktaufteilung ausgehandelt, eventuelle gemeinsame Aktionen beschlossen und die Überwachung der Verhaltensstandards durchgeführt wurden, die für den Bereich insgesamt notwendig waren. Die Kommission kümmerte sich insbesondere um die Festlegung der Normen bei der Neuaufnahme, der Reputation, der Eigentumsrechte, und sie legte die Legitimationskriterien für die Nutzung des Markenzeichens »Mafia« fest.

Dennoch entsteht aus den Quellen allgemein der Eindruck einer gequälten, wirren Welt, gestört durch Anomalien, unsichere Grenzen, widersprüchliche Situationen, oberflächlich ausgearbeitete Vorschriften und verfälschte Informationen. Diesem Zustand haben wir im Text durch viele Beispiele Rechnung getragen. Dennoch sollte man zumindest daran erinnern, daß die Mitgliedschaft unter ein und demselben Etikett analytisch unterschiedliche Rollen zusammenfaßt.

Normalerweise bringt die Rolle des regulär aufgenommenen Mitglieds nicht nur die Möglichkeit mit sich, Schutz zu genießen, sondern auch, ihn zu gewähren; das entspricht einer speziellen Gewerbeerlaubnis. Dennoch kommt es auch vor, daß ein Kunde, der zu wichtig ist oder zu schwer zu kontrollieren, zur Festigung seiner Beziehungen mit der Familie formell in diese aufgenommen wird, auch wenn er sich weiterhin lediglich schützen läßt. Weiterhin wird diese Gewerbeerlaubnis, einmal erhalten, stark variiert: Manche Mitglieder gehen skrupellos vor, kümmern sich nicht um die Normen oder bewegen sich auf internationalen Märkten; andere bleiben ihr ganzes Leben einfache Blumenhändler (TB, III, S. 48); wieder andere wandern auf der Suche nach Reichtum aus.

Manche lassen sich nach ihrer Initiation auch nie mehr sehen, andere erweisen sich als derart albern, daß man sie schlichtweg ignorieren muß (AC, II, S. 462–463). In einer Welt wie dieser ist all das unvermeidlich. Bemerkenswert an der sizilianischen Mafia bleiben jedoch ausgetüftelte Versuche, diese Wirrnisse unter Kontrolle zu bringen. Nichts Vergleichbares – jedenfalls nichts, was Erfolg hatte – haben jemals ähnliche Unternehmen Süditaliens in Angriff genommen. Giovanni Falcone antwortete während der Gemeinderatswahlen 1990, wo in der Umgebung Neapels und in Kalabrien neun Kandidaten ermordet wurden, auf die Frage, warum derlei in Sizilien nie geschehen ist: »Das ist, gerade in seiner Lautlosigkeit, der bezeichnendste Beweis für die einheitliche Struktur der Mafia, für ihre Organisiertheit. Im Gegensatz zur Camorra und zur 'Ndrangheta, die keine gemeinsame Organisation besitzen und wo daher alle gegeneinander kämpfen, ist die Cosa Nostra eine einheitliche, organische Struktur, und hier ist eine Führungslinie möglich, die für alle gilt« (›la Repubblica‹, 11. April 1990).

Wir haben in diesem Buch nur wenig über die Entscheidung gesprochen, die jemanden veranlaßt, Mafioso zu werden – sofern es sich denn wirklich um eine Entscheidung handelt. Die Unsicherheiten in diesem Gewerbe, bei dem man Gefängnis oder den Tod durch die Hand der »Freunde« riskiert, bei dem darüber hinaus Eigentumsrechte ebenso verschwinden wie die Möglichkeit, das Unternehmen weiterzuvererben oder sich seiner nach Belieben zu entledigen: All das stellt ja zunächst entmutigende Faktoren für alle dar, die Vollmitglied werden wollen, so daß die Aspiranten schon besondere Voraussetzungen mitbringen und gleichzeitig stark am Mangel an Alternativen leiden müssen. Diese Voraussetzungen können in einer bestimmten naturgegebenen Anlage bestehen oder in Fähigkeiten, die gewisse Familien oder Stadtviertel vermitteln, in denen man eine für solche Tätigkeiten notwendige ungewöhnliche Erziehung erhält. Kurz und gut: Wer nicht aus einer Familie mit mafioser Tradition stammt und auch kein Psychopath ist, wird kaum danach streben, ein Mafioso zu werden. Pino Greco, genannt »Scarpuzzedda«, brachte beide Eigenschaften mit: Er war nach allgemeiner Ansicht ein überaus grausamer Mensch, ja wurde sogar von seinem sterbenden Vater verflucht (TB I, S. 55; III, S. 10, 11, 16 und 24; VI, S. 1218). Diese Gaben erlaubten ihm die Nachfolge Michele Grecos als Oberhaupt der Familie von Ciaculli-Croceverde. Lange konnte er sich dieser Position jedoch nicht erfreuen: Er verschwand 1985, nach Angaben Mannoias umgebracht von seinen eigenen Freunden (FMM, 4. Januar 1990).

Trotz allen Geredes über die ständigen Metamorphosen der Mafia hat sich die Rekrutierung neuer Mafiosi seit der Entstehungszeit kaum gewandelt: Noch heute kommt der Großteil von ihnen aus kleinen Orten Innersiziliens, und auch heute stammen viele aus bäuerlichen, keineswegs privilegierten Familien. Vincenzo Marsala übernahm während seiner Aussage über die Familie von

Vicari die Rolle des Strafverfolgers und machte folgende Vorschläge: »Die Wahrheit, Herr Untersuchungsrichter (Falcone), ist, daß man für die Mafia eine eiserne Faust braucht; und wenn man nicht in diesen Orten damit beginnt, wird dieses Unkraut niemals ausgerottet. Das Reservoir für die Mafia ist das Hinterland; das ist es, was ihr immer wieder die Erneuerung ihrer Reihen ermöglicht« (VM, S. 79).

In Vicari üben viele Mafiosi Beschäftigungen im Zusammenhang mit der Landwirtschaft aus – im Bereich der Wasser-Überlandleitungen zum Beispiel –, bestellen Äcker oder hüten Schafe. Die Autobiographie des anonymen Mafioso erzählt die typische Geschichte eines Jungen vom Land, eines Halb-Analphabeten, der aus seinem kleinen Dorf emigriert und zum »Picciotto« zuerst des Michele Navarra in Corleone und dann des Stefano Bontade in Palermo wird (Anonymus 1988). Mafiosi von heute besitzen Mühlen (VM, S. 13), Ölpressen, Steinbrüche, Plantagen, Ländereien und Häuser auf dem Land (TC, S. 2 und 175, OSAG); letztere dienen sowohl der Zurschaustellung wie auch als sichere, abgelegene Orte für Flüchtige und für Treffen unter »Freunden«. In vielen Fällen entspricht ihre Karriere der des Mariana Ardena am Ende des vergangenen Jahrhunderts. Carmelo Colletti begann, fünfzig Jahre später, ebenfalls als Fuhrmann und transportierte Getreide im Auftrag von Bauern; nach dem Krieg kaufte er einen Lastwagen, investierte die Mitgift seiner Frau in eine Bäckerei, die er wiederum vermietete, und verband sich am Ende mit einem der für seine Gegend besonders typischen, genau regulierten Kartelle aus Dreschmaschineneignern. Im Laufe der Zeit erwarb er sich die Reputation eines entschlossenen Mannes, stand dabei unter dem Schutz eines älteren Mafioso, Francesco Ruggero Montalbano, und erklomm schließlich eine beträchtliche Machtposition innerhalb der Mafia von Agrigent. 1983 wurde er im Alter von 62 Jahren ermordet. Angesichts der Karriere Collettis scheinen die Ursprünge der Mafia gar nicht so lange vergangen (OSAG Arnone, S. 96–101).

Auch der Konsens zur Mafia ist auf dem Land weit verbreitet. Als 1954 Don Calò Vizzini starb, nahm ganz Villalba an seiner Beerdigung teil. Desgleichen geschah 1961 in Riesi, als der vielgeliebte Francesco Di Cristina starb. Der Text auf den Sterbebildchen bei beiden ist trotz der dazwischenliegenden sieben Jahre und der verhältnismäßig großen Entfernung der Orte (90 Kilometer) zum großen Teil identisch. In beiden Fällen ist ein Foto des Verstorbenen abgebildet, auf der Gegenseite steht eine Eloge auf seine Tugenden, die beide mit den Worten enden: »Er zeigte mit Wort und Werk, daß seine Mafia kein Verbrechen, sondern Achtung des Gesetzes der Ehre, Verteidigung aller Rechte, Seelengröße, ja Liebe war.«

Die Unterstützung durch das Volk wurde auf dem Lande nicht beeinträchtigt. Als der Sohn Di Cristinas, Giuseppe, erschossen wurde, gab es in Riesi einen Tag Stadttrauer. Das war 1978, genauso 1981 in San Giovanni Gemini in der Provinz Agrigent, als der hochgeachtete Gigino Pizzuto umgebracht worden war, als er gerade mit zwei Freunden Karten spielte (OSAG Arnone, S. 5). Am Begräbnis von Carmelo Colletti in Ribera 1983 nahmen zehntausend Menschen teil, gut die Hälfte aller Einwohner der Stadt (OSAG, S. 409). Da kann man nun alle möglichen pessimistischen Überlegungen über die Naivität der Leute anstellen – schlichte Erpresser würden jedenfalls solche Zeichen der Ehrerbietung nicht empfangen: Auch kann man so den von ihnen gebotenen Schutz nicht einfach als vorgetäuscht abtun. Man muß allerdings hinzusetzen, daß keineswegs alle Begräbnisse von Mafiosi eine derartige Teilnahme des Volkes zeitigten. Bei Stefano Bontade zum Beispiel, der an seinem 45. Geburtstag umgebracht wurde, nahmen trotz der großen Achtung, die er innerhalb der Mafia genoß, und »obwohl man logischerweise eine große Teilnahme erwarten durfte« (TC, S. 26), nur wenige Personen am Begräbnis teil; wahrscheinlich hatten viele Angst, als Freund des Opfers erkannt zu werden – schließlich war diese Tat auch ein Vorzeichen eines allgemeinen Mafiakrieges.

Ein großer Teil des Jargons und der Bilder, die uns die Prozeßakten zugänglich machen (speziell OSAG), orientieren sich stark am Landleben. Da finden sich nicht endenwollende Festessen auf Tennen; da gibt es Beziehungen, die mit Hilfe von Topfenkäse, Olivenöl, Eiern und Mandeln hergestellt oder erneuert wurden (OSAG, S. 40, 71, 152–153, 192, 206), ja sogar in den Lügen spiegelt sich Ländliches wider. Als die Polizei 1982 die 15 kurz zuvor verhafteten Mafiosi eines Treffens in Agrigent nach dem Grund ihrer Teilnahme fragte, sagte der eine darauf, er habe nach einem verlorenen Schaf gesucht (OSAG, S. 318–326), ein anderer behauptete, er habe sich mit einem Kollegen getroffen, weil sie zusammen einen Olivenhain pflanzen wollten (OSAG, S. 72).

Einer der beliebtesten Zeitvertreibe der Mafiosi ist die Jagd. Contorno und andere gingen zum Beispiel auf den Ländereien des Fürsten von San Vincenzo auf Kaninchenjagd (TC-GDS, 12. April 1986). Diese Vorliebe spiegelt sich denn auch in den Mordinstrumenten wider: Auch wenn die Mafiosi ihr Arsenal modernisiert haben (Chinnici und Santino 1989, S. 369–370, Falcone und Padovani, S. 23–24), bleibt die Schrotflinte bei weitem am beliebtesten; die Behauptungen Falcones über die Vorherrschaft neuer Technologien lassen sich nicht durch Zahlen stützen. 1981–1983 gab es in der Provinz Palermo 33 von Mafiosi an Mafiosi begangene Morde mit Feuerwaffen; in drei Fällen war das eine sowjetische Kalaschnikow, in elf Fällen eine Pistole – in neunzehn weiteren aber handelte es sich dabei um eine »Lupara«, eine abgesägte Schrotflinte. Noch 1990 wurde Natale D'Ala, ein Capomafia von 77 Jahren aus Campobello di Mazara in der Provinz Trapani, mit einer Lupara ermordet (›la Repubblica‹, 9. Mai 1990). Mitunter werden die Beine und Arme am Rücken zusammengebunden. Einige Zeit glaubte man, daß derlei zur Einschüchterung anderer Menschen dienen sollte, doch Sinagra hat uns darüber aufgeklärt, daß das einfach die beste Methode ist, eine Leiche im Kofferraum eines Autos zu transportieren. Mafiose Exekutionen sind durch höchstmögliche Effizienz geprägt (Falcone und Padovani 1991, S. 26), erst in zweiter Linie dienen sie auch theatralischen Effekten, etwa um den Anwesenden eine Lektion zu erteilen. Der Jargon, der diese Handlungen begleitet, scheint jedenfalls noch immer vom Wortschatz einer rauhen ländlichen Welt inspiriert.

Die Beständigkeit der Beziehung zum Land steht parallel zu einer anderen, noch merkwürdigeren Eigenart der Mafia (was einen weiteren falschen Gemeinplatz tilgen sollte): Die Mafia ist nicht nur im Westteil der Insel entstanden und hat sich auch dort weiterentwickelt, sie ist auch, mit Ausnahme von Catania, bis heute auf diese Gegend eingegrenzt geblieben. Franchetti hat sich schon 1876 über diese geographische Unbeweglichkeit gewundert (S. 55). Der aufgrund eines Polizeiberichts in der Tageszeitung ›L'Ora‹ 1956 und 1957 erarbeitete Vergleich mit der Verteilung der Morde per Schrotflinte deckt sich vollkommen mit dem des Präfekten von 1874 und dem von Cutrera von 1900. Noch überraschender ist die Deckungsgleichheit in einem Carabinieribericht von 1987, in dem die Städte und Dörfer mit besonders dichter Mafiapräsenz vermerkt sind.

Eine Aufteilung der Morde nach Gebieten bestätigt diese Konstellation: In einem Jahr wie 1971, in dem es vergleichsweise ruhig unter den Mafiafamilien zuging, gleichen sich die Mordraten im Westen und Osten weitgehend; 1961 und 1981, den Jahren massiver interner Kämpfe (Chinnici und Santino, 1989), stiegen die Quoten in den Westprovinzen (Palermo, Trapani, Agrigent, Caltanissetta und Enna) bis zum Doppelten der Westgebiete (Catania, Messina, Syrakus und Ragusa) an.

Weitere Belege für diese Stabilität ergeben sich aus den Aussagen Buscettas und Calderones (TB, III, S. 136; AC, I, S. 3–8 und 17). Die erste »anerkannte« Mafiafamilie Catanias bildete sich laut Calderone relativ spät, erst 1925; er wie auch Buscetta bestätigen, daß es in Messina und Syrakus keine Mafia gibt (was die Existenz autochthoner Schutzgeldrackets nicht ausschließt). Das wird wiederum indirekt durch ein Gespräch unter Mafiosi bestätigt, das die Polizei 1974 in Kanada abgehört hat (OSPA Stajano, S. 55–61): Dabei geht es um die Lage der Mafia insgesamt – doch die Gesprächspartner reden dabei eigentlich nur von Palermo, Agrigent und Catania. Im Unterschied zu den Westprovinzen kämpft die Mafia von Catania bei der Frage des Schutzmonopols auch noch mit den Cursoti, den Caragnusi und den Malpassoti.

Diese räumliche Verteilung führt nun zur Frage, warum die Mafia denn nicht in den Rest des Landes exportiert wurde. Damit möchte ich natürlich nicht in Abrede stellen, daß einzelne Mitglieder oder Gruppen davon im übrigen Italien operiert haben; im Gegenteil, viele Mafiosi sind immer wieder in diverse andere Städte Italiens gezogen und haben Beziehungen unterschiedlicher Art mit kalabresischen und neapolitanischen Kollegen sowie verschiedenen autochthonen Gruppen aufgenommen, die es auch im Norden gibt. Laut Calderone existieren jedoch nur zwei »anerkannte« Mafiagruppen außerhalb Siziliens, von denen aber keine wirklich unabhängig ist: die in Turin, eine »Decina« der Familie von Riesi, und die in Rom, die zur Familie Bontade gehörte. Die einzige wirklich unabhängige Gruppe außerhalb Siziliens war die in Tunis; sie bestand laut Calderone aus Mafiosi, die vor der faschistischen Repression geflohen waren (vergleiche AC, I, S. 64–74, 97 und 316; auch Arlacchi 1992, S. 27ff.: Diese Familie wird auch von Allegra genannt, vergleiche MA-›L'Ora‹, 24.–25. Januar 1962). Die wirkliche Frage ist also, warum es anerkannte Familien nur in Sizilien gibt.

Absurd wäre in diesem Zusammenhang die Annahme, die Mafia habe ihre Industrie deshalb nicht in den Norden exportiert, weil sie Oberitalien unter wirtschaftlichen Gesichtspunkten im Vergleich mit dem Süden für unattraktiv gehalten habe; der einzige Schluß, den man ziehen könnte, wäre der, daß »Mafia« ein nur schwer exportierbares Markenzeichen ist und, wie zum Beispiel der Bergbau, stark von den Ressourcen und dem örtlichen Milieu abhängt. Ihr Aufbau ist nur zu bewältigen, wenn eine Reihe überaus spezieller Umstände vorliegt, da die Grundressourcen nur mit sehr großem Aufwand zu schaffen sind. Die Sammlung von Informationen und die Reputation zum Beispiel nutzen jeweils das von Verwandtschaft und Freundschaft aufgebaute Netz von Beziehungen, die nur auf freiwilliger Basis entstehen können. Die im Norden tätigen Mafiosi sind oft nicht aus eigenem Entschluß dorthin gezogen, sondern wurden dorthin verbannt (Sorbello 1983). Es führt auch in die falsche Richtung, wenn man die Entwicklung in den Vereinigten Staaten als Gegensatz zu dieser These sieht: Die Mafiafamilien wurden nicht exportiert, sondern entstanden sozusagen auf natürliche Weise, als sich Nachfrage und Angebot von Schutz schließlich begegneten: als hinreichend viele Emigranten aus unterschiedlichen Gründen nach Amerika kamen und die zur Organisation der Schutzindustrie nötigen Fähigkeiten mitbrachten, und als bestimmte Vorfälle, insbesondere die Depression und die Prohibition, Einstiegschancen boten.

Die Voraussetzungen für die Entstehung der Mafia sind natürlich nicht ausschließlich im Westsizilien des 19. Jahrhunderts entstanden: Es gibt unterschiedliche Fälle, in denen die Entwicklung eines Schutzrackets ausschließlich das Nebenprodukt eines *Angebots* ist, des Vorhandenseins starker, bewaffneter Männer nämlich, die aus anderen Gründen beim Einsatz von Gewalt tätig sind. In Nordirland beispielsweise, wo Rackets sowohl in katholischen wie in protestantischen Vierteln tätig sind (wobei sich der Preis für Schutz meines Wissens bei der jeweils anderen Religionsgruppe verdoppelt), entsteht das Schutzangebot für die Bevölkerung schlicht aus einer Güterabwägung: Gemessen an den Vorteilen sind die Kosten vernachlässigbar, wenn man die Gewalttätigkeit von einem Kontext (dem politisch-religiösen Kampf) auf einen anderen (das Schutzgeldracket) überträgt. In Sizilien sind Nachfrage wie Angebot ursprünglich vorhanden, doch auch das ist nicht nur im übrigen Süditalien denkbar, sondern auch in Gegenden, die auf den ersten Blick Sizilien überhaupt nicht ähneln. Der derzeitige Umbruch in der ehemaligen Sowjetunion zum Beispiel bietet durchaus fruchtbaren Nährboden für die Mafia und verschafft uns unerwartet einen guten Vergleich mit dem Sizilien des 19. Jahrhunderts.

»Der Leiter einer Kooperative sagte, er habe ein Dutzend seiner Kollegen, drei vollbesetzte Autos, mitkommen lassen müssen, um ihn bei seiner Ankunft in Belorsskij Voksal zu schützen – er mußte einen Personal Computer dorthin bringen, den er im Westen für seine Firma gekauft hatte. Zeitweise brachte er den Computer auch zu Hause unter, und für diese Zeit lud er sich einen Schwimmchampion mit dem Spitznamen ›Kleiderschrank‹ ein, um damit für jeden unerwünschten Besuch gerüstet zu sein« (Womack 1989, S. 25).

Diese Anekdote aus dem Jahr 1989 erinnert an Ereignisse im Sizilien des vorigen Jahrhunderts. Und das ist keine zufällige Ähnlichkeit: Rein analytisch betrachtet, haben der Feudalismus und der Sozialismus einen grundlegenden Aspekt gemein. In beiden Fällen haben nur sehr wenige Menschen das Recht auf Privateigentum, dieselben nämlich, die auch das Gewaltmonopol halten. Lösen sich diese Sozialsysteme auf, sind die Auswirkungen auf das Eigentum immer dieselben: Die Zahl der Eigentümer steigt dramatisch an, ebenso wie die Geschäfte, an denen mit Eigentumsrechten ausgestattete Einzelpersonen beteiligt sind. Dabei verlagert sich das Gewaltmonopol jedoch nicht automatisch auch auf die neuen Eigentümer. Die Folge dieser Veränderung ist ein beträchtlicher Anstieg der Angst vor Verlust des Eigentums und vor Betrug, was sich in eine entsprechende Nachfrage nach Schutz verwandelt: Der Mangel an Vertrauen löst eine Suche nach jenen aus, die imstande sind, die Beachtung der Eigentumsrechte an den gerade erworbenen Gütern durchzusetzen. Diese Nachfrage wird nicht automatisch durch den Staat erfüllt, besonders wenn seine Verwaltung und seine Gesetze unentwirrbar an das vorangehende Regime gebunden sind. Derzeit gibt es in Rußland keine klaren Gesetze zur

Regelung der Eigentumsrechte, ebenso wie die administrative und finanztechnische Praxis in Sachen Eigentum fehlt. Für die Realisierung sicherer Grundlagen braucht man Zeit, und bis dahin wachsen die Chancen für jeden, der privaten Schutz anbietet.

Der Staatssekretär im Wirtschaftsministerium Rußlands, Gennadij Filsin, berichtete in einem Interview mit ›la Repubblica‹, daß bis Ende 1991 alleine in Rußland 250 000 neue Landwirtschaftsbetriebe entstanden sind. Im Januar 1992 war in vielen russischen Zeitungen zu lesen, daß infolge der jüngsten Liberalisierung der Preise zahlreiche Bauern der Region Kemerovo in Sibirien den Besuch bewaffneter Männer bekamen, die Vieh und Hühner raubten. Danach ließen die Verbrecher vor Ort die Bauern wissen, sie könnten künftig ihre Ruhe haben – gegen einen Betrag von 5000 Rubel. Darauf haben viele Bauern über ihren Verband Waffenscheine beantragt (›Kuranty‹, 22. Januar 1992). Im März 1992 bekamen auch die Bauern der Region Cheliabinsk im Ural nach einer wahren Verbrechenswelle die Erlaubnis zum Führen von Waffen. In Absprache mit der Vereinigung hat sich die Polizei zur Besetzung des Terrains bereiterklärt (›Megalopolis-Continent‹, 16. März 1992).

Das Problem des Vertrauens, der Betrügereien und der darauf folgenden Nachfrage nach Schutz stellt sich in der ehemaligen Sowjetunion aber nicht nur auf dem Land geradezu besorgniserregend. Der völlige Mangel an Vorschriften sanitärer und hygienischer Art macht schon den Kauf von Lebensmitteln von Privatanbietern auf den freien Märkten der großen Städte zu einer Gefahr. Fiammetta Cucurnia schreibt, »wenn man das Glück hat, einen hochgestellten Freund im marktbeherrschenden Racket zu besitzen, kann man die Probe aufs Exempel machen. Dabei entdeckt man dann, daß der Kaviar absolut getürkt ist, sogar das Firmenzeichen auf der Schachtel ist von Hand nachgemalt. Die Wodkaflaschen sind alle von Hand abgefüllt und kosten deshalb nur 90 statt 120 Rubel. Und an den ausländischen Likören ist in den meisten Fällen das einzig Ausländische die Flasche« (›la Repubblica‹, 19. April 1992).

Im Gegensatz zu anderen ehemals sozialistischen Ländern gibt es in Rußland eine große Anzahl von Kandidaten zur Übernahme der Beschützerfunktion auf dem Markt – von entlassenen Soldaten der Roten Armee bis zu arbeitslosen Athleten. Gute Chancen zur

Einnistung in der aufkommenden privaten Schutzindustrie haben sowohl bestimmte ethnische Gruppen, die sich noch in Zeiten des Kommunismus einen Ruf in Sachen Selbstjustiz erworben haben, etwa die Georgier und die Armenier; ebenso aussichtsreich sind entschlossene ehemalige Mitglieder der Kommunistischen Partei. Ein Kaufmann, der lange auf dem Schwarzmarkt tätig war, berichtet: »In einigen ehemaligen Sowjetrepubliken wie in Armenien und Moldawien breiten sich kriminelle Gruppen aus, die vordem von örtlichen Politikern zu deren Zwecken eingesetzt worden waren und die nun selbständig und ausschließlich für ihre eigenen Anliegen tätig sind« (›Moskow News‹, Juni 1991, S. 16). Das Angebot kommt jedoch auch aus einer anderen, noch bedrohlicheren Quelle. Im Februar 1992 hat der Chef des russischen Geheimdienstes, Viktor Barannikow, die Zahl der Agenten von 36 000 auf 2800 verringert – eine Reduzierung des KGB, wie sie noch nie zuvor geschehen war (›Kommersant‹, 3. Februar 1992). Was unternehmen diese neuen Arbeitslosen? Die Parallele zum Sizilien des 19. Jahrhunderts ist beeindruckend: Demokratie und die Marktwirtschaft befreien diese Menschen von ihren alten Bindungen an die Barone (zuerst an die Feudalherren, dann an die Kommunisten) – und ihre Fähigkeiten landen dann auf dem privaten Markt.

Natürlich kann niemand die Zukunft der Mafia in Italien voraussagen: Es gibt hier keinerlei unvermeidbare interne Dynamik. Giovanni Falcone war überzeugt, daß sich die Mafia hinentwickelt zu einer zentralisierten Struktur: Unter dem Druck der Corleonesier sei die Kommission ebenso wie die Distriktsherrschaft in Auflösung begriffen, und das gelte sogar auch für die Familien (›la Repubblica‹, 13. Mai 1989; ebda. 21. Mai 1989; Falcone und Padovani 1991). Dies sei hauptsächlich die Folge der blutigen internen Kriege und der Zunahme aussagewilliger Mafiosi (in seiner Bescheidenheit hat er die massive Repression seit Mitte der 70er Jahre nicht mitgezählt, deren herausragender Vertreter er selbst war). Die Zentralisierung habe dabei vor allem das Ziel, die Chancen zur Infiltration in die Organisation zu verringern sowie den Mitgliedern eine Konzentration auf große illegale Transaktionen statt der lokalen Geschäfte zu gestatten. Für eine solche Evolution fehlen uns bisher freilich entscheidende Beweise; doch auf der anderen Seite gibt es auch kein ökonomisches Gesetz, wonach die Mafia auf ewig fragmentiert bleiben sollte.

Wäre ein Konzentrationsprozeß tatsächlich im Gange, könnte dies auch ein Zeichen von Schwäche sein, ein Rückzug. Im Gegensatz zur vorherrschenden Meinung, für die die Mafia immer mächtiger wird, gibt es durchaus Zeichen, daß die Mafiosi derzeit mit großen Schwierigkeiten kämpfen. Im Laufe der 80er Jahre ist die Lage in Palermo immer unsicherer geworden. 1986 und 1987 hat die Polizei plötzlich extrem viele Anzeigen von Geschäftsleuten erhalten, von denen man Schutzgeld verlangt hatte – 63 alleine zwischen Oktober 1986 und April 1987. Sie kamen hauptsächlich aus dem Stadtzentrum und betrafen vor allem Restaurants, Automobilvertretungen, Hotels, Diskotheken und Reiseagenturen. Die Polizei fand nicht heraus, warum sich die traditionell widerwilligen Geschäftsleute nun auf einmal freiwillig meldeten. Jedenfalls kamen die Schutzgeldforderungen nach Jahren, in denen die Kaufleute regelmäßig bezahlt hatten, plötzlich von Unbekannten und waren auch zu hochgesteckt, um noch glaubwürdig zu sein – von 30 Millionen als jährliche Untergrenze bis zu einer halben Milliarde Lire (heute umgerechnet eine halbe Million DM).

Ein 1990 vom Einzelhändlerverband eingerichtetes Sorgentelefon zeigt, daß das Problem weiterbesteht: Viele Anrufer protestieren gegen diese »herumstreunenden Hunde«, die sie bedrohen, ohne sich darum zu scheren, daß man bereits unter dem Schutz einer Mafiafamilie stand: Letztere bieten, nach Aussagen des Anrufers, nun keine Garantie mehr. Zeitungsberichte belegen, daß ansehnliche Industriebetriebe Sizilien verlassen, einschließlich der »großen Unternehmen wie die Costanzo, die Rendo, und die Cassina« (›la Repubblica‹, 22. November 1990). Die Presse nimmt diese Lage als Beweis, daß die Mafia stärker und gieriger denn je ist.

Das ist jedoch ein Irrtum. Es gibt nichts Schädlicheres für den Schutzhandel als Krach und Auseinandersetzungen, die die Aufmerksamkeit der Polizei und der Massenmedien auf sich ziehen. Die Intensität, die die Schutzgelderpressungen angenommen haben, könnte indirekt beweisen, daß Falcone recht hatte und daß aufgrund eines Rückzugs der – echten – Mafia sich Amateurgruppen einschalten und Verwirrung stiften. Unterschätzt wird von nahezu allen Beobachtern auch gerne, welche Wirkung die Abwesenheit vieler Mafiosi hat: Viele von ihnen sitzen im Gefängnis, andere sind flüchtig, viele der bisher Mächtigen bereits tot. Reputation kann man jedoch auf diesem Gebiet nicht improvisieren, und so sind ausscheidende Capimafia nicht so einfach von heute auf morgen zu ersetzen. Die Zentralisierung könnte weniger eine freie Entscheidung sein denn ein unvermeidlicher Vorgang, wenn man die Reihen schließen will.

Die neuesten Daten, die die oberste Polizeileitung und das Carabinieri-Kommando der parlamentarischen Antimafiakommission vorgelegt haben (›la Repubblica‹, 6. Juni 1990), stehen zunächst in einem scheinbaren Gegensatz zu Falcones Worten. 1987 haben die Carabinieri 105 Mafiafamilien in Sizilien identifiziert, im letzten Bericht sind es 186. Das ließe zunächst an einen der Zentralisierung entgegenlaufenden Prozeß denken. Die Differenz zwischen der ersten und der zweiten Zahl ist jedoch zu groß, als daß man bei der neuen Zählung noch davon ausgehen kann, es handle sich uneingeschränkt um Angehörige der »echten« Mafia. Ich selbst habe diesen Bericht nicht einsehen können, doch höchstwahrscheinlich schließt er auch zahlreiche »nicht anerkannte« Schutzgeldgruppen ein. Die Fragmentierung könnte also ein nachgeordneter Aspekt gerade des Zentralisierungsprozesses sein: Die Mafia verläßt ihre traditionellen Räume, und diese werden nun zum Kriegsschauplatz neuer Konkurrenten, die sich das Gebiet aneignen wollen.

Die Zentralisierung würde die Mafia weniger infiltrierbar machen und daher in gewissem Sinne stärken – doch gleichzeitig würde sie auch anfälliger: Zwar schwieriger zu treffen, wären doch andererseits weniger Schüsse für ihre Zerstörung nötig. Ginge der Rückzug der Mafia von ihren örtlichen Geschäften weiter und würde sich der Konsens, dessen sie sich bei einem Großteil der Bevölkerung erfreut hatte, aufgrund abnehmender Kontakte mit den Menschen ebenfalls abschwächen, verlöre sie eine Komponente ihrer Macht, die durch keinerlei Zuwachs an rein militärischer Kraft auszugleichen wäre. Die Zeichen von Unmut aus der katholischen Kirche (vergleiche Kapitel II), die nun doch endlich die Erlaubnis zur Nutzung religiöser Symbole als Propagandamittel durch die Mafia zurückziehen könnte, sind ein ermutigendes Signal, vielleicht das erste konkrete Vorzeichen, daß wir uns in einer Abstiegsphase der Mafia befinden.

Doch dieser Niedergang ist weder ein spontaner Prozeß, noch ist er unvermeidlich. Nur eine massive Entschlossenheit der staatlichen Behörden kann sicherstellen, daß dieser Abstieg sich auch in eine Niederlage verwandelt. Das aber hängt wiederum von juristischen Prozessen ab, auf den Sozialwissenschaftler nicht mehr Einfluß haben als jeder andere Bürger auch. Notwendig ist also der Entschluß des Staates, endlich zum Spender echten, unparteiischen öffentlichen Schutzes zu werden.

Vor allem aber hängt die Frage nach einer Niederlage der Mafia vom Mut und der Intelligenz ab, mit denen der Staat die Anlässe für Schutz bei illegalen Geschäften mindert. Etwa indem er Formen für die Legalisierung von Rauschgift entwickelt, das Tabakmonopol aufgibt, die Vergabeprozedur bei öffentlichen Aufträgen vereinfacht und transparenter macht, die antimonopolistische Gesetzgebung verbessert und sie nicht nur auf die multinationalen Konzerne anwendet, sondern auch auf Großmärkte, und indem er die Wahlgesetze so ändert, daß der Markt des Stimmenhandels verschwindet. Rein technisch scheinen all diese Probleme lösbar.

Doch da ist etwas, was kein Experte anbieten kann: die Motivation, die wiederum von der politischen Erneuerung in praktischer wie theoretischer Hinsicht abhängt. Trotz aller während der 80er Jahre von der Stadtregierung Leoluca Orlandos in Palermo unternommenen Versuche kommen die Veränderungen nur langsam zuwege – nicht nur in Palermo, sondern in ganz Italien. Und das gilt auch für das juristische Denken, das – wie in der Einleitung zu diesem Buch gesehen – so sehr zum Festzurren der »Ideologie des Kompromisses« mit der Mafia beigetragen hat. Der auf diese Ideologie angewandte Begriff der »juristischen Ordnung« geistert weiter herum, wo er doch eigentlich grundlegend revidiert werden müßte, und er tut dies im Verein mit der antiliberalen Rechtskultur, die ihn geschaffen hat. Vor die Entscheidung gestellt, die speziellen Anliegen von Paralleleinrichtungen (legitimer oder nichtlegitimer Art) zu befriedigen oder eine Schädigung des Allgemeininteresses durch die Unabhängigkeit dieser Schatteninstitutionen zu verhindern, hat der italienische Staat stets die erste Alternative gewählt. Doch wie lange kann das noch so weitergehen?

Quellen und Literaturhinweise

Gerichtliche und parlamentarische Quellen

CPM: Commissione parlamentare d'inchiesta sul fenomeno della Mafia: VII–IX legislatura, Documentazione allegata alla Relazione conclusiva, Band 1, 2, 3 (2 Teilbände), 4 (28 Bände), Rom 1985

CPM-RMI: Commissione parlamentare d'inchiesta sul fenomeno della Mafia: Relazione sui mercati all'ingrosso, V legislatura, Doc. XXIII Nr. 2

CPM-RCC: Relazione del Comandante Generale d'Arma dei Carabinieri alla Commissione parlamentare, audizione del 18 aprile 1987

OSAG: Ordinanza Sentenza per la Corte d'Assise di Agrigento contro Ferro Antonio e altri 55, Agrigent, maggio 1986, 4 Bände

OSAG Arnone: Arnone, G. (Hrsg.), Mafia, Il processo di Agrigento, Monreale 1988 (darin enthalten einige Dokumente aus OSAG)

OSPA: Ordinanza per la Corte di Assise di Palermo contro Abbate Giovanni a altri 706, Palermo 8, November 1985, 30 Bände (Die im vorliegenden Buch zitierten Seiten beziehen sich auf die mir zugängliche Kopie der Universitätsbibliothek von Oxford; sie stimmen in der Paginierung nicht immer mit dem Original des Schwurgerichts von Palermo überein)

OSPA Stajano: Stajano, C. (Hrsg.), Mafia, L'atto di accusa dei giudici di Palermo, Rom 1986 (hierin enthalten einige Abschnitte aus OSPA)

OSPA-II: Ordinanza Sentenza per la Corte di Assise di Palermo contro Abdel Azizi Afifi e altri 91, Palermo 16, agosto 1986, 5 Bände (die Anmerkung zu OSPA gilt auch hier)

MPAG: Protokoll der Vernehmung der Benedetta Bono vor dem Schwurgericht (Corte di Assise) von Agrigent im Verlaufe des Prozesses gegen Antonio Ferro und weitere 55 Angeklagte, veröffentlicht im ›Giornale di Sicilia‹ vom 26. Februar bis 1. März 1987

RPMNA, 23. April 1986: Plädoyer des Staatsanwaltes im Prozeß gegen Abagnale und weitere 101 Angeklagte vor dem Schwurgericht (Corte di Assise) zu Neapel, 1. Band

SSPA, 26. Januar 1985: Urteil des Schwurgerichts Palermo (Corte di Assise) gegen Pravatà Michelangelo und weitere 7 Angeklagte, 1. Band

Aussagen geständiger Mafiosi

(Alle Seitenangaben und Zitate nach den erwähnten Kopien in der Universitätsbibliothek Oxford)

AC: Aussage des Antonino Calderone vor dem Ermittlungsrichter von Marseille Michel Debacp und vor der Internationalen Auslieferungskommission unter Anwesenheit des Ermittlungsrichters von Palermo, Giovanni Falcone, und anderen, vom 19. März 1987 bis zum 25. Juni 1988, 4 Bände

FMM: Aussage des Francesco Marino Mannoia vor dem Ermittlungsrichter von Palermo, Giovanni Falcone, und anderen, vom 8. Oktober 1989 bis zum 19. Juni 1990

LV: Aussage des Leonardo Vitale vor der Generalstaatsanwaltschaft, der Polizei und den Carabinieri von Palermo am 30. März 1973

MA-›L'Ora‹: Aussage des Melchiorre Allegra vor der Polizei von Castelvetrano 1937, veröffentlicht in ›L'Ora‹ vom 22. – 25. Januar 1962

SC: Aussage des Stefano Calzetta vor dem Obersten Ermittlungsrichter Palermos, Rocco Chinnici, und anderen, vom 12. März 1983 bis zum 28. Februar 1985, 5 Bände

TB: Aussage des Tommaso Buscetta vor dem Ermittlungsrichter von Palermo, Giovanni Falcone, und anderen, vom Juli und August 1984, 3 Bände

TC: Aussage des Salvatore (Totò) Contorno vor dem Ermittlungsrichter von Palermo, Giovanni Falcone, und anderen, vom Oktober 1984 bis zum Juni 1985

VM: Aussage des Vincenzo Marsala vor dem Generalstaatsanwalt von Palermo, Raimondo Cerami, und anderen, vom Dezember 1984 bis zum April 1985

VS: Aussage des Vincenzo Sinagra vor den Ermittlungsrichtern von Palermo, Vittorio Aliquò und Domenico Signorino, und anderen, vom 30. November 1983 bis zum 30. April 1985, 2 Bände

FMM-A: Protokoll der Verhandlungen des Strafprozesses gegen Giovanni Abbate und andere, darin enthalten das Verhör des Angeklagten Francesco Marino Mannoia vor dem Schwurgericht Palermo (Corte di nchwurgericht Palermo (Corte di Assise) am 4., 5. und 7. Januar 1990

SC-GDS: Protokoll des Verhörs des Angeklagten Stefano Calzetta als Zeuge vor dem Schwurgericht von Palermo (Corte di Assise) im Verfahren gegen Giovanni Abbate und weitere 706 Angeklagte, veröffentlicht im ›Giornale di Sicilia‹ vom 3. bis zum 18. April 1986

TC-GDS: Protokoll des Verhörs des Angeklagten Salvatore Contorno als Zeuge im Verfahren gegen Giovanni Abbate und weitere 706 Angeklagte vor dem Schwurgericht von Palermo (Corte di Assise), veröffentlicht im ›Giornale di Sicilia‹ vom 12. April bis zum 1. Mai 1986

VM-GDS: Protokoll des Verhörs des Angeklagten Vincenzo Marsala vor dem Schwurgericht von Palermo (Corte di Assise) im Verfahren gegen Angelo Pravatà und weitere 7 Angeklagte, veröffentlicht im ›Giornale di Sicilia‹ vom 16. bis zum 29. Mai 1987

VS-GDS: Protokoll des Verhörs des Angeklagten Vincenzo Sinagra vor dem Schwurgericht von Palermo (Corte di Assise) gegen Angelo Pravatà und weitere 7 Angeklagte, veröffentlicht im ›Giornale di Sicilia‹ vom 15. bis zum 21. Juni 1986

Literaturhinweise

Abadinsky, H. 1983: The Criminal Elite, Westport

Abrahams, R. 1987: Sungusungu: Village Vigilantes in Tanzania, in ›African Affairs‹, April, S. 179–196

Adler, P. 1985: Wheeling and Dealing. An Ethnography of an Upper-Level Drug Dealing and Smuggling Community, New York

Akerlof, G. 1970: The Market for »Lemons«: Qualitative Uncertainty and the Market Mechanism, in ›Quarterly Journal of Economics‹, LXXXIV, S. 488–500

Allen, W. 1975: Getting Even, London

Alongi, G. (1886): La maffia, Palermo 1977

Andvig, J. C. und Moene, K. O. 1990: How Corruption May Corrupt, in ›Journal of Economic Behaviour and Organization‹, XIII, S. 63–76

Anonymus 1988: Uomo di rispetto, Mailand; deutsch: Mein Leben in der Mafia, Reinbek 1989

Arlacchi, P. 1980: Mafia, contadini e latifondo nella Calabria tradizionale, Bologna

Arlacchi, P. 1983: La mafia impreditrice, Bologna; deutsch: Mafiose Ethik und der Geist des Kapitalismus, Frankfurt 1989

Arlacchi, P. 1992: Gli uomini del disonore. La mafia siciliana nella vita del grande pentito Antonino Calderone, Mailand; deutsch: Mafia von innen. Das Leben des Don Antonino Calderone, Frankfurt 1993

Arlacchi, P. und Lewis, R. 1990: Imprenditorialità illecita e droga, Bologna 1990

Arrow, K. 1974: The Limits of Organization, New York

Axelrod, R. 1984: The Evolution of Cooperation, New York; italienisch: Giochi di reciprocità, Mailand 1985

Banfield, E. C. 1958: The Moral Basis of a Backward Society, New York

Barone, G. 1987: Egemonie urbane e potere locale (1882–1913), in: M. Aymard und G. Giarrizzo: (Hrsg.) La Sicilia, Turin

Barone, G. 1989: Mündliche Mitteilung während des Seminars der IMES »Mafia, ›Ndrangheta e Camorra dall'Ottocento a oggi« in Copanello (Catanzaro) 13.–15. April

Barth, F. 1987: Cosmologies on the Making, Cambridge

Barzel, Y. 1989: Economic Analysis of Properly Rights, Cambridge

Bell, D. 1960: The Racket-Ridden Longshoremen, in: The End of Ideology, Glencoe (Ill.)

Biagi, E. 1986: Il boss è solo, Mailand

Blok, A. 1974: The Mafia of a Sicilian Village, Oxford, deutsch: Die Mafia in einem sizilianischen Dorf, Frankfurt 1975

Blok, A. 1982: East Side – West Side: Organizing Crime in New York 1930–1950

Bonanno, J. 1983: A Man of Honour. The Autobiography of a Godfather, London, italienisch: Uomo d'onore, Mailand 1992

Bornschier, V. 1989: Legitimacy and Comparative Economic Success at the Core of the World System: An Exploratory Study, in ›European Journal of Sociology‹, V

Bresler, F. 1980: The Trail of the Triads, London
Brucato, A. 1989: Trapani? Un posto normale, in ›Antimafia‹ Nr. 1, S. 17–20
Buchanan, J. 1973: A Defense of Organized Crime? in S. Rottenberg (Hrsg.), The Economics of Crime and Punishment, Washington D. C.
Calvi, F. 1986: La vita quotidiana della mafia dal 1950 a oggi, Mailand
Cancila, O. 1984: Come andavano le cose nel sedicesimo secolo, Palermo
Carson, R. 1967: Fashion and Eyeglasses, London
Catanzaro, R. 1988: Il delitto come impresa, Padua
Catanzaro, R. 1985: Enforcers, Entrepreneurs and Survivors: How the Mafia has Adapted to Change, in ›British Journal of Sociology‹, XXXV, Nr. 1, S. 34–55
Cazzola, F. 1988: Della corruzione, Bologna 1988
Chandler, D. L. 1976: The Criminal Brotherhoods, London
Chinnici, G. und Santino, U. 1986: L'omicidio a Palermo e provincia negli anni 1960–1966 e 1978–1984, Palermo
Chinnici, G. und Santino, U. 1989: La violenza programmata, Mailand
Chubb, J. 1982: Patronage, Power and Poverty in Southern Italy: A Tale of Two Cities, Cambridge
Ciuni, R. 1977: Un secolo di mafia, in: R. Romeo (Hrsg.), Storia della Sicilia, Band IX, Napoli
Colajanni, N. 1885: La delinquenza nella Sicilia e le sue cause, Palermo
Correnti, S. 1972: Storia di Sicilia come storia del popolo siciliano, Mailand
Croce, B. (1925): Storia del Regno di Napoli, Bari 1984
Cutrera, A. 1900a: La mafia e i mafiosi, Palermo
Cutrera, A. 1900b: Le associazioni a delinquere della mafia, in ›La scuola positiva‹, Nr. 6
D'Alessandro, E. 1959: Brigantaggio e mafia in Sicilia, Messina
Dalla Chiesa, C. A. 1990: Michele Navarra e la mafia dei corleonesi, Palermo
Dalla Chiesa, N. 1990: Storie, Turin
Dalla Chiesa, N. 1992: Il giudice ragazzini, Turin
Dasgupta, P. 1988: Trust as a Commodity, in: Gambetta 1988 a
Davis, J. 1975: Law and Family in Pisticci, London
Davis, J. A. 1988: Conflict and Control. Law and Order in Nineteenth-Century Italy, London
De Luca, M. 1986: (Hrsg.), Sindona. L'atto d'accusa dei giudici di Milano, Rom
D'Este, C. 1989: Bitter Victory. The Battle for Sicily 1943, London
Duggan, C. 1988: Fascism and the Mafia, London
Dworkin, G. 1983: An Outline of UK law, in: W. R. Cornish (Hrsg.), Piracy and Counterfeiting of Industrial Property and Copyright, London
Eco, U. 1972: Einleitung zu Natoli (1909–1910)
Elliot, F. (1881): Milady in Sicilia. Un viaggio in treno e in carrozza (1879–80), Palermo
Elster, J. 1982: Marxism, Functionalism and Game Theory, in ›Theory and Society‹, XI, S. 453–582
Elster, J. 1989: The Cement of Society, London
Fahey, D. und Rich, L. 1988: Masters of Starlights, London
Falcone, G. und Padovani, M. 1991: Cose di Cosa Nostra, Mailand, deutsch: Mafia intern, München 1992

Fenby, J. 1983: Piracy and the Public, London
Ferrara, F. 1837: Sul cabotaggio fra Napoli e Sicilia, in: Opere complete, hrsg. v. B. Rossi Ragazzi, Band I, Rom 1955
Fink, C. 1989: Marc Bloch. A Life in History, Cambridge
Finley, M. und Mack Smith, D. und Duggan, C. 1986: A History of Sicily, London, deutsch (von der Erstausgabe Finleys 1968): Das antike Sizilien, München 1979
Fiume, G. 1984: Le bande armate in Sicilia 1819–1849, in ›Annali della Facoltà di Lettere e Filosofia dell'Università di Palermo‹, Nr. 6
Fiume, G. 1986: Einleitung zu G. C. Rampolla, Suicidio per mafia, Palermo
Fiume, G. 1989: Marineo, Beitrag zum Seminar der IMES »Mafia, 'Ndrangheta e Camorra dall'Ottocento a oggi«, in Copanello (Catanzaro) 13.–15. April
Franchetti, L. (1875): Condizioni economiche e amministrative delle province napoletane, Bari 1895
Franchetti, L. (1876): Condizioni politiche ed amministrative della Sicilia, Band I von L. Franchetti und S. Sonnino, Inchiesta in Sicilia, Florenz 1974
Freemantle, B. 1876: The Steal. Counterfeiting and Industrial Espionage, London
Friedman, A. 1988: Agnelli and the Network of Italian Power, London
Friedman, J. 1983: Oligopoly Theory, Cambridge
Friedman, J. 1989: Game Theory Applications to Economics, Oxford
Galante, G. 1986: Cent'anni di mafia, in: D. Breschi u. a., L'immaginario mafioso. La rappresentazione sociale della mafia, Bari
Gambetta, D. 1987a: Were They Pushed or Did they Jump? Individual Decision Mechanisms in Education, Cambridge
Gambetta, D. 1987b: Mafia: i costi della sfiducia, in ›Polis‹, I, Nr. 2, S. 284–305 (jetzt auch in Gambetta 1988a, italienische Übersetzung, S. 203–226)
Gambetta, D. 1988a: (Hrsg.), Trust. Making and Breaking Cooperative Relations, Oxford, italienisch: Le strategie della sfiducia. Indagini sulla razionalità della cooperazione, Turin 1989
Gambetta, D. 1988b: Can we trust trusts? In: Gambetta 1988a, S. 213–237 (in der italienischen Übersetzung 1988a, S. 275–309, Titel: Possiamo fidarci della fiducia)
Gambino, S. 1975: La mafia in Calabria, Reggio Calabria
Ganci, M. 1977: La Sicilia contemporanea, in: R. Romeo (Hrsg.), Storia della Sicilia, Band VIII, Neapel
Gellner, E. 1988: Trust Cohesion and the Social Order, in: Gambetta 1988a (italienischer Titel: Fiducia, coesione e ordine sociale, S. 183–201)
Giarizzo, G. und D'Alessandro, V. 1989: La Sicilia dal Vespro all'Unità d'Italia, Turin
Gosch, M. A. und Hammer, R. 1975: The Last Testament of Lucky Luciano, London
Gower Chapman, C. 1973: Milocca: a Sicilian village, London
Gozzi, G. 1988: Modelli politici e questione sociale in Italia e Germania trat Otto e Novecento, Bologna
Graebner Anderson, A. 1979: The Business of Organized Crime, Stanford
Hart, K. 1988: Kinship, Contract and Trust: The Economic Organization of Migrants in an African City Slum, in Gambetta 1988a, S. 227–249 (italienischer Titel: Parentela, contratto e fiducia)

Hess, H. 1970: Mafia. Zentrale Herrschaft und lokale Gegenmacht, Tübingen
Hobsbawm, E. J. 1971: Primitive Rebels, Manchester, deutsch: Sozialrebellen, Neuwied 1972
Hume, D. (1740): A Treatise of Human Nature, Harmondsworth 1969
Iwai, H. 1986: Organized Crime in Japan, in: R. J. Kelly (Hrsg.), Organized Crime. A Global Perspective, Totowa (N. J.)
Jones, J. P. 1986: What's Name? Advertising and the Concept of Brands, Aldershot
Jones, M. 1990: (Hrsg.) Fake? The Art of Deception, London
Kaplan, D. und Dubro, A. 1986: Yakuza. The Explosive Account of Japan's Criminal Underworld, New York
Kimeldorf, H. 1988: Reds or Rackets. The Making of the Radical and Conservative Unions on the Waterfront, Berkeley
Kindleberger, C. P. 1978: Manias, Panics an Crashes. A history of financial crises, New York
Koliopoulos, J. S. 1987: Brigands with a Cause. Brigandage and Irredentism in Modern Greece, Oxford
Korovkin, M. 1988: Exploitation, Cooperation, Collusion: An Enquiry into Patronage, in ›Archives Européens de Sociology‹, XXIX, Nr. 1, S. 105–126
Kreps, D. und Wilson, R. 1982: Reputation and Imperfect Information, in: ›Journal of Economic Theory‹, XXVII, S. 253–279
La Rosa, S. 1977: Trasformazioni fondiarie, cooperazione, patti agrari, in: R. Romeo (Hrsg.), La storia della Sicilia, Band IX, Neapel
Lampedusa, Tomasi di 1983: Il gattopardo, Mailand, deutsch: Der Leopard, München 1978
Lane, F. 1966: Venice and History, Baltimore
Lestingi, F. 1880: La mafia in Sicilia, in ›Archivio di Psichiatria e Antropologia Criminale‹, I, S. 291–294
Lestingi, F. 1884: L'associazione della Fratellanza nella provincia di Girgenti, in: ›Archivio di Psychiatria e Antropologia Criminale‹, V, S. 452–463
Lewis, N. 1964: The Honoured Society. The Mafia Conspiracy Observed, Portway Bath
Li Causi, G. 1971: (Hrsg.) I boss della mafia, Rom
Lo Monaco, C. 1990: A proposito della etimologia di Mafia e Mafioso, in ›Lingua Nostra‹ LI, Nr. 1, S. 1–8
Lodato, S. 1990: Dieci anni di mafia, Mailand
Lombroso, C. 1889: L'uomo delinquente, 4 Bände, 4. Ausgabe, Turin
Lupo, S. 1984: Agricoltura ricca e sottosviluppo. Storia e mito della sicilia agrumaria (1060–1950), Catania
Lupo, S. 1987a: Tra società locale e commercio a lunga distanza: la vicenda degli agrumi siciliani, in: ›Meridiana‹, Nr. 1, S. 81–112
Lupo, S. 1987b: L'utopia totalitaria del fascismo (1918–1942), in: M. Aymard und G. Giarizzo (Hrsg.), La Sicilia, Turin
Lupo, S. 1988: »Il tenebroso sodalizio«. Un rapporto sulla mafia Palermitana di fine ottocento, in ›Studi Storici‹, XXIX, Nr. 2, S. 463–489
Maas, P. 1970: The Valachi Papers, London
Machiavelli, N. (1513): Il principe, in: Opere, hrsg. von E. Raimondi, Mailand 1976
MacKenzie, N. 1967: Secret Societies, London

Malafarina, L. 1978: Il codice della 'Ndrangheta, Reggio Calabria
Malafarina, L. 1986: La 'Ndrangheta, Rom
Mancuso, C. 1990: Mafia e Massoneria, in ›Antimafia‹, Nr. 1, S. 36
Mangiameli, R. 1990: Banditi e mafiosi dopo l'Unità, in ›Meridiana‹, Nr. 7–8, S. 73–118
Marino, G. C. 1986: L'opposizione mafiosa, Palermo
Marsh, C. 1988: Exploring Data, Cambridge
Milgrom, P. und Roberts, J. 1982: Predation, Reputation and Entry Deterrence, in ›Journal of Economic Theory‹ XXVII, S. 280–312
Monnier, M. (1863): La Camorra, Neapel 1965
Moore, M. H. 1977: Buy and Bust, Lexington
Morgan, W. P. 1960: Triad Societies in Hong Kong, Hong Kong
Natoli, L. (1909–1910): I Beati Paoli, Palermo 1972
North, D. C. und Thomas, R. P. 1973: The Rise of the Western World, Cambridge
Novacco, D. 1959: Considerazioni sulla fortuna del termine mafia, in ›Belfagor‹ XIV, S. 206–212
Nozick, R. 1974: Anarchy, State, and Utopia, Oxford
Organized Crime Task Force (OCTF) 1988: Corruption and Racketeering in the New York Construction Industry, Interim Report, New York
Padgen, A. 1988: The Destruction of Trust and its Economic Consequences in the Case of Eighteenth-Century Naples, in: Gambetta 1988a (italienischer Titel: La destruzione della fiducia e le conseguenze economiche a Napoli nel secolo XVIII, S. 165–182)
Paliotti, V. 1973: La camorra, Mailand
Pantaleone, M. 1985: Mafia: pentiti?, Bologna
Pezzino, P. 1985: Alle origini del potere mafioso: stato e società in Sicilia nella seconda metà dell'Ottocento, in: ›Passato e presente‹, VIII, S. 33–69
Pezzino, P. 1987: Stato violenza società. Nascita e sviluppo del paradigma mafioso, in: M. Aymard und G. Giarizzo (Hrsg.), La Sicilia, Turin, S. 905–982
Pezzino, P. 1989a: Origini e svolgimenti dei fenomeni di mafia, Beitrag zum Seminar der IMES »Mafia, 'Ndrangheta e Camorra dall'Ottocento a oggi« in Copanello (Catanzaro), 13.–15. April
Pezzino, P. 1989b: Per una critica dell'onore mafioso, in: G. Fiume (Hrsg.), Onore storia nelle società mediterranee, Palermo
Pezzino, P. 1990: Una certa reciprocità di favori. Mafia e modernizzazione nella Sicilia postunitaria, Mailand
Pigliaru, A. 1959: La vendetta barbaricinia come ordinamento giuridico, Mailand
Piselli, F. 1988: Circuiti politici mafiosi nel secondo dopoguerra, in ›Meridiana‹, Nr. 2, S. 125–166
Piselli, F. und Arrighi, G. 1985: Parentela, clientela e comunità, in: P. Bevilacqua und A. Placanica (Hrsg.), La Calabria, Turin
Pizzorno, A. 1987: I mafiosi come classe media violenta, in ›Polis‹ I, Nr. 1
Posner, G. 1989: Warlords of Crime: The New Mafia, Queen Anne
Puglia, V. 1930: Il mafioso non è un associato per delinquere, in: ›La scuola positiva‹, Sondernummer, X., S. 452–457
Puglisi, A. 1990: (Hrsg.) Sole contro la mafia, Palermo
Raffaele, G. 1989: L'emergenza mafiosa in un circondario rurale: Mistretta

1900–1930, Beitrag zum Seminar der IMES »Mafia, 'Ndrangheta e Camorra dall'Ottocento a oggi« in Copanello (Catanzaro) 13.-15. April

Recupero, A. 1987: Ceti medi e »homines novi«. Alle origini della mafia, in ›Polis‹ I, Nr. 2, S. 307–328

Reid, E. 1964: Mafia. New York

Renda, F. 1984: Storia della Sicilia dal 1860–1970, Palermo

Renda, F. 1988: I Beati Paoli, Palermo

Reuter, P. 1983: Disorganized Crime. The Economics of the Visible Hand, Cambridge (Mass.)

Reuter, P. 1987: Racketeering in Legitimate Industries. A Study in the Economics of Intimidation, Santa Monica

Reuter, P. und Rubinstein, J. und Wynn, S. 1982: Racketeering in Legitimate Industries: Two Case Studies, Washington D. C.

Riall, L. J. 1989: Social Disintegration and Liberal Authority; the Sicilian Experience of National Government 1860–1866. Dissertation, Cambridge University

Romano, S. (1918): L'ordinamento giuridico, Florenz 1951

Rothbard, S. F. 1964: Storia della mafia, Mailand

Russo, N. 1964: (Hrsg.) Antologia della mafia, Palermo

Sabetti, F. 1984: Political Authority in a Sicilian Village, New Brunswick (N. J.)

Santino, U. 1988: The Financial Mafia: The Illegal Accumulation of Wealth and the Financial-Industrial Complex, in ›Contemporary Crises‹, 12, S. 203–243

Santino, U. und La Fiura, G. 1990: L'impresa mafiosa, Mailand

Schelling, T. 1984: Choice and Consequence, Cambridge (Mass.)

Schneider, J. und Schneider, P. 1976: Culture and Political Economy in Western Sicily, New York

Sereni, E. 1971: Il capitalismo nelle campagne, Turin

Sereni, E. 1972: Agricoltura e mondo rurale, in: Storia d'Italia, I, I caratteri originali, Turin, S. 136–252

Silver, A. 1989: Friendship and Trust as Moral Ideals: An Historical Approach, in ›Archives Européens de Sociologie‹, XXX, S. 274–282

Smith, D. C. 1975: The Mafia Mystique, London

Sonnino, S. (1876): I contadini in Sicilia, Band II von L. Franchetti und S. Sonnino, Inchiesta in Sicilia, Florenz 1974

Sorbello, S. 1983: Presenza mafiosa in Piemonte, azione preventiva e repressiva. Beitrag für den vom Regionalrat Piemonts organisierten Kongreß »Mafia e grande criminalità«, Turin 25.-26. November

Spampinato, R. 1987: Per una storia della mafia, in: M. Aymard und G. Giarrizzo (Hrsg.), La Sicilia, Turin, S. 881–902

Stabile, F. M. 1989: Chiesa e mafia, in: U. Stantini (Hrsg.), L'antimafia difficile, CDS Quaderni Nr. 1, S. 103–127, Palermo

Stajano, C. 1991: Un eroe borghese, Turin

Sterling, C. 1990: Cosa non solo nostra, Mailand

Sudgen, R. 1986: The Economics of Rights, Cooperation and Welfare, Oxford

Taylor, M. 1987: The Possibility of Cooperation, Cambridge

Thomson, A. 1988: Business is Booming for Ulster's Extortion Barons, in ›The Listener‹, 7. Januar 1988

Tilly, C. 1985: War Making and State Making as Organized Crime, in: P. B. Evans und D. Rueschemeyer und T. Skocpol (Hrsg.), Bringing the State Back in, Cambridge

Tocqueville, A. de 1964–1967: Voyage an Sicile, in: Oeuvres completes, hrsg. von G. de Beaumont, Band VI., Paris

Tsebelis, G. 1990: Nested Games. Rational Choice in Comparative Politics, Berkeley

Vannucci, A. 1989: Analisi economica e corruzione politica: alcune proposte interpreative, Diplomarbeit an der Facoltà di Scienze Politiche der Universität Pisa

Villari, R. 1978: Mezzogiorno e democrazia, 2 Bände, Bari

Womack, H. 1989: The Moscow Mafia, in ›The Independent Magazine‹, 21. Oktober

Zinovieff, S. 1990: Dealing in Identities, Insiders and Outsiders in a Greek Town, Dissertation an der University of Cambridge

Namenregister

Abadinsky, H. 49, 175, 177, 207
Abate, Giuseppe 234
Abbate, Pinuzzu 97
Abbate, Susi 23
Accardi, Giovanna 23
Accardi, Giovanni 23
Accardo, Stefano (Mafioso) 241
Achill 182, 186
Acquasanta (Mafia-Familie) 285
Addena, Mariano 70
Aglieri, Giorgio 170
Agnelli, Gianni 269
Alatu, Tanu (Capofamiglia) 285
Alberti, Gerlando 170, 172
Alexander der Große 186f.
Alfano 151
Alia (Mafia-Familie) 188
Allegra, Melchiorre (Militärarzt; Mafioso) 76, 194, 206
Allen, Woody 88
Alongi, G. 118, 123, 171
Ambrosoli (Rechtsanwalt) 221
Amoroso, Gebrüder 137
Anderlini, Luca 23
Andò, Salvo (Justizsprecher) 253f.
Andreotti, Giulio (ital. Politiker) 166, 247
Anonymus 77, 101f., 213, 221
Antonius, Heiliger 73f.
Ardena, Mariano 76
Ardena, Mariano (Mafia-Boß) 129ff.
Arena, Vincenzo 169
Arlacchi, Pino 10, 13, 63, 72, 113, 120, 146f., 155, 171, 173, 185, 189, 195, 208, 210, 213, 215, 220, 223, 225, 236, 243
Arrighi, Giovanni 113, 120
Aurigemma, Giulia 23
Axelrod, R. 46

Badalamenti, Gaetano (»Tano«) 77, 143, 151, 156, 222, 241
Baiamonte, Angelo 169
Banfield, E. C. 108
Barone, G. 113, 133
Barrafranca (»Stiddari«) 215
Barth, F. 207
Bartoloni, Giancarlo (Senatsmitglied) 24
Barzel, Y. 89, 259

Basile, Gioacchino 183
Beati Paoli (angebl. Rächersekte) 179, 184ff.
Beethoven, Ludwig van 182
Bell, Daniel 23, 270ff.
Benedetta 242
Berna (Rechtsanwalt) 281f.
Biagi, Enzo (Fernsehjournalist) 78
Biondo, Matteo (Mafioso) 233
Bloch, Marc (Historiker) 193
Blok, A. 10, 33, 114, 117, 126, 128, 271
Bolzono, Attilio (Korrespondent) 84
Bommarito, Monsignor (Bischof) 79
Bonanno (Mafia-Familie, New York) 90, 97
Bonanno, Joseph (»Joe«) 63, 78, 88f., 90f., 94, 145f., 158, 174, 193ff., 214, 237, 270
Bonfiglio, Angelo (Abgeordneter) 247, 250
Bono, Calogero 237
Bonomo, Aurelio 251
Bontade (Mafia-Familie) 90f., 151, 155
Bontade, Francesco Paol(in)o 90, 163
Bontade, Giovanni 143, 163, 253
Bontade, Stefano (Mafia-Boß) 90, 96, 143f., 150, 154, 156, 161, 163, 221f., 229f., 234, 241, 247, 264
Borgna (Staatsanwalt) 208
Bosellino, Paolo (Untersuchungsrichter) 19, 23f.
Boussevain 33
Boyer, Pascal 23
Brando, Marlon 195
Brummell, George Bryan Lord 187
Bruno, Felice 230f.
Buchanan, James 236
Buongorno 101
Buscemi, Salvatore (Capofamiglia) 97, 176
Buscetta, Tommaso (Mafia-Aussteiger) 19, 37f., 48, 61, 69, 78, 90, 96-99, 102, 152-158, 160, 162ff., 167f., 170f., 173f., 178, 193ff., 206, 212, 214, 246f., 261
Buttacavoli, Antonino 207

Calderone, Antonino (Mafia-Aussteiger) 19f., 72, 77, 84, 89, 101, 151, 153-157, 159, 163, 166-174, 185, 189, 194f., 204ff., 208-211, 213, 215, 220, 222-225, 230, 232f., 235, 237-241, 243-247, 249, 251ff., 257, 264, 276

Calderone, Giuseppe (»Pippo«) 77, 96, 163, 172, 220, 224, 225, 230, 237, 240, 243 ff., 251 f., 257
Callace, Francesco 322, 325
Calò, Pippo (Capofamiglia) 90, 241, 253, 262, 266
Calvi, F. 77, 90
Calzetta, Stefano (Mafia-Aussteiger) 20, 59 f., 90, 149 ff., 153, 223, 234, 245, 250, 256
Campanella, Carletto 238
Campisi, Sebastiano (Staatsanwalt) 241 ff.
Campo, Paolo 90, 163
Cancila, O. 59, 131
Cantanzaro, R. 112
Caracciolo (Vizekönig) 111
Caragnusi (unabhängige Gruppe) 215, 224
Carboneria (Köhlerbund) 179, 209
Cardio, Ernesto 241 f.
Cariolano della Foresta (angebl. Sekte) 179, 184 f.
Carletto 84
Carnevale, Corrado (Vorsitzender des Strafsenats) 16 f., 253 f.
Carollo (Abgeordneter) 250
Carson, R. 189
Caruana, Alfonso (Capomafia) 148, 163
Caruana, Leonardo (Mafia-Boß) 247
Caruso, Damiano 236
Casella, Giuseppe 245
Cassina, Arturo (Bauunternehmer) 264 f.
Cassina, Luciano (Unternehmer) 228, 230, 242, 245
Castellano, Giuseppe 77
Catania (Mafia-Familie) 101, 159, 169 f., 175, 224, 226, 237 ff., 244, 276
Catania, Salvatore 183
Cavallaro, Giuseppe 299
Cavataio 284
Cazzola, F. 295
Chandler, D. L. 196
Chiaracane (Anwalt) 170
Chinnici, Giorgio 23, 71
Chubb, J. 292
Ciaculli (Mafia-Familie) 60, 77
Ciancimino, Vito (Bürgermeister) 166, 247, 262
Cinisi (Mafia-Familie) 151
Cipolla (Kriminalbeamter) 252
Ciuni, R. 112, 136
Colajanni, N. 116, 118
Colletti, Carmelo (Mafia-Boß) 88, 90 f., 148 f., 155, 163, 168, 228–231, 233, 242, 244 ff., 250, 257, 265

Colletti, Vincenzo 229, 244
Colombo (Mafia-Familie, New York) 97
Condorelli, Domenico 240
Coniglaro, Giacomo 234
Contini, Giovanni 23
Contino 245
Contorno, Giuseppe 236
Contorno, Salvatore (»Totò«; Mafia-Aussteiger) 20, 77, 87, 97, 99, 150, 153, 156, 163, 168, 171, 173 ff., 184, 194, 206, 212, 223, 232 ff., 236, 244 ff., 256 f., 264, 275
Coppola, Agostino (Padre) 77
Corleo, Luigi 264
Corleone (Mafia-Familie) 147, 151, 156, 160, 173
Corleone, Vito (Mafia-Boß) 78, 152
Corso Catalafimi (Mafia-Familie) 160 f.
Corso dei mille (Mafia-Familie) 150, 234
Costa (Generalstaatsanwalt) 160
Costanzo (Firma) 220, 225, 230, 237, 245
Costanzo, Carmelo 223, 225, 237, 239 f., 243 ff.
Costanzo, Enzo 237
Costanzo, Gino (Unternehmer) 222 f., 237
Croce, Benedetto 107
Cuffaro, Giuseppe Carmelo 162 ff.
Cursoti (unabhängige Gruppe) 215, 224
Cutolo, Raffaele 140, 208
Cutrera, A. 112, 118

D'Acquisto (Abgeordneter) 250 f.
D'Angelo, Gioacchino (»Funciazza«) 191
Dalla Chiesa (General) 99 f.
Dalla Chiesa, C. A. 91, 147
Dasgupta, Partha 23, 36, 46, 71, 108
Daví, Pietro 323
Davis, John 109
De Crescienzo (Staatsanwalt) 208
De Luca, M. 221
De Martino, Francesco (Handelskammer) 283
Dean, James 182
Delsanter, »Dope« 207
Di Cristina, Giuseppe (Capomafia) 151, 160, 223, 233, 252
Di Cristina, Totò 189, 215
Di Girolamo (Mafia-Familie) 246 f.
Di Girolamo, Mario (Capomandamento) 161
Di Leo, Gaetano (Abgeordneter) 230
Di Maggio, Rosario (Capomafia) 90
Di Stefano, Giuseppe 147 ff.
Dickens, Charles 138

Dolci, Danilo 243
Domino, Claudio 143f.
Doria, Paolo Mattia 107f.
Dreyfus, A. 193
Duggan, C. 76, 119, 136, 181, 192

Eco, Umberto 184f.
Elisabeth II., Königin von Großbritannien 188
Elliot, Frances 111f., 120
Elster, J. 108

Fagin 138
Fahey, D. 188
Falcone, Giovanni (Ermittlungsrichter) 7, 19, 60, 71, 149, 152f., 184, 198, 230
Faldetta, Silvio (Bauunternehmer) 265
Fasino (Abgeordneter) 250
Favara (Mafia-Familie) 148
Fazio 169
Fenoglio, Beppe 202
Ferdinand, Erzherzog 196
Ferlito, Alfio 239, 244
Ferrara, Francesco 108
Ferrera, Francesco 169
Ferrera, Giuseppe 169
Ferro, Antonio (Capomafia) 231
Ferro, Francesco Cascio 166
Ferro, Giuseppe 241
Ferro, Vito Cascio 126, 166
Filippello, Giacomina 168
Filippone (Capofamiglia) 90
Fink, C. 193
Finley, M. 111
Finocchiaro (Bauunternehmer) 223
Fiume, G. 111, 128, 134
Florio, Ignazio (Industrieller) 111
Ford, Harrison 202f.
Ford, John 188
Fragomeni, Armando (Mafia-Aussteiger) 208
Franchetti, Leopoldo 9, 48, 53ff., 71, 81, 108ff., 112f., 116, 118–123, 130, 132, 136, 192, 263
Fratianno, Jimmy 207
Freemantle, B. 62
Friedman, J. 41, 268, 272
Früh, L. J. (Staatsanwalt) 143

Gaggioli, Natale (Fotograf) 180
Galante, G. 90, 229
Gallo, Concetto (Abgeordneter) 252

Galt, William (d.i. Luigi Natali; Feuilletonist) 184
Gambetta, Carlo (Vater des Autors) 24
Gambino, Charlie (Mafia-Boß, New York) 97, 236
Gambino, Joe 221
Gambino, S. 191
Ganci, M. 127
Gange, Gebrüder 256
Garaffa, Constantino 277
Genovese (Mafia-Familie, New York) 97
Geraci, Nene (Capofamiglia) 90
Gercke, Bischof 78
Giacinto, Frater (Franziskaner) 77
Giacomelli (Richter) 226
Giardino Inglese (Mafia-Familie) 161
Gigante, Louis (Padre) 78f.
Gigante, Vincent (Mafia-Boß) 78
Gioa (Abgeordneter) 247
Giordano, Michele (Kardinal von Neapel) 79
Giorgio (Georg), Heiliger 74
Goldstock, Ronald (Organized Crime Task Force) 69
Gosch, M. A. 56, 62, 187, 190, 196, 272
Gotti, John (Mafia-Boß) 75
Gozzi, G. 15
Graci (Baunternehmer) 223
Graebner Anderson, A. 135, 145
Gramaglia, Pasquale 183
Graviano 245
Greco (Mafia-Familie) 90f., 230
Greco, Leonardo 265
Greco, Michele 150f., 172, 176, 179, 230, 233
Greco, Pino (»Scarpuzzedda«) 151, 189
Greco, Salvatore (»Cicchiteddu«; »Senator«) 156, 246
Gualtiero (Präfekt von Palermo) 190
Guevara Serna, Ernesto (»Che«; kuban. Politiker) 182
Gunnella, Aristide (Abgeordneter) 252f.
Guttadauro, Gebrüder 246
Guttadauro, Giuseppe (Parlamentsabgeordneter) 247

Hammer, R. 56, 62, 187, 190, 196, 272
Hart, K. 72
Havel, Václav 199
Hawthorn, Geoffrey 23
Hess, Henner 22, 33, 63, 90, 111, 114, 117, 126f., 137, 150, 153, 165, 171, 181, 190, 192, 243, 262
Hobbes, Thomas 10

Hobsbawm, E. J. 116
Holmes, Sherlock 138
Homer 186
Hood, Robin 73, 184
Hume, D. 47
Huston, John 261

Ignazio 169
Indelicato, Amedeo 175
Infranco, Leonardo (Capomafia) 265
Ingrassi, Baldassare 242
Ingrassia (Mafia-Familie) 90
Insalaco, Giuseppe (Bürgermeister) 247
Intile, Ciccio (Capomandamento) 172
Inzerillo (Mafia-Familie) 97
Inzerillo, Salvatore (»Totò«) 90, 160, 168, 221, 264
Iwai, H. 97

Jago 71
Johannes 199
Johannes Paul II., Papst 80
Jones, M. 175, 268

Kacelnik, Alex 23
Kashoggi, Adnan 68
Kindleberger, C. P. 68
Koliopoulos, J. S. 111
Kreps, D. 201

L'Ala, Natale (Capofamiglia) 168
La Barbera, Gebrüder 155, 284
La Fiura, G. 266, 285
La Mattina 99
Lampo, Raimondo 183
Landesco 271
Lanza di Trabia, Fürst 232
Lees, Stephen 24
Leone, Enzo (Abgeordneter) 248f.
Lestingi, F. (Generalstaatsanwalt) 136, 205f.
Levi, Primo 193
Lewis, Joseph H. 189
Liggio, Luciano (Mafia-Boß) 91, 126, 129, 147, 151, 156
Lima, Salvo (Abgeordneter) 166, 222, 247, 250, 252
Lincoln, Abraham 89
Lo Bue, Calogero (Capofamiglia) 90
Lo Bue, Carmelo 126
Lo Curzio, Giancarlo 23
Lo Iacono, Carmelo 226
Lo Monaco, C. 190f.
Lo Presti, Salvatore 264f.

Lo Schiavo, Giuseppe Guido (Generalstaatsanwalt) 13
Lo Verso, Petra 289
Lodato, S. 180
Lombroso, Cesare 180
Lucchese (Mafia-Familie, New York) 97
Luciano, Lucky 56, 61, 96, 158, 187, 189f., 196, 198, 272
Lupi (Abgeordneter) 251
Lupo, Salvatore 90, 113, 118f., 121ff., 137
Luppino, Antonio 241

Macaluso, Biagio 90, 101
Macaluso, Professor (Ernährungsdezernent) 279f., 282
Machiavelli, Niccolò 10, 94
Mack Smith, Denis 124, 136
MacKenzie, N. 77, 208
Madonia (Mafia-Familie) 90
Madonia, Francesco 223
Madonia, Giuseppe 169
Madonia, Peppuccino 170
Major, John (brit. Politiker) 269
Malafarina, L. 180
Malpassoti (unabhängige Gruppe) 215, 224
Mancuso, Giuseppe (Rauschgifthändler) 77
Mangano, Vincent 193
Mangano, Vittorio 241
Mannino, Calogero (Minister) 247f.
Mannoia, Francesco Marino (Mafia-Aussteiger) 20, 60, 144, 215, 221f., 236, 247, 253
Mantia, Salvatore 77
Marchese, Antonino 170
Marchese, Filippo 97
Marchese, Pietro (Capofamiglia) 150, 176
Marchese, Salvatore 237
Marcos, Ferdinando (philippin. Politiker) 68
Marcos, Imelda 68
Maria, Heilige Jungfrau 205
Marino, G. C. 75f.
Marino, Salvatore 60
Marsala (Mafia-Familie) 155
Marsala, Mariano 74, 90f., 95f., 172, 194, 207, 251, 263
Marsala, Vincenzo (Mafia-Aussteiger) 20, 74, 95, 99ff., 147f., 153, 159, 161, 163, 166, 168, 172, 194f., 206f., 235, 250f., 263
Martellucci (Bürgermeister) 247
Martinotti, Guido 24
Mershon, Carol 23
Messina, Donato (Anwalt) 24
Messina, Gerlando 149

Messina, Silvestro 241
Micelli, Giovanni (Abgeordneter) 248
Michele Arcangelo (Michael), 74
Migliore, Antonino 176
Mineo (Bauunternehmer) 266
Mineo, Antonino (Capomafia) 96
Mini (Angeklagter) 137
Misasi, Riccardo (Minister) 302
Misterbianco, Fürst von 239
Modica, Salvatore 23
Monnier, M. 34
Montalbano, Saverio (Kommissar) 23
Montaldo, Francesco Paolo 96
Montana, Beppe (Kommissar) 60
Morgan, W. P. 208f.
Morì, Cesare (Präfekt) 76
Moriarty 138
Mussolini, Benito (ital. Politiker) 76
Mussullulu 99

Nanà 206
Napoleon (frz. Kaiser) 128
Napoli, Bino (Abgeordneter) 281f.
Navarra, Michele (Capofamiglia) 90f., 147
Nicosia, Antonio (Professor) 246
Noblett, William 24
Noriega (Diktator von Panama) 188
Novacco, D. 191
Nozick, Robert 17
Nuvoletta (Mafia-Boß) 214

Ocelli, Aurelio 166, 172
Orlando, Leoluca (Bürgermeister) 303, 312, 320
Othello 71

Padgen, Anthony 87, 107
Padovani 60, 71, 149, 198
Panno, Pino 156
Pantaleone, Michele 232
Pappalardo (Kardinal) 80
Parisi (Bauunternehmer) 266
Parisi (Professor) 247f.
Partinico (Mafia-Familie) 90
Pavese, Cesare 202
Pellegriti, Giuseppe (Mafia-Aussteiger) 189
Pergolizzi (Abgeordneter) 251
Petrosino, Joe (Polizist) 166
Pezzino, P. 22, 76, 111, 119, 121, 129, 132
Piazza, Domenico 265
Pietrino (Capomafia) 231
Pillera (Mafia-Bande) 172
Pintacuda (Padre) 78

Pinuzzi 206
Piselli, Fortunata 113, 120, 126
Pitré, Giuseppe 191
Pitruzzella (Capofamiglia) 148
Pius IX., Papst 75
Pius XI., Papst 76
Pizzini, Valeria 24
Pizzu 172
Plate, Tony 177
Plutarch 186
Polanski, Roman 261
Polletti (Kardinal von Rom) 79
Porta Nuova (Mafia-Familie) 90, 160, 246
Priolo 99
Profaci, Joe 77f.
Proust, Marcel 202
Provenzano, Bernardo 169, 299
Puglisi, Anna 23

Quartuccio, Santo 23

Raffaele, G. 111
Rampulla, Pietro 240
Ratke (Padre) 78
Recupero, A. 111, 208
Reid, E. 180
Reina, Antonio (Anwalt) 24
Renda, Francesco 184
Rendo (Baunternehmer) 223
Resuttana (Mafia-Familie) 173
Reuter, P. 41, 69, 84, 93, 270–273, 277, 279
Riall, L. J. 22, 133
Riall, Lucy 23
Ribera (Mafia-Familie) 148
Riccobono, Rosario 241, 257
Rich, L. 188
Riesi (Mafia-Familie) 151
Riina, Totò (Mafia-Boß) 151, 156, 236, 241, 247, 262
Rizzo, Sandro 282
Rizzotto, Plazido 191f.
Robinson, Edward G. 190
Rolto, Antonio 166
Romano, Santi (Jurist) 14ff., 111
Romeo, Mario 23
Roosevelt, Theodore (Präsident) 269
Rosetti (Padre) 78
Rothstein, Arnold 187
Rotolo 99, 151
Ruskin, John 202
Russo, Genco 243
Russo, Giuseppe Genco 126
Russo, N. 112, 121f.

Sabetti, Filippo 70, 76, 129
Sabourian, Hamid 23
Saia, Antonio 239
Sala, Calogero (Statthalter) 265
Saladino, Antonino 265
Salamone (Capofamiglia) 96
Salemi, Carmelo 148, 163, 221, 247
Salerno, Pete 49
Salomone, Antonino 156
Salomone, Fabio (Richter) 201 f.
Salvo, Antonino 77, 221 f., 244, 252, 264
Salvo, Ignazio 221, 244, 252
Santa Maria del Gesu (Mafia-Familie) 247, 253
Santapaola, Giuseppe 169
Santapaola, Nitto 237 ff., 244
Santino, Umberto 23, 71, 266, 285
Savona, Totò 326
Scaglione, Salvatore 266
Scalice, Frank 175
Scaramucci (Präfekt) 281 f.
Schelling, Thomas 52 f., 141, 236 f.
Schneider, J. 278
Schneider, P. 278
Sciascia, Leonardo 255
Scozzari, Giuseppe (Dealer) 99
Semilia (Bauunternehmer) 266
Sereni, E. 124, 287
Settecasi, Giuseppe (»Peppino«; Capomafia) 148, 163, 227, 243, 247
Severi, Piero 23
Shakespeare, William 71
Shapiro, Jacop (»Gurrah«) 269 f.
Siculiana (Mafia-Familie) 163, 247
Silver, A. 278
Sinagra, Antonino 170
Sinagra, Vincenzo (»Tempesta«; Mafia-Aussteiger) 20, 60, 151, 153, 169 f., 176, 241, 262, 277
Sinatra, Calogero 175
Sindona, Michele (Bankier) 220 f.
Smith, D. C. 181, 196 f.
Sonnino, S. 118, 125
Sorge (Padre) 78
Sortino, Gennaro 91 f.
Spadaro, Tommaso 151, 170, 282
Spampinato, R. 132
Sparafucile 68
Spatola, Rosario (Mafia-Aussteiger) 248
Stajano, C. 101, 171, 184, 193, 206, 221, 229
Stella (nicht anerkannte Mafia-Gruppe) 215
Strauß, Johann 182

Sudgen, R. 47
Sykes, Bill 138

Tagliavia, Ginetto 262
Tagliavia, Pietro 262
Tanner, Tony 23
Terranova (Untersuchungsrichter) 153, 155 f.
Thatcher, Margaret (brit. Politikerin) 269
Theobald, Heiliger 208
Tilly, Charles 10 f.
Tinnirello, Lorenzo 169
Tocqueville, Alexis de 7, 108
Torrisi, Salvatore (Vizecapo) 239
Trapani, Pino (Stadtdezernent) 246
Tsebelis, George 23
Tuminello, Francesco 300
Twist, Oliver 138

Ulloa, Pietro Calà (Generalstaatsanwalt) 132
Umberto I., König 191
Umina, Salvatore 168

Valchi, Joe (Kronzeuge) 193 f., 197
Vanni di Calvello, Fürst Alessandro 188, 229
Vannucci, Alberti 23
Varese, Federico 23
Vassalli (Justizminister) 254
Vernengo, Pietro 234, 245, 253, 256
Vicari (Mafia-Familie) 90, 147, 151, 166 ff., 172, 235, 250
Villagrazia di Carini (nicht anerkannte Mafia-Familie) 215
Villalunga, Capomafia von 102
Villari, Pasquale 118 f., 136
Villari, R. 108
Violi, Paul 162 ff., 193, 206, 229
Vitale, Leonardo (Mafia-Aussteiger) 20, 100 f., 184 f., 246, 262
Vizzini, Calogero 13, 126
Volpe, Calogero (Abgeordneter) 246

Waridel 99
Weber, Max 10
Wilson, R. 201
Winckelmann, Johann Joachim 202

Zanca (Mafia-Familie) 90, 226
Zanca, Melo 245
Zaza, Michele (Schmuggler) 318, 320

Dorothee Sölle im dtv

Foto: Brigitte Friedrich

Gott im Müll
Eine andere Entdeckung
Lateinamerikas

Dorothee Sölle, die engagierte
Christin, hielt fest, was sie auf
einer Reise durch Lateinamerika
sah und erlebte. Es entstanden
beeindruckende Miniaturen, die
lehren, mit dem Herzen zu sehen
und diesen Halbkontinent
anders und neu zu entdecken.
dtv 30040

**Und ist noch nicht erschienen,
was wir sein werden**
Stationen feministischer
Theologie

Stationen einer feministischen
Theologie der engagierten
Theologin Dorothee Sölle, die
sich am Lebendigen orientiert
und der männlich »verkopften«
Theologie den Kampf angesagt
hat. Beiträge über Liebe und
Unterdrückung, Macht und
Ohnmacht.
dtv 10835

**Ich will nicht auf
tausend Messern gehen**
Gedichte

»Wir brauchen freunde
vielleicht haben wir sie schon
viele menschen lassen sich
verlocken zum frieden
mehr als wir denken und sehen
laßt uns dem alten ruf folgen
und menschen fischen«
dtv 10651

Gesellschaft
Politik
Wirtschaft

Jewgenia Albaz:
Das Geheimimperium
KGB
Totengräber der
Sowjetunion
dtv 30326

Timothy Garton Ash:
Ein Jahrhundert
wird abgewählt
Aus den Zentren
Mitteleuropas
1980-1990
dtv 30328

Fritjof Capra:
Wendezeit
Bausteine für ein
neues Weltbild
dtv 30029

Das neue Denken
Ein ganzheitliches
Weltbild im
Spannungsfeld
zwischen Naturwissen-
schaft und Mystik
Begegnungen und
Reflexionen
dtv 30301

Alfred Grosser:
Verbrechen und
Erinnerung
Der Genozid im
Gedächtnis der Völker
dtv 30366

Graf Christian von
Krockow:
Politik und
menschliche Natur
Dämme gegen die
Selbstzerstörung
dtv 30321

Heimat
Erfahrungen mit
einem deutschen
Thema
Aktualisierte Ausgabe
dtv 30321

Dagobert Lindlau:
Der Mob
Recherchen
zum organisierten
Verbrechen
dtv 30070

John R. MacArthur:
Die Schlacht der Lügen
Wie die USA den
Golfkrieg verkauften
dtv 30352

Gérard Mermet:
Die Europäer
Länder, Leute,
Leidenschaften
Mit zahlr. Tabellen,
Karten u. Abbildungen
dtv 30340

Hans Jürgen Schultz:
Trennung
Eine Grunderfahrung
des menschlichen
Lebens
dtv 30001

Dorothee Sölle:
Gott im Müll
Eine andere
Entdeckung
Lateinamerikas
dtv 30040

Zeitbombe Mensch
Überbevölkerung und
Lebenschance
Hrsg. v. Reymer Klüver
dtv 30375

Auslandsberichte

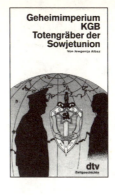

Jewgenia Albaz:
Das Geheimimperium
KGB
Totengräber der
Sowjetunion
dtv 30326

Milovan Djilas:
Jahre der Macht
Im jugoslawischen
Kräftespiel
Memoiren 1945 – 1966
Vorwort von
Wolfgang Leonhard
dtv 30304

Marion Gräfin Dönhoff:
Der südafrikanische
Teufelskreis
Reportagen und
Analysen aus drei
Jahrzehnten
dtv 11110

Georg Markus (Hrsg.):
Mein Elternhaus
Ein österreichisches
Familienalbum
Mit zahlreichen Fotos
dtv 30330

Mark Mathabane:
Kaffern Boy
Ein Leben in der
Apartheid
dtv 10913

Conor Cruise O'Brien:
Belagerungszustand
Die Geschichte des
Zionismus und
des Staates Israel
dtv 11424

Peter Scholl-Latour:
Mord am großen Fluß
Ein Vierteljahrhundert
afrikanische
Unabhängigkeit
dtv 11058
Leben mit Frankreich
Stationen eines halben
Jahrhunderts
dtv 11399

Der Tod im Reisfeld
Dreißig Jahre Krieg
in Indochina
dtv 30336

John R. MacArthur:
Die Schlacht der Lügen
Wie die USA den
Golfkrieg verkauften
Vorwort von
Dagobert Lindlau
dtv 30352

Dorothee Sölle:
Gott im Müll
Eine andere Ent-
deckung Lateinamerikas
dtv 30040

Jonathan D. Spence:
Das Tor des
Himmlischen Friedens
Die Chinesen
und ihre Revolution
1895 – 1980
dtv 30307

Yue Daiyun:
Als hundert Blumen
blühen sollten
Die Odyssee einer
modernen Chinesin
vom Langen Marsch
bis heute
dtv 11040

Geographie, Geologie, Reisen

DIERCKE –
Taschenatlas der Welt
178 farbige Kartenseiten
dtv-westermann
Originalausgabe
dtv 3400

DIERCKE –
Wörterbuch der Allgemeinen Geographie
2 Bände (A – K, L – Z)
dtv 3417 und 3418

Stephen Jay Gould:
Die Entdeckung
der Tiefenzeit
Zeitpfeil oder Zeitzyklus
in der Geschichte
unserer Erde
dtv 30335

Dierk Henningsen /
Gerhard Katzung:
Einführung in die
Geologie Deutschlands
dtv-Enke 4575

Ulrich Lehmann:
Paläontologisches
Wörterbuch
dtv-Enke 3039

Hans Murawski:
Geologisches
Wörterbuch
dtv-Enke 3038

Günter Strübel /
Siegfried H. Zimmer:
Lexikon der Minerale
dtv-Enke 3292

LÄNDER, STÄDTE

Ernle Bradford:
Reisen mit Homer
Auf den Fährten des
Odysseus zu den
schönsten Inseln,
Küsten und Stätten
des Mittelmeers
dtv 30310

Christopher Hibbert:
Rom
Biographie einer Stadt
dtv 30303

Gerhard Konzelmann:
Der Nil
dtv 10432

Jerusalem
dtv 10738

Der Golf
Vom Garten Eden zur
Weltkrisenregion
dtv 30363 (Juli '93)

Sabine Lietzmann:
New York
Die wunderbare
Katastrophe
dtv 1504

Barry Lopez:
Arktische Träume
Leben in der
letzten Wildnis
dtv 11154

Claudio Magris /
Angelo Ara:
Triest
Eine literarische
Hauptstadt
in Mitteleuropa
dtv 30333